皇太极传

蔡琳杉◎编著

陕西新华出版传媒集团
三秦出版社

图书在版编目(CIP)数据

皇太极传 / 蔡琳杉编著. -- 西安：三秦出版社，2012.12（2021.4 重印）
　ISBN 978 - 7 - 5518 - 0345 - 8

　Ⅰ. ①皇… Ⅱ. ①蔡… Ⅲ. ①皇太极（1592～1643）- 传记 Ⅳ. ①K827 = 49

中国版本图书馆 CIP 数据核字（2012）第 296503 号

皇太极传

蔡琳杉　编著

出版发行	陕西新华出版传媒集团　三秦出版社
社　　址	西安市雁塔区曲江新区登高路 1388 号
电　　话	（029）81205236
邮政编码	710061
印　　刷	香河利华文化发展有限公司
开　　本	710mm×1000mm　1/16
印　　张	22
字　　数	410 千字
版　　次	2012 年 12 月第 1 版 2021 年 4 月第 4 次印刷
印　　数	9001 - 14000
标准书号	ISBN 978 - 7 - 5518 - 0345 - 8
定　　价	58.00 元

网　　址　http：//www. sqcbs. cn

前　言

在我们五千年的历史长河中,历朝历代的皇帝们占据了重要的角色,他们的存在,很大程度上影响着百姓的生活、历史的发展。皇帝作为历史的重要角色之一,是当时左右和影响国家、民族命运的关键人物,研究他们的是非功过,兴盛衰废,在一定意义上事关国家盛衰、民族兴亡、个人成败,并对现代人有极大的借鉴意义。

这套《帝王传大系》,以帝王们的一生为主线。从他们的家族渊源入手,以历史小说的形式系统地介绍帝王们一生的沉浮。在打天下与守天下的风云战场中凸显出人物的性格特点、历史功绩,最大限度地将帝王和他的大臣们的传奇人生,不遗余力地展现在读者眼前,让读者在趣味阅读的过程中,享受完美的历史文化盛宴。

尽管这些曾经叱咤风云、指点江山的帝王们已成过眼烟云,但又有谁能够遗忘他们站在历史之巅所承受与经历的一切?

恍然间,我们仿佛看到了"千古一帝"秦始皇"横扫六合"的雄伟身姿;大汉朝开国皇帝刘邦从"市井无赖"到"真龙天子"的大变身;汉武帝刘彻雄赳赳地将中华帝国带上顶峰的威风场景;光武帝刘秀苦征恶战,于乱世中成就霸业的冲天豪情;乱世枭雄曹操耍弄"奸计",玩转三国的高超智慧;亡国之君隋炀帝的骄纵狂妄;唐高祖李渊率众起义、揭竿而起,建立唐王朝的惊天伟业;唐太宗李世民玄武门兵变的狠辣果断;一代女皇武则天勇于创造命运的步步惊心;宋太祖赵匡胤"杯酒释兵权"的聪明睿智;一代天骄成吉思汗开创铁血王朝的钢铁毅力;元世祖忽必烈以蒙古铁骑横扫欧亚大陆的英雄豪迈;"草根皇帝"朱元璋从"乞丐"到"皇帝"的辛酸血泪;清太祖努尔哈赤以十三副铠甲起兵,开辟锦绣前程的创业史;大清王朝"第一帝"——皇太极夺取江山的谋略手段;少年天子顺治为爱妃做到极致的痴心情意;清军入关后的第二位皇帝康熙除权臣,平叛逆,锐意改革的天才谋略;最富争议的皇帝——雍正的精彩人生;乾隆皇帝钟情于香妃的风流韵事;慈禧太后将清朝

操纵于股掌之间的惊天手段……

我们无法否认，在浩瀚无边的中国历史长河中，帝王始终是核心人物，或直接或间接地掌控着历史的船舵，所以，了解他们的传奇人生，研究他们的功过是非，仍然可以让读者借鉴与警醒！

然而，刻板的阅读模式使得纸媒每年都在流失受众，基于此，我们决定利用小说的形式去呈现帝王的传奇，语言风格也有别于传统的叙述方式。这套书在编排体例上突破了以往同类书严肃、枯燥、干巴巴的"讲授"形式，以更加细腻、更加精练、更加活泼幽默和诙谐的语言，用一种立体的方式将一个帝王的多样性与丰富性展现在广大的读者面前。

全书妙语如珠，犀利峥嵘，细述每个帝王的政治生活、历史功绩、家庭生活、情感逸事等，充满了故事性、知识性与趣味性，让读者在轻松愉悦的享受中体味人生的变化莫测；在"观看帝王大片"的过程中收取成功的法门秘诀。

为了保证书稿质量，编辑工作者查阅了大量的相关资料与文献，并且请教了很多长期从事历史教学与研究的专家学者。不过，由于时间与精力有限，本套图书或许还存在着些许错误，敬请广大的读者朋友们批评指正。

目 录

第 一 章	黑水女真血脉融	父仇祖仇不戴天	1
第 二 章	整顿军制苏完附	兄弟齐心纳良将	8
第 三 章	太极抓周爱黄冕	扈伦四部惹事端	12
第 四 章	九部侵袭巧设兵	哈赤沉稳巧布兵	20
第 五 章	都督凯旋纳明安	九哥再惹心波澜	25
第 六 章	稚子狂言豪气升	建州母子生死别	34
第 七 章	顺应天命汗位登	选定储君心彷徨	44
第 八 章	领佳封赏居功傲	逼忠吓良咒汗王	54
第 九 章	蛮横狭隘遭囚禁	祭天焚告七大恨	63
第 十 章	太极请缨献计策	招降诸将建头功	74
第 十 一 章	汗王收印罢贝勒	午门撞钟谏万历	85
第 十 二 章	黄罗帐算兵筹将	杨镐计太极了然	95
第 十 三 章	阿敏请缨立战功	杜松受阻鱼虾阵	105
第 十 四 章	后金大破萨尔浒	明军各怀小算盘	116
第 十 五 章	攻城自有降将劝	辽东期年两易帅	126
第 十 六 章	廷弼险胜汗王探	光宗殉位明廷乱	137
第 十 七 章	势如破竹夺辽阳	被贬雄将踏征程	147
第 十 八 章	谋进退妙得天机	与父易地遭谗佞	157
第 十 九 章	皇太极手握乾坤	耻逆子以死谢罪	168
第 二 十 章	悲忠良叛将附势	袁崇焕率将附边	180
第二十一章	误国阉党害朝纲	孤城守将秉赤胆	190
第二十二章	老汗王誓师出征	袁崇焕重创后金	201
第二十三章	迁都沈阳削兵权	八王共治乞太平	211

· 1 ·

第二十四章	虑久宴亲露和谐	追忆此生梦难圆	220
第二十五章	一代天骄梦断归	遗嘱之谜引猜测	229
第二十六章	代善弃位谏储君	太极登基改国号	239
第二十七章	后宫皇妃捣醋海	乌兰冒死谏关雎	249
第二十八章	庄妃如愿降阿哥	痛心疾首相煎急	259
第二十九章	洪承畴统兵压境	后宫二妃坦心计	269
第 三 十 章	丧父孤子勇抗敌	猛将镇边许谁攻	279
第三十一章	杀忠臣自毁壁垒	松锦地唾手而得	289
第三十二章	太极纵享天伦乐	君臣朝宴贺捷报	299
第三十三章	永福宫旧梦重温	大玉儿沦当棋子	309
第三十四章	妩媚诱洪功成到	承畴剃发城归顺	319
第三十五章	崇政殿前贤才归	多尔衮情献庄妃	328
第三十六章	遗志未尽留清阙	怅恨望明驾鹤归	339

· 2 ·

第一章　黑水女真血脉融　父仇祖仇不戴天

黑龙江古称弱水，长白山古称不咸。自古以来就是中华民族北方先民心中无可比拟的庇佑，然而，就在这片白山黑水之间，大清国的龙兴之地——古城赫图阿拉就坐落于此。天命汗努尔哈赤就是从这里，踏上了他征服天下的伟大征程。

经过一场场血雨腥风之后，努尔哈赤终于完成了自己的宏图伟业。此时虽是冬季，又是晚上，寒气甚是逼人，但是努尔哈赤的心是暖的。站立在巍峨的建筑前，努尔哈赤回想起那些曾经……

野外的坟场上，一片黑压压的人头，对着一个陵寝大声恸哭着，这数百名都是爱新觉罗家族的子孙们，面对着祖宗陵寝，哭声震天，一时间天昏地暗，日月无光，哭声蔓延至赫图阿拉城上空，响彻在苏子河畔，撼天动地。

觉昌安、塔克世、礼敦以及部中诸将士死难，众人只能用哭声和泪水来纪念亡灵，风传悲声，河水呜咽。漫天飘洒着白色的纸钱，风萧萧，白衣白裙的萨满太太手持铃鼓，声嘶力竭地唱着跳着，为遇难的将士们送上最后的祝福。

所有的人，不管是男人、女人、老人、孩童，都哭了，有的涕泪滂沱，有的人呜咽梗塞，有的捶胸顿足，还有的悲伤过度昏厥了过去，他们是在哭亡灵，更是哀叹爱新觉罗家族的命运。

这对爱新觉罗家族而言，简直就是灭顶之灾！

明朝万历初年，辽东大地上的女真，大体上分为建州女真、海西女真和野人女真三部。海西女真居住在松花江流域，明中叶以后，开始南迁，范围扩展到南开原边外及辉发河流域等地，分成叶赫、哈达、辉发、乌拉四部。野人女真又分为东海女真和黑龙江女真。

明廷为了维护统治，加强对少数民族的管理，在女真地区设置了三百多个卫所，"因其部族，……封其酋长为都督、都指挥、指挥、千百户、镇抚等职，给与印信，俾仍旧俗，各统其属，以时朝贡"，并"分其枝，离其势，互令争长仇杀，以贻中国之安"。因此，女真"各部蜂起，皆称王争长，互相战杀，甚至骨肉相残，强凌弱，众暴寡"。

建州女真在这种形式下，很快就由明初的"建州三卫"扩展成了苏克素浒河部、浑河部、完颜部、董鄂部、哲陈部这建州五部和鸭绿江部、朱舍呈部、讷殷部长白山三部。而在当时，建州诸部中王杲的势力最强。这王杲曾"犯辽阳，劫孤山，略抚顺，汤站，前后杀指挥王国柱、陈其孚、戴冕、王重爵、杨玉美，把总温栾、于栾、王守廉、田耕、刘一鸣等，凡数十辈"，声明震四方。这王杲何许人也？努尔哈赤的外公是也！王杲也可以说是个传奇式的人物，充满了机遇和冒险。

据说王杲的父亲多贝勒原为五女山下的猎户，在一次上山狩猎的过程中，从虎口救下了当时的哈达部首领王中，王中知恩图报，就扶持多贝勒建立了古埒山寨。古埒山地处通商抚顺、朝贡京师的要道，往来贸易十分频繁，多贝勒占山为王，很快就成了富甲一方的暴发户，再加上本身就拥有一身精湛的猎术和武功，使得古埒山寨成为了名震八方的大寨，同时也引起了周边各地的嫉妒和明廷的关注。

哈达部在王中死后，侄子王台继为贝勒，这个王台心狠手辣，野心勃勃，他和明廷勾结，打压古埒山寨，并设计杀死了古埒山寨主多贝勒。而王杲则是这场灾难中的一个幸存者，他审时度势，招集部属，趁建州女真内部混乱之时，再度雄起。

王杲的势力很快就强大起来，建州女真各部首领纷纷归顺于他，努尔哈赤的父亲塔克世也正是在这个时候投靠王杲帐下，并成了王杲的女婿。

俗话说人怕出名猪怕壮。王杲的迅速崛起，成为了明廷的心腹大患，想方设法准备将他除掉，不久，机会便来了。这是在万历二年（1574），王杲借口明廷边官对贸易往来的人进行敲诈勒索，不仅扣留属人，还大举进犯辽、沈，并且联合建州各部及蒙古三卫对边关进行袭扰，甚至还将俘获的汉人处以极刑，明廷懦弱，只得放弃了辽东关市。

当消息传到怠于朝政的明神宗耳朵里的时候，明神宗勃然大怒："九年前辽东总兵官李成梁早就将寨中人等斩尽杀绝，此时怎么又冒出来了个王杲，并且还留有其余孽之子阿台和阿海？这还了得！传令，统统格杀勿论。"

于是，一场灭顶之灾正悄悄向王杲和他的儿子以及亲朋好友们袭来。自然，荒淫昏庸的明神宗也绝对想不到，这道圣旨，为自己的统治带来了灭顶之灾！

作为王杲的追随者，觉昌安父子也有自己的小算盘，一山难容二虎，王杲在建州称雄一天，觉昌安父子便没有了自己的出头之日。尽管有着姻亲关系，但是在残酷的战争和利益面前，这些又算得了什么呢？命运的煎熬让亲情已经成为了奢侈品，人们各怀"鬼胎"，人与人之间早就是貌合神离了。

自王杲死后，觉昌安父子因为剿杀王杲有功，受到了明廷的加官晋爵，觉昌安晋升为建州左卫都督，塔克世受封为建州左卫指挥使，并且得到了王杲之前的部分属地。

建州王杲在投奔蒙古三卫途中，走错了路，被仇人抓起来献到了李成梁那里,结果身首异处,结束了戎马一生的辉煌时代。

现在,建州首领的身份和头衔,落到了觉昌安父子身上,可以说爱新觉罗家族的春天来了。可是好景不长,觉昌安、塔克世父子的突然被杀,使得爱新觉罗家族再一次陷入了水深火热的境地当中。秋风吹动着白幡,纸钱漫天飘舞,阵阵哀伤重重扣在了人们的心房。

多么凄惨的日子,多么寒冷的时刻!是的,爱新觉罗家族哭的不仅仅是亡灵,而是在哭爱新觉罗家族无望的前景和命运,在哭命运的弄人。

"冷,真的好冷呵!"努尔哈赤打着冷颤,一拳重重打在炕桌上,茶碗震得一阵叮当响。

建州女真的罹难!努尔哈赤由父辈的惨死想到了父辈创建建州女真的坎坷发展历史,他拿起早已经凉透的奶茶,一饮而尽……

努尔哈赤的先世,从猛哥帖木儿至塔克世,六代人二百多年,从斡朵里经斡木河到凤州,再由凤州经斡木河到苏克素浒河谷,最后定居在赫图阿拉。猛哥帖木儿曾是元末的万户,居住在斡朵里城,是北方的一个兵家重镇。万户为世袭的军职,猛哥帖木儿统领着女真军,为元朝镇抚北疆。

到了明朝初年,边关动荡,各个部族之间的争夺更加严峻,辽东大地上硝烟四起。猛哥帖木儿被迫带着斡朵里女真部众,移居到了图门江下游斡木河一带,开始了游牧的生活。到明成祖朱棣时,猛哥帖木儿接受朝廷招抚,被封为建州左卫指挥使。一场"斡木河之变",使得建州左卫受到了空前的重创。

董山被赎回后,部族人难以生存,奏请明廷迁往辽东。就这样,辗转近半个世纪后,建州女真终于在浑河支流苏子河一带定居,这是个群山环抱,土肥水美的宝地,成为了努尔哈赤崛起的风水宝地。

董山时期的建州女真分为建州卫、建州左卫和建州右卫,是明朝奴儿干都指挥使司的分支。建州三卫同居一处,同族间联姻增多,人口逐年上涨,势力渐渐强盛起来,便不时出兵对外族骚扰一番,抢掠一些耕牛、马匹、衣物和汉族妇女,引起了明朝的不满。明军借故杀死了董山,血洗了山寨,斩擒俘获建州女真一千一百五十余人。

建州女真焚荡殆尽,部落残破,力量衰弱下去。

继董山之后,建州女真一直没有回复元气,处于四分五裂的状态。妥罗的三弟之子福满,后来被清朝尊为兴祖直皇帝,他就是努尔哈赤的曾祖。福满有六子,其中第四子名为觉昌安。他们兄弟六人环卫而居,遥相呼应,人称此六兄弟为"宁古塔贝勒",建州女真开始声威大震,爱新觉罗家族显赫一时。

觉昌安为了增强爱新觉罗家族的实力,表面上投靠了明廷,实际上却暗中招兵买马,扩充自己的势力,很快就征服了附近的硕色纳和加虎两个强族,附近小寨纷纷归顺。觉昌安本人才智双全,五个儿子也是英勇无比,尤其是长子礼敦和四子塔克世更是相貌堂堂,武力非凡。觉昌安带着他五个勇猛如虎的儿子征战四方,将祖宗的基业扩展了不知道有多少倍。尽管建州左卫各部仍支离破碎,但爱新觉罗家族却统一了东起五岭、西到苏子河方圆百里的地方。以赫图阿拉为中心,觉昌安承袭了爵位,建州的发展引起了明廷和李成梁的警觉,觉昌安父子很快被镇压杀害。

历经磨难的爱新觉罗家族,在风雨飘摇中刚刚稳定,但是觉昌安的长孙努尔哈赤刚刚二十五岁,血气方刚的他当众立誓,要起兵伐贼,替天行道,重振家族雄风,他发誓要将父亲与祖父遗留下来的十三副盔甲变成三十副、三百副、三千副!梦想能够成真吗?

安葬了祖父、父亲的尸首之后,努尔哈赤以报仇为名,起兵反抗,揭开了金戈铁马统一各部的序幕,这一年正是明万历十一年(1583)。

祖父、父亲惨死,使名不见经传的热血青年努尔哈赤成为了新的掌印人、爱新觉罗家族的族长,地位比及他的外祖父,这一切引发了建州各部妒火,这乳臭未干的努尔哈赤凭什么如此轻松就得到了这么大的封职?不仅如此,明朝还给了他三十道敕书、三十匹宝马以及都督的敕书,这么一来,这小子简直是因祸得福了!

其实,这一切在努尔哈赤看来只不过浮云而已,亲人的血债,祖父和父亲的惨死,全部都深深刻在了他的脑海里。杀祖、杀父之仇不共戴天!努尔哈赤是愤怒的,但他也是清醒的,以爱新觉罗家族现在的势力,是无论如何也不能向尼堪外兰、向李成梁、向明廷兴师问罪、报仇雪恨的。

考虑到这些,努尔哈赤向明廷边官吐露了心迹:

"杀我父祖的人,实际上是图伦寨主尼堪外兰,此人不杀,我爱新觉罗家族便难以雪恨,此仇不共戴天!"

"分而治之"是明廷对女真各部奉行的政策,这是它的妙计高招,而且屡次奏效。眼下,女真各部不就是为了水土牛马和人口而争斗得你死我活吗?明廷又怎么会让咄咄逼人的年轻后生努尔哈赤的翅膀太硬呢?于是,明朝的边官以强硬的口气恐吓努尔哈赤:"我朝对误杀你父祖之事已经深表歉意,追悔莫及,故而才赏赐晋封于你,以慰你父祖在天之灵。此事已经发生了,你为什么不正视现实呢?做你分内的事情吧,不要口口声声说报仇雪恨之事。如若你不听劝告,再无理取闹,贪得无厌,我们将全力支持尼堪外兰,并帮助他在界断筑城,让他做你们建州女真的大首领!"

努尔哈赤欲哭无泪。明廷边官的残暴蛮横,使他心中燃起了满腔的怒火,也让他看清了明廷的险恶用心。于是,努尔哈赤明白了,他的复仇之路将是曲折而艰难的,但他绝不气馁,愚公尚可以移山,只要爱新觉罗家族坚定报仇立国的信念,不屈不挠,子子孙孙一直坚持下去,祖父、父亲之仇一定会报!

"顺者以德服,逆者以兵临",年轻的努尔哈赤便以此为策略,开始了统一女真各部的序幕。这个时候,努尔哈赤手中只有父祖遗留下来的十三副铠甲,兵士不过百余人,实在是势单力薄。偌大的宁古塔部,四分五裂,人心涣散,所有的人都将怀疑的眼光注视在了努尔哈赤的身上,在他们看来,努尔哈赤只不过是个首领后人而已,至于能力,他真的能够扛起来这个报仇雪恨,重振建州左卫的重任吗?

努尔哈赤对自己的处境心知肚明,他把人们的怀疑当成了一种动力,他要证明给族人看,他不会给父祖蒙羞的!但是,如果自己胆小怕事、安分守己,仅靠百余人的兵力和明廷三十道敕书的弱小规模,在强手如林的女真各部,在数百倍、千倍于自己的强大的明廷面前,何时何日才能立定脚跟?只怕等到自己老死的那一天,父祖之仇也不能报啊!

正当努尔哈赤绞尽脑汁要大显身手的时候,他万万没想到,他的族人因妒忌和怨恨而向他挑衅,串通哈达部洗劫了他的寨子,此后还有一个又一个的谋杀事件,夜晚的刺客、道中的劫匪,这一连串的阴谋令努尔哈赤震惊。

努尔哈赤彻底被激怒了,他犹如一头发威的雄狮,跨上战马,举起了利剑,在宁古塔的高坡上大声叫着:"有杀我者,快出来!"

阳光洒向高坡,沐浴在金色阳光下的努尔哈赤,身形魁梧而神圣,族人们都纷纷用崇拜的眼光看着他!族人被他如此的气魄和举动彻底折服了,没有人再敢向他较量了。尽管心怀不满的六祖子孙心有不甘,但是看着努尔哈赤初步用兵的胜利,日增的威望,也不再说什么了,族人们也开始对他忠心起来。

接二连三的胜利,使努尔哈赤所在的建州左卫重又强大起来。除了惊人的勇敢与毅力之外,努尔哈赤用兵,还常常表现出惊人的智慧。他的军事征伐,既以力取,又重智取。万历十四年,起兵三年的努尔哈赤已先后统一了建州女真的苏克素浒、董鄂和哲陈三部。攻战、讨伐还在继续,努尔哈赤在复仇的路上已经越战越强,然而,狡猾的尼堪外兰却仍然一次次地侥幸逃脱。如惊弓之鸟、丧家之犬的尼堪外兰是狡兔三窟,为了躲避努尔哈赤的追击,他从图伦逃往界藩,又自界藩逃往鹅尔浑,已经几易其居,整个建州似乎已没有他的立锥之地了。

"尼堪外兰,尼堪外兰,本王定要亲手杀了你,割下你的人头,祭奠我父祖的在天之灵!"努尔哈赤终于从沉思中醒来,他恨恨地捶着炕桌,冷不丁跳下炕来。

"哇呀呀,冷煞本王了!卫兵在哪儿,都死绝了吗?"努尔哈赤打着冷战,气得双脚直跳。这位威震三江的英雄,面阔鼻直,体格魁梧,微黑的面容上嵌着一双炯炯放光的眼睛,自有一股掩饰不住的英武之气,令人不敢正视。

"贝勒爷恕罪,奴才们不敢惊扰您,所以……"领班的护卫战战兢兢地低声禀报着,小心翼翼地推开了门帘。

刹那间,一道红光一闪而过,一声凄厉的惨叫划破了空气,这名卫兵沉沉地跌落在地上,蜷缩成一团,殷红的鲜血从棉袍中汩汩而出。而努尔哈赤似乎一直都没有移动过一步,只不过,他的脸阴沉得可怕,目露凶光:"奸细,是尼堪外兰派来的奸细,将此人拖出去乱剑劈死!"

"贝勒……爷,奴才,奴才是您的老阿哈呀!"被砍断左臂的人拼尽力气说完这句话以后,身子一歪昏了过去。

"怎么,你不是刺客?不是歹人?糟了!"原来是麻噶哈,是当年跟随祖父的老阿哈,如今又跟随着自己征南闯北的老阿哈。努尔哈赤怔怔地站着,他的眼睛开始迷离了,他的思绪还在恩怨之中,看来,此仇一日不报,他是不能安心啊。

努尔哈赤朝卫兵们挥着示意,让他们退了下去,目光停留在宝剑上,那血,还是热的呢。

"唉,想我努尔哈赤也称上一世英雄了,怎的被这个尼堪外兰搅得寝食不安,犹如惊弓之鸟一般?可气、可恨!凭我努尔哈赤的一身正气,难道还怕了那个贼人不成?邪不压正,我就不信斗不过那个老贼!"

努尔哈赤目光发直,跌坐在冰凉的炕上,又陷入了深深的回忆之中。这一回,卫兵们不敢怠慢,轻手轻脚地拖走了麻噶哈,又轻手轻脚地烧着了火炕,还捧上了滚烫的奶茶……

自从努尔哈赤借报父祖之仇为名,以父祖十三副遗甲起兵之后,这个原先被继母逼得四处流浪漂泊的年轻人,从一个很不起眼的小人物"摇身一变"成了建州左卫的掌印人。不仅是建州各部的女真人,就连努尔哈赤的族人们也对他的地位垂涎三尺、妒火中烧。于是,努尔哈赤的身边便时常有危险发生,险象环生,令他防不胜防!

有一次,努尔哈赤带着士兵外出打猎以补充寨中给养,可等他远离山寨以后,一伙蒙面之人冲进了山寨,洗劫一空,最后竟一把火烧了寨子!那火光、浓烟几十里地外都看得见,触目惊心,努尔哈赤听闻之后气得捶胸顿足,火冒三丈,但却是无可奈何!远水救不了近火呀。

寨子被烧了,大不了重建,山上不缺的就是木头,而努尔哈赤和士兵们不缺的也是力气,但是人心叵测,暗箭难防!因此,努尔哈赤更加警惕,他一人的生命是小,耽误了父祖之仇,却是万万不能原谅的啊。

又是一个寒冷的冬夜,黑夜看不见任何身影,万物完美地融合在了一起,睡梦中的努尔哈赤听到了一阵异常的声音,他警惕地爬下了炕,轻手轻脚贴近了窗户,捅破窗户纸一看,不禁凉气倒流:几个黑衣人如同鬼魅般地攀过了寨墙,手中的利刃在黑暗中显得阴森无比!不好,贼人有备而来,而自己被困,身边还有妻儿,千万不能伤及他们母子啊。

努尔哈赤定了定神,伸手从墙上抽出了长剑,猛地抽出门闩大吼一声:"哪里来的贼人!来呀,额亦都、柯什柯,咱们一起杀贼呀!"

努尔哈赤右手挥舞着长剑左劈右刺,左手不失时机地从背后的箭囊中掏出箭矢。黢黑的夜色下,只见努尔哈赤身手敏捷,宝剑闪着寒光,箭矢呼啸而过。贼人不知有诈,以为中了努尔哈赤的埋伏,慌得丢盔弃甲落荒而逃。有一黑衣人被射伤了大腿,一拐一瘸地溜了出去。

努尔哈赤见贼人四散而逃,心里的石头落了地,他哪里还有什么心思去追杀呢?真险呐,若不是自己武艺不凡,每次临阵,既能射箭又可举刀砍杀,哪能吓退贼人?以自己的武艺再加上额亦都的勇猛和柯什柯的骑射之术,足以把这些贼人赶走,只是,眼下他二人并不在此,努尔哈赤这是在虚张声势呀。

见贼人已经踪迹全无,努尔哈赤手持利剑,不禁仰天长叹:

"天神阿布凯恩都里,月神比牙格格,我努尔哈赤一心要报父祖之仇,这难道有什么错吗?为何上天如此对我?为何贼人一次次地欲将我置于死地?"

自从起兵之日起,努尔哈赤便经历了一场场意外和惊险的洗礼,族人的冷嘲热讽、不信任,贼人的刺杀和谋害,所有的一切都加剧了努尔哈赤心中的仇恨,这些仇恨之"结"越结越紧,只要决心已定,不管是刀山火海都没有办法阻止他。

第一章 黑水女真血脉融 父仇祖仇不戴天

第二章　整顿军制苏完附　兄弟齐心纳良将

日出日落,斗转星移。年少的努尔哈赤过早地饱尝了生活的艰辛,在烈日和严寒中经受了一次次磨炼和考验,长成了一个虎背熊腰的小伙子。虽然生活过得很艰苦,但是他依旧觉得欣慰,因为在一次偶然中他遇到了从小看着自己长大的阿哈柯什柯,还交了很多好朋友,现在和他住在一起的,除了老阿哈柯什柯之外,还有被努尔哈赤喊作"李逵"的患难之交额亦都。安费扬古则因其额角处有一暗红胎记,努尔哈赤便称他为"红额兽",《水浒传》中"青面兽"杨志的绰号不就是这么来的吗?

仲秋的一个寒夜,兄弟几人奔波了几日,劳苦不堪,于是坐下来暖暖身子,喝了几口热汤,聊得正开心时,只见一只肥硕的花斑虎站在了棚外,它是所谓的"山神爷"。这只虎来者不善,定是要取人性命的,在一番争执过后,"山神爷"带走了努尔哈赤,但经过了一夜的跋涉之后,"山神爷"并没有将他吃掉,而是帮助他找到了棒槌。看来努尔哈赤还真是有天神保佑啊!

努尔哈赤喜极而泣,拔腿向山下飞奔,他要把这个喜讯告诉他的亲人和朋友。

结果,大难不死的努尔哈赤带着兄弟们挖出了一堆野人参,然后他们插草为香,对天起誓,结拜成了生死兄弟。

眼下,爱新觉罗家族遭了大劫难,这些患难兄弟来帮努尔哈赤了!

此时,阿哈柯什柯交给了努尔哈赤一个箱子,努尔哈赤打开箱子,发现里面是八颗珍珠,这是爷爷对努尔哈赤的期望,希望他可以担起爱新觉罗家族的遗愿和全族人的性命,努尔哈赤毅然接过箱子,从此他便肩负起了光复大业,这下使命艰巨而宏大,而且一切都是未知!

但是他也知道,路,得一步步走;仇,得一个个报。对明廷的仇,不是不报,只是现在势单力薄,只可暂时委曲求全,投靠明廷。终有一天,此仇必报!

自从在费阿拉称王以来,努尔哈赤意识到,来自宗族内的阻力已经基本化解,这些年他的功绩与才干已经说明了一切,谁还有权力有理由再反对或是指责努尔哈赤?努尔哈赤给族人带来了数不清的财富:俘获的阿哈、牲畜、女人和金银财宝,还有土地,族人的生活正如芝麻开花节节高呢。可是,在费阿拉称王也就等于与其他建州女真各部为敌,树大招风呀。还有明廷,一直对东北虎视眈眈,它能坐视爱新觉罗家族的崛起而不闻不问吗?或许它又在

· 8 ·

酝酿策划着一个新的阴谋,欲将爱新觉罗家族置于死地而后快?

因此,努尔哈赤的担心不无道理。

且说努尔哈赤起兵十年来,攻必克、战必胜,将环建州而居的其他部族或招降、或削平,一时间声威大震。在战争中努尔哈赤招贤纳才,拥有了属于自己的智囊团和新贵族,这是一支蓬勃向上的新生力量,锐不可挡,所向无敌。

于是,另选新城安排给诸将领兄弟居住,努尔哈赤在新城费阿拉称了王。城门设有乐队,努尔哈赤出入栅城时乐队齐立两旁,鼓乐齐奏,身后有全身披戴的巴牙喇卫兵,而诸贝勒将帅们则簇拥着头戴貂皮帽、身穿五彩龙纹衣的努尔哈赤。

努尔哈赤高高在上,俨然成了雄霸一方的帝王。努尔哈赤的雄才伟略终于得以施展,他整顿军队,一举统一了建州女真,他的英勇与谋略甚至让明廷都顿感意外。但努尔哈赤并没有为取得的功绩沾沾自喜。为什么?人怕出名猪怕壮,他现在既然自称为王,割据一方,辽东的扈伦四部,还有辽东的明军能不闻不问吗?

努尔哈赤明白,对于明军,他尚可施花言巧语加以迷惑或欺骗,而对势力强大的扈伦四部,可就不那么容易对付了。扈伦四部的铁骑,来如电去如风,让人防不胜防呵。

努尔哈赤忧心忡忡。本来就不苟言笑的他,更加沉默寡言,神情凝重。

舒尔哈齐看出了哥哥的心事。舒尔哈齐借着与哥哥小酌的机会提出联合外部力量共同抵制敌人扈伦四部的建议,而且努尔哈赤回想当年因苏完部的归降得到大将费英东,不觉心情舒畅,对于弟弟的建议更是赞赏有加。

努尔哈赤笑容满面,边聊边饮,甚为尽兴开怀。

酒宴正酣,努尔哈赤想到当初起兵时势单力薄,困难重重;方今之日,开疆拓土,统一了建州女真,将来他还要驰骋沙场,继续建功立业,踏平辽东!如今一批批的邻近部落前来归附,人心大快呀!

归附者日益众多,山城费阿拉已经显得有些狭小而拥挤不堪了。当年,努尔哈赤以父祖十三副遗甲起兵之时,曾遭受了多少的冷嘲热讽和偷袭暗杀?而如今当努尔哈赤以建州王的身份出现在辽东大地时,又有多少人慕名而来,佩服得五体投地?还有多少人恨得咬牙切齿,欲置建州于死地而后快?

兴奋之余,努尔哈赤更多的是担忧。他担忧建州女真会就此成为众矢之的,担忧明廷会不遗余力地派大军威胁、恐吓甚至武力征服,更担心女真各部因争霸而四分五裂、民不聊生……如果辽东大地因此而陷于混战之中,刀光剑影,满目疮痍,那他努尔哈赤则将是辽东的罪人!

称王意义非同一般,努尔哈赤似乎已经看见了一个高高在上、傲踞辽东的大王的形象,那么威严、那么高大,令辽东各部不敢仰视!哈哈!称王称霸的感觉实在是太好了,太富有诱惑力了。

每每想到这些,努尔哈赤便会热血沸腾,所以他毫不犹豫地先做了建州之王,他要一步一步地实现自己的宏伟计划,哪怕只有一点点希望,只要努力过、奋斗过,那他也就无怨无悔了。

自那一日与兄弟舒尔哈齐推杯换盏、开怀畅饮之后,努尔哈赤采纳了舒尔哈齐的建议,他要亲往董鄂部拜见其部长何和理。

努尔哈赤此行以打猎为名,只带了长子褚英、侄儿阿敏以及结拜兄弟额亦都、安费扬古以及小将费英东,当然少不了他的贴身侍卫扈尔汉。总共人马不过百骑,树着一面黄龙大旗和红黄蓝白四色小旗,前面有二十余头猎犬开道,头顶有二十余只猎鹰在盘旋,一队人马穿行在白云蓝天和绿树红花之中,倒也显得浩浩荡荡,气派非凡。

说起来,董鄂部离建州有七八百里之遥,日夜兼程也得好几天,况且山路崎岖很不平坦。可努尔哈赤一行只两天半的时间,便赶到了董鄂部的地界。

此前,努尔哈赤已派舒尔哈齐带着牛羊等礼品,悄悄地拜访过董鄂部的主人何和理。何和理对努尔哈赤起兵之事甚为赞赏,但对归附之事却只字未提。努尔哈赤只有亲自出马了,他认为但凡高士,自然不肯轻易出山归附,要知道"宁为鸡口,不为牛后"哇,所以努尔哈赤要学那明主刘备刘玄德,"三顾茅庐",力求贤将归附,为己所用。

来到董鄂部的城门下,努尔哈赤下了马,稍事休息之后,着贴身侍卫扈尔汉和大将费英东前去通报。不久,二人带着丝绸、马匹等礼物扫兴而归。

努尔哈赤见大伙儿有些沉闷、扫兴,提不起精神,便故作轻松地打趣道:"你们听说过刘备三顾茅庐之事吗?这何和理果然是个何诸葛的话,本王就过两天再来。精诚所致,金石为开嘛。听说此人性情孤傲,刚正不阿,绝不肯轻易便归附,也许他心里另有打算?也许他想与我部联合?不管怎样,咱们既来此,索性就在这山坡上安营扎寨小住几日,合围打猎,跑马射箭,痛痛快快地玩上它几天,也让何和理和董鄂部全体部民看看咱们的诚意!"

"话虽如此,可是阿玛王,当初你不是曾率兵攻打过董鄂部吗?若他们对此耿耿于怀,暗中联合包抄厮杀过来,我们岂不等于羊入虎口,束手待毙吗?"

褚英的担忧也不无道理,努尔哈赤脸上的笑容顿时僵住了,这些他并不是没想过,可自己如果不亲自前来,又岂能说明求贤若渴的诚意?既然一心想说服何和理,让他日后辅佐自己左右,然后成就一番大事,也就顾不得那么多了。

其实,努尔哈赤心里也没有十分的把握,董鄂部的人会对自己如何,是否会有偷袭、埋伏和合围,一切都还很难预料。而此番前来,费阿拉山城诸事也令努尔哈赤不甚放心,部族形势表面上倒还稳固,可暗中生事者仍不乏其人哪！不过,幸运的是,何和理最终被努尔哈赤礼贤下士的决心感动,归顺了努尔哈赤。不过,幸运的是,何和理最终被努尔哈赤礼贤下士的决心感动,归顺了努尔哈赤。

自古以来,以婚姻结好,乃是各部相交的常例。

万历十六年(1588),努尔哈赤刚刚过了而立之年,在取得建州王显赫战绩的同时,他的婚姻,也一步步沦为了政治和战争的产物,很快就和哈达部结亲。

叶赫部闻听努尔哈赤结亲之后,开始坐立难安了。所谓"一石激起千层浪",叶赫部和哈达部素有仇怨,哈达部有明廷的支持,如今又和日益强大的建州女真结亲,怎么能让他们安心呢?

如今的叶赫部已经是苟延残喘了,再也经历不了战争的摧残了,他们需要大把的时间来休养生息,他们太需要喘息了!

第三章 太极抓周爱黄冕
扈伦四部惹事端

叶赫部为了自身的安危与将来的发展着想，将部族的公主孟古嫁给了努尔哈赤，希望两族可以友好交往，而孟古在嫁给努尔哈赤后不久，就为他生下了八皇子——皇太极。努尔哈赤因此十分高兴，对孟古也更加体贴温柔。初为人母的孟古也慢慢长大了，成熟了！

转眼就到了宝贝儿子皇太极的周岁生日，努尔哈赤精心准备了这个盛大的宴会，以隆重的仪式来庆贺，叶赫那拉氏孟古自然万分高兴。可哥哥纳林布禄来了以后，孟古的眉头就一直紧锁着，神情很是忧郁。

原来，纳林布禄心怀鬼胎，他对努尔哈赤蒸蒸日上的事业嫉妒得要命，他不服气！此番前来他就是来探虚实的，他也学会了汉人用兵的那一套，知己知彼，百战不殆！

纳林布禄满以为有妹妹孟古牵线，努尔哈赤自会对叶赫部另眼相待，岂料恰恰相反，这努尔哈赤原来是个贪得无厌的人，他不仅没将叶赫部放在眼里，并且对同样主动嫁女的哈达部也是心怀叵测。

愤愤不平的纳林布禄悄悄去了哈达部，原来，哈达部的贝勒歹商更是后悔将女儿送给努尔哈赤。女儿的出嫁仿佛是跳进了火坑，眼见得连努尔哈赤后娶的叶赫那拉氏都生下了儿子，可阿梅却始终受冷落、守空房。天哪，歹商真是瞎了眼了，为什么要白白葬送女儿一生的幸福呢？歹商对狗眼看人低的努尔哈赤恨得咬牙切齿。

歹商与纳林布禄一拍即合，他们都觉得眼下努尔哈赤也未免太张狂了，目中无人，野心勃勃，得给他些教训让他清醒清醒！

同病相怜的两位贝勒摒弃了前嫌，坐下来商量着对策。他们思前想后，摸清了努尔哈赤的野心，那就是要分化海西扈伦四部，甚至挑起四部的争斗，他便可不费吹灰之力坐收渔利。既是这样，若扈伦四部联手反击情形又将如何呢？

一不做二不休，俩人商议已定，又分别联络了辉发、乌拉两个小部，这样扈伦四部终于结为联盟。四部均对努尔哈赤的崛起和扩张心有余悸，此番大家联手应该可以遏制一下努尔哈赤的气焰，也让扈伦四部过几天舒心日子。

纳林布禄笑里藏刀来到了费阿拉，趁着看望妹妹孟古的机会向她挑明了来意，孟古吃惊不小，却也无可奈何，一筹莫展。她生在叶赫，是叶赫部的女儿,但如今已成了建州女真的媳妇了,成了建州部的人。孟古夹在中间,有苦难言,真是左右为难哪,这些男人为什么总爱争斗,他们为什么总那么野心勃勃,不甘平凡?

柔弱的孟古无论如何也理解不了男人们的博大胸襟,相夫教子、操持家事才是她应尽的本分。她的确这样做了,耳无妄听,口无妄言,神情明朗,清心玉映,从而赢得了汗王努尔哈赤的心,使她这桩原本是纯粹的政治婚姻添上了爱情的色彩。可孟古无论如何也想不到,她这场婚姻的结束是那么的仓促,带着浓浓的爱情与战争的悲凉。

孟古在宴席上一直悄悄观察着自己兄长与夫君的言行,这会儿见他俩有说有笑,甚为亲密,方才安下心来,竟又暗中责怪自己瞎猜多虑,或许哥哥只是一句戏言?

"时候差不多啦,该让我那宝贝外甥儿抓周了吧?"

纳林布禄话题一转,嗓门大了起来。

"不劳哥哥您费心,全都准备好啦,都摆在内屋大火炕上呢。"

孟古笑吟吟地起身,从奶娘怀里接过皇太极来。众宾客们也酒足饭饱,说笑着在后面跟着往大厅里走。

大厅正中是一张花梨木的雕花椅,这是汗王努尔哈赤的宝座。南西北用土坯砌着一圈火炕,俗称转围炕,一家老小几代人或是君臣议事皆可坐卧,温暖舒适且十分宽大。这会儿这转围炕上摆满了红红绿绿五颜六色的小玩意儿,有笔墨纸砚等文房四宝,有刀枪剑戟等十八般兵器,还有金锁玉佩脂粉荷包之类的饰物,看得大人都眼花缭乱,更何况是一个刚满周岁的孩子?可真够为难他的了。

"看好了,小乖乖,你到底要哪样?"

努尔哈赤从孟古手里抱过了皇太极,将他放在炕中间,前后左右全是小玩意儿。

"阿玛,我要那个小木马。"

"阿玛,我要吃冰糖。"

"嘘……"努尔哈赤小声呵斥着莽古尔泰等几个不懂事的儿子,大妃衮代见状不由得怒从心起,抬手"啪"地扇了莽古尔泰一巴掌。

"哇!"莽古尔泰当众被母亲责打,索性撒起泼来,手捂着被打的脸颊,又哭又闹,双脚直蹦。

"小孩子不懂事,难道你也不懂事吗?哼,成何体统!"

努尔哈赤瞪着衮代,衮代正巴不得努尔哈赤多往自己身上看呢。

努尔哈赤收回了目光,颇是无奈地叹了口气,悄声在心里骂:"衮代,你这个妖精!"

孟古早已哄好了莽古尔泰,不知她贴在那孩子的耳旁说了什么,那莽古尔泰居然破涕为笑,撒娇地将头贴在孟古的袍子上,好家伙,鼻涕眼泪将袍子弄湿了一片。孟古只比莽古尔泰大五、六岁,大姐姐似的,只不过从她的装束,尤其是两个闪光的耳坠子,便知道她已经不是姑娘家了。

"哎,你们快看,八阿哥伸手要抓周了!"

随着这话声,人们的注意力都被坐在炕上的小家伙吸引过去了,今儿个他才是这出戏的主角儿呀。

嘿,他开始爬了!皇太极伸手将面前红红绿绿的玩意儿一拨拉,撅起屁股,伸着脖子,那神情那动作甚为有趣,但人们差不多都屏住了呼吸,生怕影响了小家伙抓周,这可是关系着他日后的前程呀。

皇太极慢慢扭着脖子,左顾右看,黑葡萄似的眼睛里闪闪发亮,小嘴"咿呀"有声,看来,他对眼前五花八门的小玩意儿很感兴趣。

咦,他拿起了一只香袋!那只锦袋水红的面儿,绣着一双小鸳鸯,色泽鲜艳而且带着一股清香。

"不中用的东西!"

努尔哈赤的脸色有些不好看了。众目睽睽之下,这个顽童竟然喜欢上了这种男欢女爱、卿卿我我之类的小物件,怎能不让汗王生气?

不要说努尔哈赤不高兴,就连孟古的脸色也有些煞白。唉,都是衮代多事,她非得解下怀中的香囊放在火炕上,小孩子家的一见红的绿的玩意就爱不释手,果然,小皇太极上当了!这可怎么办?当着这么多宾客的面儿,这让汗王的脸儿往哪儿搁?

"哎哟,额娘,弟弟他砸我!"

又是莽古尔泰在叫,这个倒霉蛋正挤在前头,不偏不倚地被香囊砸了个正着。

"呀,鼻子出血了,快过来我给你擦擦。"

莽古尔泰张嘴又要哭闹,衮代连忙将他拉到了人群外头。咳,她们母子俩今儿个真倒霉,不是被呵斥就是挨砸挨打,早知道就不该来凑这个热闹。

"哟嗬,八阿哥又看中了那只花布小老虎啦!"

人群中又是一声轻叫。可不,皇太极正一动不动地趴在小老虎的跟前,斗鸡似的一眨不眨地盯着布老虎那两粒发光的绿眼睛。过了好一阵子,皇太极终于发觉对方不过是只"死"老虎,便立即没兴趣,又撅着屁股在炕上爬着,转起圈子来。

"这傻儿子,那弓那剑不就在你眼前吗?还磨磨蹭蹭兜什么圈子?害得老子提心吊胆地跟着瞎转悠。"

努尔哈赤在心里笑骂着。刚才皇太极掷香囊的那一招,着实令努尔哈赤喜欢,好男儿应该以事业为重,打了江山之后还愁没有美人吗?

皇太极在炕上转了几圈,两只小手不停地在玩具中拨拉着,看不上眼的便随手一扔,看得上眼的便凝神端详一阵子。小家伙不慌不忙,不紧不慢,着实吊足了众宾客们的胃口,这会儿他倒像是个角儿,旁若无人,神情甚是专注。众宾客不由得暗暗称奇,才一岁的小人儿,见了这喧闹的场面和许多陌生的脸孔非但不哭不闹,反而十分活泼自在,没有丝毫的紧张不安。他一会儿咿呀有声,一会儿咯咯直笑,两只小手不停地在玩具中拨拉着,神情十分专注。

"嘿!这宝贝倒玩得快活,你倒是给老子抓一个呀。"

努尔哈赤有些无可奈何,心里着急却也不好发作,一屋子的人都在看着他的宝贝儿子皇太极呢,只好耐着性子等下去了。

皇太极的小手伸在玩具堆里拽呀扯呀,嘿,这一次他抽出了一块黄绸布!小家伙双手将黄布扯开,想了想竟将它蒙在了头上!大概黄绸布遮住了视线,众人在他的眼中变得模糊不清了,于是小家伙居然咯咯笑了起来,声音是那样的响亮!因为,宾客们早已停止了喧哗,大家都紧盯着小主人,偌大的屋子变得十分静谧。

"天神!可了不得啦,八阿哥将来要贵为一方之主、一国之君!瞧瞧,他现在就把皇冠给戴上啦!"

心直口快的额亦都大声嚷嚷着,上前抱起了皇太极,送到了努尔哈赤的怀里。

此时众人也是一片惊诧和赞叹声,努尔哈赤激动得双眼发亮,"叭、叭"将宝贝儿子亲个不停。

这情形让舅舅纳林布禄目瞪口呆,他干笑着对妹妹说道:

"孟古妹妹,你生的儿子是好样的,将来也许会成为咱女真人的骄傲。做舅父的也觉得脸上有光哪。哈哈!"

"大哥莫要谬夸他,他现在还什么都不懂呢。我只要他快些长大,健健康康的比什么都好。"

孟古的声音有些发颤,眼眶有些湿润。要知道,儿子皇太极的"抓周",其实是在抓她自己的心哪。孟古生怕儿子抓得不好,落个不吉利不说,倘若使汗王生气那可就糟啦。这下子万事大吉,孟古这个年轻的妈妈终于舒心地笑了。

皇太极在众宾客面前露了一手,为努尔哈赤脸上增了光,在亲朋好友的一片恭贺声中,皇太极打起了哈欠,小家伙精神十足地玩了半晌,出尽了风头,也该歇着啦。

孟古和奶娘带着皇太极回到了后院,欢欢喜喜自不必说,可前院里却发出了激烈的争吵声。纳林布禄此时是一脸的冷笑。大半天的应酬伪装令他忍无可忍,现在只剩下他与努尔哈赤两人,他终于发难了。

"都督,如今你我两部联姻,正可谓强强联手。只是那哈达部一心想争霸扈伦四部,我叶赫新遭重创恐势单力弱,本贝勒此番前来请贝勒助一臂之力。"

"噢?你要我出兵灭哈达部?"

努尔哈赤盯着纳林布禄,轻啜着香茗显得不急不躁:

"贝勒此言差矣。今我与叶赫部结亲,与那哈达部也结了亲,怎么能厚此薄彼,做那不仁不义之事呢?再者说,我女真各部本是同根生,又为何争斗不休,反让那汉人坐山观虎斗?"

"都督不必绕弯子了。说白了吧,你不想出兵灭哈达部是假,你甚至想将我扈伦四部一网打尽,早日做这辽东的霸主!"

纳林布禄脸拉得更长了,他实在耐不下性子了。

"胜者为主,败者为寇,这道理你难道不明白?"

说完上面这句话,努尔哈赤"啪"地将茶杯朝茶几上一放,一声冷笑,又说道:

"善者不来,来者不善。直说吧,你此番前来是恐吓还是挑衅?"

"既然都督你要这么想,我也无话可说。"纳林布禄下巴一抬,三角眼向下乜斜着,很有些傲慢:

"都督你是个明白人,见好就收吧。如今这建州所占地盘已足够你和儿子们享用的了,你也该知足了。我好心奉劝一句,凡事三思而后行,切莫引火烧身!"

"这话正应该我对你说!"

努尔哈赤一拍桌子,茶杯震得直响:

"纳林布禄,你凭什么威胁恐吓我?我努尔哈赤有今天的荣誉和地位,是自己浴血奋战争来的。我以父祖被杀向明廷问罪,明廷自知理亏,归还我父祖遗骸不说,还任由我砍下了尼堪外兰的头,尔后明廷又给我敕书马匹,授我左都督敕书并龙虎将军封号,发给金币。你们若不服气的话,去对明廷说呀!对了,纳林布禄,你父也被明军所杀,据说至今尸骨未收。啧啧,你还有脸来对我提出要求?"

纳林布禄感到脸上一阵发热,心里有些后悔不该蹚这趟浑水。可是既来了,总不能灰溜溜地就这么回去吧,倒要被扈伦四部耻笑,落得个里外不是人,唉!

纳林布禄小眼睛骨碌碌转着,理屈词穷的他显然正在绞尽脑汁想着对策。

努尔哈赤见状又是一声冷笑:

"过去,你叶赫部曾趁哈达内乱而趁机袭杀,难道你以为我建州也像哈达那样容易对付吗?我建州早已今非昔比,如你今日所见,北校场上旌旗猎猎,杀声震天,将士们日夜操练,厉兵秣马,有备无患,又岂是你三言两语便能吓倒的?"

"我……"

纳林布禄的黄脸差不多变成了猪肝色,他鼓起了勇气,迎着努尔哈赤那咄咄逼人的目光:

"念在你我两部结姻的份儿上,我此番只是想给你提个醒儿。要知道,马拉哈达、叶赫、辉发以及建州五部,言语相同,血脉相通,势同一国,岂有五主分治之理?如今你建州正成为众矢之的,树大招风嘛,若是你让出额尔敦、扎库木二地与我叶赫部,我也许会竭尽全力游说其他几部,化干戈为玉帛,为你建州消灾解难……"

"笑话!"努尔哈赤一声断喝,犹如雷霆滚滚,纳林布禄不由得浑身一哆嗦,连忙低头避开了对方的视线。

努尔哈赤脸色铁青,倏地起身,从炕头上抽出了宝剑,手起刀落,面前的案几已被砍断了一角,"啪"地掉到了纳林布禄的眼前。

纳林布禄又是一阵哆嗦,他只觉得后脊梁骨上有一股阴冷之风直吹得他头皮发麻,冷汗直冒:

"都督,我只是……好言相劝,你又何必大发雷霆?倘若我九部联手出兵,你就不怕吗?"

"九部联手?"

努尔哈赤心中一凛,看来叶赫亡我之心不死呀。

纳林布禄只当努尔哈赤被吓住了,趁机又补充道:

"如今我叶赫、哈达、乌拉和辉发四部牵头,联络了长白山朱舍呈、讷殷二部再加上蒙古科尔沁、锡伯和卦尔察三部,九部联手,合兵三万,所向无敌呀。都督,你掂量掂量吧,好自为之!"

"既如此,你我便也没什么可说的了。"

努尔哈赤大手一挥,做出了送客的样子:

"贝勒你今日来是为犬子皇太极过周岁,所以我们以礼相待。不过,你跨出山城费阿拉的大门之后,你我便成了敌人,以后兵戎相见休怪本王无情。呃,也许你还未回到叶赫,我八旗精兵健儿便抢先一步踏平了你的部族!且请转告你所谓的九部乌合之众,我努尔哈赤奉陪到底,鹿死谁手,咱们拭目以待!"

"好!"

纳林布禄早就想开溜了,趁机拱手告辞,边往外走边说道:

"咱们骑驴看唱本,走着瞧!哼,敬酒不吃,吃罚酒,又怪得了谁呢?"

垂头丧气的纳林布禄出了费阿拉之后,立即变得火气十足、趾高气扬了,今日受的羞辱他要让努尔哈赤日后加倍偿还!

他马不停蹄赶回了叶赫部,与兄弟布斋、布扬古等连夜密谋,决定立即联合扈伦四部袭击建州所属的户布察寨,先挫对方的锐气,扰乱其军心,然后再相机行事。

对财产、土地乃至权势的欲望,永远是一种引发战争的罪恶之源。而由此产生的征服欲,更使人发疯、发狂,难以自拔。纳林布禄先失去了理智,他要与努尔哈赤决一雌雄。而战争历来都是通向王位的一条歧路,只有征服者才有希望摘取那象征权力和力量的王冠。如今,努尔哈赤在浓烈的硝烟中已做上了费阿拉山城的王,登高望远,他发觉,风光无限,美不胜收,他又怎能甘心将自己用鲜血和生命换来的基业让他人染指?

努尔哈赤心里明白得很,当他名震女真各部,成为显赫一时的风云人物之后,他那来自明廷的荣耀,那得之于浴血奋战的八旗精兵,都引起了新的忌恨和抗争。当他以建州王的雄姿高坐在费阿拉山城的宝座之上时,其实也就等于把战火引到了自己的脚下,这不,居于松花江流域的海西女真首先将矛头对准了努尔哈赤。

什么联姻、结盟,都不过是烟幕,是权宜之计。努尔哈赤仿佛已经看见了扈伦四部的铁蹄正在尘土飞扬中扑向建州,他咬着牙下定了决心:兵来将挡,水来土掩,既然是你死我活,就要血战到底!

数月之后,一队人马直奔费阿拉而来,守城的官兵严阵以待,以为对方来者不善,后来才发现是叶赫、哈达和辉发等四部派来的使臣。因叶赫、哈达与建州均为联姻关系,所以城门洞开,这些使臣们骑着高头大马,直奔内城。

此番四部落联手,想在气势上压倒努尔哈赤,那几位使臣更显得十分傲慢狂妄。努尔哈赤听说此次是扈伦四部使者同时而来,心知无非还是恐吓和讹诈,但来者即是客,便吩咐设宴款待。

四部使臣未料到努尔哈赤如此大度和豪爽,菜过五味、酒过三巡之后,使臣们个个面红耳赤,酒气熏天,只顾得狼吞虎咽了。努尔哈赤不由得一阵冷笑,拂袖而去。

使臣们酒足饭饱之后,这才发觉差一点忘记了使命。面对着额亦都、安费扬古以及何和理等文武大臣,四部使臣们张口结舌,威风扫地胡乱恐吓了一阵子,便匆忙告辞,身后则是建州众将官们阵阵的嘲笑。

"事不过三,诸位将官,你们须得提高警惕,严阵以待!"

努尔哈赤知道四部使臣屡次碰钉子以后,肯定会恼羞成怒,首先挑起战火。因此努尔哈赤便制定了相应的对策,以静制动,后发制人,有备无患。以前诸部总有人指责努尔哈赤是不仁不义之人,这一回努尔哈赤一忍再忍,绝不首先发难,他要将对扈伦四部的征服战争变成名正言顺的自卫战争,这样才好对爱妻孟古和爱子皇太极有个交待。

磨刀霍霍的扈伦四部终于向建州发难了。

入夜,风清月明。一队人马悄悄逼近了户布察。这里地处偏僻,且离费阿拉较远,等努尔哈赤发现时,扈伦四部的人马早已大掠而归了。

事情果然是这样。户布察冲天的火光惊动了建州,当然更令努尔哈赤怒不可遏。

消息是第二天一早传到费阿拉的,当时,努尔哈赤正急匆匆往外走。一早起来他便觉得有些心神不宁,想去校场督兵操练。

"都督……"额亦都带着一名亲兵慌慌张张的跑过来:"不好了,叶赫部昨天晚上偷袭了我们的寨子,寨子里面的人无一幸免,整个寨子都被化成灰烬了!"

"什么?"努尔哈赤的脸色霎时变得铁青,似乎要喷出火来:

"纳林布禄,我与你势不两立!传令下去,额亦都速带三百精兵与本王一起追击叶赫部!"

第四章　九部侵袭巧设兵
　　　　　　哈赤沉稳巧布兵

　　古勒山。
　　东方的山林上空，已现出现了鱼肚白，而在浓密树荫包围下的古勒山却似乎依然在沉睡。萧瑟的山风将树木拍打地哗哗作响，偶尔一两只惊鸟"嗖"地飞过树梢，惊起一阵波澜，除此之外，一切都是那么的静谧美好。
　　然而这却是暴风雨前的片刻宁静……
　　以叶赫部为首的扈伦四部频繁地骚扰着建州的边界地区，弄得那里鸡犬不宁，人心惶惶。
　　这一日，努尔哈赤正召集各路将官们商讨军务，忽有探马来报，说扈伦四部又出兵洗劫了东边的叶臣部，抢去了不少牛羊和壮劳力。将官们闻听个个摩拳擦掌，恨不得立即带兵与扈伦四部决一雌雄。
　　为了给战争筹得更多胜算，努尔哈赤将何和理、额亦都、安费扬古等人聚在一起，共同商议大事，希望可以谋得一个万全之策。经过一番讨论之后，大家一致接受了何和理的建议——想要扼制扈伦四部，就要改变自身在开原马市贸易中的被动地位。于是，他们开始行动了！
　　金秋十月，正是一个收获的季节。建州境内牛羊遍地，瓜果飘香，人们脸上带着笑容，忙碌的身影在白云蓝天下时隐时现，到处是一派祥和安泰的景象。
　　内城的大厅里，努尔哈赤正为两个功臣何和理和扈尔汗接风洗尘。只要一想到原本属于纳林布禄的银子都流进了自己的腰包，大家就十分高兴。但是，却不知一场战争也在一步步向他们逼近。
　　忽有探马飞驰而来，众人脸色大变！
　　"报……叶赫等九部联军，三万之众正兵分三路向我建州逼近！"
　　"报……浑河以北敌营密密麻麻，战旗林立！"
　　"报……我边境居民人心惶惶，请求都督派大军前去救援！"
　　"紧张什么？我估计一时半会儿敌人到不了咱费阿拉。"
　　努尔哈赤酒意顿消，一双鹰样的眼睛格外明亮。他从容自若，从使女手中接过了一杯香茶，慢慢地品着，神态很是悠闲。
　　"哥哥，你快醒醒酒吧，九部联军快杀到咱家门口了，是三万人哪，咱们势单力薄拿什么去抵挡？"

舒尔哈齐霍地站了起来,对努尔哈赤大叫着,声音中分明带着某种恐惧。

"两军阵前不许蛊惑人心,造谣惑众,谁若再说这样的话,杀无赦!"

努尔哈赤将茶杯重重地往托盘中一搁,使女原本双手就有些颤抖,托盘一歪茶杯掉到了地上,摔成了碎片。

"奴婢有罪,请汗王开恩。"

使女吓得面无人色,跪倒在地上,浑身筛糠一样地抖个不停。

"无用的贱人,扈尔汉将她拖下去砍了她的手!"

"汗王饶命!"使女发出了绝望的哭喊,却被扈尔汉手下的侍卫拖走了。

众人目睹着这情景一时噤若寒蝉,舒尔哈齐更是敢怒不敢言。哼,同为一母所生,偏偏你是长子就可以做汗王,偏偏我就要为你出生入死去拼杀,而且稍有不慎就会惹来杀身之祸,凭什么?论武功论本事我哪一点也不比你差!好吧,如果你不把我当兄弟看,我也就不会把你当哥哥那样侍候着。海阔凭鱼跃,天高任鸟飞,我惹不起你还躲不起你吗?省得整天受你奚落,在大庭广众之下丢光了我的脸面。人要脸,树要皮呀!

不远处婢女的惨叫声令人听了头皮发麻,众将官们一时面无血色,呆若木鸡。

"扈尔汉!"

"小的在!"

"本王令你即刻带几名探马出城探听敌军的虚实,不得有误!"

"嘛!"

扈尔汉匆忙领命而去。

"额亦都、安费扬古!"

"末将在!"

"本王令你二人即刻去集合军队,随时听候本王调遣!"

"嘛!"

"费英东,你去准备好粮草!"

"何和理,你去加强山城的防卫!"

"都……督,小的做什么?"

舒尔哈齐硬着头皮问道,他知道哥哥此时万万冒犯不得,所以显得毕恭毕敬的。

"你带着阿敏,还有褚英、代善,你们都回去睡觉!"

"什么?"

这一回褚英不愿意了。他也是急性子,握着拳头双目圆睁看着努尔哈赤:"阿玛王,你是把我看扁了?两军阵前我怎么可以临阵退避呢,我不回去!"

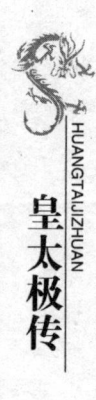

"你……"

努尔哈赤怒视着儿子褚英,从牙缝里迸出了几个字:

"这是军令!"

褚英吓得一哆嗦。父王这话分明就是在告诫他,军令不可违,否则杀无赦!怎么,这就要被杀?我这可是好心没好报,唉,难怪叔叔舒尔哈齐也会对父王有意见,父王他这个人也太霸道了,简直是不论青红皂白!

"睡觉就睡觉,顶多不要做什么吐伦世了,倒落得个自在!代善,走!"

褚英愤愤不平地小声嘀咕着,拉着弟弟代善就要走。

努尔哈赤的口气终于有些缓和了,"唉!你们怎么就不明白呢?"

紧接着他又补充了一句:

"若我军夜出迎敌,恐惊动城中百姓,待天明出兵,今晚咱们可以好好睡一觉,养精蓄锐。"

褚英绷着的脸露出了笑容:"嘻,父王你早说不就什么事儿也没了么?"

努尔哈赤神态悠闲地朝大家挥着手转身离去,丢下了一群神色惶恐的将官,面面相觑。大家正不知如何是好,又有探马来报:

"敌兵已越过浑河,往古勒山进发!"

众人纷纷登上城楼眺望,远远望见浑河岸边,敌兵营垒密密麻麻,人声鼎沸,战马嘶鸣,众将官不由得倒吸了一口凉气:敌兵即将逼近,咱们总不能坐以待毙,束手就擒呀?

小将费英东"唰"地抽出宝剑,在黑夜中用力舞动,大叫着:

"敌兵数倍于我,都督却让咱们按兵不动,这,这是哪门子用兵之法?不如咱们各自带兵出城,与他们拼了!"

众将官觉得费英东说的有理,也代表了他们的心声,纷纷附和着一起往城楼下冲。

"站住,大家不要激动!"

何和理伸出双臂挡住了众人的去路。灯光下,他一袭银灰色战袍,美髯飘飘,神态从容自若,令众将官们肃然起敬。

"诸位,咱们跟随都督多年,都督战无不胜,向来用兵如神,诸位岂有不知之理?今夜敌人虽数倍于我,但他们不过是一群乌合之众,断不敢夜袭我山城。所以,咱们何不听都督的吩咐,回家美美地睡上一觉,养精蓄锐,明日好精力充沛地随都督出城杀敌,到时候咱们可要好好地比试一下,看看谁能争得吐伦世的荣誉!"

"好,好!"何和理这么一番话,总算彻底打消了众将官们心中的顾虑与惶恐,他们互相鼓励着三三两两结伴而去,何和理却伫立在城楼上,看着远处敌营,眉头拧到了一起。他知道明日将有一场苦战,他一定要尽忠尽职守卫好山城,让城中的百姓安然入睡,让都督放心,让都督安心。

夜深人静,山城费阿拉笼罩在浓浓的黑暗中,悄然无声,像睡熟了一般,没有丝毫动静。

雄鸡报晓,山城费阿拉度过了一个难眠之夜。薄雾中,汗王努尔哈赤全身披挂,头戴金盔,胸护金甲,腰佩宝剑,精神抖擞。

何和理带着诸将官早已恭候在议政楼前多时了,见努尔哈赤出来,何和理上前小声禀报:

"都督,我在城门外的小山坡上抓到了几个探子,他们装神弄鬼,正在埋一块石碑,原来那上面刻着诅咒建州和都督您的话。"

"是吗?将那石碑拿来,我倒要看看那些贼人胡咧咧个啥!"

何和理忙吩咐卫兵点起了火把,照着沾着红土的石碑。努尔哈赤仔细看着上面的篆刻,小声念道:

"灭建州者叶赫,哈哈哈哈!"

努尔哈赤随即爆发了一阵大笑,众将官们闻听更是义愤填膺:

"呸!纳林布禄那厮,就会兴妖作怪玩弄诡计。"

"邪不压正,怕他怎的!"

"他们夜间不敢进攻,便派人搞鬼把戏,真是愚蠢透顶!"

"好了,时辰差不多了,咱们该去祭堂子了,让工匠将这石碑砸碎,做滚木礌石也可以多要几个贼人的性命,哈哈!"

说罢,努尔哈赤将石碑往地上一扔,带着众人前往堂子祭天。每逢重大战事,女真人都要祭堂子,祈祷每战必胜。其时天色未明,月光清冷,鼓声咚咚,风吹秋叶,云走碧空,正是黎明前的黑夜,这山城中的祭祀场面更显得肃然、神圣,打破了山城的静谧。

"皇天后土,上下神祇,天神祖宗阿布凯恩都里在上,请您让侍女神雀用流星做笔,太阳河水做墨,为我爱新觉罗家族作证。我努尔哈赤与那九部本无仇怨,如今他们却联兵进逼,马嘶边墙,耀武扬威。我建州承天运开国事,兴王业建山城,正是风调雨顺、万民乐业之时,怎能容忍九部对我建州的侵凌与挑衅?女真吐伦世胯下战马马尾扫过的地方,攻无不克,战无不胜,此一战,愿天神保佑,神谕得以实现,愿贼人不堪一击,愿我建州众志成城,无坚不摧!"古勒山,又称古楼岭,地势险要,四面是断崖峭壁,纵横交错,莽莽林海中,猿鸣狼嗥,听来令人毛骨悚然。努尔哈赤选中了这里,命八旗精兵在山路两边埋伏,在两侧崖岭上安放滚木礌石,在陡坡狭路及河谷一带设置横木路障……

一切准备就绪,只等九部联军进犯了。

已经出兵一天一夜的九部联军来势凶猛,以迅雷不及掩耳之势挺进建州之后，一路上并未受到努尔哈赤的拦截，如入无人之境，这让他们欣喜若狂。他们人多势众，肆无忌惮，一路上烧杀抢掠无恶不作。

九部联军的首领之一纳林布禄得意洋洋。九部联军的三万兵力中，叶赫出兵一万，哈达、乌拉、辉发三部合兵一万，蒙古科尔沁、锡伯、卦尔察等三部及长白山珠舍里、纳殷二部，也出兵一万，兵分三路向建州围剿，大有一举踏平建州之势。

按纳林布禄的既定方针，此番进攻建州，见人杀人，见城攻城，总之要将建州搅得鸡犬不宁、国无宁日。所以每遇山寨，联军便蜂拥而上，不由分说肆虐劫掠一番。可是，当进攻扎喀寨时却遇到了麻烦。

这扎喀寨山寨虽小却地势险要，四面皆为悬崖峭壁，只中间一条山路可以穿行，真正是"一夫当关，万夫莫开"。欲一口吞山的九部联军围着扎喀寨四周的悬崖转了几圈，累得士兵们气喘吁吁，气得纳林布禄暴跳如雷。万般无奈，他们只得转攻下一个目标黑济格寨，而这时已经是半夜了，于是纳林布禄吩咐士兵们在离寨不远处安营扎寨，等天明以后即刻攻寨。

决战在即，千钧一发。

隐蔽在古勒山上的努尔哈赤不敢有丝毫懈怠，亲自下马布阵，并与诸将领研究着对策。

"目前敌强我弱，既不能硬拼，也不能死守，关键是我军要有高昂的斗志和百倍的信心，避其锐气，以逸待劳，然后相机行事，打他个措手不及。"

何和理一副军师口气，让努尔哈赤听得连连点头。可额亦都却嚷嚷起来：

"不管怎么样，敌人三万人马就在那里，是不会少的，按照我的意思来说，咱们就大胆地往前冲杀，杀一个够本，杀俩还赚一个呢。只要是不怕死，就跟着俺额亦都往前冲！"

安费扬古瞪着额亦都：

"笑话！咱建州女真有怕死的儿郎？现在的问题没有你想的那么简单，你不要着急，先听听咱们都督和何师爷的妙计。"

第五章　都督凯旋纳明安
　　　　　九哥再惹心波澜

　　努尔哈赤的眉头拧得很紧。没错,额亦都是一员猛将,现在连他的语气中都是宁死一战的悲观,那么,对于那些普通将士来说,心情可想而知了。

　　数倍敌人来势汹汹,强敌压境,如果将士心生怯意,毫无斗志,即便是有天神的相助,那也是爱莫能助的。

　　于是,努尔哈赤提高了嗓音:

　　"兵法上说,合军聚众,务在激气;临境强敌,务在厉气。今敌众三万仅在数量占优势而已,实乃乌合之众,我等只要伤其几个将领,敌军群龙无首必然溃败。况且敌军远道而来,道路不熟,他们在明处,我等在暗处,我军兵虽少但个个勇猛善战,只要拼力一战,必稳操胜券。诸位切记,一定要鼓动起我军的士气,抖擞精神,先从精神上心理上战胜敌人。你们看……"

　　众人随着努尔哈赤登高远眺,只见古勒山下一条小路盘旋蜿蜒,若隐若现。

　　"今日之战,乃我军与九部联军的第一场硬仗,只许胜不许败!胜则可一鼓作气将敌人赶出我建州,败则溃不成军,费阿拉山城也危在旦夕,我建州数十年的功业将会毁于一旦!"

　　努尔哈赤神情严肃,面色铁青,双手握拳在胸前挥舞着:

　　"何和理,将我军的部署细细说与诸位将官,你们仔细听好,不许贻误战机,不许轻举妄动,更不许怯阵退缩!"

　　"诸位将军请看,我精兵已埋伏在山路两旁,这里地形复杂,崎岖陡峭,草木茂盛,敌人最不容易察觉。我们只要耐心等候,只等敌兵大队人马进入山路便可从两侧猛烈进攻,杀他个措手不及,防不胜防。"

　　"如果敌人不经过古勒山怎么办?"

　　额亦都瞪着一双铜铃似的眼珠子认真地看着何和理。何和理微微一笑,习惯地捋着唇上的胡须。但凡重大场合,他总是一袭白袍,那么潇洒、飘逸、儒雅、自信,额亦都等人最钦佩的就是这一点。他们怎么也比不上何和理,不用说人家那颗充满智慧的头脑,就是人家的举止言谈里所表现的君子风度,便让额亦都们自惭形秽了。

　　"额将军问得好,来来,咱们如此这般部署一番,我军只要以逸待劳,不愁敌兵不来古勒山。"

原来,努尔哈赤与何和理等人早已商量好了计谋。既然九部联军兵分几路进攻建州,建州精兵也得兵分几路迎头痛击,来而不往非礼嘛。古人打仗,要求领兵的将帅要通晓"九变",就是随着不同的阵势,采用不同的阵法。因此,他们决定先由额亦都率一队轻骑抢先赶到扎喀寨,骚扰敌兵然后佯装西逃,渡过苏子河,固守黑济格寨。等敌兵围攻黑济格寨时,再派出由安费扬古带领的一队人马前去救援,然后依然佯装败逃,这样一而再,给敌人造成一个假象,即建州兵人少力弱果然不敌九部联军。当敌人得意忘形之时,已不知不觉被引到了古勒山下,进入由努尔哈赤全盘负责统领的包围圈,然后一举将其歼灭。

布置完毕,各路人马分头领兵而去,此时已是云开雾散,艳阳高照了。放眼望去,古勒山松杉青青,红枫如火,山野里一簇簇金色的山菊花随着微风送来阵阵的清香,令人备觉心旷神怡。

然而,士兵们却无心欣赏这良辰美景,他们正按都督努尔哈赤的吩咐解下了随身佩戴的臂手和护颈(注:女真士兵护臂及护颈之物称之为"臂手"或"蔽手"及"护颈"),将这些笨重的玩意儿堆在崖壁旁,弄不好它们也能当作武器朝来犯的敌人投掷呢。除去了重负的士兵们隐蔽在两侧的丛林中,警惕地注视着山下的动静,就像是严阵以待的猎人在等待着猎物的出现。

此刻,纳林布禄统领的叶赫兵仍悄无声息。也难怪,出兵两天来,日夜兼程,餐风宿露没有片刻喘息,好不容易才在扎喀城下扎下了营寨,士兵们呼呼大睡正做着美梦呢。

很快,叶赫士兵就从睡梦中被惊醒,在一阵紧似一阵的号角声中,他们睡眼惺忪地戴上了盔甲,操起了刀剑。

"弟兄们,扎喀城里已经为咱们煮好了早饭,还有一群美人儿等着咱们,咱们先一鼓作气拿下它,然后就可以尽情地享受了。给我往山下冲!"

纳林布禄挥舞着宝剑,在阵前做着鼓动,讲得唾沫星子乱飞。叶赫士兵们来了精神,狂叫着争先恐后地向下冲去。

突然,看似平静的扎喀城里响起了震天的鼓声,随即城墙上人头攒动,杀声震天,翎箭嗖嗖,弓声嗡嗡,城外如蝗如蚁的叶赫兵立即倒下了一大片。

"叔叔,咱们中了埋伏!"

布扬古显得忧心忡忡。

纳林布禄恶狠狠地瞪着布扬古,厉声说道:

"你慌什么!怕什么!让士兵们将尸体叠成人墙,以盾牌掩护,竖云梯攻城!"

布扬古精神一振,回头看着身后乌压压的士兵,大喊着:

"兄弟们,搭云梯攻城!先攻上城墙者重重有赏!"

纳林布禄果然经验老到,这一招很灵。一丈多高的木盾牌,挡住了城墙上飞来的箭矢,叶赫士兵借战车盾牌的掩护,不一会儿便逼近了城下,几十架云梯转瞬之间便靠着城墙竖了起来。

"不好啦,叶赫兵爬上来啦!"

城楼上突然乱作一团,箭矢也变得稀稀拉拉。

"撤!快从北门往后山上撤!弟兄们护着额亦都将军!"

"额亦都?"

纳林布禄听到这个名字不由得一怔:这可是建州有名的猛将哪,他怎么会出现在扎喀寨?抬头一看,果然见一面三角蓝旗,上写着大大的"额"字,转眼间这旗子便从城墙上消失了。

"弟兄们,向北边给我追,捉住额亦都赏美女两名,外加良马十匹,牛十头!"

俗话说,重赏之下必有勇夫。叶赫兵忘记了在城下遭遇的阻击,铆足了劲儿向城北追去,一路上喊着叫着似乎个个都要抢头功。叶赫兵只盯着山路上若隐若现的蓝色旗子,一路追赶,不知不觉已来到了黑济格寨下。额亦都的一干人马早已进了城,在城墙上又是一阵密集的射击,将叶赫兵打得人仰马翻。

纳林布禄暴跳如雷,又要组织士兵攻城,只听城楼上额亦都哈哈大笑道:

"大贝勒,天色已晚,俺吃酒去了,明儿见!哈哈哈哈!"

"额亦都,有种的就打开城门跟俺一决雌雄,躲在寨子里,算个什么好汉?"

纳林布禄在马上大声叫骂起来,他的声音跟他的长相一样,又尖又细,声音格外刺耳。

"吃爷爷一箭!"

额亦都一声怒骂,手起箭落,"嗖"地直飞纳林布禄的面门而来。纳林布禄来不及抽剑护身,只得一个鹞子翻身,紧贴着马肚子躲过了这一箭。

城楼上的额亦都看得一清二楚,哈哈大笑起来:

"瞧一瞧你那个熊样子,到底谁是龟孙子?"

纳林布禄恼羞成怒,正要组织士兵攻城,布扬古凑了上来,压低了声音:

"叔叔,咱这一日只顾追击额亦都,士兵们早已饥肠辘辘,哪里还有力气再攻城?再说,大队人马还不知在何处,咱可不能孤军作战呀,这是兵家之大忌。"

"嗯,也罢,且让那额亦都再多活几个时辰。"

翌日黎明时分,未等叶赫兵发起进攻,建州的安费扬古率着一队人马又来挑战了。

安费扬古率着一队人马朝叶赫兵营噼噼啪啪放了一阵子飞箭,趁敌人被打着晕头转向之时,拨马便走。纳林布禄被惹得性起,立马将人分成两拨,一拨子攻打山寨,另一拨子猛追往古勒山方向后撤的安费扬古。

不到一个时辰,叶赫兵与蒙古科尔沁的联兵涌上了古勒山。这时候本该天色大亮,可天公不作美,浓雾锁住了山谷,四处灰蒙蒙的一片,只听得见前方建州士兵大呼小叫的撤退声和潺潺溪水声。

布扬古心怀顾忌,策马追上纳林布禄,说道:

"叔叔,咱们会不会中了努尔哈赤的埋伏?这里深沟纵横,深不见底,可没有退路哇。"

纳林布禄一转身,挥鞭策马正要往前冲,就在这时,只听得身旁"咕咚"一声,接着传来了一声撕裂人心的惨叫,随后就没了声息。

"报告……大贝勒,侍卫巴棱拉掉、掉到山涧下去了。"

纳林布禄心里"咯噔"一下,心里说这里的山路果真狭窄崎岖,况且有浓雾弥漫,稍不留心便会马失前蹄,摔个粉身碎骨!

"传令下去,山路陡峭崎岖,下马缓行,前边的人给我盯住安费扬古的去向!"

士兵们刚刚下了马,从背后又传来了"嗖嗖"翎箭声,接着有人高声叫道:

"不好啦,建州兵从后边追杀上来啦!"

顿时军中乱成一团,士兵们上也不成,下也不成,急得嗷嗷乱叫像热锅上的蚂蚁。

纳林布禄使出吃奶的力气叫了起来:

"给我稳住!咱们九部联军人多势众,怕他奶奶个熊?快些往上冲,抢占制高点,杀它个回马枪!"

众人一听心里发憷,大贝勒一会儿传令缓行,一会儿又说急行,到底该怎么办?正在犹疑间,忽听山路两旁响起了清脆嘹亮的号角声,接着滚木礌石、箭矢投枪如雨点般飞向叶赫兵,叶赫兵猝不及防,顿时鬼哭狼嚎乱成一团。

努尔哈赤眼见时机一到,带头跳出了丛林,大吼着:"杀!"

建州士兵们一个个也如猛虎下山,杀入敌阵。

一时之间,只见满山遍野的建州兵,或挥舞着刀剑棍棒,或拉弓搭弦,或搬着石块,还有的点燃了林中枯枝扔向九部联兵。

纳林布禄和侄子布扬古由数十名精兵护卫着,趁乱杀出了一条血路,荒不择路,潜入了路旁的丛林中狼狈而逃。可是九部联军中的乌拉贝勒布占泰年轻气盛,仍气急败坏地指挥着士兵冲杀。

正当建州士兵个个追杀正酣之时,忽见山梁上出现了一队白衣白马的快骑,一人举着一柄钩镰刀,甚是威武整齐。

"阿玛小心,科尔沁的蒙古兵杀过来了!"

褚英与扈尔汉一左一右上前护住了努尔哈赤,努尔哈赤心中一热,多孝顺多有眼力的孩子呀。

扈尔汉一声口哨,身后立即上来了一队快马,不一会儿便迎上了科尔沁的兵马,两队人马旗鼓相当,杀得难解难分。

浓雾,不知道什么时候已经散尽,阳光穿过密林,照着山路上的残盔断甲和哀号的九部士兵,当然还有一具具惨不忍睹的尸体。

"古勒山啊,我要让爱新觉罗家的子孙永远记住你的名字!"

努尔哈赤的脸上并没有胜利后的笑容,反而却眉头紧锁,因为他知道残酷的战争还在后头,他已经没有退路了。

古勒山一战,仅两天时间,建州居然以少胜多,将那九部联军打败,俘获了兵马数千,车辆辎重无数,喜得建州百姓家家户户张灯结彩,披红挂绿,山城费阿拉更是喜气洋洋。除了犒赏八旗兵士之外,都督努尔哈赤还特地在议政楼前设宴,分封功臣,赏赐良将。

努尔哈赤身着便装席地而坐,丝毫没有往常那令人望而生畏的神态,部将们于是乎没了拘束,大呼小叫着,猜拳斗酒闹得不亦乐乎。

"来来,怎么干坐着?干!"

努尔哈赤这桌的气氛稍有些拘谨。为什么?他的左边坐着乌拉的小贝勒布占泰,右边坐着蒙古科尔沁贝勒明安,他二人可是努尔哈赤手下的败将,如今都督不计前嫌,以礼相待,反倒让他二人手足无措了。

"贝勒,我昨日见您手下的马队人人剽悍强健,训练有素,不知可有什么训练的法宝?"

明安的脸唰地成了茄子色,他连连摆手:

"都督不提也罢,羞煞人了。"

努尔哈赤本是出于诚心,但明安却面红耳赤难以释怀。唉,他后悔呀,悔不该糊里糊涂地参加了九部联军,又糊里糊涂地败得一塌糊涂,简直令他威风扫地!

明安出生于科尔沁的博尔济吉特氏家,就像建州的爱新觉罗家一样,也是一个显赫的大族。作为成吉思汗的后代,明安志向远大,尤其是当他承袭了科尔沁和兀鲁特部的贝勒之后,励精图治,注重农牧业与军事,使部族不断地发展壮大。明安本人也能骑善射,风流倜傥,无论是居家或是出征,总是衣着光鲜,收拾得一尘不染。所以,他手下的骑兵也是个个精明强悍,干净利落,留下了"白色旋风"的美名。

"来,咱兄弟俩一人一只,看谁先啃完?"

努尔哈赤故意岔开话题,将盆里的两只烤羊腿一人分了一只,先啃了起来。

第五章 都督凯旋纳明安 九哥再惹心波澜

明安朝努尔哈赤感激地一笑，也咬了一大口，满嘴油滋滋的：

"胜而设宴，饮的是甜酒，明安我为都督庆贺，败而强饮，喝的是苦酒，明安我愧对都督呀。"

"不，不，大贝勒你又见外了。你不必这么自卑，你是成吉思汗的后代，他可是我心中的英雄哪！你应该为之骄傲和自豪才对呀。"

"唉，后辈玷污了先祖的英名哪！"

明安低着头大口地啃着羊腿，不再说话。看来，这段经历在他心里一时是抹不去的，努尔哈赤觉得好笑，男子汉大丈夫，有什么放不下的？

倒是左边的布占泰一直在与额亦都、安费扬古等人猜拳吃酒说笑着，仿佛是这里的常客。

"听说，小贝勒就要做叶赫的女婿了？"

额亦都吃了几碗酒，脸红得像个关公，嗓门很大。

布占泰颇为得意，伸手从怀里摸出了那方粉色丝帕，在众人眼前一抖：

"那是！你们瞧瞧，这便是东哥送给我的定情之物。"

"哇，活灵活现的两只小鸟儿，是不是一公一母？喂，这是那个大美人儿亲手送给你的吗？哎哟，若是有谁也给俺绣个什么鸟儿，俺愿意为她去死！"

额亦都眯着眼睛沉醉在幻想的喜悦之中。

安费扬古的一句话却搅了他的白日梦：

"美女有什么好？红颜祸水呀，瞧瞧，布占泰小贝勒这回给害惨了吧。当初那美女东哥也曾说过要嫁给咱们都督的，是有这回事儿吧？"

"呃……"

努尔哈赤的神情也有些不自然起来。

东哥这个尤物，当嫁不嫁，频频地抛着绣球，勾引得多少男人魂牵梦绕，垂涎三尺？唉，英雄气短，儿女情长，英雄自古爱美人，这也是身不由己的事呀。

"小贝勒，你打算什么时候迎娶这个大美人儿？"

额亦都说话总是东一榔头西一斧头，弄得大家伙儿只好跟着他的脑子转了。

布占泰脸上的笑容有些僵硬，他的底气也显得不那么足了：

"如今我乃战败之人，一切要听候都督的发落，哪里还敢奢望那大婚之日早些到来？"

年轻人说着眼角竟有泪光闪动。其实布占泰长得倒是一表人才，高高的鼻梁和一双剑眉颇有几分英武之气，与那叶赫美女倒也相配。

努尔哈赤暗暗打量着布占泰，虽说乌拉部也是建州的死敌，但爱才心切的努尔哈赤却对布占泰一见如故。俗话说，擒贼先擒王，此次九部联军之所以成行,罪在叶赫,对其他的部族努尔哈赤能宽容则宽容,何必要树敌太多呢?

"我阿玛以万人之兵破你们九部联军,真可谓用兵如神。依小辈看来,你们扈伦四部甚至还有关外女真各部,迟早都是俺建州的刀下之肉、腹中之鱼。这一次古勒山之战的教训,你们应该谨记于心上。"

褚英旧话重提,侃侃而谈,根本不顾在座的布占泰与明安等败将的尴尬神情。努尔哈赤不由得板起了面孔,他真想大声训斥这个居功自傲的长子。

岂料,布占泰对此并不忌讳,反而嘻嘻一笑,缓和了气氛:

"都督之雄韬大略,实在令晚辈钦佩。此次九部攻建州,名义上是扈伦四部挑起,其实我乌拉部也是被迫参加的。只因那叶赫人一心要与都督您争雄称霸,才频频发起了战争,我们都是受害者呀,这些都督您最清楚了,大人不记小人过,还请都督您高抬贵手,放过我乌拉部。"

布占泰这话说得十分合努尔哈赤的心意,在座的人也频频点头。

努尔哈赤盯着布占泰,似乎想要看清这个年轻人的真正想法。"后生可畏",不知怎地,他的脑子里冒出了这四个字,于是努尔哈赤微微一笑:

"小贝勒举手投足甚合我意,我有一侄女,虽比不上那叶赫美女,却也娇艳可人,况且她才十多岁,花一般的年纪。如若小贝勒不嫌,我愿将侄女许配于你。"

"这个……"

布占泰一时怔住了。战败之人,亡国将至,怎么还能做建州王的侄女婿?是福还是祸?纵是布占泰脑筋再好使,一时之间他有些慌乱,张口结舌:

"多谢……都督的美意,只是,只是那东哥……"

"嘻,得啦小贝勒。"

额亦都又干了一碗酒,用油乎乎的手往唇边一抹,咂巴着嘴:

"您哪,美梦该梦醒啦。东哥岂是你我这等凡夫俗子能得到的?连我们都督……"

额亦都分明感觉到了努尔哈赤抛来的白眼,连忙收住了话题:

"小贝勒,能做建州的额驸可是千载难逢的幸事咧,俺年岁大了,人又生得丑陋,要不然俺也想……"

"额亦都,吃块肉,满嘴胡咧咧个啥?"

安费扬古冷不丁地抓起一块大肉塞进了额亦都的嘴里,憋得额亦都面红耳赤说不出话来。

其实,不用其他人解释,布占泰自然明白做建州王额驸将意味着什么。从此以后,自己只能任由努尔哈赤牵着鼻子走了,这又怨得了谁呢?命运不济吧,既然以后要寄人篱下,也只得忍气吞声了,小不忍则乱大谋,好在自己还年轻,还有的是机会,好吧,咱们走着瞧!

第五章 都督凯旋纳明安 九哥再惹心波澜

主意已定,布占泰立即起身向努尔哈赤行礼,神情极为恭敬:

"恭敬不如从命,晚辈做梦也没想到会做建州王您的侄额驸,晚辈这厢有礼了。至于东哥,其实她的年纪已够大的了,叶赫老女,红颜易逝,又有什么好稀罕的!"

"爽快!""干杯!"大家伙儿又是一阵开怀痛饮。

觥筹交错之中,已经有了几分醉意的布占泰摇摇晃晃地站了起来,举着酒碗对努尔哈赤嘻嘻直笑:

"哈哈,没想到晚辈成了您的额驸。这会儿晚辈却又想到了我的小侄女阿巴亥,唔,她现在还小,才五岁,不过以晚辈我的相貌,都督您应该能想像得到阿巴亥的容貌……"

努尔哈赤看着醉醺醺的布占泰,不知他的葫芦里卖的是什么药,随口应付着:"那是,令侄女长大了一定也是个美人胚子。"

"不是我布占泰夸口,若是阿巴亥早生几年,肯定会把叶赫老女给比下去……"

布占泰明知众人在听他说话,却又停住了,咕嘟咕嘟又灌了一碗酒,将碗往桌子上重重地一放,用通红的眼珠子盯着努尔哈赤,一字一句极为认真:

"都督,晚辈十分仰慕您,晚辈觉得只有您才配娶我侄女阿巴亥。作为叔叔我愿替她做主,只要您点个头,八年之后,晚辈定将阿巴亥送到费阿拉。"

"哈哈,原来是……"

努尔哈赤不禁朗声大笑起来。

"好事,喜上加喜,亲上加亲!"

额亦都口无遮拦又开始发表意见了,边说还边对坐在对面的安费扬古挤着眼睛,这哥儿俩也是对儿冤家,最爱抬扛的是他们,关系最密切的也是他们。

"小贝勒,你不怕赔了侄女又折兵?"

褚英冷不丁地冒出了这句话,令在场的人一愣。布占泰好像被褚英说中了心思,脸上一阵红一阵白的,吭吭哧哧没了词儿。

"其实我是说,这么好的事情怎么轮不到我呢?"

褚英毕竟聪明过人,话一出口他便知道说得不是时候,于是又连忙补了一句,气氛随即又缓和下来了。

"布占泰,令侄女真的如你所说那么漂亮?"

"岂止是漂亮,阿巴亥她就是一朵娇美的花,不对,她还只是一个花骨朵,还没有绽放哩。"

布占泰胡乱比划着,尽量想用一些文绉绉的词语,却又酒气熏天,唾沫星子乱溅,逗得众人嬉笑不已。

"既是这样,咱们就一锤子定音,这门亲事我认定了。到时候你可不能反悔哟,叶赫老女的当我也上过哟。"

努尔哈赤面带微笑也轻松调侃起来,众人更是高兴,要知道平日里这位大都督可是不苟言笑威严得很咧。

总之都是叶赫的过错,不论是叶赫老女东哥,还是叶赫的大贝勒纳林布禄,他们似乎已成了千夫所指的人。

额亦都按捺不住,拍着桌子又嚷嚷开了:

"都督,咱不如乘胜进攻,杀到叶赫城!"

"嗯?"

努尔哈赤再一次朝额亦都绷起了脸,众人先是一怔,随即掩着口吃吃笑了起来,把个红脸汉子额亦都弄得丈二和尚摸不着头脑。

"喂,你说说看,俺又说错了吗?"

额亦都瞪着安费扬古,又朝努尔哈赤瞥了一眼,见努尔哈赤也朝自己白着眼珠子,这才醒悟过来:纳林布禄的家,不就是努尔哈赤的妻子叶赫那拉氏孟古的娘家嘛,这可是都督"老泰山"的家呀。

额亦都不自然地摸着后脑勺,低着头不言语了。

布占泰在费阿拉一住数年,努尔哈赤将侄女许了他,成了家并生了儿女,日子过得倒也逍遥。这期间,扈伦四部因古勒山一战大伤元气,四分五裂,而建州则日益强大。目睹着这一切,乌拉新部主布占泰有泪只能往肚子里流。他好强的本性,并没因这几年在建州寄人篱下的生活而磨灭,他绝不甘于平庸,也绝不愿仰人鼻息,他也是堂堂的一部之主嘛,为什么不能像努尔哈赤那样从容地发号施令,呼风唤雨?

带着妻子爱新觉罗氏重返乌拉之后,布占泰决心要学那越王勾践"卧薪尝胆",摒弃了奢华和享乐,一心一意积蓄力量,以图早一日称霸群雄。这样一来可苦了爱新觉罗氏,她本以为嫁给了年轻英俊的一部之长便可以吃香的喝辣的享福了,却没料到到了乌拉之后令她大失所望!地处偏僻,满目荒凉不说,布占泰也一改在费阿拉时的脉脉温情,动辄对她指手划脚,横挑鼻子竖挑眼的。爱新觉罗氏不能穿金戴银,从建州带来的几大车财宝不知被布占泰藏到了何处。心里充满了怨气,夫妻间便渐渐地不和了,几年下来,爱新觉罗氏竟日渐憔悴,蓬头布衣如同民妇一般,布占泰对她更是不愿正眼相待了。

布占泰处心积虑要出人头地,可谓费尽了心机。他对外结盟叶赫、蒙古,同时又出兵将附近的几个小部落收归己有,不几年竟将百孔千疮凋敝不堪的乌拉治理得日渐强盛,甚至也开始向东海女真发号施令了。

布占泰暗中得意,他治国的这一招是跟努尔哈赤学的。放虎归山,努尔哈赤一念之差善待了布占泰,却没想到就此枉送了侄女的性命。想到这件事,努尔哈赤就觉得心寒。

第六章　稚子狂言豪气升
　　　　　建州母子生死别

　　自从古勒山战役之后，努尔哈赤的势力更加强大，在他的治理之下，建州得到迅速发展。但是，此时，努尔哈赤的弟弟舒尔哈齐却对哥哥心生忌惮，意图反叛，而叶赫部正好抓住这个机会，想离间努尔哈赤与舒尔哈齐之间的兄弟情谊。

　　窗外一声鸡叫，舒尔哈齐从床上蹦起，脑子里霎时就有了一个主意：大丈夫敢作敢当，今天也趁着这个机会看看他对我究竟是一个什么态度？

　　努尔哈赤习惯早起，早起之后练剑、点兵操练或者阅读兵书，在他看来，早上不论做什么事情都是兴致勃勃的，脑子也特别好使。

　　"阿玛王早安！"

　　小皇太极手持短剑伫立在晨光中，努尔哈赤先是一愣，又是一喜：

　　"孩子，你怎么不多睡会儿？瞧瞧，太阳还没出来呢。"

　　"阿玛王您每天不都是早起吗？孩儿也想跟您学学。嗨，这空气里还带股甜味儿呢。"

　　"真是好孩子。待阿玛脱下外衣，与你练上几招。"

　　"嘻……孩儿早就想跟您讨教讨教了，来吧，看剑！"

　　皇太极笑声未落便使出了招式，一个金鸡独立横剑当胸护住门户，脚下是纹丝儿不动。

　　"嗬，几天不见还真长了本事。只怕你那花拳绣腿的把式过不了阿玛的这一关哪！"

　　努尔哈赤看出儿子有些卖弄，便瞅准了他的空当一剑直刺过去，有心要给儿子个下马威。"停下！"就在努尔哈赤出手的那一刹那间，皇太极突然叫了起来，指着城北方向连声喊着：

　　"阿玛王快看，城北怎么黑乎乎的一片？那红彤彤的火光怎么没了？"

　　努尔哈赤心里"咯噔"一下，慌忙收住了招式，转身向北看去，这一看不要紧，急得他也大叫起来：

　　"天神，炼铁炉里怎么不冒火光啦？这到底是怎么回事儿？来人哪！"

　　努尔哈赤这一喊叫，立即惊动了院里的卫兵们。他们揉着眼睛胡乱披着外衣跑了出来，悄声询问着：

　　"出什么事儿啦？"

"都督他怎么发这么大的火呀?"

"真是怪事儿,炼铁炉里没火啦。"

正当人们议论纷纷之际,舒尔哈齐带着几个卫兵抬着筐子进来了。

"大哥,早呀!"

努尔哈赤哪还有心情跟兄弟打招呼,他只微微点了点头,心里还在琢磨着炼铁场的事情:这事蹊跷呀,为什么炉火会突然熄灭?为什么我兄弟一大早就来找我?莫非这事与他有关?

"嗬,父子晨练,强身健体,倒叫兄弟好生羡慕!"

舒尔哈齐见哥哥表情严肃,便打着哈哈。他已经做好了心理准备,成心要看看哥哥对自己的情分到底有多深。如果他无情无义,自己也好极早做个了断,大不了各走各的路!

"我且问你们,筐子里抬的是何物?"

努尔哈赤对舒尔哈齐依旧不理不睬,只顾朝他身后看。

"放下,全放下!"

侄子阿敏上前几步行礼之后,朗声回答:

"都督,如今扈伦四部皆已臣服盟誓,天下归于太平,该息兵耕田啦!"

努尔哈赤看着那些筐里装着的铁枪、马叉和长矛,不由得拧起了浓眉。

"你想将这些兵器怎地处理?"

"都督,这几种兵器都饰着厚重的铁块,是孩儿特地吩咐阿哈们从武器库中挑出来的,准备将他们溶化了铸块铁碑。"

"铸什么碑?本王怎地不知?"

"当然是铸一块纪念碑啦。"

阿敏仗着平日里伯父的宠爱,在众人面前侃侃而谈:

"这纪念碑的字侄儿都想好啦,古勒山之战永垂千古!这几个字好不好?让那扈伦四部的残兵败将老远见到这石碑便羞愧难当,抬不起头来,让他们永远臣服于我建州王的麾下!"

阿敏仿佛在做着演讲,口齿伶俐,声调激昂,还伴着强有力的手势,赢得众人的一阵叫好声。

努尔哈赤的浓眉舒展了些,旋即又紧蹙了起来,他语重心长地看着阿敏说道:

"孩子,你以为刀枪入库,马放南山,这天下就太平啦?敌人亡我之心不死,诡计多端,虎视眈眈,你切莫听信了他人的谣言!"

说罢,努尔哈赤有意无意地瞥了舒尔哈齐一眼。这一下,舒尔哈齐沉不住气了。起初,努尔哈赤对他不理不睬便已经伤了他的自尊,现在努尔哈赤又含沙射影地攻击他,更让舒尔哈齐觉得忍无可忍。

第六章 稚子狂言豪气升 建州母子生死别

"哥哥,有话就直说,兄弟俺是个直肠子,最不喜欢那些弯弯绕绕的东西!"

"好吧,我且问你,昨夜一黑衣人进了你家之后你都做了些什么事?"

努尔哈赤一双犀利的目光直视着舒尔哈齐,舒尔哈齐不觉心慌意乱起来,脸色有些苍白,好在初升的霞光映在他的脸上,令人不易察觉。他下巴往上一抬,一脸的不屑:

"这费阿拉还是不是我舒尔哈齐的家?我还有没有交友的自由?你凭什么暗中监视我?你还当我是亲兄弟吗?"

一连串的责问似乎是理直气壮,但努尔哈赤却从鼻子中哼了一声:

"是不是亲兄弟得先问问你自己!舒尔哈齐,你也是年纪一大把的人了,做事怎么还和他们年轻人一样鲁莽冲动?哼哼,被人家牵着鼻子走居然还理直气壮!"

阿敏一见事情不妙,心想阿玛若与伯父弄僵了对自己也没什么好处,于是硬着头皮承担了一切:

"都督,这不关我阿玛的事,怪就怪小侄一时冲动,派人砸了炼铁炉又砸烂了一些兵器。小侄以为现在已经到了化干戈为玉帛的时候了。"

"阿敏哥哥,你从小在我们家长大,怎么还不知道我阿玛王的志向?"

皇太极冷不丁地冒了一句,令所有的人不得不刮目相看:

"我阿玛王要做这白山黑水之王,等我皇太极长大了便要做全天下之王!"

童言无忌啊!努尔哈赤紧蹙的双眉终于舒展开来,后继有人,这是爱新觉罗家的幸事呀。

看着身披霞光的皇太极,努尔哈赤的脸上出现了一种久违的笑意和欣慰。舒尔哈齐却像一只泄气的皮球,也是,你说自家的父子明明就没有人家父子那般的气魄和精明,不服气?拿什么不服气呢?明摆着,人家父子是龙种,是要称王称霸的,而自己父子却只有劳碌命,到头来身无一物,真是家门不幸哪!

果然不出都督努尔哈赤所料,叶赫再一次上演了悔婚的戏码,声称要将美女东哥嫁给乌拉部主布占泰。这件事情,再一次在建州城里引起了轩然大波,成为了人们茶余饭后的谈资。

"都督,这一次,可真的是关系到您的声望呀,你能忍气让他们一而再、再而三地欺负你吗?不行,得好好教训教训他们。"

"对,是得给他们点儿颜色看看!"

"如今扈伦四部中只剩下这叶赫在与咱们作对,干脆出兵端了他的老巢!"

诸贝勒大臣们七嘴八舌又议论开了。

努尔哈赤摆摆手，苦笑着：

"其实，以本王的脾气早就出兵了。不错，事关我本人和建州的荣誉，我怎能不闻不问不生气呢？说起来，叶赫之所以胆敢与我建州作对，三番两次地戏弄于我，就因为他有明廷的支持！你们静下心来好好想想，以我建州目前的实力，灭区区叶赫倒也不在话下。可面对拥有数百万之众的明廷，我们能贸然出兵吗？小不忍则乱大谋，何师爷，汉人的书上有这话吧？"

众人不再争辩，只在心里玩味着都督的话。

何和理朝努尔哈赤伸出了拇指微微点着头：

"都督英明！所言句句在理呀。诸位，你们且听我掐指算来。"

何和理伸出了手指，说："你们看，这东哥格格自幼便许配给了咱汗王，迄今已经二十年了，算起来她如今的年纪已过了三十岁。三十多岁了，人老珠黄了，凭什么让我们汗王去为她发动一场战争？这分明是叶赫玩的诡计嘛。"

"三十多岁？俺婆娘还不到三十岁便跟俺生了仨崽，这会子肚子又挺得溜圆了。呸，如此看来那妖精也没啥稀罕的。"

众人忍俊不禁，被额亦都的一番话逗得笑出了声。

努尔哈赤的脸色也缓和了许多，他趁热打铁表明了自己的意见：

"目前我建州当务之急便是要按兵不动，养精蓄锐。大明为了扼制我建州的发展，必然出兵支持叶赫来与我对抗，这是汉人对咱女真各部的一贯策略。一旦没有利用价值了，大明便会将叶赫弃之不顾，到时候我们再出兵便可无后顾之忧。说起来，无论是扈伦四部还是我建州女真，咱们语言相通，血脉相连，与那明朝实非同类。所以，当我们女真各部团结强大的那一天到来之时，便是违背天意、为所欲为的大明朝的末日！"

分清了敌我，辨明了主次，大家伙儿心里更有底儿了。难怪建州百姓私下里称都督努尔哈赤为"英明汗"，果然名不虚传！

精明过人的努尔哈赤清楚地看到，在他征服女真各部的道路上，横着大明国这么一个庞然大物。叶赫善于见风使舵，它已经投入了明朝的怀抱，所谓背靠大树好乘凉，所以建州若进攻叶赫也就是与明朝为敌，明朝决不会袖手旁观，而建州若要同明朝直接交锋，努尔哈赤就得三思而行了，尽管这是他的夙愿。

"我部这些年上贡频繁，从未间断。在神宗皇帝眼里，我部各贝勒贝子都是恭顺忠诚的明廷子民，我建州欲称雄于女真各部的情况他也许并不知晓，如此这般甚好。咱们这招叫作阳奉阴违，神不知鬼不觉，等咱们目的达到了，那明朝却也奈何不了咱们了，哈哈哈哈！"

这正是努尔哈赤的治国方略，他正沿着这条既定的道路一步一个脚印地往上攀登,正当努尔哈赤信心十足、精神百倍地为国事操劳奔走之时,正值英年的孟古福晋却日渐消瘦,病快快地躺在榻上起不来了!

说起来,这些年孟古福晋的日子过得也挺消停自在的,每日里与其他几位姐妹或是谈天说地或是下棋绣花或是骑马射猎,似乎从不把建州与叶赫的战事放在心上。这么一个性情温和爱说爱笑的人怎么就一病不起了呢?

生母生病令皇太极痛心疾首。他每日里请安问候,端汤送药陪伴在母亲床前,同时,那双乌黑的眼睛在不时观察着周围的情况,他要弄清楚母亲突然卧床不起的原因,这到底是为什么?

是的,孟古看似快乐,其实她的眼睛却常常流露出一种抹不去的忧伤,尤其是当她独自一人或与儿子皇太极单独相处的时候,她会呆坐不动,不言不语,眉头紧锁,心事重重。这一切,皇太极看在眼里,急在心上,他恨自己长得太慢,不能替母亲分忧解难。

有一次,皇太极还没走进房门,就听见额娘的一声叹息,这令他迟疑了片刻:一大早额娘怎么就长吁短叹的?莫非身子不爽?莫非夜里做了噩梦?

正要掀起门帘,皇太极听见额娘说话了,虽是自言自语,声音很低,但皇太极却听了个真切。

"唉,上天不许女真女人参政,却为何要让女人比男人更清醒?叶赫的亲人们哪,既然建州与叶赫已结成了联姻,为何你们之间又要大动干戈,置对方于死地而后快?

"我孟古一个弱女子能力有限,每日里只能祈求天神保佑你们。可我不明白,叶赫的亲人们哪,你们为何三番两次地要东哥出面来挽救这种局面?你们将部族糊里糊涂地葬送,到头来却把东哥推进了火坑,这不公平啊!

"东哥,你也是个好强的女子,心比天高,命比纸薄,都三十多岁的人了,你还瞎折腾个什么劲儿呀?说到乌拉贝勒布占泰,他除了会花言巧语哄女人开心之外,又有哪一点能比得我夫君努尔哈赤?不错,布占泰年轻,相貌也好,可他是金玉其外败絮其中呀!

"这些年我算明白了,女人的归宿并不在夫君,而是在她的儿女身上。男人们是做大事业的人,他怎么可能围着你整日地花前月下,缠缠绵绵?况且他还不止一个女人,他又怎么能照顾得周全?还好,我有儿子皇太极,他是我的骄傲、我的希望。皇太极……"

皇太极静静地听着,终于他明白了,母亲为什么日渐憔悴,原来她为国事和亲人也为她自己担心哪,母亲整日摆脱不了这些念头,她活得可真累呀!

听到母亲的呼唤,皇太极不由自主地应了一声,随即掀开门帘走了进去。咦,母亲还没起床,房里静悄悄的,香炉里的香还在冒着烟气,袅袅地将香味儿均匀地飘到每一个角落,淡淡地,很优雅,若有若无。皇太极最喜欢母亲房

里这种幽静、这种清香,他深呼吸了几口,然后又轻声喊道:

"额娘,孩儿给您请安来啦。"

然后他规规矩矩地跪在了额娘的床前,轻轻地叩头,等着母亲的问话。

怪了,半晌还是没有母亲的一丝生息,皇太极心里"咯噔"一下,忙起身扑到了床前,撩起纱帐之后,只见母亲双眼紧闭,双唇嚅动,却已经说不出话来了!

皇太极大叫一声,随即瘫坐在床下。侍女们闻声进来,个个面露诧异,匆匆进来又匆匆出去,终于请来了两名御医……

脑子一阵空白之后,皇太极清醒过来才发觉阿玛正坐在床前,手握着额娘的手,而额娘的脸色微红,嘴角泛起了淡淡的笑容!

"额娘!你听见孩儿的呼唤了吗?你回答孩儿呀!"

眼泪模糊了皇太极的双眼,他扑到床前使劲摇着母亲的胳膊。

"嘘……别吵醒了额娘,这会儿,她、她已经睡着了!"

努尔哈赤搂过皇太极,用下巴抵住儿子的头发,竭力不让儿子看见他眼中流出的泪水。御医虽然来了,只把了把脉,便毫无表情地摇了摇头,什么药方也没开便急急走了,因为他们无法面对都督努尔哈赤!

努尔哈赤热泪滚滚,他在心里呼唤着:孟古,你怎么就这么想不开呢?你怎么就那么傻呢?战火的蔓延,已经将建州与叶赫变成了不共戴天的仇敌,两虎相争必有一死,这是自然界的规律!这些年来,叶赫三番两次设计陷害或围攻建州,我努尔哈赤早就忍无可忍了!十年前,孟古,就是你的哥哥纳林布禄纠集了九部联军大举进犯,妄图将建州置于死地。之后,纳林布禄又阳奉阴违,不断背叛誓言,挖空心思使出了一个又一个毒辣的阴谋,今天阻碍建州征服辉发和乌拉,明天又悔婚将东哥他嫁。孟古啊,难道你还不明白吗?如今,往后,在走向统一的道路上,叶赫都是我建州不得不搬掉的拦路石!是的,你夹在中间,左右为难,害得你付出了青春和生命的代价,这是多么残酷的事呀!

"阿玛,你看,额娘她的眼睛在眨动!"

皇太极突然叫了一声,打断了努尔哈赤的思绪,他连忙抹去脸上的泪水,紧紧握住了孟古那纤细冰冷的手。一连声地问道:

"孟古,我的爱妻,快睁开眼睛看一看,咱们的宝贝儿子皇太极也在你身边。你的亲人们都在关心牵挂着你,你快睁开眼睛呀!"

"额娘,额娘!你难道不想看孩儿一眼了吗?你难道不想再给孩儿说故事了吗?"

父子俩一声声深情的呼唤,终于让孟古睁开了眼睛,尽管只是那么一刹那,那颤动着的睫毛一会儿又遮住了眼睛,但这已经足够让父子俩欣慰的了。

"孟古,你有话要跟我们父子说吗?你快些醒来吧,我会坐在这里一直陪着你。这些年我戎马倥偬,来去无定,我知道你心里寂寞、苦楚,我心里愧疚哇,是我努尔哈赤把你害成这样的呀!你是我爱新觉罗家的有功之人,你为我生了这个心肝宝贝儿子,你一心一意陪伴侍奉了我十五年,虔恭中馈,如鼓琴瑟,你从不接近小人,也从不干预朝政,你是我最心爱的妻子呀……"

努尔哈赤絮絮叨叨、抽抽咽咽,如同一个犯了过错的孩子,在母亲面前虔诚地检讨着自己的过错。

孟古没有再睁开眼睛,但她的脸上始终挂着一丝笑容。她双唇嚅动着,却什么也说不出来。努尔哈赤心疼地将孟古的手放到了自己的胸前,让她感觉自己的心跳,而她的脉搏却时而微弱,时而间歇,时而虚亢,时而纤颤。死神,在招手,努尔哈赤已经无力回天,他的心也仿佛跟着她的心跳在滴着血。

天神,你为什么要这样折磨我和我的爱妻?死神在一寸一寸地吞噬着她的肌肤,在一步一步地拉她远去!瞧瞧,还不到三十岁的爱妻,此时却已是面无血色,脸颊凹陷,昏迷不醒……

"都督,何将军求见!"

努尔哈赤沉吟片刻,何和理定有急事禀告,否则他不会在这个时候贸然打扰自己的,于是,努尔哈赤叹着气走到了外屋。

"都督见谅,孟古福晋这病起病急,没想到一下子就病危了!"

"唔,你有何事要禀告?除非十万火急,否则本王一概不听!"

何和理怔了一下。都督一向对自己敬重有加,可从没当面说过这样的话呀,莫非孟古福晋她……想到这里,何和理急忙回答:

"是这样。三日前,孟古福晋突发高烧,噩梦连连,受了惊吓,郎中不敢擅自用药,只说福晋病因不明,起病又太突然。当时福晋梦中不断喊她额娘的名字,郎中便请求我派人去叶赫通告,说这也许是减轻福晋病痛的最好办法,就是将她母亲接来费阿拉看看她。"

"这事本王怎么不知?没有本王的命令谁人敢擅自与叶赫来往?嗯?"

何和理苦笑着,双手一摊:

"都督您忘了,当时您出征在外,并不在费阿拉,所以小的就擅自做了主……"

努尔哈赤盯着何和理,脑子里迅速在回想着这些天发生的事,唉,整天忙得脚不沾地,这倒是何苦来呢!

"那,孟古她母亲,我那岳母大人,她来了没有?若是再迟些时候,孟古恐怕就……"

努尔哈赤只觉喉咙哽咽,一时竟说不下去了。

"哼!那叶赫真岂有此理!纳林布禄和金台石不准他们的母亲来探望孟

古福晋,只随便打发了个管家来。"

"什么?"努尔哈赤不禁双目圆瞪,大声吼着:

"那叶赫算个什么玩意儿?俺倒把他当作亲戚!天下难道有这样的亲舅家吗?来人哪,先将叶赫的那个阿哈给我砍了!"

"都督饶命!奴才该死,奴才该死!"

房门突然被推开,一个老阿哈连滚带爬地滚到了努尔哈赤的脚下,一面跪地求饶,一面哆哆嗦嗦从怀中掏出了一卷东西。

"狗奴才,你想行刺都督吗?是不是你主子指使的?"

扈尔汉眼疾脚快,一脚将叶赫老管家南太踢翻在地,他手中的东西撒落了一地。

"嗯?这锦缎上的字画是何人所写?"

努尔哈赤盯着地上那一方素白的锦缎手帕,上面写满了蝇头小字,字迹娟秀,十分工整,还有一幅淡淡的水墨画。

"都督,这是俺家格格托小人带给您的,好歹请您看一看吧。"

南太跌坐在地上,棉帽子被摔到了一边,露出了一头乱蓬蓬的白发,辫子稀落落的,一如他的模样,精瘦、干瘪。

努尔哈赤突然意识到了什么,心里一动:

"你是说东哥?她,她数日前不是已经嫁到蒙古去了吗?起来说话吧。"

南太连忙爬了起来,他人虽上了年纪,但身子骨倒很硬朗,腿脚也还灵便,要不然挨了扈尔汉的那一脚还能这么麻利?

南太眼巴巴地看着努尔哈赤,一副欲言又止的样子。

"不是对你说了吗?有话快说,少啰嗦!"

扈尔汉一声催促让南太下了决心,他的两眼突然泛出了浑浊的老泪,哆哆嗦嗦地请求道:

"都督,孟古格格她……奴才是看着她长大的,她从不对奴才发脾气,奴才斗胆,奴才冒昧地请求都督,能不能……让奴才去看看俺主子一眼?"努尔哈赤心里一热,鼻子一酸,也几乎要流下泪来。他沉默了片刻,低声说道:

"不必了。本王知道你跟纳林布禄他们不一样。孟古她……她只想在临终前见她母亲一面,可我,竟连这个愿望也无法满足她……我,我愧对于她呀!"

何和理们退了下去,努尔哈赤回过神来,急切地将锦缎摊平,凝视着上面的字画,只觉万分感慨。

不可否认,东哥既是个美女又是个才女,她的这两幅书画便足以证明。不论她在锦缎上对努尔哈赤说了什么,努尔哈赤都觉得惆怅、惋惜。惆怅的是东哥已嫁为他人妇,"叶赫老女"终于有了归宿;惋惜的,东哥与自己这二十

第六章 稚子狂言豪气升 建州母子生死别

年的恩恩怨怨终于有了个了结,他们俩是没这个缘份哪!"

"唉!红颜薄命,东哥,但愿你今后的生活会比你妹妹孟古幸福,这样我也就心安了。"

努尔哈赤不用看锦缎的内容便已在心里原谅了东哥。看来,人是感情的动物,哪怕他是个威震四方的君主也不例外,这恐怕也是人与动物最根本的区别。人,正因为有了感情,有爱有恨,生活才变得多姿多彩,让人恋恋不舍……

"……小女子东哥,时值今日已三十有三,人称'东哥老女'了。往事不堪回首,当小女子正值年少时,部族遭难,先是父祖俱亡,后有兄弟叔侄不和,再后有哈达、乌拉的虎视眈眈……天生我才必有用,小女子能以此贱躯换得叶赫片刻的平安也就心满意足了……吾与都督,今生无缘,但愿来世再见再续姻缘,三番两次悔婚,小女子实出无奈,身不由己,被兄弟们当成了一件赌品,押来换去,不觉间红颜已退,徐娘半老,小女子心生悲凉,决意嫁作他人妇,将这二十年来的恩恩怨怨抛却脑后……

"孟古福大命大,望都督善待。看在孟古的份儿上,东哥冒昧请求都督对叶赫手下留情……我叶赫自古乃海西强族,如今历经磨难,处于风雨飘摇之中。但人间事实难预料,三十年河东,三十年河西,都督素有统一女真之夙愿,到时候还望都督能留我叶赫一丝血脉,勿要斩尽杀绝……因为叶赫无论男女老少都是有骨气的,即使您征服了叶赫部但征服不了叶赫人的心,小女子只想给都督一个忠告。有得罪处还望谅解……"

努尔哈赤一口气读完了东哥的信,不禁一阵长吁短叹!

"东哥,本王不怪你,在本王眼中,你与你妹妹孟古一样,都是女中的豪杰,令人敬佩!如今你为家事国事孤独地远嫁蒙古,孟古却为家事国事一病不起。孟古,这半天,她,她怎么样了?"

努尔哈赤突然如梦初醒,扭头进了内室。只见儿子皇太极静静地伏在母亲的床前,嘴里正咕哝着什么。原来,他是给额娘讲故事听呢,以前他入睡的时候额娘不也常常这样做吗?

"……天女佛库伦食了红果子之后,不久便生下一个虎头虎脑的哈哈济,这小哈哈济呀一落地就会说话,整天叽叽喳喳像只花喜鹊。他额娘一想,该给他起个名儿了,于是便说,孩子,你是在这布库里山出生的,额娘生你的时候全身罩着金光,你就姓金吧,以这山为名,地久天长。于是,这个小哈哈济便姓爱新觉罗(金)啦……"

见阿玛进来,皇太极将手指放在唇边轻声"嘘"了一声:

"阿玛,这会儿额娘一动不动睡得可香呢。"

努尔哈赤闻听不由得神情大变!他急忙俯身凝视着爱妻,并伸手去试探着她的鼻息,呀,她已经鼻息全无,停止呼吸了!

努尔哈赤面白如纸,他摇动着孟古的胳膊,泣不成声:

"孟古哇,你就这样走了吗?你我相知相伴十五年,你使我得到了人世间最真挚的爱,你给了我爱如心肝的儿子皇太极,你为我做了那么多,可我却满足不了你临终前的一个小小愿望……呜呜……"

"阿玛,额娘她没死!呜……阿玛,额娘她临终还有什么愿望?让孩儿去完成!"

皇太极明白过来,爆发出了一阵惊天动地的哭声,即便如此,他还没忘了问母亲生前的愿望!

"孩子,你额娘她……想见她的额娘一面,可……叶赫主子,也就是你的几个舅舅们不同意!"

皇太极握紧了拳头,悲愤地砸向冰凉的墙壁:

"他们为什么不同意?他们不都是一个额娘生的吗?我恨死了叶赫的舅舅!"

努尔哈赤五内俱焚。

孟古永远地去了,她的脸色归于平静,甚至现出了一丝满足而哀婉的微笑,然而,她的眼角却挂着泪珠,带走了永远的遗憾。

这一次,努尔哈赤的确是悲痛欲绝。作为一个旷世英雄,他踌躇满志,对亲手打下的一片江山爱不释手;但作为一个汉子,他有着比常人还要热烈的情欲,面对陪伴了自己十五年的叶赫女孟古,他的心中只有愧疚,而对无缘结缘的叶赫女东哥,更多的,只是惋惜,从这两个美貌而命薄的叶赫女身上,努尔哈赤看到了叶赫族的不屈不挠和大智大勇,这让他不禁心惊肉跳,在日后的路上,这样强劲的对手,还有多少呢?

在为爱妻孟古早逝的悲痛之时,努尔哈赤下定了一个一直犹豫的决心:一举除掉叶赫,绝不留情!

第七章　顺应天命汗位登
　　　　　选定储君心彷徨

　　面对孟古的灵柩,努尔哈赤给儿子皇太极擦干了眼泪,郑重地对儿子说:"皇太极,你已经十二岁了,是个小男子汉了。男儿有泪不轻弹!在这片土地山,一切亲情、一切情义都必须让位于统一大业;只有征服,只有讨伐,才能重建女真,孩子,你一定要让自己有一副铁石心肠!"

　　"铁石心肠!铁石心肠!"皇太极的脑海里不时地回想着阿玛的教诲,这四个字几乎成了他克服一切困难的指南针和座右铭。

　　母亲惊心动魄的临终遗恨,父亲一反常态的义愤之举……十二岁的皇太极从此结束了童年甜蜜幸福的生活,他幼小的心灵第一次受到了强烈的震撼,远远超过了丧母的悲哀。他学会了克制,学会了观察,学会了思考。

　　在马背上长大的皇太极很快便跨上了自己的坐骑,投入了这场伟大的事业之中,成了父亲倚重的左膀右臂:当皇太极弯弓跃马,在女真铁骑中脱颖而出的时候,父汗努尔哈赤统一女真的大业已接近了尾声,各部闻风而降,相继臣服,只剩下了最顽固、最难啃的乌拉与叶赫。

　　翌年正月,努尔哈赤的机会终于来了。他整顿军马为慰亡妻孟古之灵率军攻打叶赫,克璋城阿奇兰两城,下七寨,俘获两千余人,牲畜珠宝不计其数……

　　在血与火的洗礼中,年幼参战的皇太极不仅练就了一身强壮的体魄,而且学会了诸多军事技巧,他以极大的热忱、非凡的才能和勇气投入了父王开创的事业之中,重复着历史上一切民族英雄走过的路……

　　天命元年(1616)元旦,在赫图阿拉(今辽宁省新宾老城)努尔哈赤顺利荣登汗位宝座,被尊为"覆育列国英明汗",加冕称王,建立金国。

　　赫图阿拉是汗王努尔哈赤的新都城。早在万历三十一年(1603)这里便已经修起了城池,当时努尔哈赤已统一了建州女真,又创制了满文,设立了八旗制度。

　　1616年,努尔哈赤以此为中心,统治着南自鸭绿江、北达黑龙江、东濒大海、西到辽东明朝边墙的广大地区。

　　五十八岁的努尔哈赤在礼乐声中,登上了汗位,雄踞于白山黑水一方,建元天命。此事在《清太祖高皇帝实录》中有详细记载:

　　"天命元年,丙辰,春正月,壬申朔,四大贝勒代善、阿敏、莽古尔泰、皇太极及八旗贝勒大臣,率群臣集殿前,分八旗序立。上开殿,登御座。众贝勒大臣率群臣跪,八大臣出班,跪进表章,近侍卫阿敦、巴克什额尔德尼接表。额尔德尼跪上前,宣读表文,尊上为覆育列国英明皇帝。于是,上乃降御座,焚香告天,率贝勒诸臣,行三跪九叩首礼。上复升御座,众贝勒大臣,各率本旗,行庆贺礼。建元天命,以是年为天命元年。"

赫图阿拉位于苏克素浒河上游南岸,山清水秀,景色宜人。城分内外两城,外城有八个城门,城楼高耸,红黄蓝白各色旗帜在城头并排竖立,在蓝天白云下甚是光彩夺目。内城有四门,有汗王努尔哈赤的金銮殿和后宫,还有亲族及爱将大臣们的住所。

努尔哈赤身为汗王却不可能事事操心,于是又专门设立了五位议政大臣来辅政,他们分别是额亦都、费英东、何和理、安费扬古和扈尔汉,皆是德高望重、众望所归之人。

时年努尔哈赤已五十八岁,有了一种力不从心的感觉,家大业大,他一个人可怎么照顾得过来呢。

几十年来他戎马倥偬,何尝有过几天安稳舒适的生活呀!他的脖子上、前胸、右胳膊还有左腿留下了一道道疤痕,几十年来他出生入死,冒着枪林弹雨,东征西讨,马不停蹄,终于创下了辉煌的战果。

这些成果来之不易呀,出于奠立万年基业的考虑,努尔哈赤早就在心里物色着合适的继承人,此时更是日觉不堪春秋更迭。

努尔哈赤膝下共有十六子,各有长短,智愚优劣,不好一时拿定。他每每想到后继传人之事便忍不住蹙额锁眉,莫知所以。

那日,努尔哈赤与众大臣商讨军事已毕,坐在那里闲谈。努尔哈赤不由想起继位传人之事,心中烦乱不定,坐在宝座上,不自觉地轻轻叹了一声:"唉!……"

众大臣闻听即是一惊,忙问:

"大汗,不知何事让大汗忧心?"

"是啊!大汗,近日虽说军事不断,但亦无甚要紧之处,不知大汗为何叹息?"众臣议论纷纷,望着努尔哈赤,不知究竟什么令他忽然感叹起来。询问的神情写满每一张面孔,担心出了什么大事。

努尔哈赤抬头看了看众大臣,微微一叹:

"唉!你们有所不知,近日来,我一直在为一件事焦虑。"

众大臣忙问何事,竟让大汗如此这般。

努尔哈赤轻轻吐了一口长气,缓缓说道:

"众位贤臣,想我那兄弟前番与我为敌,竟欲拥兵自立。后来,我对他百般善待,他也不思悔改,终究落得个郁郁而终。每每想起此事,我心中不禁感到凄凉万分,痛心疾首。手足相残,同室操戈,想不到舒尔哈齐,我那胞弟竟会如此冥顽。虽说众位贤臣、诸位爱将,厚爱我努尔哈赤,拥戴我登此高位,荣称大汗。但毕竟我自披甲起兵之日起,挥戈东西,引弓南北,业已几十个春秋,如今我也已年逾半百,行将就木,念及汗位之继承,令我好焦心。万里江山,千秋社稷,非是文武双全绝不能担此重任,一时本汗又找不出合适的人选,究竟立我哪个皇儿为太子,尚拿不定主意。故此叹息,不知众卿可有良策,说与本汗听听,谁能为本汗解此后顾之忧?"

众大臣听完,一齐跪倒:

"大汗吉祥!万寿无疆!"

"大汗!大汗想是多虑啦,大汗龙体万寿无疆,大汗功业千秋不朽……"

"大汗!此话极是。望大汗恕臣斗胆,想大汗,别的不说,只这四大贝勒爷个个智勇双全,出类拔萃,纵要选定继承人亦不为难,四大贝勒中当有堪此重任者……"

努尔哈赤看了一眼讲话之人,此人面带红光,银须苍首,双目却炯炯有神,身材魁梧,说话声音洪亮,似钟磬一般,嗡嗡振响,是追逐自己多年的建功老臣。努尔哈赤微微一笑道:

"那依你之见,当是几贝勒呢?"

"回大汗,依臣愚见,臣窃以为四贝勒爷皇太极,聪颖质慧,待人温和,亦有雄韬大略,足以治理天下,请大汗明鉴!"

努尔哈赤听罢,右手抬起捻着胡须,眯起双眼,沉思不语。正在这时,忽又一大臣跪地启奏:

"大汗,臣以为略有不妥,四贝勒爷固然是智勇全才,文武兼备,但臣斗胆妄言,以臣之拙识,臣以为,四贝勒略有些年幼,终究涉世不及其他三个贝勒爷,恐怕……"

努尔哈赤睁开眼,转头问道:

"噢?那依卿当谁为更妥些?"

"恕臣妄言,大汗,二贝勒爷代善,生性敦厚,况自小追随大汗出生入死,屡立奇功,且年岁较长,阅历已不算浅,当能定国安邦!"

努尔哈赤仍旧未表示什么,只是轻轻地点了点头,继而又问道:

"其他爱卿还有何高论,但说不妨!"

众大臣忽没了言语,都低头不语,皱起眉头。努尔哈赤用目光来回扫了扫,轻轻道:

"哪位爱卿有不同意见,尽说无妨!"

正自注视,见一大臣走出行列,跪拜施礼,说道:

"大汗,小臣鄙陋,臣以为论年龄,广略贝勒为大汗长子,论功勋,广略贝勒爷当之无愧,功盖其他贝勒爷;论谋略,广略贝勒自也不在其他贝勒之下,故此,依臣看来,这继承之人当是广略贝勒爷。而况,臣闻汉人一向是传嫡传长,大汗深谙汉文汉制,自是知晓,我们女真大业,倒也可借鉴,所谓立嫡立长,不知大汗以为如何?"

这一番话说得努尔哈赤心中一动,望望群臣,群臣纷纷开口:

"广略贝勒?好!广略贝勒果然较为合适,做汗位后继之人……"

"嗯!广略贝勒是可以!"

"广略贝勒……"

努尔哈赤亦不再言语,沉思半晌方说道:

"众臣不必再说,你们先各自回府吧,此事以后再议,我再思虑一番再说,退朝!"

众臣停止议论,施礼依次退出,努尔哈赤起驾回宫。脑子里始终记挂今日大臣们的话语,浮现大臣的表情、神态,眼前又闪现出广略贝勒、自己的长子褚英的面容。

几日后,努尔哈赤终于有了定夺,他将长子褚英和"五大臣"以及"四大贝勒"召集到身边,说道:"前日与众人商议的立嗣之事,朕思前想后,想再问问众人的意见。"

话音未落,五大臣中的何和理首先表态,作为臣子他得以忠孝为上,至于汗王选谁做继承人,那是汗王家庭的事,何和理是无权过问的,这一点他看得很清楚。追随汗王大半辈子了,何和理早学会了明哲保身,现在他就只等着功成名就之后安享晚年,过几天轻松舒心的日子了。

"阿玛,孩儿以为这立嗣事关千秋大业,应选最优秀的人,他应该胸襟开阔,文武兼备,德才兼备……"

"嘻,五弟,依你之见,咱们兄弟中谁最符合你方才列举的这些个条件呢?"

褚英不以为然,打断了三贝勒莽古尔泰的话。

努尔哈赤不动声色,敏锐的目光一一从几个儿子的脸上扫过。

褚英不够稳重,代善则沉默寡言,莽古尔泰太过鲁莽,而皇太极虽然显得少年老成,但毕竟他还不到二十岁,太嫩了点儿。难道说,十几个儿子中竟没有一个符合努尔哈赤心意的?

不是,努尔哈赤心里已经有了决定,他在观察眼前这些个最亲近人的反应。

这一切,第四大贝勒皇太极看得很清楚,他不傻也不笨。没办法,褚英哥哥比自己早出生了十几年,占尽了"天时地利",皇太极此时的心情真有些"生不逢时"的感觉。尽管父王还没明确表态,但事情已经很显然了,嗣子非褚英莫属,而褚英已早就把自己当作汗位继承人自居了,瞧瞧他那张得意忘形的脸!

皇太极心里有一种酸楚的感觉,不知怎地,他想起了英年早逝的额娘,但父王的话打断了他的思绪,他不得不正视现实。

"你们十个人,都是本王的左膀右臂,本王为得到你们的拥戴和支持而自豪。那么从今以后,本王希望你们仍像过去支持我那样来不遗余力地支持他……"

努尔哈赤忽然停了下来,满含笑意地看着褚英。皇太极心一沉:完了,阿玛果然选的是他!

"本王经过慎重考虑,决定立龙子褚英为嗣子,专主汗国,执掌大政!"

未等汗王的话音落,五大臣和四贝勒们异口同声:

"请大汗放心,我等蒙汗王重爱,将一如既往全力支持褚英为嗣子!"

褚英面带笑容抱拳向大家致谢,正待开口,努尔哈赤又发话了:

"天生其才总不能使之尽善尽美。在立嗣的问题上,本王已经考虑了很久。以本王看来,我这些已经成年的儿子们个个都是出类拔萃的,但偏偏继承汗位的只能有一个人,所以本王若舍嫡立庶,或舍长立幼,必致其乱。因此,本王还是采纳了汉家的规矩,采用嫡长继承,这样事情就好办得多了。唉,再过两年,待褚英登了汗位,本王也该好好歇歇了。额亦都、安费扬古,到时候咱们老哥几个再到山林里去挖人参、住窝棚?"

"行,只要跟着汗王您,怎么着都行!"

额亦都回答得很爽快,五虎功臣们会意地笑了,可四大贝勒们的心里却压上了沉重的石头。

不只是皇太极,代善、莽古尔泰他们都有些失落。与褚英相比,他们的能力、战功均不相上下,而且拥兵占地都有自己的根基,所不同的,褚英是努尔哈赤的嫡亲长子,仅此而已!

可以说,褚英被立为嗣子,等于断绝了其他诸子的争位之路,无形间使褚英更加孤立,成了众矢之的。

褚英心胸狭窄却又野心勃勃,这一点努尔哈赤心里是明白的,但褚英又是一员连战连捷、功勋卓著的骁勇战将,这一点努尔哈赤也是亲眼所见。褚英身上有优点也有缺点,所以努尔哈赤想及早立他为嗣子,以便帮助他克服那些缺点,能早日担当重任。

尽管心情十分矛盾,但努尔哈赤最终还是选择了褚英,他不愿放弃试一试的机会,也许日后他褚英能青出于蓝而胜于蓝?努尔哈赤有信心为褚英树立威望,铺平道路。

可是,褚英却是江山易改,本性难移!他怎么就不能收敛一些呢?

"汗王,到地方了,奴才扶您下轿子。"

小太监孙喜贵一声轻柔的呼唤,打断了努尔哈赤的思绪,他抬头一看,嚄,文武百官们已经下了马,侍卫们也已搭好一座高台,支起了大红帐篷,一切已经就绪了。

"下轿,下轿,孩子们恐怕都等不及了。"

努尔哈赤的心里又变得轻松起来,坐在挡风遮阳的帐篷里看着儿孙们校射,这也是人生一大乐趣呀。

"父王,您瞅瞅额大人还有扈将军他们,全是盛装出行,补服花翎的,玩枪弄箭的可怎么方便呀。"

皇太极笑吟吟地指着额亦都等一干大臣们给父王看,努尔哈赤也不由得乐了。

于是执事官当场宣布,校射的皇族子孙,年过十岁的每人射五箭,不满十岁的每人射三箭。箭靶放在三十米以外,射手按年龄大小顺序依次入场校射。但是一个个看似架子十足,却没有一个射中靶心的。

"汗王,十四弟多尔衮和犬子豪格年纪太小,就免射吧。"

皇太极已经发觉父王脸上的不悦,担心两个小家伙若是当众出丑,一来惹父王生气,二来自己脸上也无光。

"哼,没想到他们几十人,居然没一个全中的,祖宗的脸都给他们丢光了。"

褚英在一旁嘟哝着。

一听这话努尔哈赤更恼怒了,他调头朝执事官喊道:

"让他们校射!既然来了,谁也不免!"

豪格先上场了,小家伙浓眉大眼大手大脚,他大大咧咧地张弓搭箭,瞄也不瞄就放了出去。

豪格的第一箭脱靶了。皇太极只觉得脸上火辣辣烧得难受,他心里骂着:臭小子,非得逞能,把你老子的脸给丢光了。

豪格依旧我行我素。看似不经意的搭弓射箭,没想到第二箭、第三箭竟中了靶心!

皇太极松了口气,回头瞟着父王,见父王的神色有所缓和,不觉放下心来。

十四阿哥呢?该他上场了,怎么没了影子?

执事官等了片刻,开始扯着嗓子喊:

"十四阿哥……十四阿哥!"

"哎……我就来!"

多尔衮奶声奶气地拖着长音,从人群中钻了出来,一溜烟跑到场上,想了想又后退了几步。

第七章 顺应天命汗位登 选定储君心彷徨

· 49 ·

"十四阿哥,您不妨往前走几步,您跟他们不同,您恐怕没那么大的劲儿。"

"不,我要跟他们一样比试!"

"好样的,有种!"

努尔哈赤不禁睁大了眼睛。阿济格、多尔衮,这是他爱如心肝的小宝贝呀,小哥儿俩长得英俊、帅气,皮肤白皙,像他们的母亲阿巴亥。嘿嘿,这个爱妃也是好样的,眼下又怀上了!

一想到爱妃阿巴亥,努尔哈赤的心头涌上了一股暖意。人常说老夫少妻生出的儿子绝顶的聪明,果然没错!瞧瞧这个小家伙吧,他那么自信、那么沉着,嗯,将来一定是个可造之才!

多尔衮在偌大的靶场中间就像是一棵刚钻出土的春芽子,嫩黄嫩黄的,十分醒目。小家伙也许根本不知道有多少双眼睛在盯着他,他头也不抬,只管自顾自地张弓搭箭,摆开了架势。

"中!"

随着他一声呼喊,箭矢"吱"地飞向靶心,不偏不倚正中红心!

"好箭法!"

场外有人高声叫好。

"嘘……"

努尔哈赤却紧张得直向身后摆手,他生怕大人们的喝彩声分散了小家伙的注意力!

没想到,多尔衮最后出场,年纪最小却三箭全中!全场登时热闹起来,笑声、喝彩声响成一片。

"哈哈哈哈!"

看台上的汗王努尔哈赤乐得胡子一翘一翘的,他兴奋地连声说着:

"多尔衮,好小子,这是本王的心肝宝贝儿呀!从他身上本王又看到了当年的影子,不简单,的确不简单!"

这笑声在皇太极听来却觉得刺耳。父王十几个儿子,都说是他的心肝宝贝,他能爱得过来吗?眼下这多尔衮又成了父王的心肝宝贝,他怎么就分不出一点儿爱给他的孙子们呢?

豪格今儿个的表现也不差呀!

说笑间,多尔衮不紧不慢地收起了弓箭,学着大人们的样子,整理着衣袍,然后神气十足地走向了看台。

"咦,你们看哪,这小家伙还想干什么?"

努尔哈赤的视线完全被多尔衮吸引了,笑眯眯地注视着他的一举一动。

"孩儿给汗王阿玛请安了!"

稚嫩的童声又脆又响,多尔衮放下弓箭跪在了努尔哈赤的面前。

"嗯,你有什么要说吗?"

努尔哈赤故意板起了脸。

"孩儿想……孩儿讨赏来啦!"

多尔衮倒也沉得住气,规规矩矩地跪着,口齿伶俐,不慌不忙。

"哦,阿玛说过有赏的吗?"

"这……"

多尔衮乌黑的眼睛骨碌骨碌转了两圈,小嘴儿一张,振振有辞:

"孩儿三箭连中靶心,汗王阿玛理应给赏的呀。"

"对,对!说吧,你想要什么?"

"孩儿想要那只青鹰!"

多尔衮小手朝人群中一指,那里有一位少年养鹰人的肩头站着一只状貌神骏、羽毛油亮、双睛猛鸷的青鹰,多尔衮在校射前就已经注意到这只猎鹰了。

"嗯,好眼力!起来吧,听听你八阿哥的介绍吧。"

皇太极不得已上前扶起了多尔衮,他注意到儿子豪格远远地躲在一边,鬼头鬼脑地向这边望着,心里说:没用的东西,趁汗王现在高兴,你也来讨个赏呀!

"十四弟,这只猎鹰叫'海东青',是黑龙江一个部族进献给汗王的。它体小矫健,爪喙尖利,雄猛无比似狼似虎,日行千里,既可以观敌嘹阵,也可传递军情,而且它还可以充当先锋,去狩猎探路,每次都会是'爪到擒来'"

"太好了,八哥,这海东青可吃什么呢?"

"干脆这样吧,十四弟,这海东青和它的主人全归你啦!你回到宫里再仔细问吧。"

"谢谢八哥,谢谢阿玛!"多尔衮拍着手一蹦老高。

校射结束之后,一群侍卫又跳起了"庆隆舞"助兴。

侍卫出身的扈尔汉亲自出马手持簸箕,用树枝刮着簸箕伴出了节奏,八个身手矫健的年轻侍卫扮成了骑士猎手,手握着扎着马头、马尾的长木杆儿,中间一人披着黑色兽皮,猫着腰,粗着嗓子大吼着,一看便知他装扮的是只大黑熊。

扈尔汉刮着簸箕,放开歌喉,八个猎手则踏着节奏跳起舞来,而中间的"黑熊"则张牙舞爪,左摇右摆,上窜下跳,引得围观者一阵叫好声。

随着簸箕声的快慢、歌声的高低,猎手们及"黑熊"的动作各有不同,他们配合得十分默契。最后,为首的一名猎手,一"箭"发出,"野兽"哀号一声,在地上不停地翻滚着,众猎手一拥而上,抬起了"黑熊",表示已经捕获了猎物,音乐则戛然而止,舞蹈就此结束。

汗王努尔哈赤被这种舞蹈逗得朗声大笑,而扈尔汉则摇着胳膊直嚷"膀子疼"。

汗王带着爱将及子孙们痛痛快快地玩了一天,回到官里已经是掌灯时分了,而四贝勒皇太极回到自己家的时候则更晚。

大福晋博尔济吉特氏在灯前缝着衣服,从她微微隆起的腹部可以看出,她是在为即将出世的孩子准备的。大福晋是蒙古科尔沁贝勒莽古斯的女儿,端庄、温柔,才德俱佳。原本建州与科尔沁结姻也是一场政治婚姻,但是两人一见钟情,也算是一段佳话。

木门"吱呀"一声,带着一股子凉风,皇太极走了进来。

"哟,贝勒爷才回来呀。酒菜都在锅里热着哪,妾身这就给您端去。"

玉琪福晋忙站了起来,腆着肚子要出去。

"嘻,半夜三更的还瞎忙个啥呀,当心动了胎气。我呀,在父王那里吃了才回来的。嗯,今儿个我还给他老人家揉了一回肩,他舒服得直哼哼呢。"

玉琪笑了,走到皇太极的背后,柔声说道:

"那妾身也给你揉揉吧。你可要记住喽,手的用力要适度,轻了不解乏,重了又怪疼的。怎么样,觉得舒服吗?"

"舒服!"皇太极美美地靠在椅子里,双腿架在炕沿上,不时扭着脖子伸个懒腰。闻着妻子身上淡淡的香味儿,皇太极咧嘴笑了:

"哎,你怎么知道我今晚会来这里?若是我去了豪格母亲那里,你这身上的香味儿岂不是没人闻了吗?"

玉琪一下子羞红了脸,她嗔道:

"你知道有人在等就好。再过两年,玉琪人老珠黄了,擦什么香你也不会来闻的。"

"不,咱们夫妻好几年了,你还不知我的心吗?"

皇太极忽然按住了玉琪的手,极为认真地说道:

"玉琪,有你在我身边,我会觉得安心。当然,一个男人有个三妻四妾不算什么,但你放心,这大福晋的位子只有你最合适。谁让你这么贤惠的呢,就连你脸颊上的那两颗白麻子我都觉得格外的俏呢,哈哈!"

皇太极开心地逗弄着爱妻,玉琪又气又恼不再吭声了。服侍皇太极洗漱之后,玉琪看着皇太极,轻轻叹了口气:

"贝勒爷,玉琪到府里几年了,只生了女儿,玉琪觉得心里有愧呀,这一次……"

"来来,我帮你宽衣。别想那么多了,反正我已经有了儿子。"

"妾身想给贝勒爷说件事情……"

"嘻,吹灯睡觉吧,有什么事情明儿早再说。"

皇太极一把拉过了玉琪又搂又亲地折腾了一阵子,便打起了鼾声。

"贝勒爷,妾知道你一定会喜欢的。"

玉琪闭着眼睛,伸手抚摸着皇太极毛茸茸的胸脯,她的思绪却飞回了科尔沁草原……

当玉琪身披嫁衣远离科尔沁时,她的侄女儿——哥哥寨桑贝勒的二女儿才一岁多。女大十八变,她也该有十多岁了,一定也出落得亭亭玉立了。

这俩侄女若是都进了四贝勒府,咱们亲上加亲,姑侄又好相处,那四贝勒爷岂不是更开心?他是个做大事的人,我玉琪得想法子让他在家里过得开开心心、舒舒服服……

"大琪儿,大玉儿,你们快过来……"

玉琪翻了个身,沉沉睡去,不过她的嘴里还在咕哝着什么。

而此时的努尔哈赤,却在自己的床上翻来覆去睡不着。继承人的位子传给了褚英,究竟是对还是错?一切都是未知数。

长子褚英是自己的元妃佟佳氏哈哈纳札青所生,自幼跟随努尔哈赤出生入死。努尔哈赤对他甚是宠爱。

其实,提到继承汗位,努尔哈赤首先想到的就是这广略贝勒、努尔哈赤的长子褚英。前面说过,元妃体弱多病,在努尔哈赤纳了富察氏衮代后不久便溘然病薨。这褚英自三岁起,便随着努尔哈赤饱受战火烽烟之苦。

褚英出生的时候,努尔哈赤刚刚起兵,每天心理面想的就是拼杀,强盛。

褚英一出生,就被母亲用衣帛裹皮包起来,背在背上,跟着努尔哈赤南征北战,四处奔波。褚英到三四岁的时候,已经明白了一些事理,努尔哈赤很喜欢这个儿子,每次得胜归来,都会找来褚英,褚英也总是欣喜地扑到努尔哈赤的怀中,或者是骑在努尔哈赤的膝头,听努尔哈赤讲述自己的战斗经历。

第八章　领佳封赏居功傲
　　　　　逼忠吓良咒汗王

　　一天夜里,一阵轻微的声音惊醒了还在熟睡中的努尔哈赤,他跳下床,走到帐篷边,刚要撩开帐门查看,就听得嗖嗖几声,一堆黑乎乎的东西破门而入,两支钢箭擦着努尔哈赤胸前飞过,好险！努尔哈赤长舒一口气,他知道,有人偷袭,就赶紧回身,将睡梦中的褚英和他弟弟代善唤醒。褚英也真不含糊,一骨碌就从床上跳起来,刚想说话,就被努尔哈赤伸手禁止了,努尔哈赤压低声音:

　　"别喊！你们俩快躲起来,不许声张,没有让你们出来,千万别出来,有人偷袭,快！"

　　褚英和代善大气不敢喘,翻身爬到床下,努尔哈赤用床单遮好,便随手拿起一条被子顺帐门扔出去,人也紧跟着跳出帐外。

　　褚英和代善在床下趴着,也不知究竟发生了什么事。代善到底年岁小一点,有些害怕,身子向阿哥褚英身边靠了靠,小声说道:

　　"阿哥,我害怕……"

　　褚英瞪了他一眼,低声喝斥道:

　　"胆小鬼,怕什么?! 父王都不怕,咱们怕什么,哼,有我在,谁也不怕！"

　　口气还真不小,但也确实给小代善壮了胆子,真的就不再害怕了。

　　两个孩子在床下趴着,就听帐外努尔哈赤高声断喝:

　　"哪里来的蟊贼,敢来偷袭！"

　　接着,听见一阵冷笑,有一个阴冷的声音传来:

　　"努尔哈赤！今天就是你的死期！看剑！"

　　外面叮叮当当打在一处,听声音来的似乎不是一个人,至少有两三个。

　　小褚英趴在床下听着,心突突直跳,直想也冲出去,但想起阿玛说过不让他们轻易乱动,没敢动地方。

　　又过了一会儿,忽听外面有人喊道:

　　"大哥,不好！他们的人发现咱们啦！"

　　"兄弟,再加把劲儿,努尔哈赤眼看不支了,小心！"

　　褚英一听,知道阿玛有危险,回头对代善说道:

　　"你别动,我去救阿玛！"

　　说着从床底下钻出来,摸到努尔哈赤的大弓,也不会瞄准,浑身一使劲,两条小腿一蹬,两只小手用力一拉,还真不错,把大弓拉开多半个,猛地一松,"嘶嗖"连响,箭就从帐门口飞出去了。

也不知怎么就赶得那么巧,正巧一个偷袭者背对着帐门,在努尔哈赤背后刚要举刀,这支箭到了,想躲已经来不及了,不偏不倚正射中后心,栽倒在地,其他几个一愣神,却又被努尔哈赤砍倒一个。这时,努尔哈赤手下的士卒闻声赶到,剩下几个人无心恋战,纷纷虚晃几下,趁机溜走。努尔哈赤领人追了一段没有追上,只好作罢。

努尔哈赤赶紧回到帐中,正纳闷刚才怎么突然那人中了一箭,却见代善从床底下爬出来,口里喊着"阿玛"扑过来,努尔哈赤将他搂住,忙问:

"我儿受惊了,你阿哥褚英呢?"

"阿哥,他刚才爬出来说是救你去了!"

"哎呀!不好!"

努尔哈赤一跺脚,推开代善刚要转身,却见褚英慢慢地从旁边走过来,双手捂着额头,咧着嘴:

"阿玛!英儿不好,刚才拉弓没拉利索,让弓背把额上打了个大包!"

原来刚才褚英虽然把箭射出去了,但那弓弦一收,就势回弹,弓背正好打中褚英的额头,立时上面起了大包,小褚英也没叫一声,一骨碌身爬起来,躲到一边,知道射中了,为阿玛解了围,捂着额头一咧嘴。现在出来,觉得不够威风,挂了彩。

努尔哈赤听说是自己的儿子褚英刚才射的那一箭,当即高兴地把褚英抱起来,狠狠地亲了两口:"好儿子!"却忘了褚英额头有伤,疼得小褚英龇牙咧嘴:"哎唷!"

努尔哈赤赶紧命人端过灯来,仔细看了看,是有些青肿,还起了个大包,不过不妨事。

努尔哈赤抚摸着小褚英的脑袋,笑着问他:

"儿啊,疼吗?"

褚英却将身子一挺,绷着脸,说道:

"回阿玛,不疼!阿玛说咱们家的人不知道什么叫疼,不管怎样,都要拼到底!杀!杀!杀!"

努尔哈赤满意地哈哈大笑起来,自己的心血果然没有白费。

不知多少回努尔哈赤遭人暗算,夜遇刺客,褚英和弟弟代善,还有姐姐东果,也不知多少回在刀光剑影中躲躲闪闪,一次次被父亲藏到柜子里、炕沿下,一次次死里逃生。却也使褚英和弟弟代善见惯了刀光剑影,胆子一天天大起来,尤其褚英,逐渐有了超人的胆魄和勇武。随着年龄的长大,褚英的身材也发育起来,人高马大,剽悍异常,气力过人,在努尔哈赤的指导下经过多次磨练,也练就一身好本领,骑马射箭、摔跤格斗,都没有几人能匹敌。

万历二十六年(1598),褚英年仅十九岁。此时,努尔哈赤经过多年苦战已基本统一建州女真各部,矛头又指向了海西。

时值初秋,辽北塞外,凉爽宜人,正是用兵征伐的好时机。努尔哈赤这日召集群臣,商议攻伐叶赫所属的安楚拉库等地。

努尔哈赤坐在虎皮椅上,向下望了望。文武大臣分列两厢。努尔哈赤问道:

"吾欲趁此凉爽气候,兵发叶赫下属的安楚拉库等地,不知众位大臣认为如何?"

众大臣闻听,沉默了一会儿,小声议论起来,有的点头,有的摇头,也有的皱紧眉头,沉思不语,有的低着头,想些什么。努尔哈赤望望这个,看看那个,目光充满疑问。

又过了一会儿,终于有一员武将站出来,上前拱手施礼,道:

"大王,我认为可以出兵,又恰好现在天气不冷不热,是交战出兵的好时节,兵法云:'机不可失,时不再来',请大王定夺!"

努尔哈赤转眼一看,原来是手下的虎将多都尔衮,此人不但英勇善战,而且有些谋略,自追随努尔哈赤以来,为努尔哈赤横扫女真各部、统一建州,立下了不少战功。努尔哈赤很赏识他,听他讲完,还没来得及开口,却又见走出一人,是一文官,上前施礼,摇头道:

"大王,依臣拙见,出兵不妥!"

"噢?为什么不妥?"

努尔哈赤颇感惊疑。

"大王,请想,我们前番刚刚统一女真各部不久,前些日又对撒骨哈尔部刚刚用兵,未及休整,现在又出兵叶赫部,何况安楚拉库等地距我们也有些路途。大王精通汉文,想必知道,《左传》中有'蹇叔哭师'的故事,当时秦师出兵伐郑,老将蹇叔哭谏:'劳师以袭远,远主备之,师劳力竭,将无功于事。'秦穆公不听,结果遭晋伏击,损兵无数,今大王欲伐安楚拉库等地,也可算得是'劳师以袭远'了,还望大王三思啊!"

努尔哈赤一皱眉,沉思无言。这时突然看见自己的爱子褚英站出来,下跪施礼:

"父王!儿臣不同意这位大臣的说法,什么'劳师以袭远',我们这叫'乘胜出击',现在正是群情激昂,士气高涨,天时地利人和皆占齐全,此时不出兵,更待何时?父王!儿愿请一支令箭,带领兵马去夺取安楚拉库,请父王下令吧!"

努尔哈赤看看儿子精神抖擞的样子,内心很是高兴,英儿从小跟自己经历刀剑之争无数,而且胆识过人,勇武异常。现在虽说刚十九岁,却已生得威猛无比,只是至今尚未经过一次大的战斗,倒不如这次让他试试,若是真能首建奇功,也可使他显示一下他的才能,在众臣中得些地位,自己也可看看他是否真能够帮我建立大业,夺取汗位。

于是,努尔哈赤问褚英:

"英儿,你有把握这次出兵能够取胜吗?"

"儿向父王保证!儿定能夺得安楚拉库,杀败叶赫部族,就请父王给我大令吧!"

"好!我给你精兵五千,前去攻打安楚拉库。拿下了,大功一件,拿不下,军法从事。怎么样?"

"谢父王!尽请父王等我捷报!"

褚英非常高兴,自己也可以带兵攻城了,长这么大头一次,能不高兴?当即挺身接过大令。努尔哈赤又有些不放心,遂又叫过自己的弟弟巴稚喇,让他和褚英一同出征,协助褚英攻打安楚拉库等地。

巴稚喇领令,随褚英一同出帐点兵,准备出征,努尔哈赤另又派了几员猛将。

努尔哈赤和众人目送褚英和其叔父巴稚喇带领兵马进发安楚拉库。

褚英坐在马上,心中高兴,形于面上,但也不敢掉以轻心,知道这次出兵并不简单。自己又已向父王做了保证,若真出了差漏,自己也难脱罪责。正自想着,转头看看身边的叔父巴稚喇,问道:

"叔父,你认为此次出兵,我们该如何才好?"

巴稚喇双手带着丝缰,想了片刻,说道:

"这次出兵不同寻常,我们只能取胜,不能战败,夺不下安楚拉库难以回来见你父王。不过,安楚拉库是平地,并不险要,很容易攻取,不如你我分兵两路包抄过去,你看如何?"

褚英一听,正合自己的心意,他正想自己带兵攻城,独建奇功,听叔父如此一说,连忙称是。遂与其叔父巴稚喇兵分两路,各自前行。

褚英当即命令手下将士向着安楚拉库疾驰而去。一路之上,马不停蹄,星夜兼程,闪电般冲至安楚拉库城下。命令将士稍做休整,便即刻以迅雷不及掩耳之势攻城。

安楚拉库城内的叶赫部兵卒将士何曾料到会有这一着,还不曾弄清是怎么回事,早被褚英率领兵将攻破城门,杀了进来。

褚英一马当先,初次出征,精力充沛,正是大显身手的好时机。真可谓越杀越勇。

顷刻间,安楚拉库城内死伤无数,血流成河,喊杀声哭嚎声此起彼伏,不绝于耳。

就这样,不到半日光景,褚英已占领了安楚拉库,俘获牲畜人口上万,财物无数。褚英洋洋得意,尚觉厮杀得不够过瘾。

稍事休息,褚英的叔父巴稚喇带兵赶到,兵合一起,乘胜又向内河一段附近的村寨屯落进攻。所到之处,鸡飞狗叫,牛马惊奔,部落族人稍做抵抗,便纷纷投降归附。

褚英及其叔父巴稚喇此次出征,大获全胜,虏获兵士牲畜数不胜数,将收服之地派兵驻守,其余人随巴稚喇和褚英凯旋而归。早有探马报与努尔哈赤。努尔哈赤异常高兴,率众人列队欢迎褚英胜利回师。

努尔哈赤吩咐三军摆宴庆贺,并赐长子褚英"洪吐伦世"封号,封为"贝勒"。此后,褚英便成了努尔哈赤身边一员猛将,成了努尔哈赤的得力助手,协助努尔哈赤打天下。

自从安楚拉库首建奇功之后,褚英愈加受到努尔哈赤的宠爱,也在众大臣中博得敬重和赞许。褚英更加冲杀勇猛,屡屡立功。

万历三十五年阳春三月,为了与乌拉部抢夺东海女真斐优城部民,努尔哈赤派其弟舒尔哈齐带兵三千前去征伐。褚英和弟弟代善随军出征。

两方军队在乌碍岩遭遇。代善请命愿随褚英一块儿出兵,舒尔哈齐也不阻拦,自己带领其余士兵驻在山下不动。

且说褚英和弟弟代善带领二千精兵,呐喊着向乌碍岩山上冲来。守将乌拉部大将博克多听说,仰面大笑,咬牙切齿地说道:

"好小子,找死!今天我管叫你有来无回。迎敌!"

遂率兵士迎着褚英兄弟冲来,两军相遇也不多言,褚英怒睁双目举刀便向博克多头上砍去,博克多连忙招架。

二马盘旋,战过几个回合,博克多忽然一变招式,一晃褚英的双眼,大枪直刺褚英的小腹,哪知褚英却毫不躲闪,大刀搂头就向博克多砍来,博克多一看大惊:

"他妈的,这兔崽子是个疯子,居然不要命了,我扎死他,自己脑袋也就搬家了。"

心里一迟疑,手中的枪就慢了,褚英却是丝毫不曾耽误,"呼"的一声一刀就到了。博克多再想躲就晚了,只听"扑"的一声,头颅被削马下,战马落荒而逃。

博克多的儿子见父亲被斩,气得哇哇嚎叫,催马冲到褚英近前,没几个回合,被褚英当胸一刀,开膛破腹,呜乎哀哉。

乌拉部军队当时大乱,褚英和代善都杀红了眼,冲入敌军,如虎入羊群,左右举刀杀人不计。直杀得浑身是血,不辨方向,只要遇见乌拉部的将士,不问不答,举刀就杀。

乌拉部军队大败,一万余人死的死、伤的伤,惨不忍睹。褚英和代善仅以二千人力战乌拉部军一万余人,斩杀敌军三千多人,缴获器械无数。最终以少胜多,取得乌碣岩大捷,夺得东海女真斐优城部民。

舒尔哈齐得报也不禁暗暗惊服,又赶忙带兵接应,与褚英代善高唱凯歌而还。

努尔哈赤听说战争经过,闻知褚英奋不顾身,拼死冲杀,非常高兴。想当年,自己披甲起兵时,手下不过几十人,也是凭借自己奋勇当先,不惜一切,才能步步胜利,力量一天天壮大,方至今日,自己的儿子又是如此奋勇,很像自己,欣慰异常。为了嘉奖褚英,再次赐褚英号为"阿尔哈图土门",意思是"广略"。

此后,褚英便被称为"广略贝勒"。

褚英在先后不到十年之间,竟两次获赐封号,其受宠幸之荣是绝无仅有的,也只有褚英才能得此殊荣。褚英自出世以来,骁勇无比,威猛难抵,在其父努尔哈赤的基业中占有很重要的地位。努尔哈赤戎马一生,年岁半百时,已开始考虑立储,物色继承人。无疑,出类拔萃的长子褚英很自然地成了他关注的对象,只是时机还不太成熟。努尔哈赤开始注意培养儿子褚英,想方设法为儿子创造机会,让他屡立战功,在群臣及众士卒中树立威望。努尔哈赤此次又赐号褚英"阿尔哈图土门",不能说不是有所考虑。

褚英这次得封后不免沾沾自喜。这天,努尔哈赤正在书房中看书消遣时光。有人报知褚英求见,努尔哈赤命人传他进来,褚英应声阔步走入屋内,上前见过父王。

努尔哈赤命他坐下,因问道:

"我儿有什么事么,怎的这时来见?"

"父王,儿有一事不明,前来请教父王,望父王赐知!"

努尔哈赤放下手中的书,抬眼看着褚英,忙问:

"有什么事,但说无妨!"

褚英向前挪了挪身子,低声道:

"父王,前番儿臣与叔父舒尔哈齐一起征伐乌拉部族,在乌碣岩遇到敌军,叔父舒尔哈齐非但自己不发兵,还不让儿臣出战,要不是儿臣极力请战,恐也难大胜乌拉部。谁知凯旋回来,父王非但没有责罚叔父舒尔哈齐,反而说他征伐有功,赏了他,孩儿想不通!"

努尔哈赤闻言,微微一笑,沉思片刻,对褚英说道:

"英儿,你叔父舒尔哈齐并没有做错。当时,乌拉部军士一万余人,而我们只有三千人,以少战多,又相差太多,身为主帅当然不能草草定夺,万一有个闪失，我军安危不保，哪能随随便便出兵呢？"

努尔哈赤刚说到这里，褚英就迫不及待地打断了他：

"当时叔父也是这样说。可是父王，结果怎样呢？儿臣仅用两千人便大败乌拉大军，刀劈博克多父子，杀敌三千。他们人多又怎样啦，不照样被我杀得大败吗？叔父分明是畏缩不前，绝非为全军着想。"

努尔哈赤不禁一皱眉，语重心长地说道：

"英儿，这次你领两千人奋勇杀敌，大败敌军一万余人，的确是奇功一件；但这次取胜也不能说没有侥幸的成分，有时只逞武夫之勇是要吃大亏的。再者，这次你能以少胜多，与你弟弟代善和你叔父舒尔哈齐的协助接应密不可分，不能说是你一个人的功劳，故此回来后，我没有责罚你的叔父。作为一名将领，应当从大局着眼，切不可因小事而坏大事，你懂吗？"

褚英没有回答，用眼望望努尔哈赤，目光里却暗含不服和轻蔑。

努尔哈赤不禁心里一颤，忽然一转念，问道：

"英儿，那么若是依你，当如何处置你的叔父呢？你倒说说！"

褚英抬起眼，看样子心情十分激动，眼里竟掠过一丝凶光。努尔哈赤为之心寒，只听褚英低低地说道：

"父王，依孩儿之见，叔父贻误战机，临阵畏缩，按律当斩！"

说着恶狠狠地用手做了一个砍的姿势。

努尔哈赤心里一阵狂跳，他没有想到自己如此宠爱的长子，他这屡立战功的英儿竟是这般心狠手辣，竟容不得别人半点闪失，太孤傲了。真要这样，让他当自己的继承人，非得坏事不可，若有点儿错误或不合心意就杀，那谁还肯辅佐你呀？他心内着急，对褚英道：

"吾儿太放肆了，竟如此鲁莽。不能因为有点儿不足就对某个人一棍子打死，要权衡利弊，对比功过，方能服众人得民心。对将士兵卒要宽宏大量，不能因小误大。像你这般，稍有不爽便动辄杀人，怎能统领一方，成得大事，令我好不失望！"

褚英仍不以为然，继续争辩：

"父王，身为战将当勇猛冲杀，无所畏惧，若总是前怕狼后怕虎，还打个什么？对于那些怯懦之徒就该杀之。况且那日叔父舒尔哈齐对我甚是不讲道理，还说什么要给我点儿教训，儿臣实在觉得没有什么不对，叔父他欺人太甚！"努尔哈赤更觉寒心，褚英竟心胸如此狭窄，大失所望，没有好气地对褚英喝斥：

"英儿，你越说越放肆，不管怎么说那是你叔父，说你也没什么不对，是为你着想，而你却暗记在心，欲图报复，毫无一点大丈夫的宽宏大量。想是居功自傲，你一定要改掉这坏毛病，你懂吗？真是枉费阿玛我一片苦心！"

褚英见父王生气，只得起身赔罪告退。但努尔哈赤看出他丝毫没有把自己的话放在心上。望着褚英的背影，努尔哈赤连声叹息，看来立褚英做继承人还为时尚早，努尔哈赤只好慢慢等待，想办法帮褚英改掉这些坏毛病。但是事情并不像努尔哈赤想象的那样简单。

努尔哈赤思来想去，心情极为矛盾，实在爱惜长子的勇猛，却又担忧褚英的狭隘，恐其不能治理万民之国。每每想起这些，努尔哈赤怎能不抚案伤感，喟叹不已，有好多次半夜醒来考虑此事彻夜难眠。最后他只得自己安慰自己说，褚英不过是因为屡立战功而有些自大狂傲，倘若真的让他执掌大政，主宰国家，他就能摒弃褊狭之心，变得襟怀宽广些。

为了扶植他，努尔哈赤赐褚英女真族人五百多户、牲畜八百、银一万两、敕书八十道，褚英比他的其他弟兄得到的都多。如此一来，努尔哈赤以为褚英不会令他失望的。

但是生活却总喜欢玩笑，命运也似乎故意捉弄人。正当努尔哈赤抱着试一试态度将褚英立为继承人后，没多久，却接连出了一系列惨事，令努尔哈赤心力交瘁。

却说这日，努尔哈赤正在书房内闭目养神，想着自己的长子褚英自被立为汗位继承人以来，竟也平安了许多，似乎的确不像以往那般令自己操心了。心里稍稍觉得有些宽慰，庆幸自己没有因一时之气而放弃机会，如果长子褚英真能改掉褊狭的毛病，以后继承汗位，治理金国，自己亦可放心了。

努尔哈赤这里还在想着，忽然侍卫来报说：

"昆都仑汗，外面四大贝勒爷和五位大臣求见，说有要事启奏。"

努尔哈赤心中一动，暗自纳闷：

"四大贝勒、五大臣，奇怪，我那些王儿与五位大臣共同前来是为什么，还说要事，难道出了什么大乱子？"

努尔哈赤慌忙站起身，伸手相扶，口里说道：

"四个王儿，五位爱臣，快快请起，不必着急，有什么话慢慢讲来，快快起来，细细说与本汗，到底发生了什么事？"

那九个人却依然跪着不起，努尔哈赤知道事情严重，说道：

"你们且起来，说明白到底怎么回事，本汗一定为你们做主！"

九人这才起身，相互望了望，大臣额亦都从中走出，来到努尔哈赤面前，跪拜施礼，道：

"小臣斗胆，请大汗恕罪，臣等乞请大汗严惩广略贝勒，为臣等做主！"

努尔哈赤不禁倒吸一口凉气：

"怎么？我那长子褚英做了什么不轨之事吗？卿何出此言？"

额亦都老泪纵横，强忍悲痛说道：

"大汗！恕小臣冒昧，广略贝勒实在是太过分了。自从大汗赐他人口资财，立为继承人后，他竟恣狂肆虐，对我等五位小臣百般凌辱，还以卑劣的手段挑拨我们之间的关系，对我们威逼利诱，竟出言要诛杀臣等，请大王做主！"

旁边费英东等另外几位大臣也随声附和，这时又有二贝勒代善走过来，口称"父王"道：

"父王，恕儿臣无礼，我的长兄实在是太过褊狭歹毒，不仅对五位大臣百般欺辱恫吓，对我们兄弟几个也是威胁逼迫。竟让我们指天发誓忠于他，而且扬言，凡与他不和的，等他即位后便全部杀掉。儿等实是不堪忍受，恰又逢五大臣同遭厄难，故一同前来，请父王给我等做主。不然，我等将性命不保，望父王明鉴，与我等做主啊！父王！"

其他几个贝勒连同五位大臣纷纷附和：

"请大汗做主！"

"请父王为儿等做主！……"

第九章　蛮横狭隘遭囚禁
　　　　　　祭天焚告七大恨

　　一时乱乱糟糟。
　　努尔哈赤刚才自己还以为风平浪静，没什么事呢，却不知道，竟早已出了乱子，自己担心的事竟成了事实。但忽地转念一想：不可能，褚英即使再不改，也绝不会将矛头指向他自己的弟弟，会不会是这几个王儿嫉妒他们的大阿哥而想争夺汗位，故此串通五位大臣，捏造谎言，诽谤诋毁褚英，这也是很有可能的。努尔哈赤心内翻江倒海，真是苦不堪言，但他丝毫没有露在脸上，不动声色地说道：
　　"真有这等事？若真有此等事，我决不会姑息于他，只是你们大家众说不一，一时显得杂乱无章没个头绪，我也不好分清究竟怎么一回事。这样吧，你们回去，草拟一份奏疏给我递上来，将事情原原本本，由始及末叙写清楚，等批阅后再做道理，如何？"
　　四大贝勒和五位大臣没有办法，只好告退。回去后，即刻商讨，共拟一份奏章呈递给努尔哈赤。
　　努尔哈赤接过奏呈，打开一看，心中不禁又急又气，拍案自语：
　　"可气！这个不争气的逆子！"
　　奏疏是这样写的：
　　"拜呈大汗，给大汗请安，启奏大汗：大汗圣明，儿臣代善、莽古尔泰、皇太极、阿敏及臣额亦都、费英东等斗胆上书，乞请大汗为臣等做主，解臣等性命之忧。
　　"大汗：臣额亦都、费英东还有其他三位大人，自被大汗擢用后，日感大汗圣恩，无以为报，誓尽自己全部才能为大汗效力，不敢妄言立下多少功劳，但也觉拼死卖命，为大汗宁愿肝脑涂地亦不后悔，死而无憾。为报圣恩，臣等时刻不敢辜负大汗重望，可谓殚精竭虑，一心为国。孰知，祸从天降，臣等性命危在旦夕。臣等并非惧死，若是有用于国家虽九死而犹未悔，只是臣等近日所遭之劫，实亦我邦之难，不敢言苟活，只是念及大汗浩荡圣恩，不告与大汗心实不安，故斗胆上书，细述始末，纵死亦无愧于心、无愧于大汗。
　　"广略贝勒褚英阿哥自幼胆识超人，勇敢无比，自出世以来，杀敌夺寨，攻无不克，战无不胜，骁勇善战，屡建奇功，是不可多得的威猛之将，群臣有目共睹，众将士也无不称道，臣等亦是不敢怠慢，一心协助广略贝勒辅佐大汗成就基业。

"哪知，广略贝勒日见居功自傲，目中无人，眼空四海，不把臣等放在眼中。大汗赐他封号后，广略贝勒日显褊狭，对手下士卒动不动就怒而杀之。对大汗手下的大将亦是个个不以为然，出言相讥，自恃勇武功高，甚是恣狂，甚至连那些开国老臣也不加尊重，任意讽责。群臣不满，但感念大汗洪恩，无以为报，故忍让有加。

"广略贝勒却不顾念此事，被大汗立为继承人，得人口，获资财，执掌大权后，变得日益残暴阴险，今竟从臣等身上开刀。

"那日，臣额亦都忽然接到侍从禀报，言说广略贝勒派人来传小臣去见他，说有要事相告。臣不敢怠慢，急忙整理衣冠赶至大阿哥广略贝勒府中。施礼过后，大贝勒笑脸相迎，臣躬问贝勒爷有何要事。广略贝勒笑而不答，却吩咐下人摆下酒宴，说只是想请臣与他共饮几杯。臣心中迷惑，半惊半恐，不知广略贝勒大阿哥究竟何事，最后迫不得已侍陪广略贝勒略饮几杯。席间，广略贝勒突然压低声音说道：'额亦都，你恐怕还蒙在鼓里吧，近日你将有杀身之祸！'

"臣当时大惊，就赶紧跪下来问犯了什么罪，广略贝勒大笑，将臣扶起说：'不必惊慌，只要听我的话，我保你平安，现在有人要害你！'

"臣忙问是谁想陷害小臣，广略贝勒便在臣耳边小声说道：'就是那费英东！'并拿出一份奏疏，臣一看，竟然是捏造的臣不忠于大汗，私通外敌，欲图谋反之事。这件事毫无根据，手段却极其卑劣，下边模模糊糊是费英东的名字。可是臣还没有看完就被广略贝勒收走了。广略贝勒说，原本是交予大汗的，被贝勒爷见到私自扣下，并且告诉了臣。

"臣当时半信半疑，不知事情真相，广略贝勒只是让臣小心行事，他自会为小臣做主，小臣心中有事，就辞别了。臣回府中后，百思不解，背襟发凉。想那费大人与臣共服大汗，臣报恩不迭，怎敢图反。且所述之事毫无根据，不足为惧，但是这写奏疏之人想要将臣置于死地，想想甚是可怕。想费英东大人与臣素日交往有厚，虽不敢说交情过命，倒也素无怨隙瓜葛，何必有此歹心呢。

"臣百思不得其解，将府内上下，各种细事考虑一遍，也不曾找到与费英东大人有牵涉的事。倒是前些日，曾有一次因一件小事与费英东大人有过争论，我们两个各持己见，谁也不曾说服对方，不了了之，有些不尴不尬。

"但费大人向来宽宏大量，不是小肚鸡肠之人，断然不会因此而记恨在心，更说不上报复诬陷小臣。而其他原因臣再想不出。后来，臣决定去费大人府上问个明白，想弄清到底是怎么回事儿。

"进得费英东大人房中，臣颇感意外，见费大人面色铁青，怒发冲冠，见臣进屋,也不让坐,直接就问:'哟!不知哪阵香风将额大人吹到我的穷家敝舍,怕是额大人又来送信了吧!'臣当时就愣住了,弄得满头雾水,不知所以。听费英东大人意思,话中有话,说话的口气也极为不对,只好打躬赔笑,问费大人:'费大人,请不要着急,但不知在下何处冒犯大人,还请明示!……

"没等臣话音落地,费英东大人早已气得浑身颤抖,向我高喝:'呸!你还有脸问,假惺惺地装什么笑脸?想我费英东一直把你当作正人君子,视为知己,哪承想,你人面兽心,是个伪君子……'

"臣越听越不对劲,心中也不由得腾起火来刚要发作,忽又想到自己前番在大贝勒那里知道费英东大人要诬陷于我,所以前来问个清楚。这里费大人见了自己不问青红皂白,张口就骂,气成这样,这其中定有原因,想是不知费大人怎样产生误会了。自己只能弄清楚再说,否则越弄越乱,误会就会越来越深。这时,臣便开始怀疑有人从中作梗,故意挑拨我们之间的关系,便极力用平静的口气对费大人说道:'费大人,请你先不要张口骂人,我想你是听了坏人的谗言,中了别人的离间计,误会在下了。你倒说说,为什么你对在下有这么大的火气?'

"费英东大人鼻子里哼一声,从袖子里抽出一张纸,甩到我脚下,气哼哼地转过身去,怒道:'你自己看吧,自己干的好事,还来问,无耻!'

"臣强压怒火,从地上捡起那张纸,打开一看,却原来是一封书信,上面写道:'敬奉夫人,在下素慕夫人仙姿无比,举世无双,那日得见,令在下牵魂动魄,日夜难忘,每每梦中见到夫人身影,茶饭懒动,酒菜不香,思之切切,很想再与夫人谋面,苦于没有机会。不久即是节日庙会之时,不知夫人可否赏光,在下恭迎夫人于城北城隍庙内,恳请夫人驾临。额亦都拜上。'

"臣看完后,头皮都炸了。这写信之人简直无耻之极,想不到竟用这等事来陷害于我。

"臣将怒火压了又压,对费大人说道:'费大人,我额亦都敢指天发誓,这绝非在下所为。我之为人,光明磊落,自问无愧于心,这不知是何等小人欲借刀杀人,陷害你我,故造此假证,离间我们的关系。姑且请你消消气,咱们坐下来冷静地想一想,这事实在蹊跷。这次在下登门打扰也有一件类似的怪事,牵扯你我,有人拟造你写的奏章,告我图反,私通外邦。我来正是为了弄清此事,不想,在这里又见到了别人捏造的书信,看来这里面大有文章!'

"闻臣如此一说,费英东大人也颇感意外。待臣将自己如何去广略贝勒家中吃酒,如何见到奏章等等前后一说,费英东大人也没了火气,告诉我说这封信也是广略贝勒派人送来的,另外广略贝勒还附有一封信,说这封信是臣额亦都去广略贝勒家中饮酒时,没注意从身上掉出来的,广略贝勒特派人送来。

"臣与费英东大人互相对照，更觉疑惑不解。臣等怎么也不敢怀疑是大贝勒所为，臣和费大人将众位大人在脑中过了一遍，也找不出这人是谁。正当我们无绪可查时，另外三位大人也赶来让我们评理，居然也有人挑拨他们。臣一看，猜想这是有人想离间我们五个，似乎是要揽夺大权。臣拿不准是谁，只能和四位大人商量，我们几个暂时只当没有任何事发生，互相之间还像以前一样，静观事态发展。

"没过几天，广略贝勒又派人让臣去贝勒府。臣依命去了，却见其他四位大人也在那里，相互望望都十分惊疑。

"广略贝勒却命人将我们关在一个屋中，对我们说道：'父王他已立我为汗位继承人，不久后我就要继承汗位，执掌大权，以后我就是你们的大汗。我绝不允许有人不按我的意旨办事，今天要你们五个前来，没有别的，你们给我写一张字据，说你们在我继承汗位之后，忠心为我效力。如若不写，小心你们的脑袋！'

"说着恨恨地转身，临走又撇下一句话：'哼！本打算让你们自相残杀，互相猜忌，没想到不起作用，这回我看你们还会怎么样！'

"臣等如梦方醒，前番都是广略贝勒从中挑唆，但臣等被困室内，无以为计。臣等以为，广略贝勒年轻气盛，定是有些急于继取汗位。今臣等对他忠心也是正理，其实，臣等感戴大汗恩德，又会对广略贝勒不忠吗？遂立下一纸为证。只求广略贝勒放我们出去。广略贝勒将我们放出，却又警告我们不得将此事走漏，否则有灭门之祸。臣等自不敢不应，只当什么也没有发生，权且瞒过。后来，广略贝勒却又派人多次召我们觐见，逼我们交出手中的权位。臣等委实不堪其辱，故斗胆上书大汗，望大汗明察秋毫，为臣等做主。叩首！

"臣额亦都、费英东……拜呈。"

努尔哈赤看着奏疏，越看越生气，最后气得一拍几案：

"气煞我了！"

强捺怒火，又拿起另一份奏疏，这是四位贝勒写的。

奏疏上说道：

"拜呈父王大汗，启奏父汗：儿臣代善与诸弟莽古尔泰、皇太极和阿敏拜告父汗。大阿哥褚英自建功以来，便对我等兄弟粗暴异常，轻视儿等，每次出兵回来总让我们为他庆功，逼我们陪他饮酒。大阿哥获胜儿臣与诸弟兄也是高兴，为大阿哥庆功饮酒亦是该行之礼。但大阿哥却不允许我们给他提建议，甚至说错话，他听了不顺耳都会暴怒，冲我们吼叫。儿臣等诸兄弟皆敬畏大阿哥，亦不敢告父汗得知。前些日，自大阿哥被父汗立为汗位继承人后，大阿哥更显粗蛮。那天夜里，大阿哥褚英忽然派人将儿臣与诸弟莽古尔泰、皇太极及阿敏召至他的府中，将我们困在一个密室之中，逼迫我们指天发誓，忠于大阿哥,并保证绝不将此事泄露出去。儿臣与诸兄弟慑于大阿哥的威风,只好对天起誓,大阿哥却又对我们说道:'父汗曾赐予你们财帛马匹等物,等父汗驾崩之后,他所赐予的财帛马匹等物一概废除;再者,凡是与我不和睦的诸弟和大臣,等我即位后一定要全部杀掉!'

"大阿哥心胸狭窄,素日看儿臣等不顺眼,此次又如此胁迫儿臣等,儿臣等诸弟每日提心吊胆,惶恐不安。大阿哥同室操戈,欲残手足,令儿臣等诸弟皆睡卧不宁,时有朝不保夕之感。故不得已上书父汗,望父汗为儿臣等诸弟做主!叩首!

"儿臣代善、莽古尔泰……拜上。"

连着看完两封奏疏,看得努尔哈赤是气恨交加,悲忧参半,心中说不出是什么滋味,看来自己枉费了一片苦心,这长子褚英竟是如此令他失望,当即传旨速把褚英传来。

褚英随即就来了,努尔哈赤看着褚英,怒道:

"不争气的东西,看你都干了些什么,真真气杀我也!"

褚英拿起奏疏看了看,却丝毫不以为然。

努尔哈赤问道:

"这些事可是真的,可都是你所为吗?"

此时努尔哈赤多么盼望褚英高声辩驳:"父汗,儿绝未做过此类恶事,这纯粹是诬告儿,望父汗明察,为儿申冤洗辱!"

但褚英却毫无愧惧地说道:"是的,父汗,上面说的都是事实!"

努尔哈赤直气得两手颤抖,但仍不死心,提醒褚英:"你不要意气用事,这奏文我刚拿到,如果有误或不实之处,你尽可以上书辩驳,我一定会为你做主的!"

"我没什么可辩的,再说我又做错了什么?难道我即位后,不该要求他们对我忠心不成!"

褚英理直气壮似的,竟毫不掩饰。站在那里,态度异常蛮横。

努尔哈赤再也忍耐不住心头的怒火,向褚英怒吼:

"混账!你几次三番令为父失望伤心,如今非但不思悔改,还如此执迷不悟。如果你以为立你为继承人就可以如此偏执心狭,你就太糊涂了。现在我马上传旨把你所分得的收回分给你的诸兄弟;另外,从此以后,你将永远无权执管政事,也无权率兵出征!你给我滚!"

就这样,褚英由汗位继承人转而被废,就好比从万丈高楼失足,扬子江心断缆崩舟。同年九月,努尔哈赤发兵出征乌拉,褚英不但不被允许随兵出征,甚至连留守的资格也被取消了。褚英本来心胸就不开阔,这时简直有些急疯了。他命人请来巫师,将父亲努尔哈赤及诸弟、五大臣的名姓分别写在小木

第九章 蛮横狭隘遭囚禁 祭天焚告七大恨

· 67 ·

人上,附上咒语,然后对着天地焚烧,诅咒他们在与乌拉部作战时大败战死。他咬牙齿咯咯直响,怒不可遏,看着写有父亲努尔哈赤及诸弟、五大臣名姓的咒符在巫师的剑头化为灰烬,竟似大解心头之恨般仰天长笑,痛快之至,令人望而不寒而栗。

努尔哈赤兵胜而归,却得知褚英在城中所为,即是由褚英几个贴身侍卫告发的。努尔哈赤对褚英彻底失望了。努尔哈赤悲伤异常,这个逆子居然走上弑父害弟的道路,居然与自己为敌,忤逆之子,死有余辜!

努尔哈赤真想即刻传旨,将褚英捉拿正法,但终不忍下手。更令他担心的是,如果真的将褚英处死,那么自己政权尚未建立,就因汗位继承人的悖逆而斩之,这千秋功业还要传与后世子孙,自己若开此先河,恐怕会贻祸将来,后世子孙如果纷纷效仿,那这基业将不久倾覆,毁于萧墙之争。那样的话,自己一生的心血便白费了,自己这么多年的殊死拼杀也将徒劳无功。努尔哈赤绝难接受这一切,故此万历四十一年(1613)三月,努尔哈赤下令将褚英免死,囚禁起来。

本来努尔哈赤觉得褚英经此番责罚,再被囚禁,一定会痛改前非,幡然醒悟。他希望又一次化为泡影。褚英被囚困后更加狂妄,经常在囚室之内诅咒众人,甚至拉拢看守扬言报复。努尔哈赤不再盼望出现奇迹,褚英已无可救药,如果再不除掉,将是国家一大隐患,祸国殃民,是害群之马。情势已不容努尔哈赤再犹豫,万历四十二年(1614),褚英被羁押了两年后,这年闰八月,努尔哈赤下了最后决心,下旨处死褚英,时年褚英三十六岁。

褚英没能看到其父努尔哈赤称帝建国,却为其父称帝建国立下汗马功劳。他不曾遇到争夺储位的对手,却又是死于争夺储位的斗争。

除去褚英,这汗位又该由谁来继承,努尔哈赤再度为汗位继承之事焦虑不安……

后金天命三年(明万历四十六年,公元1618年)四月十三日这一天,东方刚出现淡红色的朝霞,皇太极就已经装束整齐地骑在了马上。

皇太极今天的穿戴十分正式,他穿着绣有四爪蟒龙的黄袍,黄袍上罩着御赐的大披肩领。四月的天气虽然已经算是初夏,但日出之前的温度还是比较低的,晨风吹在脸上还有些寒冷。

不过二十六岁的皇太极却似乎并没有觉出多少凉意,恰恰相反,他甚至觉得自己身上在冒着汗,被袍服包裹着的汗气从衣领的间隙悄然升腾,嗅起来有点酸酸的,很好闻。

此刻,他的心情十分激动。不只是他,他身前身后所有的人,文臣、武将、士兵,包括他的父汗,看上去都显得那么难以抑制的心潮澎湃。因为,马上就要举行庄严神圣的告天仪式了。不一会儿,螺号声和鼙鼓声,在都城赫图阿拉的八个城门上同时响起,队伍出发了。

皇太极看到正黄、镶黄两旗的队伍走在最前面。接下来,就是自己统领的正白旗,那些兵将都是他很熟悉的面孔,但是路过皇太极马前的时候,大家都很严肃,目不斜视的样子,仿佛谁也不认识谁。

上三旗的队伍过去之后,下五旗也紧紧衔尾而来,镶白旗、正红旗、镶红旗、正蓝旗、镶蓝旗,兵士们手持刀枪钺斧等各种兵器,战袍、铠甲、盔缨都与所属各旗颜色相同,在街道两旁围观人群的喝彩声中,一队一队步伐整齐地向南门外高筑的祭天台行去。

这时,太阳正从东方冉冉升起,赫图阿拉被这灿烂的旭日光芒照耀成一片金黄。

父汗的巴牙喇兵出动了。那是五百名骁勇的儿郎,一个个骑着高头大马、挎着腰刀,昂首挺胸的。在巴牙喇兵的后面,是两行号手,"呜呜"地吹着一丈多长的长筒大号,引导着努尔哈赤的仪仗队:两面杏黄龙旗迎风招展,金瓜钺斧朝天镫炫人眼目。

皇太极知道自己该出发了,他双腿一夹,催马向前,跟代善、阿敏、莽古尔泰他们几个走成了一排,四大贝勒并辔而行,威风凛凛地给父汗做前导。皇太极不用看也知道,身后的黄罗伞下,一定是身板挺直得像座小山似的端坐在枣红大马上的父汗努尔哈赤。

父汗虽然刚刚庆过六十大寿,但身体依旧那么魁梧伟岸。四方脸庞,浓眉下双目炯炯闪光,颔下的短须略略有些花白,头戴金顶红缨的黄绸子软盔,身穿明黄色的团龙马褂,外罩黄缎子披风,腰悬宝剑,威武而又庄严。努尔哈赤的马后,紧紧跟随着数百匹马,马上坐着后金朝廷的文武官员。

队伍很快来到南门外的祭天台。皇太极看到,台上设有黄绫罩着的香案,祭天的牺牲乌牛、白马已然宰杀完毕、洗刮干净,首级盛放在大托盘里,供在了香案上。香案上还摆着四个蓝花大碗,第一碗是酒,第二碗是肉,第三碗是血,另一碗则是土。祭天台前,两杆黄色的大旗在清风中猎猎作响。皇太极凝神注视,见左面的大旗上写着"誓师告天",右面的大旗上则写着"报仇雪恨"。

皇太极见父汗已归正位,与那三位贝勒互视一眼,齐齐后退一步,分立于汗王身后两侧。

这时,全场鸦雀无声。

"吉时已到,后金大汗行祭天大典!"

赞礼官一声高喊真欲振聋发聩,一时间,金鼓齐鸣、乐声大作。汗王努尔哈赤双手敬奉着一束点燃的檀香,稳稳地走到香案前,将香插在硕大的铜香炉里,香烟缭绕,气氛肃穆。皇太极等四大贝勒扑地跪倒,台下所有的人也都

齐刷刷单腿跪在了地上。

努尔哈赤上完了香,恭恭敬敬跪在香案前,向穹天遥行三拜九叩的大礼。这时,努尔哈赤缓缓举起双手,金鼓和声乐戛然停止,全场肃静无声。赞礼官双手捧着一篇黄绫祭文,递到了汗王努尔哈赤的手中。这是后来一直被称为《七大恨》的祭文:

"……吾父、祖于大明禁边,寸土不扰,一草不折,秋毫未犯,彼无故生事于边外,杀吾父、祖,此其一也;虽有祖、父之仇,尚欲修好,曾立石碑,盟曰:'大明与满洲皆勿越禁边,敢有越者,见之即杀,若见而不杀,殃及于不杀之人',与此盟言,大明背之,反令兵出边卫叶赫,此其二也;自清河之南、江岸之北,大明人每年窃出边,入吾地侵夺,我以盟言杀其出边之人,彼负前盟责以擅杀,拘我往谒都堂使者纲孤里、方吉纳二人,逼令吾献十人于边上杀之,此其三也;遣兵出边为叶赫防御,致使我已聘之女转嫁蒙古,此其四也;将吾世守禁边之钗哈(即柴河)、出七拉(即三岔)、法纳哈(即抚安)三堡,耕种田谷不容收获,遣兵逐之,此其五也;边外叶赫是获罪于天之国,乃偏听其言,遣人责备,书种种不善之语以辱我,此其六也;哈达助叶赫侵我二次,吾返兵征之,哈达遂为我有,此天与之也,大明又助哈达,逼令返国,后叶赫将吾所释之哈达掳掠数次,夫亡之国互相征伐,合天心者胜而存,逆天意者败而亡,死于锋刃者使更生,即得之人畜令复返,此理果有之乎?天降大国之君,宜为天下共主,岂独吾一身之主?先因诸部会兵侵我,我始兴兵,因合天意,天遂厌诸部而佑我也,大明助天罪之叶赫,如逆天然,以是为非,以非为是,妄为剖断,此其七也。"

宣读完对明廷的七大恨事,努尔哈赤略微停顿了片时,似是调整了一下气息,又似是下定了决心,终于以激昂慷慨的声音,一字一顿地呐喊道:

"凌辱至极,实难容忍,故以此七恨兴兵!"

"兴兵……兴兵……兴兵!"努尔哈赤满腔义愤的声音在天空回旋,山谷震荡。

宣读完《七大恨》这战斗的檄文,汗王努尔哈赤将它放进了香炉,顿时,烈焰腾起,一股浓烟飘然上升。皇太极知道,父汗是用这种方式,让列祖列宗和上天共鉴后金人对明廷的冲天怨恨和血战到底、势不两立的决心!

汗王努尔哈赤又叩了三个响头,这才立起身来,分别把供桌上的酒、肉、血、土撒在了祭天台上。

皇太极等四大贝勒见状,便也叩了几个头,然后起身侍立在父汗身后。

努尔哈赤威严地扫了一下诸贝勒和台下还跪着的大臣和将士们,大手一挥,命令道:

"来人!飞马将七大恨檄文传示四方,发动全体女真助我努尔哈赤讨伐明廷！"

此刻,鼓乐声再次大作。随军的萨满们也全都发动起来,个个口念神词,扭动着腰身,手舞足蹈,在八旗队伍中来回穿梭狂舞。在回震山谷的螺声、乐声、鼓声和战马的嘶鸣声中,八旗将士们的情绪被极大地激发起来了,他们的眼睛里冒着火,一个个摩拳擦掌、跃跃欲试。

努尔哈赤顺着阶梯走下祭台,只见他步履稳健、神态严肃,给人以慷慨赴死的感觉。在台下久候多时的巴牙喇兵赶紧牵过汗王的枣红马,汗王认镫扳鞍上了战马,声音洪亮地说道："回城！"

"兴兵伐明！"

"报仇雪恨！"

"汗王万岁！"

在八旗将士惊天动地的呐喊声中,努尔哈赤率领着皇太极等四大贝勒和大队人马,浩浩荡荡地返回赫图阿拉。

努尔哈赤和他的重臣们,就这样又一次定下了征战的决心。与以往统一女真各部不同,他们这一次的目标,是尚在睡梦之中的大明朝廷。

大概在初更时分,汗王辞别众贝勒和大臣,在近侍的护卫下回到后宫。不一会,一宫女进来跪报：

"启禀汗王,四贝勒皇太极前来问安。"

努尔哈赤满意地点点头,这个四贝勒,虽然是女真的嫡亲骨血,却于中原礼仪十分熟稔,特别是对父汗晨昏定省这样的孝道礼节,从来不曾缺少过。依照规矩,对于子女这种就寝前的问安,汗王也可以命宫女或太监挡驾,就说"知道了",让他回去就是了。

但是今天努尔哈赤很兴奋,很想和皇太极聊一聊,便吩咐道：

"让他进来。"

听得父汗允进,皇太极大踏步走了进来,请过安以后,努尔哈赤问道：

"你最近在读什么书呢？"

皇太极刚刚端起奶茶,听父汗问,忙将茶盅轻轻放下,侧身回答说道：

"儿臣这阵子在读《春秋》了,是请范先生给讲的。"

汗王听了非常高兴,他对皇太极说道：

"好,这就好！范先生有学问,请他讲授,你算找对了人了。"

皇太极顺着父汗的意思,说道：

"像范先生这样的人才,如今也为我后金所用,大明昏君不亡还等什么呢！"

努尔哈赤"嗯"了一声,说道："大明君昏,臣也不明！我后金君臣千万不能效法这不明的大明！"

· 71 ·

顿了顿,努尔哈赤盯着皇太极又说道:

"你现在是一旗之主了,一定要多读书、多上进才是!朕希望爱新觉罗的子孙不光有勇有力,更要有智有识!皇太极,你千万不要辜负朕的期望啊!"

"儿臣遵命!"皇太极连忙躬身应诺,然后,他张了张嘴,像是要说什么,可是想了想,又收回去了。

努尔哈赤看出来了,便问道:

"你到这里来,除了问安,还有什么别的事情吧?说吧!"

"是!"皇太极神色严肃地说道:

"父汗,儿臣是来请缨赴战的!我后金既已告天誓师,与明廷之战便势不可免。儿臣身在四大贝勒之位,又领一旗劲旅,自当一马当先!儿臣不才,敢请为前敌先锋!"

努尔哈赤正起身子,看了看英气勃发的八阿哥,心头一种宽慰的感觉油然而生。爱妃孟古走得早,留下这个孤苦伶仃的儿子皇太极,自己这些年来一直忙于东讨西征统一女真各部,顾不上特意培育皇太极,不想他竟自成了大器了!

想到这里,努尔哈赤有意考察考察皇太极的见地,便问道:

"若是以你为先锋,你认为我后金兵该先取大明何地呢?"

"抚顺关!"皇太极坚定地说。

"哦?"努尔哈赤眼睛一亮,说道:

"说说你的道理!"

"是!父汗,我后金要与大明一决雌雄,辽沈乃是必取之地,此乃我门前要道也。而欲取辽沈,则必先克抚顺。抚顺是大明辽东的前哨,虎视我后金,对我后金威胁甚大。不拔除它,我军就不能出入辽沈如入无人之境。拿下抚顺,则辽沈也自在我后金掌握了!到那时候,我们就可以伐辽东、灭叶赫、进而兵取中原!"

努尔哈赤拊掌大笑,说道:

"虎父果然不生犬子!皇太极,你的见解与为父想法是一致的!你肯用心想事,为父心中十分高兴!在四大贝勒里,你虽然暂居末位,但才干、功勋是不受排位限制的,你可明白?"

皇太极心头一震,父汗这么说是什么意思?莫非……

仓促之中,无暇多想,皇太极只是诺诺应道:

"儿臣一定尽心尽力,不敢辜负父汗厚望!"

努尔哈赤打了个哈欠,说道:

"夜已深了,明天我将点将出兵,你还是回去好好休息,后面还有更多的大战要打。对了,打抚顺的事情,你就多想想吧,看有什么办法,既能很快得了抚顺,又不会造成我后金八旗的太大伤亡。毕竟,这是我们跟大明的第一战啊!"

"是,儿臣一定好好用心思,请父汗安歇,儿臣告退。"

第二天天刚到清晨,皇太极便来到了议事大厅。

然而议事大厅里早已经是人头攒动,文武大臣都在恭候着汗王的到来。文武百官当中,不少人都跟皇太极一样,因为思索跟明廷开战的事情,一夜没有睡好。不过看上去,大家的精神却都很饱满,因为多少年来女真人被大明的昏君和贪官、污吏欺压得苦不堪言,如今汗王振臂一呼,要起大军南下伐明,大家被一股精气神顶着,哪里还觉得出困乏劳累来?

很快,努尔哈赤就到了,行过大礼后,努尔哈赤说到:

"朕昨日告天誓师,对明廷宣战,从今以后,后金不再臣服大明,我全体女真儿女也不再做大明昏君和贪官污吏的奴隶了!朕于统一女真各部之时,就曾多次要求各位治甲胄、修军器,准备征伐明贼。现在讨贼的时候到了!"

四大贝勒之首的代善出班奏道:

"我后金兴兵伐明,是大家期盼已久的事情了,也是天意难违,八旗将士个个摩拳擦掌,就等着父汗传令出兵了!"

一向深谋远虑、足智多谋的何和理接过话说:"现在已经不是出兵的事情了,而是怎么样才能确保胜利的事情,所以,臣以为,出其不意,攻其不备,神速进兵,打他一个措手不及才是上上之策!"

众子纷纷出来请战。

第九章 蛮横狭隘遭囚禁 祭天焚告七大恨

第十章 太极请缨献计策
招降诸将建头功

争论过后,皇太极上前一步,朗声奏道:"父汗,想要征讨大明,必先攻打辽沈之地,而要想攻下辽沈,抚顺为首。而欲占据抚顺,则需要大破边墙!"

努尔哈赤一听,这皇太极和昨晚上说的有些许差异,就下意识地"哦"了一声。

皇太极当然明白这声"哦"的潜在意思,昨晚回去之后,他又将整个战局思考了一遍,才想出了现在的办法,他慢慢地说道:

"父汗,多年以来,明朝以边墙为界,我族人越过边墙就遭杀戮,实在是欺我太甚。儿臣以为,不如先破其边墙,扫除我进兵辽东障碍,然后挥师南下,直捣抚顺!"

何和理听了点点头,附和道:

"汗王,四贝勒所言极是,破除边墙,明朝便不能再以此欺我御我。我八旗以骑兵为主,破其边墙以后,铁骑再无障碍,大军可任意进入明境,攻城略地犹如反掌!"

皇太极感激地看了一眼何和理,继续说道:

"父汗,破除边墙之后,还不能即刻强攻抚顺。明廷在抚顺屯兵数万,城池又甚是坚固,我军仰攻必定艰难,若是付出惨重的伤亡代价,则挫伤我兵锐气。大军初发,首战不宜伤动元气!"

"抚顺关还有几天就是例行的开关贸易日子了,这是一个天赐良机!我们何不趁此机会派人混进城里,先去摸清城内防御情况,待我大军攻城之时再趁乱打开城门,这样我军应可事半功倍地攻下抚顺!不知父汗意下如何?"

努尔哈赤听到这里微微点头,然后扬起重眉,神色严肃地说:

"你说得很好!大兵初动先克抚顺,这是朕的既定战略。不过四贝勒所说的利用开关贸易机会,本汗倒未曾仔细想过,看来众人拾柴火焰就是高啊!"

文武百官都被汗王的谦逊态度所折服,也被他的深谋远虑所鼓舞,大家个个热血沸腾,急切地盼望开赴战场。四大贝勒听努尔哈赤说完,也都齐刷刷大声说道:

"愿听汗王差遣!"

努尔哈赤目光炯炯地站起身来,步伐沉稳地踱了几步,然后猛然转过身,声震屋宇地发布命令：

"我八旗将士明日出兵征讨明贼，所有人马分为左右两翼，先拆除边墙，然后分兵各进。朕与三贝勒莽古尔泰、四贝勒皇太极，率正黄、正白、正红、正蓝四旗为右翼军，去攻打抚顺城。大贝勒代善、阿敏，率镶黄、镶白、镶红、镶蓝四旗为左翼军，去攻打东州堡和马根单堡。"

努尔哈赤的十万大军，浩浩荡荡地沿着苏克素浒河畔的大道飞驰前进，马首所向，正是大明辽东重镇抚顺关。

皇太极遥望着抚顺关的方向，不禁说出声来："抚顺，看你还能挂几天大明旗号！"不由冷笑两声，心情大快，这才回到自己的大帐内歇息。

努尔哈赤率领右翼伐明大军离开界藩城的时候，正是四月十四日的四更时分。那轮明月不知什么时候已然隐入云层，八旗将士便在这漆黑的夜色中拔寨而起了。皇太极随了父汗圣驾，来到浑河岸边。

父汗翻身下马，皇太极和莽古尔泰以及随驾大臣们也一齐跳下马来，皇太极知道，马上就要举行祖饯仪式了。

果然，努尔哈赤领头，群臣一齐在河边转身跪倒，向赫图阿拉方向叩头祷告，请祖宗保佑这次出征旗开得胜，马到成功。汗王站起身，接过礼官递上的酒碗，将酒缓缓洒落在地上。然后在众臣与侍卫们的簇拥下，上马向西进发，旄头所指，正是抚顺关城。

车辚辚、马萧萧，大军行不多时，天便阴沉得紧，到五更时候，雨竟下起来了，先是小雨，后来越下越大，终成滂沱之势了。

抚顺城是一座繁华的边城。明朝很早就在这里驻军了，因为这里地处女真与中原之交，是兵家必争之地。不过，驻军也带来了抚顺市面的繁荣。四方商人纷至沓来、云集于此，开始的时候，他们只是同大明驻军交易买卖，后来看到女真就在抚顺关外伸手可及的地方，便很自然地又进一步把生意触角伸向了关外的女真。女真地区盛产马匹、人参、貂皮等特产，这也正是汉族达官贵族所需要的。于是，边城的马市贸易就这样自发地兴了起来。

后来，明朝官府见有利可图，便插手其间，使这种最早起于民间的交易带上了官办贸易的色彩。官府规定，每月初一和十五进行马市交易。一到这个日子，人们就进进出出，把抚顺关弄得热闹非凡。

明朝镇守抚顺城的最高官员是游击将军，统兵五千。皇太极随父汗出征伐明的这个时候，抚顺的游击将军是李永芳。

这李永芳不到四十岁，年富力强，正是好时候。他身材高大，颇有些武艺，曾到朝鲜参加过抗倭战争，因战功卓著，才被升为游击将军。

对于眼前的局势，李永芳是又着急又害怕。这位游击将军清楚地知道，他所驻守的抚顺城，是大明辽东的边防要塞，又重镇孤悬地临近后金都城，自然是女真的"眼中钉"、"肉中刺"。努尔哈赤没有动作便罢,只要他一对天朝用兵,势必先夺辽东,而抚顺城更是首当其冲,靠抚顺这区区五千兵马,又怎能抵挡得住后金倾全国之力的致命一击?

所以,李永芳这些天来一直寝食不安,已然派亲信向辽东巡抚李维翰告急,并要求上司火速增派援兵。

这日,李永芳正召集部将一起商量抚顺城的防务事宜,忽听手下军士来报,那军士言道:

"启禀大人,外边纷纷传言,说明天月半大集,将有三千女真商人进关贸易。"

一个叫作杨玄庭的把总若无其事地说:

"这点小事也值得禀报?抚顺城开关贸易以来,哪个月的初一、十五不是人来人往?"

"各位大人,卑职以为,我抚顺城,关雄城坚、固若金汤,即使女真人有诈,轻易也不会被他们攻破。更何况,前几日便已向辽东巡抚李大人求援了。"

李永芳想了想,终究守土责重,不敢稍有闪失,便命令道:

"各位将军,不管事情是真是假,还是小心谨慎为好!这样吧,关贸照常,不能让商贾百姓察觉到什么,这样不利于稳定市面。同时,又要警惕女真人当真谋我城池,请诸位将军带领各自人马加强戒备。""是,末将遵命。"

虽然如此布置一番,李永芳心中依旧不敢托大,便带上几名侍卫,亲自上城巡查。

天空阴云笼罩,城外四野寂寥,各门平静,并没有异常情况发生。李永芳心神略微定了一些,这样的大雨,既不利于行军,更不适宜攻城,看来女真人至少今晚不会冒犯抚顺了。想到这里,他高枕无忧地上床睡觉了。

李永芳犯了一个常识性的错误,千不该万不该,他不该用懒散慵惰的明朝官兵的常规来套努尔哈赤神勇的八旗健儿。女真人常年在朔方边外艰苦环境中挣扎生存,根本不在乎什么风狂雨暴,八旗将士更是顽强卓绝,前后不到半个时辰,皇太极已然无声无息地把抚顺城围得水泄不通了。

后金大军在抚顺关外安好营寨的时候,曙光才刚刚在东方的天际朦胧初现。皇太极远远望了一眼抚顺城暗灰的城头,便策马赶往父汗新扎的大营。

汗王努尔哈赤也在远眺抚顺关。几年前,他就跟李永芳打过交道,那时,他刚刚吞并了乌拉部,准备移兵海西,讨伐叶赫女真。这时明朝出兵干预,面对这种局面,羽翼未丰的建州都督只得隐忍,写了一封言辞卑下的求和信件,亲自送到抚顺,呈递给李永芳。李永芳当时好威风、好杀气!可惜努尔哈赤虽有雄心壮志在怀,也不得不佯装恐惧,唯唯诺诺地讨好这位大明镇关将军。

不过现在情势完全不同了,今天我努尔哈赤再也不用低眉垂首地看你李永芳的眼色行事了,恰恰相反,今天我要你看看我怎样收拾你,收拾你们的大明!

第二天,皇太极派去的吐伦世和他那五百个扮成马商的兵卒,很容易地就混进了东门。

抚顺城东关里里外外顿时热闹非凡,不仅贸易市场人头攒动、买卖频繁,就是附近的旅店客栈、饭庄酒肆,也都因为这场大交易而活跃了起来,出来进去的人群,不一会儿就把城门守兵搞得晕头转向了。

这时候,吐伦世那帮子假马贩子突然发作,一个个亮出了刀枪,跟守城的士兵厮杀起来。

假马贩子们一边杀还一边高声呐喊:

"后金大军杀进抚顺关了!冲啊!杀呀!"

仓促应战的明军这时似乎明白了什么,赶紧把城门关闭起来,然后派人把这些突发情况飞报游击将军李永芳。

正在将军府内吃着早饭的李永芳,此刻也听到了城外远远传来的惊天炮响,李永芳毕竟心里有事,赶紧从墙上取下宝剑,飞身蹿出房门,正和那个报信的兵丁迎面撞了个满怀。

李永芳猝不及防,险些被那小伙子撞倒在地上,他跟跄了几步,方才站稳,喝一声道:

"慌什么!又不是八旗兵攻城!"

那兵丁连忙单腿跪报道:

"禀报将军,正是八旗兵攻打东门了!"

李永芳真恨不得使劲抽自己这张臭嘴几下,怎么这话也说得出来!

他定一定神,问道:

"有多少人马?"

"黑压压的,数不清。"

"啊!快,快快备马!"

天色大亮的时候,抚顺城最高军事将领李永芳终于出现在东门城楼这个最需要他的地方。天已然放晴,光线很好,可以一眼望到很远的地方,只可惜这不是远眺美景的适宜时机。心情紧张的李永芳手扶垛口,向城外仔细观望,只见抚顺城东南西北四面八方都被无数的八旗兵将团团围住了。刀枪在阳光下闪着寒光,旗幡招展,黄白红蓝四种颜色看得他心惊肉跳。

然而最让他吃惊的,是八旗营中隐约可见的那把黄罗宝伞,他心中骇然一凛,惊呼道:

"啊,努尔哈赤也来了?难怪后金兵来势这样凶猛!"

李永芳扭头看看自己这边,将士们虽然刀出鞘、箭上弦,严阵以待,但情

第十章 太极请缨献计策 招降诸将建头功

绪显然都很紧张,有些人甚至流露出掩饰不住的惊慌、畏惧。这也难怪啊,抚顺守军平素便养尊处优,哪里见过这般真刀实枪的阵仗?

就在这时,混入城内的那五百个假马贩子在吐伦世的率领下,猛杀猛砍牵制住了守城明军的一部分兵力,城外的八旗兵则趁此机会越过护城壕沟,把云梯架在了城墙上。两面夹击,守城明军的处境十分艰难了。

守城的士兵赶忙拼命抵御城外的敌军,他们一个劲儿地朝下打着灰瓶、炮子、滚木、礌石,有些还放起了火铳。八旗兵一个个惨叫着跌下去,但又一个个地攻上来。

而城里,已然展开了巷战,在城里巡守的明军已伤亡过半。更令李永芳气愤的消息是:在八旗兵将的攻击下,明军的一些守将已然放弃战斗,临阵脱逃了。

得知这个消息之后,李永芳声音都变了:

"斩斩斩!临阵脱逃者,不管多大的官,全给我斩!"

可惜的是,现在李永芳连斩逃兵逃将的人手都派不出去了,因为他的手下已然是伤亡惨重,城上城下死尸累累,血流漂杵。

攻城后,努尔哈赤双手向下一压,朗声说道:

"用兵之道,自古便有不战而屈人之兵之说,能够不战而胜,才是兵家的最高境界啊!至于什么非我族类便不可招纳,此说简直昏庸之至!我后金志在天下,焉能如此狭隘?非但中原汉人可为后金所用,将来若能入主中原,还要开疆拓土呢!一个小小的李永芳都容纳不下,还怎么平定天下?给李永芳传信,希望他弃城投靠我军。"

此刻,东关城楼上的李永芳,一面指挥守城兵卒拼命抵抗内外的八旗兵,一面还忙里偷闲地频频遥望西关方向,只希望能看到辽东巡抚李大人发来的救兵。可是看来看去,却看来了后金一彪人,只好听天由命了!

李永芳心中正在为要不要舍命死战而犹豫,八旗兵却突然停止了攻击,齐齐闪开了一条通道。把眼望时,一马飞至护城壕边,马上那人身着中原文士衣冠,拱手高叫道:

"李将军!我乃辽东秀才范文程,现已归顺后金汗王。汗王圣旨在此,请将军自去看来。"

范文程虽然只是区区一个秀才,并未中过举、做过中原的官,但清奇隽秀、文采焕然,在这辽东一带确是小有令名。

正在胡思乱想,一封箭书已然射在城楼迎门柱上,这便是范文程所说的"汗王圣旨"了!李永芳心中疑惑,我又不是你后金官吏,何以有什么圣旨到得我的手里!疑团纠结,便不敢怠慢,快步上前取下细看,得知信中的意思,背着手在城头上可就转开磨了,甭管怎么说,他李永芳也是大明朝的命官,有守土护城之责,开城献关背主降贼,这可不是一件小事情啊!

见李永芳这般形状,范文程知道必须再给他加点油,拱他一拱。于是在马上高声喊道:

"李永芳,大明朝奸臣当道宦官弄权,有功之臣不加升赏反遭屠戮,黎民百姓不堪重负火热水深。你今日开城献关,非但可以保住你自己的身家性命,也保住了全城的黎民百姓,为官一方,护佑百姓,这就是最大的功劳啊!如若死守不降,城池一破,玉石皆焚!将军一人赴死还是小事,可怜抚顺城一城的生灵为你殉葬,将军你又于心何忍?生死关头,何去何从,将军你要当机立断啊!"

但毕竟开城献关兹事体大,这个决心不好下啊!

倒是一名家丁促使李永芳下了决心。

这名家丁气喘吁吁地跑上城楼,带给了李永芳两个坏消息:

"将军,大事不好!冒充马贩子混进城里的八旗兵正围攻游击府,游击府眼看不保!西关守将被流矢射死,西关军心大乱!"

完了!李永芳顿时脸色大变,回头一看,游击府、西关两处地方都是大火冲天,不问也知道那两处已然危在旦夕了。

恰在这时,因见李永芳迟疑不决,东门外八旗阵中战鼓重又响起,数万士兵严阵待进,呐喊声海啸雷鸣般动地惊天。再看自家兵士,战死者惨不忍睹,负伤者痛苦哀号,幸存者则失魂落魄、惊惶失措,一个个躲在垛口后面,斗志皆无。李永芳不由得仰天长叹道:

"万岁,此非臣不忠王事,实在是不忍满城生灵涂炭啊!"

顿一顿,狠下心来传令道:

"全军停止抵抗,举城投降汗王!"

李永芳在道旁自缚跪迎,皇太极下马上前,双手将他搀扶起来,说道:

"将军真识时务者也!将军暂且委屈片刻,待我禀报父汗,请他老人家亲自为将军解缚!吐伦世,你在此陪伴李将军,还要约束我兵,不得擅入城门一步,一切等汗王定夺!"

说罢,皇太极兴奋地跳上战马,向大汗努尔哈赤的营帐飞驰而去。

其实此刻努尔哈赤也已然知道了前方的局势,他正在和身边的文武官员议论进城之后当如何处理一应事务,这时见皇太极策马飞到,遂朗声笑道:

"我们的大功臣来了!"

皇太极诚惶诚恐,拜倒道:

"父汗令儿臣无地自容了!这都是父汗的洪福、将士的功劳,儿臣岂敢贪天之功!"

"唔,你还真有些个雅量啊!好!不管怎么说,招降的计策是你出的,五百内应也是你派的,我军拿下抚顺,记你头功总不算为过吧?"

汗王这样一说,在场的人便都拥过来向皇太极表示祝贺,闹得皇太极脸红起来。

热闹一阵之后,皇太极突然想起来李永芳还在城门口绑着呢,便对父汗说道:

"父汗,抚顺守将李永芳已然投降,现正束手自缚,在东门迎接汗王入城呢!"

"啊呀,失礼了,朕这就去东门安抚这位识时务的俊杰!你们大家记住,任何人都不可以对李将军表示丝毫的轻蔑!我后金要想入主中原,李永芳这样的人越多越好!来,传令各旗整顿人马,随我一齐入城。"

"喳!"旁边的将军、大臣一齐答道。

"还有,皇太极,命你持我节旄传令各旗,对城中军民人等,一不准掠其衣物,二不准淫其妇女,三不准令其夫妻父子失散,违此三不准者,杀无赦!"努尔哈赤御驾来到抚顺关东门,果然看见李永芳五花大绑地跪在道旁。

李永芳本来已然让皇太极搀起来了,此刻看见黄罗宝伞逶迤而来,伞下御马之上那位汗王端庄严肃不怒而威,不是努尔哈赤又会是谁?不由得双膝一软,重又跪倒尘埃。

努尔哈赤却没有用胜利者的姿态居高临下对待李永芳这员降将,不容李永芳多想,努尔哈赤已从马上跳了下来,疾步趋至李永芳的面前,双手托住了李永芳的腋下,就想把他搀起来。

这下出乎努尔哈赤意料,因为他开始的时候只是虚搀了一下,并未使出全力,李永芳这一不配合,出笑话了:堂堂后金天命汗没使上劲,腿一软,反而被李永芳坠得也跪在了地上!

要说还是努尔哈赤,有帝王胸怀,灵机一动,朗声说道:

"李将军,你舍虚名顾大义,我替抚顺军民为将军一跪!"

此语一出,李永芳热泪盈眶,不仅如此,在场的抚顺军民也都感动非常,大家全都跪下了。

皇太极见状,急忙一个箭步冲了过去,跪在父汗面前,沉声道:

"天命汗王体天悯民,是我后金万民洪福!大汗万岁!"

这一来,所有的人全都跪下了,跟着皇太极放声高呼:

"大汗万岁!万岁!万万岁!"

皇太极这时跪行几步,搀住了父汗,一边往起站,一边说道:

"请父汗为李将军解缚!"

努尔哈赤很满意皇太极处事的机灵劲儿,他一边给李永芳解着绳索,一边在心里想,这个四贝勒看来倒真能成大器啊!

李永芳受了努尔哈赤半真半假的一跪,身上的绳索也被努尔哈赤亲手解开,这时候,他的心理防线算是彻底崩溃了。

就这样,李永芳归顺了后金,努尔哈赤允其自行招兵扩充军队。

努尔哈赤环视一下诸臣,又庄重地补充道:

"我后金志在天下,今后不光要有强大的女真八旗,还要有强大的蒙古八旗,强大的汉军八旗!抚顺军民既已悉数归顺后金,即是朕的臣民,与女真各部一般无二!任何人都须善眼看待他们,不得使他们父子、夫妻、兄弟骨肉离散!他们的马牛、奴仆、衣物,仍然属于本主所有,我八旗无论何人都不得私加掠夺,违旨者,杀无赦!"

努尔哈赤这道口谕传出,又是引发了一阵欢呼。后金汗王这般宽宏大量,不仅出乎李永芳的意外,更让全城军兵、百姓感恩戴德。

恰在这时,代善和阿敏的左翼军那里也派人传来捷报,他们也顺利地攻克了东州和马根单。

汗王努尔哈赤闻讯大喜,急忙传令各部,论功行赏,大犒三军。

三日后,辰初时分,努尔哈赤会合了代善、阿敏,两股军兵合一处、将打一家,八旗军凯旋东归。

第二天上午,大军东行刚刚一个时辰,奉命断后的皇太极便发现极远处隐隐有烟尘扬起。凭经验,便知那定是有兵马行动,可是,左右两翼大军都已经班师,八旗中还有哪支队伍比自己的正白旗还要靠后呢?怕不是明军尾随而来吧?

想到这里,皇太极连忙一面派遣几匹快马前去哨探详细,一面命令本部将士边行军边做好迎敌准备。

大军又行了数十里路程,派去哨探的那几匹快马飞驰而来,马上儿郎一个个跑得大汗淋漓,当先一人老远就喊道:

"四贝勒!是敌军,是敌军!"

"打的什么旗号?"

"'张'字旗号!"

"'张'字旗号?"皇太极略一沉吟,自语道:"莫非是明朝的广宁总兵张承胤?"

那儿郎连声称"是"。皇太极接问道:

"有多少兵马?"

"我们几个远远察看,看他们约有数万人马!"

皇太极又详细问了他们一些敌军的情况,这才吩咐道:

"传令下去,我军照原速前进,不可贸然行动,待我请汗王示下再做道理!"

说罢，双腿一夹胯下战马，便向父汗的中军方向疾驰而去……

身在中军大营的努尔哈赤听罢皇太极报来的紧急军情，并未见有丝毫慌张，只是淡淡一笑，对众人说道：

"张承胤从军多年，在明军中算得是一员猛将，这次敢尾随我军东来，就看得出他还是有点子胆气的！不过，遇见了我八旗劲旅，只恐怕他这一世英名，就要付诸流水喽！"

众将听汗王如此说，也都哈哈大笑。

皇太极躬身道：

"父汗，此人既是猛将，我军何不利用这一点，设个圈套破他？"

努尔哈赤不由得看了一眼军师范文程，二人会意地微微一笑。他们俩方才行军途中还在念叨，论起四大贝勒用兵特点，二人不约而同地认为四个贝勒都有勇力和胆略，但若说起智谋和心机来，恐怕就要属皇太极为最了。如今听皇太极又要用计，自然相顾而笑了。

范文程喜盈盈地对皇太极拱拱手，问道：

"四贝勒有什么高明的计谋？"

皇太极听得此语，当即脆声应道：

"是，此地向东不足三十里，有一处险绝山谷，唤作'北峪'，两边俱是山壁，只中间一条大道，我们只要在两侧山上埋伏下精兵，这里就必然是歼灭张承胤的铁口袋、铜网罗！"

范文程听了笑一笑，鼓励地说道：

"想必四贝勒一定有好办法把张承胤的数万大军引进北峪这个要命的口袋了吧？"

皇太极谦逊地向范先生拱拱手，说道：

"小侄想得不是很周全，说出来范先生万勿哂笑！"

转过脸去，皇太极又对父汗说道：

"父汗！儿臣想过，我们可用诈败的计策，杀一阵、败一阵、走一程，几阵下来，不就把张承胤的人马引进北峪了么？"

阿敏听到这里，不服气地说道：

"那张承胤好歹也是大明一镇总兵官，必然熟读兵书、饱览战策，岂肯受你摆布，眼睁睁看着口袋还往里面钻？"

皇太极微微一笑，说道：

"二贝勒，我两翼大军乘得胜锐气凯旋而归，沿途明军大都龟缩各自营垒，不敢撄我大军锋芒。唯独张承胤锲而不舍、尾随而来、志在必得，你道他凭着何来？他凭的是视我军如无物的狂傲心态和对自己兵将实力的过分自信！对付这样的敌人，我们正可示之以弱，诱敌深入，进而将其一鼓而歼！"

汗王听了,略一想,便点点头道:

"嗯,是这个道理!打仗,就是要摸透对手的脾气,古人说的好,知己知彼、百战不殆嘛!呃,四贝勒,如果这仗由你来指挥的话,你又该怎样调兵遣将呢?"

皇太极略作沉吟,才回奏道:

"若由儿臣指挥的话,儿臣当命前队两旗,各遣精兵、不携辎重,兼程向北峪衔枚疾进,在峪中两侧的山林之内偃旗息鼓埋伏妥当。一则行动必然迟缓,容易贻误战机;二则行迹不易隐秘,恐被敌军窥破。再者,我伏兵居高临下,一可当十,这样两旗兵战力陡增,不啻十余万军众,何况还有我其余六旗助战,应该足够了!"

皇太极不慌不忙,侃侃道来,众将听了俱都点头称是,只有阿敏不以为然,但也没说什么。

"嗯,其余各旗怎么分派呢?"努尔哈赤又问道。

"中军四旗,照常前进,不受后营战况左右,进了北峪,也先不做停留,可沿峪中大道继续东行,待敌追兵大部进至峪内,再扎住阵脚,候我伏兵发动,再一齐掩杀!"

"好!"努尔哈赤叫一声好,又问道:

"不用说,后军两旗便是钓鱼的诱饵了?"

"差不多是吧!"

"差不多?这话什么意思?"

"父汗,后军两旗轮番诱敌,但是这钓鱼的诱饵仅有后军两旗还不太够。"

"哦,还缺什么?"

皇太极神色严肃,垂首奏道:

"还缺父汗一顶黄罗宝伞!"

众将中那些脑筋慢的,还没明白皇太极这话是什么意思,不过努尔哈赤已对皇太极的计策了然于心了,他哈哈笑道:

"只要我军能全歼张承胤追兵,慢说用我一顶黄罗宝伞了,就是让朕亲自出马诱敌,又有何妨!"

"父汗万金之躯,怎好亲冒矢石?有此黄罗宝伞已足够引诱张承胤这个莽夫了!"

听了半天的范文程这时问道:

"四贝勒,倘若张承胤大军追到北峪,却狐疑不入,甚至退兵远遁,又当如何?"

"范先生,张承胤藐视我军、贪功心切,必然甘冒风险而不肯前功尽弃。退一步说,假如他当真退兵不追,岂不正好让我遂了平安班师的初衷?为大将者,当见机行事,适可而止。初衷既然实现,未必非要节外生枝。范先生,小侄所言,可有舛错乎?"

"呵呵呵呵,好一个见机行事、适可而止!大将之才、大将之才啊!"范文程摇头晃脑地称赞着,看来,他对皇太极的才智、远见已然是非常满意了。

努尔哈赤对自己的这个八皇子也很满意,特别是听他对范文程一口一个"小侄"地自谦着,心头不觉暗喜,这才是为人君的襟怀啊!

努尔哈赤按照皇太极刚才的设想,分派代善、阿敏各率本部精兵前去设伏,莽古尔泰和皇太极率两旗拖后诱敌,自己亲率中军四旗继续前行。不过,那顶黄罗宝伞却当真留给了皇太极。

就在后金八旗设定圈套之后,明军广宁总兵张承胤果然率领数万大军追了上来。

这张承胤不愧是一名勇将,领着中路军追上金兵后队之后,也丝毫不息倦,立即下令大军杀了过去。他自己更是冲在最前头,高举大刀直扑向皇太极。

皇太极哪里能示弱,一面命部下稳扎稳打,一面挺枪策马迎了上去。他知道,演戏就要演得逼真,若是两三下就被打败了,可就露出破绽了,戏也就没有办法演下去了。

第十一章　汗王收印罢贝勒
　　　　　午门撞钟谏万历

　　两兵相交,皇太极高声喊道:
　　"张承胤!我后金四贝勒皇太极在此,赶快下马受死!"
　　张承胤哈哈大笑,回道:
　　"就尔等,也敢在这里叫嚣!速速回去叫你们家奴酋老儿来!你张老爷我从来不和无名小辈过招!"
　　皇太极听了又好气又好笑,心说这个张承胤还真够狂妄的,堂堂的后金四大贝勒之一,都不放在眼里,还成了无名小辈了?又一想,还是让他狂去吧,这样才好让他上当啊!
　　于是将计就计,指指身后的那顶黄罗宝伞,故意说道:
　　"张老将,你看,我父汗就在那里督战,你且胜了你家四贝勒手中大铁枪,再说别的!"
　　说罢,催马上前,挺起手中大铁枪,往张承胤当心便刺!
　　张承胤也早遥遥望见黄罗宝伞了,又听皇太极这般说,心头便是一阵狂喜,暗想此战若能生擒奴酋,岂不是毕其功于一役?想到这里,哪还有心跟眼前这个皇太极纠缠不休?手中大刀使开,一刀快似一刀、一刀紧似一刀,一时间逼得皇太极手忙脚乱。
　　张承胤挥军便追,皇太极的兵马一路撤退,但这一来,已然耽搁了一些时候,眼看后金军中那顶黄罗宝伞隐隐约约快看不见了,张承胤大急,忙下令本部军兵加速急追。
　　明军以步兵为主,骑兵数量不多,这样衔枚疾进的结果,追在前面的骑兵也就两三千众了。张承胤回头看了看自己身后的兵丁数量,毕竟是久经沙场的老将,也知道这样子即使追上了金军,也难以取胜,更遑论什么生擒奴酋了!
　　张承胤想到这里,一面挥军继续追赶,一面命亲兵传令左路将军皮廷相和右路将军蒲世芳,"三路大军合为一路,不惜一切代价,务必追上金军,生擒奴酋!"
　　这样追了一阵,张承胤透过烟尘远远望去,那顶黄罗宝伞又在自己的视野中了,不禁重又欣喜起来。
　　就在这时,面前撞出一彪军马,领头一员大将,手持春秋大刀,正是后金勇将三贝勒莽古尔泰。

· 85 ·

张承胤见敌将也使大刀，不觉技痒，手中大刀一端，催马就要上前会阵较量。

"主将且慢，看小将杀他！"身旁的副将蒲世芳早不耐烦，摇动手中方天画戟，抢身出了阵。

莽古尔泰向来是把打仗当作过年一样的，见敌将出马，乐得跟什么似的，一口大刀使得盘头盖顶、左右插花，叫人看着都眼花缭乱。

蒲世芳乃是武举人出身，一杆方天画戟也使到了出神入化的地步，这两员大将打在一处，煞是好看。

但是时间一长，双方的优劣就显现出来了。蒲世芳虽然戟法纯熟，吃亏在身体略显单薄了，那莽古尔泰乃是北国大汉，生来就比中原人强健剽悍，平素里又总是饱餐膻腥，一天到晚羊腿啃着、牛奶喝着，浑身有着使不完的劲头。一口春秋大刀不到八十斤，也有六十斤。这么个力大刀沉的家伙，蒲世芳哪里敌得过他？

战了五六十合，蒲世芳败象渐显，莽古尔泰却得理不让人的样子，一刀一刀，刀刀不离蒲世芳的要害。

看得张承胤心惊，心想，若胜不了此将，又怎么生擒奴酋？想到这里，也顾不得什么疆场规矩了，对皮廷相叫道：

"皮将军，随我上！"

张承胤挥舞大刀，皮廷相耍开一对大铁锤，加上本来就在战圈中蒲世芳的方天画戟，三员明将三种兵器齐战莽古尔泰。如果说刚才莽古尔泰是为了诱敌而对蒲世芳手下留情的话，这下子他可是真的抵挡不住了。莽古尔泰本来还要逞能再战，只听自家营中鸣起金来，便向蒲世芳虚砍一刀，逼出一个空当，就势催马退了下去。

不过，饶是他手脚利索，却还是被皮廷相大铁锤扫了马屁股一下，那马吃疼不起，一溜烟跑回本阵去了。

金军营中顿时大乱，朝着追兵发了一阵弩矢，便又都拖着刀枪败向东去了。

张承胤的骑兵得了这一阵的胜利，士气大振，虽然并未杀伤多少后金兵将，但看到对方抱头鼠窜的样子，大家自是十分地开心，追击起来也就平添了许多力气。

又追了一阵，看看已经来到北峪入口，皇太极率军挡住了去路。

张承胤大刀一横，蔑视地说道：

"败军之将还敢在此挡道？快快让开道路，不然定叫你刀下受死！"

皇太极一副气急败坏的样子，嘴硬地回道：

"张老将不要欺人太甚！你守边兵将经常无理侵扰我后金，我军这才越边破城小示惩戒,得了你抚顺之后,便即班师还朝,并不敢久占不走。你如此穷追不舍,苦苦相逼,是何道理?将军难道没有听说过'穷寇勿追'么?我八旗将士也不是弱不禁风的纸虎草龙,岂能容你如此张狂?你且休走,我今与你决一死战!"

张承胤麾下的蒲世芳虽然膂力略差,心机却是不让他人,此刻见北峪地势险要,便多了一个心眼,驱马到得主将张承胤身边,低声道:

"大人,此地凶险,倘若金虏在两侧山上设伏,我军必遭不测!"

张承胤闻听此言,也把一双老眼去看峪内,只见后金军旌旗凌乱、行伍错落,远处那顶黄罗宝伞也在慌乱摇动。显见后金军已被这几阵追杀弄得惊慌失措了,如此大好战机岂容错过?再细看两侧山林,但见枝不摇、叶不动,更不见旌旗号坎的耀眼颜色,哪里会有什么埋伏在内?

张承胤犯错误了,他也不想想,女真人惯会狩猎,在围场潜伏时,以树枝草叶掩蔽自己,连那些麋鹿豺豹都辨认不出来,他一双昏花老眼哪里看得真切?而且八旗军纪森严,一旦受命设伏,便是毒蛇噬体也不敢少有动弹,是以隐蔽得十分妥当。

张承胤本来就有几分急躁,心想可不能耽搁时间太多,一旦放努尔哈赤出了北峪,就是一马平川,到时候别说生擒奴酋了,就是追恐怕都追不上了!于是下令急行军,向着溃军一般的皇太极追赶而去。

明军一个个快马加鞭拼命驰进北峪。峪口没了皇太极军的阻碍,明军如入无人之境,不多时,那七八千骑兵,加上后来赶上来的五六千步兵,便全都进了北峪。

随着一声炮响,西边峪口也是一片马嘶旗飞,皇太极那支打着正白旗号的"溃军",不知什么时候竟然重又回转,把峪口堵得严严实实、水泄不通了。

而恰在这时,东面这座后金大阵终于开始发作,在震耳欲聋的战鼓声中,整座大阵缓缓地但却是不可阻挡地向明军挤压过来。张承胤试图挥军阻挡,但是军心已乱,一个个自顾不暇,还有谁听他的号令?

这是四路夹击啊,张承胤如今是前进不得,后退不能,左也行不通,右也去不成,眼睁睁陷入了绝境。

只杀了大约多半个时辰,明军就已然伤亡惨重,连死带伤折了三四停兵将,画戟蒲世芳也死在了莽古尔泰的春秋大刀之下。

张承胤虽然勇猛,挥刀血战,斩杀了不少后金兵将,但毕竟独木难支,眼看着大势已去。

这时,张承胤忽然发现,北侧山上的后金伏兵似乎并未完全列齐阵势,明显地留有一处缺口。看上去,如果不是布阵时的大意疏忽,就一定是故意留个破绽设的圈套。可是张承胤此刻已经别无选择,只好拼全力搏他一搏了!

且不说张承胤血战掩护皮廷相杀上北山,且说峪口的皇太极,自双方交兵之时起,便安排正白旗各牛录紧守峪口。一方面,防止明军从峪口突围,另一方面,不让从后面零星赶来的明军进峪投入战斗。

　　正白旗这支张承胤眼中的"溃军",此时却完全是另外一种状态了,阵如铁壁,张承胤领军撞了几次,根本撞他不动,只得向别处寻生路。而峪外那些零散步军,一来没了主将统领如同群雁无首,二来长途跋涉疲惫无力,更不是正白旗的对手,真正是来一个杀一个,来两个杀一双,杀到后来,谁也不来了,都四下里走去做了鸟兽散。

　　皇太极见峪口这里暂时没有什么战事了,便留一半军兵继续把守,自己则与吐伦世等骁将率本部轻骑突进峪内,单寻张承胤搦战。方才,皇太极见明军营中分出一彪军马杀上北山,知道北山归二贝勒阿敏把守,那是个熟读兵书的主儿,哪会有什么破绽卖给明军?可是看了一会儿,却并不见伏兵杀出,心知不妙,忙率军向北山趋去,恰与正要由此突围的张承胤迎头撞上。

　　却说张承胤,听见皮廷相号炮声响,心中一喜,便领兵奋力杀向北山,不想却被皇太极的铁骑挡住去路。忙挥手中春秋大刀,要夺路而走,皇太极和吐伦世两员骁将怎肯放他过去?一左一右,一杆枪两条鞭一齐向他杀来。他还想拼老命再战一番,可惜杀了半日,早已筋疲力尽,哪里斗得过这两个生力军?几个照面下来,被吐伦世双鞭架住了大刀,皇太极大铁枪抽空一枪刺去,"扑哧",正中张承胤当胸。

　　张承胤在马上晃了两晃,终于支持不住,栽下马来。皇太极的亲兵步卒,便要上去擒将,却见张承胤口吐鲜血、目眦皆裂地喝道:

　　"休要欺人太甚!"

　　皇太极挥手阻住了兵卒,在马上对张承胤道:

　　"张老将,胜负已定,你还是降了我后金吧!"

　　"呸!我堂堂大明命官,岂肯降你这无父无君自立为王的建州叛贼!万岁,恕老臣不能为国靖边了!"说罢,拔出腰间青锋宝剑,面向京师方向,自刎而亡!

　　北山上的皮廷相远远望见总兵在乱军中以身殉国,心中大恸,有心杀下山来为他报仇,想想也是白白送命,只好在马上狂号一声,催马率军逃命去了。

　　峪中剩下的明军,早就无心恋战,如今眼见总兵丧命,哪里还有一毫斗志?纷纷扔了兵器,跪地投降。

　　努尔哈赤在阵中看到一股明军从北山伏兵的缺口处逃走,心头大怒,喝问道:

　　"北山不是归二贝勒把守么?为何围而不严,致使敌军越隙而逃?"

　　众将见汗王大怒,不敢言语。

范文程见状奏道：

"汗王,事已至此,还是先设法亡羊补牢吧！不如就命二贝勒率本部人马追杀北山逃走的明军,将功补过。"

碍着范先生的面子,努尔哈赤不好再发火,遂命亲兵传令,命阿敏追杀皮廷相那股逃兵。

峪里则继续战斗,不过也没什么好打的了,大部分后金兵都已然在打扫战场,只余一些角落,还有个别明军拼死抵抗,过不多时也就趋于宁静了。

傍晚时分,各部兵将纷纷回到努尔哈赤中军大营交令。

四大贝勒中,皇太极部斩获最丰,斩杀明广宁总兵张承胤及大小将领二十三人,斩明军士卒一千五百八十二人,俘获五千七百六十三人,其中三千余人是零星赶到峪口的明掉队步军。得战马八百五十六匹,其他铠甲、兵仗不计其数。

莽古尔泰部次之,斩明副将蒲世芳及大小将领十七人,击毙士卒一千零七十九人,俘获一千一百人,得战马六百余匹。

代善所部与莽古尔泰部毙、俘敌众的数字相去不远,只是斩的大小将领没有那么多,八人而已。

中军和前军各部也都报上了各自的战绩,努尔哈赤命中军书记官一一记了众将功劳,预备回到都城之后与前功一并升赏。可是直到这时,派去追赶皮廷相的二贝勒阿敏却迟迟不来交令,范文程看努尔哈赤有些焦急,便宽慰汗王道：

"二贝勒想是沿途追杀散兵,耽搁了路程,汗王不必担心,这些时候他自会回来。"

努尔哈赤想想,也只好如此,便传令全军离开北峪,往不远处的萨尔浒城安营扎寨。

直到第二天一早,二贝勒阿敏才酒气熏天地回到大营。

努尔哈赤见了侄儿,强压心头怒火,温声问道：

"敏儿,你昨日追那皮廷相,实在追不上就算了,这样夜不归营,又不知道派亲兵送个信来,实实地让朕操心啊！你昨夜究竟往何处去了？"

"叔汗,那皮廷相如同惊弓之鸟、漏网之鱼,跑得比兔子还快,叫小侄如何追得上他？还好,小侄沿途掳获了几百户汉民,还有不少年轻貌美的女子,献给叔汗,也算折抵了北山设伏疏忽之过吧！哈哈哈哈,叔汗,那些女子,你挑完了给小侄剩几个啊！"

阿敏还在厚颜无耻地说着,全不看努尔哈赤此刻脸上的肌肉已然扭曲无状了。

"混账东西！"努尔哈赤再也按捺不住心头怒火,高声喝骂,吓得阿敏宿酒全消,应声跪在了地上。

"征讨叶赫部时,你与你父亲一同谋反,叔汗不忍见你父亲这一支断绝苗裔,才不顾众议赦免于你,还让你身列四大贝勒,以重兵付你,如此推恩之心,天地可鉴!难道你还不知足么?"

努尔哈赤低下头去,见阿敏哭得涕泪横流,叹口气,挥挥手说道:"罢了。你不必哭了,我且饶你不死。你也不用带兵了,这就交了印吧!"

"谢叔汗不杀之恩!"

努尔哈赤转脸对范文程说道:

"范先生,烦你代朕拟诏,没收了阿敏的阿哈和马匹,随营听用,以观后效!何时重新起用么……唉,看他改过的情形再说吧!班师!"

"驾!"

辽东往京师的驿道上,一骑快马火急奔驰,那马虽是半天前刚刚换过的,但一路驰骋至此,也已经筋疲力尽。但马上骑士却全不知疼惜坐骑,仍拼命鞭策,驱赶那马勉力前行。

转过一道山弯,眼前兀现一座驿站,远远望去,一个明兵正持矛守在门口,矛尖在冬日的阳光下闪闪有光,只是这半日一直无事,那明兵有些困怠,竟拄着矛打起盹来。

马上那骑士见是驿站,不由大喜,策马直驱而入,守门兵被疾风惊醒看时,那马已然蹿进院落,骑士跳下马来,厉声喝道:

"八百里呈京快报,速速换马!"

一语甫出,但听"唏溜溜"一阵哀嘶,那匹倦马已是不支而倒,口中吐出粉红色的血沫来。

守门兵倒是有些眼力劲儿,识得此人是辽东经略衙门的信使,专一在京辽之间传递重要文书的,便急忙跑去禀报驿丞。

驿丞早听见信使的声音了,不待守门兵细说,急匆匆跑出公事房。

"上差一路劳顿,辛苦了!且在驿中用过饭再行如何?"

那信使面色稍霁,摇摇头道:

"如今边关吃紧,公务不容寸暇,末将谢过盛意了!就烦大人备些干粮酱菜,末将边走边吃便可。只是此去下一驿站脚程尚遥,还乞大人代选有力马匹方好!"那驿丞听得"边关吃紧"四字,心头一紧,赶忙答道:"一切不用上差费心!现成的饼饵卤肉,给上差多带一些。脚力么,备双份的,路上换着乘骑可好?"

"嗯,多谢多谢!只是要快!"

不多时,马匹干粮便已齐备,那驿丞格外讨好上差,还特意奉上满满一皮囊水酒,路上好解燠渴。

信使拱手道一声谢,上马疾驰而去。

驿丞看着他远去,摇摇头,喃喃道:

"边关又吃紧了!去年四月是抚顺,七月是清河,如今刚进正月,又不知是哪方黎庶被此刀兵之灾!我大明辽东百姓何时才能安享太平岁月啊?"

这封八百里火急战报就这样一站一站报到了京师兵部衙门,现在放到了兵部尚书黄嘉善的公案之上。

黄嘉善虽然掌管兵部,却是个文官,身材很瘦削,面庞也很清秀,自然言谈举止也是一派文士气象,不若武将那般风风火火雷厉风行。

不过,看到眼前这封来自辽东的第三封战报,他还是改变了自己的一贯做派,火烧火燎起来。

因为边关战况实在不容他再那么温良恭俭让了。

辽东这第二封八百里边报驰送京师,黄嘉善也照样火速转呈了宫中。这次万岁很快有了反应。据内侍说,万岁爷"览报震怒",当即决定召集九卿科道,召开紧急御前会议。

万岁爷居然要上朝了,这可真是破天荒啊!要知道,二十多年了,这位万历皇帝朱翊钧就从来没有临过朝!这二十多年,也难为大明朝的臣僚们了,居然还能把朝政玩得转!

兵部尚书黄嘉善来到大明门外,正好遇见内阁大学士方从哲方大人从宫门口碰壁而回,便拱手问道:

"方阁老,万岁今日又不见朝臣?"

方从哲摇摇头,无可奈何地叹了一声:"唉!"

一低头,他看到了黄嘉善手中的八百里战报,心一紧,问道:

"这、这又是哪里?"

"自然还是辽东!阁老,那努尔哈赤见我迟迟不曾出兵讨伐,便以为是朝廷惧怕于他,竟然得寸进尺,举大兵北向侧击叶赫,叶赫部眼看就要抵挡不住了!阁老请看!"方从哲夺过战报看的时候,双手一直止不住地颤抖着。等不及看完最后一个字,便拉着黄嘉善,跌跌撞撞地一路向北踉跄到了午门外。

午门外有两个亭子,西边一个设着鼙鼓,东边另一个悬着金钟。方从哲径直冲进钟亭,抱起碗口粗的钟杵,尽全力撞开了金钟,霎时间,振聋醒聩的钟声便在紫禁城上空喻然震响!

黄嘉善见状,也冲进鼓亭,抓起粗如儿臂的鼓槌,两臂抡圆,向鼓面砸去,咚咚隆隆的鼙鼓声,顿时与钟鸣响在一处,直传到大明门外六部朝房。

钟鼓齐鸣,这可不是一般的事情!在各部朝房中的文武百官俱都是精神一惊,各部长官更是纷纷整饬衣冠,准备进宫面君——因为击鼓撞钟,恰是皇帝急召群臣的信号!

第十一章 汗王收印罢贝勒 午门撞钟速万历

正在皇宫内苑跟弄臣纹枰对弈的朱翊钧，此刻也被午门外的钟鼓声惊动了，他不解地问身边的内侍太监道：

"寡人未曾传旨聚集群臣，为何钟鼓大作？速去看来！"

过不多时，那内侍太监脚步如飞地回转来，跪奏道：

"启奏万岁，是大学士方从哲和兵部尚书黄嘉善在午门外击鼓撞钟！"

"胡闹！他二人都是朕的股肱大臣，怎么也效那顽童行径，拿这击鼓撞钟当作儿戏！"

万历皇帝说罢，低头又去看那棋局。现在自己的形势可说是大优，不仅子力上比对手多了三个兵，而且车马炮位置甚佳，双车一占中路、一封将门，二马一窥九宫、一伺卧槽，两炮一沉底线、一瞄闷官，只要向前再挺一步兵，对方就无计可施了。

万历皇帝平生耽好桔中之趣，宫中不乏大师级的棋手陪他对阵，久而久之，他的棋力自然也不是庸手可以望其项背的了，因此，对局势的发展，他也是了然于胸的，最终取胜应该是没有什么悬念的。只是，他需要仔细算度，把各种变化都算清算透，然后走出最佳着法来。

可是午门外的钟鼓声竟是不让他算下去似的一阵紧似一阵，万历皇帝急了，怒喝道：

"怎么还在敲？"

正说着，宫门金瓜武士在殿外奏报：

"启奏万岁！三公九卿六部官长等朝廷重臣闻听钟鼓齐鸣，都道万岁急召群臣，如今齐聚太和殿候驾！"

万历皇帝这棋是再也下不下去了，他把棋子狠命一摔，恶狠狠道：

"摆驾上朝！朕倒要看看出了什么塌天大祸！若是小题大做，先治他们惊扰圣驾的罪名！"

万历皇帝沉下脸坐到了太和殿的九龙御座上，没好气地瞪了方从哲一眼，怨声说道：

"擅动钟鼓、妄集朝臣，你们到底有什么天大的事情？"

方从哲不慌不忙，从袍袖里取出那份八百里告急战报，呈到万历皇帝座前，沉声奏道：

"万岁，建州奴酋再次起兵，辽东现有十万火急边报送到，请万岁御览！"

万历皇帝从内侍手中接过边报，还没看，先发了一通牢骚道：

"辽东辽东，怎么又是辽东！努尔哈赤这个不知好歹的东西，难道就一点儿也不知道餍足么？我大明世代可待他一家不薄！许他子孙世袭建州卫都督，还封过他二品龙虎大将军，他还要怎么样？难道还要做一字并肩王不成？"

众大臣见皇上满脸的不高兴,谁也就不敢多口,静静地等皇上御览边报。偌大的太和宝殿上,只听见万历翻阅边报的纸页窸窣声和他急促呼吸的细微动静。

"混账!"万历终于看完了边报,用力一摔,把边报摔在了金砖地上。

"方从哲、黄嘉善这两个东西呢!不就是建州兵攻打叶赫吗?区区两夷争斗这种小事,也值得这么大惊小怪,还竟然击鼓撞钟,擅集朝臣、惊扰朕躬!你们该当何罪?"

方从哲、黄嘉善听得此言,大惊失色,连忙跪倒金阶。

但是一想到这也是关乎江山社稷的大事,心思也不觉紧张起来,不错,他迷恋酒色、纵情游逸,是个昏君,但是还没有昏到连江山社稷都可以不闻不问的地步。

于是,万历皇帝抬抬手,说道:

"朕念汝二人一片忠心,所报之事又确系十万火急,便不追究汝等擅集群臣、惊扰圣驾之罪了!你们平身吧!""谢主隆恩!"两个人又叩了几个头才诚惶诚恐地起身,只听万历皇帝又补充了一句道:"只是今后朝中诸臣不可以他二人为例!倘若有个什么大事小事就都自作主张来击鼓撞钟,朕这九重深宫哪里还能有片刻的安宁?"

群臣见一天云雾就此消散,一个个都替方黄二人感到轻松,如今听皇帝这样嘱咐,心想,谁还会这么没眼力劲儿?便齐齐地应道:

"是!臣等不敢无事惊扰圣驾!"

朱翊钧见此情景,皇帝那种说一不二的虚荣心终于得到了满足,便想露出一丝微笑给臣子们看看。

可是刚刚笑了一半,想起那令人焦恼的辽东军情,便又笑不出来了,脸上的表情就这样停滞在了这种尴尬的状态。

方从哲看出皇上此刻的确在为辽东军情担忧,便见机地奏道:

"不过,万岁也不必过于忧虑辽东军情。那努尔哈赤虽然凶狠,但毕竟羽翼未丰,以他区区一个建州,尚不足撼动我大明根本,只要万岁一道圣旨,王师所向,建州必破!"

黄善嘉也奏道:

"万岁,小小建州,地不过弹丸,军不过乌合,岂能与我三百年大明较一日之短长!当今之计,当调集大军,深入建州,犁庭扫穴、永绝后患!"

万历皇帝叹口气,说道:

"大军征剿,朕又何尝不知道这是一劳永逸的上上之策!只是,这几年来武事不断,欲待调兵征伐,一无有兵将,二无有粮饷,大军如何发得?唉!你们都道朕幽居深宫、不见朝臣,还有人背地里议论朕是昏庸君主,可是你们不当家不知道柴米贵,有谁想得到朕有这许多的难言之隐哪!黄爱卿,你主兵部,你倒说说看,辽东还有多少兵马可供征调?"

黄嘉善神色悲凉地奏道:

"万岁圣明!且听臣细细奏来!辽东原有我大明在册兵员十万,可是其中缺额未补和吃空饷的虚数就有两万左右,剩下大部又各被分派去守卫边堡、驿站,可供抽调随营听用的就只有两万人了。可是,四十六年四月、七月两次战役,或降或死一万八千余人……万岁,辽东眼下的确是无兵可调了!"

朱翊钧心头一冷,他知道自己军中的种种腐败,有人吃空饷、有人把公家的兵丁役使来为私家做事,却不知道这种腐败竟然到了导致国家有事无兵可调的地步!想了想,又问道:

"那,那建州现有多少人马呢?"

"臣启万岁,奴酋共有正黄、镶黄、正白、镶白、正红、镶红、正蓝、镶蓝八旗,每旗辖七千五百人,共六万人马,另外努尔哈赤和各旗旗主各有两千至五千护卫,兵力总共在八万左右。此外……""此外什么?""此外还有抚顺李永芳降卒两千之众!"朱翊钧无可奈何地望了望群臣,声音低沉地说道:"如此猖獗,实为心腹之患,不得不灭,可是辽东又无军马可用,奈何奈何?"

方从哲入主内阁有年,天下大势已经了然于心,见万岁有此决心,不敢怠慢,生怕他什么时候再跟去年似的变卦、改主意,闹成干打雷不下雨,连忙趋步上前,奏道:

"万岁,其实也不必惊动全国。依臣愚见,就从福建、浙江、四川、甘肃等地抽调三十万兵马,再令朝鲜、叶赫各出兵二万五千,更于辽东就地募练新兵五万。这四十万人马,不是旬日就可凑齐了么?"

"粮饷怎么办呢?"

方从哲心里早就已经想好了对策,就说:"去年征收的哥斯盐税,今日就可押运进京,原本打算用于建造万岁寿宫,现在辽东势窘,可以先借用八十万两,以解燃眉之急,这样不但兵马粮饷够了,就是辽东那五万新兵的兵器甲仗也差不多了。万岁,只要保住了江山社稷,这点银子,算什么呀!"

第十二章 黄罗帐算兵筹将
　　　　　杨镐计太极了然

朱翊钧听了,想了一会儿,觉得也只有这么一种办法了,如果心疼这点银子,等着努尔哈赤的势力越来越大,最终受到威胁的还是自己,甚至是整个的大明江山,自己屁股下面的这把龙椅也保不住了,得不偿失呢!便点头允道:

"依卿所奏,那就赶快吩咐下去吧,不过,你们打算推荐谁前去领兵挂帅呢?"

方从哲、黄善嘉相视一眼,两人此时都心照不宣,想:这皇上当的,多省心啊!

于是,方从哲胸有成竹地奏道:

"臣以为可命杨镐经略辽东!"

"杨镐?是那个当过佥都御史的杨镐么?"

"正是此人。"

"他?"

朱翊钧不由得摇了摇头,说道:

"此人先前打了败仗,后来调到辽东,又被御史参他滥杀边民,这才革去官职,回乡为民。这样的人,四十万大军交给他,朕能够放心得下吗?"

朱翊钧说完,斜倚着宝座,半晌无言。

方从哲心中也连翻好几个来回,可想来想去,实在也没有更合适的人选了,朱翊钧又看看其他大臣,只见他们一个个垂首肃立,不置可否,也知道派不出别人,但是仗又不能不打,只好狠狠心说道:

"朕这四十万大军,就交给他了!"

农历二月的朔方北国,杨镐捧着御赐先斩后奏的尚方宝剑,领了征伐建州的大军九万余众,"冻手冻脚"地来到明朝关外政治军事首府辽东城(今辽宁省辽阳市)。由于各路兵马尚未到齐,杨镐只好暂时在辽东城驻扎,一面命人加紧募练新兵,一面等待各路抽调的兵马。

谁知杨镐来到辽东城没几天,他的动态就被后金的细作一点不漏地传回了皇太极的大营。

后金虽然兵强马壮、八旗精整,但同时也十分注重军事谍报,早在立国改元之前,便趁着边禁不严的机会,派了许多忠心耿耿而又计谋多端的女真人,举家迁徙至战略要地,在那里貌似安居乐业,其实是安插在大明边关的眼线、钉子。

而后金诸贝勒、众大将中,谍报工作做得最好的,自然非皇太极莫属了。皇太极年仅七岁的时候,他的大哥哥们都跟着父汗长年累月在外征杀,他奉父汗的命令留守后方、管理家政,谁想竟就此练成了料理事务虽竟日千百而无一舛漏的出色本领,也养成了遇事不徒恃勇力而以心智巧思为上的良好习惯。想不到这段难得的经历,竟然使得皇太极在四大贝勒中以足智多谋、灵活机变而出类拔萃。在敌方战略重镇安插细作,就是他向父汗提议并且身体力行予以实践的,像什么辽东城、沈阳城,凡是大明辽东边镇,大部分都有皇太极派去的亲信细作。辽东的细作头目,就是吐伦世的孪生兄弟吐伦多,正是他派手下把杨镐大营的风吹草动报告给皇太极的。

听到明廷起大军前来讨伐的消息,正在征讨叶赫部的努尔哈赤,立即命人敲响了集将鼓,召集文武重臣到他的中军大营里会商。

汗王端坐在虎皮大椅上,两道浓眉之下,一双虎目炯炯有神,丝毫看不出有半点惊慌恐惧的神色。众将见大汗如此沉着镇静,一个个也自稳定了情绪。

努尔哈赤扫视了众将一周,缓缓言道:

"明廷以杨镐为辽东经略,发大兵四十万,出山海关、抵辽东城,不日即将犯我大金,这个消息,大家一定有所耳闻了吧?"

众将听汗王如此发问,相互看了看,齐齐回答道:

"末将等皆有耳闻。"

大将扈尔汉晃动着身上的铁甲,气势磅礴地说道:

"汗王,杨镐是个出了名的败军之将,前几年镇守辽东,不敢与我建州将士堂皇对垒,只会杀戮手无寸铁的边民!万历皇帝挂他为帅,呵呵,看来大明也是蜀中无大将、廖化做先锋了!"

三贝勒莽古尔泰也被扈尔汉乐观的情绪感染了,哈哈大笑着说道:

"杨镐,羊羔!看他这只羊羔够我们大金将士几口吃的!"

众将都失声笑了起来。

范文程也笑了,他知道这位三贝勒又犯了见字认半边的毛病,努尔哈赤看到自己的将士在这种大兵压境的情势下尚能如此乐观,心情也非常振奋,他微笑着看看三贝勒莽古尔泰,打趣道:

"当心撑破你的肚皮!那可是四十万大军啊,这么大的羊羔,连我老汗王也是第一次看到呢!"

努尔哈赤说得不假,他自十三副遗甲起兵至今,一生也不止经历数百战,但毕竟对手实力都不太强大,兵力不曾超过五万。而这次对方竟有四十万大军,想想都让人眼晕!四十万,别说打了,站到一块儿那就得多大一片啊!一直没有说话的皇太极,此刻躬身对父汗说道:"父汗,儿臣以为,杨镐这四十万军数目未必属实,就如同当年曹孟德八十三万人马一样,也是一个虚数而已!"

此言一出,大帐内顿时嘈杂一片,众将交头接耳、议论纷纷,都对皇太极的推断不以为然。

努尔哈赤也有些出乎意料,他把双手向下一压,示意大家安静,然后对皇太极说道:

"何以见得杨镐四十万兵马乃是虚数?你且细道其详。"

皇太极不慌不忙地款款道来:

"父汗,列位将军。明朝这四十万军有三十万主要来自闽、浙、川、甘四省,先不说内中有多少虚额空饷,便是这四省距辽东的路程,就有数千里之遥,一时如何调齐赶到?现在能有三分之一赶到辽东已是多说了,这样看,内地调来的兵将也就是八、九万而已!况且,这些内地兵将,除甘肃兵之外,都来自南方溽热之地,哪里经得起关外这寒天冻地?明军将官又一个个贪渎成性,从盐税岁入中挤出来的那些个军饷兵费,大半入了他们的腰包,大部分兵丁的寒衣到现在尚未配齐——恐怕打完仗他们都未必穿得上棉袄棉裤!"

大家低头看看自己,铁甲内,都是又轻又暖的裘毛皮革,想象明军身着单衣在寒风中瑟瑟发抖还不得不披坚执锐的窘境,都不由得哑然失笑起来。

皇太极接着又说道:

"当然他们也有不怕冷的,那就是剩下的十万人马。朝鲜两万五,叶赫两万五,以及辽东当地新募的五万兵丁。"

范文程点点头,说道:

"便这十万兵也已经超过我们八旗的总数了,四贝勒可有什么说法么?"

皇太极笑了笑,说道:

"军师莫慌,听小将说说这十万兵。说是十万,其实连一半都到不了。先说朝鲜,这几年一直为倭寇所苦,兵力都用于防御倭寇入犯,能有一万五千人过鸭绿江参战就属不易了。再说叶赫,虽然披甲者曾有三五万之众,但这些年来,与我多次交战,已然折损过半,还要分拨兵力守土,防备我趁虚而入,这样看来,也不过能出到一万兵左右。至于新募兵丁,一则时间紧迫难以募到五万之数,二则新募兵丁未经战阵难当大用,不足为虑!"

"嗯!说得有理!这样算来,四十万兵也不过只余了十一二万,这点兵马,我八旗健儿还是对付得了的!"努尔哈赤说罢,很轻松地喝干了手中的奶子茶。

"四贝勒手下的细作真是厉害啊!"

皇太极向父汗微微低了一下头,继续说道:

"杨镐虽然出了山海关,却滞留在辽东城,就说明他的兵力到现在还没有来齐。否则,他至少应该继续进军到沈阳!"

众人听到这里,也都不住地点起头来。

大贝勒代善心中疑团仍旧未能尽解,便又问道:

"照你这么说,杨镐老儿会一直在辽东城等到四十万大军凑齐才来与我们决战了?"

皇太极笑了笑,转过脸对大家说道:

"那是他的如意算盘!他现在一盼兵马到齐,二盼冬日早尽。等到春暖花开之时,倾四十万大军,以泰山压顶之势来攻我大金,一鼓而胜,这就是杨镐现在的梦想!"

"可惜,他这个梦怕是做不成了!四贝勒,你说是不是?"

"是,父汗!不过,要想让他的白日梦彻底破灭,我们现在还应该做一件事情。"

代善脱口而出道:

"马上撤兵回击辽东城!给他来个迎头痛击!"

"对,趁他兵马未齐、立足未稳,打他一个措手不及!"三贝勒莽古尔泰也高声叫道。

努尔哈赤笑了笑,说道:

"你们说的不能不算是个办法,但并不是最好的办法!四贝勒,你说说你想法!"

"是,父汗!主动出击的想法固然不错,但是毕竟我军只有七八万人,迎击十一二万敌军,这是个赔本的买卖,能不干就不干。我军最好的策略,是逼他及早出兵进攻,引蛇出洞!而要想逼迫老奸巨猾的杨镐仓促出击,只有一个办法,不是从这里撤军,而是继续猛攻叶赫!只有打疼叶赫,才能牵出杨镐!"

代善这时恍然大悟,由衷佩服起自己这个同父异母的兄弟来。只听他大声叫道:

"妙计啊妙计!本来嘛,杨镐领兵出征的目的就是救援叶赫,咱们一使劲揍叶赫,他再想拖延时间也办不到了——万历老儿也不会让他消停的!"

汗王站起身,朗声吩咐道:"各旗将士猛攻叶赫,给我打疼它!"

"击鼓升帐!"随着杨镐一声威严的命令,辽东都司衙门顿时响起了沉闷的鼓声。过不多时,主要将官便都顶盔贯甲装束整齐地赶来了。

杨镐站在帅案后面——坐不住,他心里着急啊!

后金兵不顾号称四十万的明军大兵在身后虎视眈眈,这次出兵的首要任务,就是解救叶赫部之危。结果这"四十万"兵马立在努尔哈赤身后剑拔弩张,反倒像是督战队一样,在督促后金紧攻不舍,惹得八旗兵将大有灭此朝食——打下叶赫再吃早饭的劲头,这不是跟皇帝陛下他老人家的初衷南辕北辙、背道而驰了吗?

而且,就算皇帝体恤下情,那些可恶的言官也并不放过每一个可以用来大放厥词的机会。昨天方从哲方阁老又派亲信来辽东,说朝中以张鸣鹤为首的一干御史,已然再次联名上疏,参奏他杨镐食君俸禄、不勤王事,手握虎符、按兵不动,奏疏中把方从哲也牵连在内,说他以败军怯将挂帅领兵,是疏忽国事、举荐非人。

而叶赫更是连连向他发来告急文书,文辞恳切、字字泣血,语言悲怆、声声含泪。

杨镐急匆匆地把众将召集至此,部署出兵事宜。

杨镐看了看众将,其实这时候他的麾下还可以说是人才济济的,大明军界不少"俊杰"都奉调而来,准备在这辽东塞外大显身手。

总兵官杜松、刘綎、李如柏、马林、秉忠、李光荣、王绍勋等满汉总兵官以及朝鲜元帅姜宏立和叶赫贝勒锦台两个"外援"也来在帐下听命。

此外,更有副总兵、副将、参将、游击等衔级不同的将校上百名,一个个盔明甲亮、提刀执枪,够级别的在里边、不够级别的在外面,都静静地听候杨大帅调遣。

杨镐的目光扫过杜松、刘綎时,稍稍停顿了一下,但是却丝毫没有流露不满的神情,大帅嘛,就是要有这个气度,我心里可以把你恨得透透的,但面上绝不能让你看出来!打起仗来我把最难啃的骨头扔给你就是了,啃坏了记你的过,啃好了一块骨头而已又没什么肉,最值得期待的就是骨头也啃下来了,你牙也崩掉了,省得大帅我再费心去收拾你了!

他的目光越过了秉忠、李光忠,直接停在了朝鲜元帅姜宏立的脸上,问道:

"姜元帅,朝鲜此次出兵多少?"

姜宏立虽居客位,却不敢托大,急忙欠了身子回道:

"禀大帅,寡君本当遵圣命发二万五千兵听用,奈何国小民寡,兵将本不充沛,又须防备倭寇觊觎,故此、故此倾全国之力也才发来区区一万三千兵,望大帅恕罪!"

"才一万三千众?"

"呃不过,大帅,我朝鲜兵倒还悍勇,这一万三千众若是由大帅亲自调度,也还当得两三万兵用……"

定了定神,杨镐很严肃地说道:

"本帅,承天恩于草泽,统貔貅以荡寇,伐顽逆而护道,解忠荩于倒悬!巨任在身,敢不用命!如今战局严峻,建州闻我天兵至此,非但不望风而降,反而猛攻叶赫,这简直是视我王师如无物!如此猖獗獠子,不将其犁庭扫穴,何以彰显天朝威严？我今召集列位将军至此，正是要择日发兵灭寇！"

刘綎身为副帅，自然有资格说话，于是便问道：

"但不知大帅预备怎样用兵？"

杨镐知道不把道理说清楚，刘綎，当然还有杜松，这两个副帅是不会善罢甘休的，于是，他把自己这几天与幕僚们商议的结果简要地说明了一番：

"列位将军，建州主力正在围攻叶赫部，本帅决定采用围魏救赵的策略，以不救的办法来救叶赫。这就是，以我大部兵力直取赫图阿拉城！这样，一来可免我军长途奔袭之苦，二来可威胁努尔哈赤要害，三来么，叶赫之围自然可解。"

杨镐接着说道：

"本帅拟分我大军为东南西北四路，分兵各进、约期合击。一路分三万五千兵马，出抚顺、渡浑河，沿苏克素浒河直向赫城，是为西路，这也是我军的主力，杜将军，本帅有意烦你领此西路军，副总兵赵梦麟、王宣，监军张全忠与你同往。"

杜松早就急切地盼望着出兵，听杨镐分派给自己主力任务，还比较满意，便道：

"末将愿领此军！"

杨镐笑了笑，又道：

"北路分兵一万五千，加上叶赫部一万人马，共两万五千兵马，由开原出靖安堡，尾随由叶赫撤退的建虏，也到赫城会合。这一路，就请马林将军统军，监军潘宗颜、叶赫锦台贝勒同去。"

马林神态很优雅地说道：

"请大帅放心，末将定不负重托！"

杨镐看了看李如柏，又说道：

"从清河堡出鸦鹘关这一路便是南路，也分兵二万五千，李将军，拜托你来统率。"

"是！"

"第四路，东路。从凤凰城出宽奠堡，然后转向北攻赫城。请刘将军统军，监军康应乾。"

刘綎着急地问：

"大帅，但不知此一路多少人马？我的蜀军有不少还在路上呢！"

"先不等了，有多少是多少吧！刘将军，我给你汉兵一万两千，朝鲜兵一万三千，姜元帅与你们同去。这样你东路军的总数也是两万五千。四路人马三月初二日，一齐向赫图阿拉发起总攻！"

杜松、刘綎屈指算了算，这样分兵四路共派出了十一万人，比建州八旗多

·100·

了大约四五万人,可以一战了。

这时又听见杨镐说道:

"四路大军之外,另派总兵秉忠率军一万五千驻守辽阳,以备接应;总兵李光荣率军一万驻守广宁卫,作为后援;总兵王绍勋率所部人马总管各路粮草;本帅率兵五千,坐镇沈阳调度指挥。各位将军,成败在此一举,大家好自为之! 各自准备去吧!"

杨镐兵分四路向赫图阿拉杀去,兵马尚未行动,后金却已尽得其详。

努尔哈赤扫视了一下群臣,声若洪钟地说道:

"杨镐兵分四路杀奔我都城,各位不妨各抒己见,看看这个仗该怎么打?"

众贝勒大臣早已经习惯汗王的做法了,每逢大战之前,努尔哈赤总是要召集大家,一起议论议论情势利弊、战策得失,集思广益、博采众长,这也正是他的八旗兵胜多败少的重要原因之一。

但这毕竟是关乎后金生死存亡的重要战役,大家谁也不敢贸然发话,一时间,大家面面相觑,沉默不语,大帐内鸦雀无声。过了好一会儿,才见三贝勒莽古尔泰站起来,朗声说道:

"父汗,他有四路,我有八旗,以两旗敌他一路,难道还怕他不成?"

努尔哈赤虽然喜欢莽古尔泰不畏敌、不怯阵的勇敢气概,但对他提出的这种分兵御敌的主张却并不满意,汗王问道:

"他这四路,每路少的有两万五千人马,杜松的西路更是纠集了明军主力三万五千人,我后金八旗,每旗七千五百人,两旗合兵也不过一万五千人马,怎生抵挡得住他一路大军?"

三贝勒被问得愣住了,吭哧半天,才挤出来一句:

"一人拼命,万夫难当!"

努尔哈赤哈哈大笑起来,越笑越止不住,感染得群臣也忍俊不禁,一时间大帐内前仰后合笑成一片,笑得三贝勒丈二金刚摸不着头脑,憨憨地站在那里。

好不容易大家止住了笑,努尔哈赤才说道:

"我的三贝勒就是猛啊! 中原那句俗话怎么说来着?'软的怕硬的,硬的怕横的,横的怕愣的,愣的怕不要命的!'拼命的劲头当然是要的,但是也得看什么时候! 你会拼命,敌人就不会拼吗? 疆场之上,性命相搏,谁不是在拼命! 三贝勒,你这个办法不行啊!"

过了片刻,四贝勒皇太极躬身奏道:

"父汗,明军虽然兵分四路,但他们这四路兵未必能够同时杀到赫城,所以,他们出齐到不齐、分兵不合击。说是四路,其实也就两路,搞不好的话,也许只是一路!"

努尔哈赤最喜欢听四贝勒皇太极分析形势了,自己的很多决策都是得了他的启发才完善起来的。此刻,见皇太极说话,便鼓励道:

"给大家说说,怎么个出齐到不齐、分兵不合击?"

"是!先说北路。敌北路主将是开原总兵马林,这人就是个活生生的马谡,纸上谈兵比谁都说得天花乱坠,实战却不行。我军在他眼皮子底下围攻叶赫这么多天,他却只知道观望,不曾采取一点行动,这就说明他在死搬兵书中的'待敌师之老疲',在等着我们打累了打乏了再动手。这样的书呆子,进军时必然首鼠两端、迟疑犹豫,断不敢贸然速进。这一路除去一万五千汉兵,还有叶赫兵一万,叶赫兵这些日子已然被我们打得疲乏溃乱,仓促间也很难整齐阵列、形成战力。这一路,不会到得太快。"

努尔哈赤点点头,道:

"朕原先最担心的就是这一路,怕他趁我军回师赫城之机尾随掩杀,现在看来,我们前几天撤军时调度得当,他马林并没敢有所行动。这一路倒真不是心腹大患了。哦,你接着说。"

"南路。主将李如柏,纨绔子弟,能享受不能茹苦,打起仗来只知道临阵观望,从不肯争先恐后。父汗,恕我斗胆预言,只怕仗都打完了,李如柏也到不了赫城城下!这一路更不足虑!"

"还有两路,东路的刘綎和西路的杜松。这两路总该一齐杀到了吧?那样的话也有六万人呢,够我们啃一阵的!"

"父汗,儿臣以为,这两路也未必能同时杀到,形成合击之势!"

"为什么?"

"东路的刘綎,成名于西南,他麾下的蜀军,能吃苦,惯跋涉,善于在山地作战,本来堪称是我军的劲敌。不过,刘綎这人,在钱财上太过斤斤计较,他的嫡系部队始终不能及时赶到,本来就是打算以此来要挟杨镐,让他发足粮饷,不想弄巧成拙,反而造成无精兵可用的被动局面。这次杨镐拨归他使用的一万两千汉兵,大部分是辽东新募之勇,操练既不纯熟,作战更无经验,临阵鼓噪壮壮声势倒还可以,真打起来,呵呵,恐怕还不够他们尿裤子的呢!至于那一万三千朝鲜兵,背井离乡为异邦而战,也难尽全力。而且,东面这一路,加上前面说的北路和南路,所经之处都是高山峻岭,道路艰难,互相之间又难通讯息,再加上观望、推诿那些个明朝官场的陋习,所以大抵也就是个出齐到不齐、分兵不合击的结果吧!"

众将听到这里,个个点头钦佩。

皇太极喘了口气,又说道:

"剩下最后一路,西路杜松,作为一名武将,我很佩服他的无畏无惧、骁勇善战。但是,他为人过于耿介,'水至清则无鱼,人至察则无朋',他和同僚之间的关系甚是紧张,还曾经派人参奏过杨镐。这样的人,是很难在这种大兵团作战中与友邻部队协同配合的。所以,杨镐四路大军中,真正需要我们尽全力对付的,就是这一路,三万五千人而已!"

"哈哈哈哈,说得好!"

努尔哈赤抚掌大笑,然后高声问道:

"抚顺额驸何在?"

"抚顺额驸"是谁?就是抚顺降将原来的明朝游击将军李永芳,努尔哈赤厚待他,不仅升他为总兵,还把自己的孙女嫁给了他,从此李永芳摇身一变成了后金的"抚顺额驸"。

听见汗王呼唤,李永芳起身离座,高声应道:

"臣在!"

"永芳,你在那边呆过,你说说看,四贝勒给这几个人画的像是不是那么回事?"

"四贝勒料事如神,这几个人就是这样的脾气秉性!"

"哈哈!各位,不是朕偏爱四贝勒,我们为大将者,一定要知己知彼,这知彼嘛,当然也包括摸透自己对手的脾气秉性!"

转过脸来,努尔哈赤又对皇太极说道:

"四贝勒,朕再给你补充几点:其一,杨镐的战略不对。大军远出,所可恃者,锐气也。杨镐先是迟疑不进,后又被迫速进,且分兵四路,辗转迂回,路途艰难,战线太长,此我军一必胜也。其二,杨镐的时机不对。北地苦寒,若待到春暖花开,或可与我北人一战,今时在隆冬,南兵衣单,手脚疮裂、呵气成冰,执刀枪尚且不稳,遑论厮杀乎?此我军二必胜也。其三,杨镐的用人不对。两员副帅,心存芥蒂,其余诸将,各怀鬼胎,上下不能同心,左右不能协力,彼此观望、相互掣肘,此我军三必胜也。其四,杨镐的位置不对。身为主帅,远离战场,帅不知将、将不通帅,战况不能速报,号令不能捷传,十四万军各自为战,直如一盘散沙。此我军四必胜也!"

皇太极听完,连忙带头高呼道:

"父汗圣明!""汗王圣明!"大帐内顿时跟着响起一片赞颂之声。

努尔哈赤轻轻摆摆手,嗽了嗽嗓子,大家知道汗王要宣布战斗方案了,便大海退潮一样地收住了声音。

只听努尔哈赤坚定地说道:

"正如四贝勒所言,四路明军,分兵而不能合击,我军只要将其中的主力西路杜松打败,此战便胜了一半,若再将刘綎的东路消灭,便有了八成胜算在握!其余两路,诚不足虑也!"

说到这里,汗王从虎皮大椅上站了起来,踱了几步,才又对众人接着说道:

"朕主意已定,凭他几路来,我只一路去！我军若想得胜,就只有集中优势兵力,先全力对付他的主力西路军！"

正说着,帐下传来四面探马的快报,明军果然陆续出动。杨镐请尚方宝剑,杀了清河堡兵败失守的副将陈大道、高炫二人,祭旗出兵,现在已经到达沈阳,坐镇指挥。

西路的杜松部昨天晚上点燃火把,正沿浑河而下,想必两天之后就可以到达赫城了。

东路的刘綎大军,也已经出了宽奠堡,气势汹汹地向都城杀来。北路虽然暂时没有动静,但是已经在城内校点兵马,看着现在的这个意思,只要叶赫的一万兵出动,他必然会与之会合挥师南下。而李如柏的南路迟迟不见行动,在观望。

努尔哈赤微微一笑,说道：

"看看吧,果和四贝勒估计的简直是不差分毫啊,好！既然事情已经向着我们预想的方向发展,那就按照计划行动吧！"

第十三章　阿敏请缨立战功
　　　　　　杜松受阻鱼虾阵

　　说到这里,他顿了顿,然后有条不紊地下令道:
　　"东路刘綎,来势虽然凶猛,但却是佯攻,主要目的是吸引我军的注意力,掩护西路杜松速进。哼,这种鬼蜮伎俩竟想蒙骗我们,当是哄三岁娃娃呢!众位将军,谁愿意一马当先迎敌东路?"
　　阿敏抢出班来,奏道:
　　"侄臣愿往!"
　　努尔哈赤稍稍思考,决定还是给他一次机会,就说:"阿敏,你可知道这个战斗的艰难所在?"
　　"叔汗,侄臣知道!我军主力都要前往西路阻击敌军,东边也就只能拨出两个牛录的六百兵丁。不过您放心,侄臣对东路地形比较熟悉,会沿途设下伏兵,阻碍敌军的行进,使其无法与西路敌军主力会师。"
　　努尔哈赤满意地点点头,抓起一支令箭,说道:
　　"好!就命你带两牛录六百士兵迎击东路敌军!"
　　"叔汗请慢!我军兵力当多用于西路,侄臣不才,敢请领五百众阻挡刘綎!"
　　"五百众?阿敏,刘綎久经战阵,有勇有谋,你可千万不要轻敌呀!"
　　"叔汗!五百兵,若用于硬拼硬杀,自然不够。但侄臣此去,责不在杀敌而在阻敌,只要善用地形、巧布疑兵,五百兵尚嫌多些!我东路这边多省一兵卒,西路我大军就多添一健儿!西路早日灭敌主力,就能早日回师向东,那时合我八旗之力,灭一刘綎有何难哉!"
　　努尔哈赤听阿敏说得头头是道,知道这个侄儿的确已然吃透了自己的作战计划,又看了一眼皇太极,见皇太极也微微点了点头,便把手中令箭交付阿敏,并且叮咛道:
　　"好!阿敏,朕就命你率五百精兵去迎东路敌军,记住,只行阻敌不需力战,只要能拖延敌军前进步伐到我大军回师东来,便是你的一件大功劳!你还可多带锣鼓旌旗,以为疑敌之用。二贝勒,你的责任重大,好自为之啊!"
　　阿敏听见叔汗嘴里重又说出"二贝勒"三个字,不由得热血沸腾,慷慨说道:
　　"叔汗,咱女真汉子不怕犯错,就怕不知错不改错!今侄臣领命东去,定不重蹈北峪覆辙！叔汗,侄儿此番便是战死沙场,也决不让刘綎一兵一将从我尸前越过!"

看着阿敏慷慨激昂满怀着必胜的信心出帐而去,众将也全都摩拳擦掌、跃跃欲试。

努尔哈赤分兵布阵,命各部速做准备,兵发萨尔浒!

皇太极同大贝勒代善、大将扈尔汉领着两千轻骑,沿着苏克素浒河南岸向西一路急驰。暮冬夜长,赶到太兰岗的时候,天才交卯时,旭日正跃跃欲试地打算东升。

三人止住了兵马,让大家下马稍事休息,也好缓缓马力。

皇太极跳下马来,由亲兵牵了马去啃食道旁的草尖,自己背着手去看四下的地势。这里是两山夹一水,南北两面山势陡峭,中间苏克素浒河正哗哗流淌,不时夹带下来一些尚未化尽的冰块。皇太极看着河水,不由得若有所思地自言自语道:

"这些天只顾了准备与明军交战,不知不觉天气转暖,野草冒尖,连冰河都解冻了!"

代善也在观看地势,他仰着头看了半天两面山上的茂密松林,特别兴奋地对皇太极和扈尔汉说道:

"这地形设伏太合适了!"

扈尔汉听了代善的话,沉吟着说:

"这里地形倒的确宜于设伏,但是,离我都城太近,一旦我们这两千轻骑抵敌不住杜松主力的狂突,就会对都城构成威胁,那样的话,我军局面将会非常被动。"

代善闻言吸了一口凉气,说道:"扈将军提醒得好! 我只看这里地形不错,竟忘了离都城太近的危险了! 四贝勒,你看有没有更好的办法呢?"

皇太极也不太赞成在这里伏击明军,除了扈尔汉说的理由之外,他还认为,父汗既然准备把主战场设在萨尔浒,那么他们这两千轻骑就应该从这个角度来设计自己的战略战术。现在,听到大贝勒征询自己的意见,便很谦恭地说道:

"王兄,小弟以为,我两千人虽然少些,但却有天地相助,虽不能全歼杜松三万五千人,但拖住他,让他乖乖地在萨尔浒等待我大军合击,还是不难的!"

代善经过这几年的事情,已然对自己这个八弟的能耐佩服得五体投地,此刻虽听他说出"有天地相助"的话来,却并不认为这是虚无缥缈的无稽之谈,他想,八弟虽然能言善辩,但每每言之有据,并不是那种夸夸其谈的人物。于是便问道:

"八弟说的'有天地相助',是什么意思呢?"

皇太极笑了笑，说道：

"当然不是怪力乱神之类的荒唐事情。我说的天，是天时，我说的地，是地势。王兄请看，前几天天尚苦寒，哪晓得相隔不过几天，天气竟然转暖，连冰河都解冻了！我看，咱们就在这天时地势上做足文章！"

代善不解地问道：

"在天时地势上做文章？怎么做？"

皇太极找了一块大青石，一边用马鞭在石上比比划划，一边详细解说道：

"杜松由抚顺关而来，欲攻我赫城，必在铁背山界藩城附近南渡浑河。我们可派一支飞骑兵，五百人左右，急速驰往界藩城，在那里把浑河上游水流截断，待杜松军半渡之时，决水淹之！这样一来，定可阻滞杜松一下，还能杀伤他一部。古人有'八公山上草木皆兵'的说法，我们这就叫作'浑水河边鱼虾成兵'！"

代善不由得大声叫起好来：

"好一个'浑水河边鱼虾成兵'！八弟，你简直就是我们后金的小诸葛亮啦！"

扈尔汉听了也点头称赞道：

"以水为阵，真是好计！"

但是扈尔汉毕竟是个久经战阵的大将，遇事也并不盲从。他想了想，试探地对皇太极说出自己的疑虑：

"四贝勒，只是仅以五百飞骑兵去往界藩，人力恐怕不足以截断河流，因为据我所知，浑河在界藩城附近流势转缓，河面因此也变为半里余宽，要想截断这么宽的河流，还要能够及时重新决开，没有几千之众是不行的。四贝勒，实在不行的话，我们这两千人都去算了！"

代善听了扈尔汉的话，也关切地问皇太极：

"扈将军言之有理，还是全军齐发吧？"

皇太极胸有成竹地说道：

"啊，人力不需担忧。你们忘了，去年四月我军攻打抚顺关，曾经在界藩城驻过兵马，当时觉得这座小城地势非常险要，是扼在明军由抚顺关东来必经之路上的一只巨掌。只是城垣破败、屋宇敝陋，一不能屯兵、二不堪御敌，因此，父汗决定修缮建筑、巩固城防，为此，特地从建州本部征集了一万五千余民工日夜施工，现在已将近完工，但民工还在界藩，正好可以协助截流。不光如此，界藩现在还有四百守城兵呢，也可以跟我们的五百飞骑兵一起来对付杜松！至于我们剩下的兵马，随后也向界藩方向进发，放心，杜松不会让我们闲着的！哈哈哈哈！"

代善、扈尔汉听到这里，心里的石头算是落了地。三人遂又商议了一些细节,包括兵将的分派等等。

一切停当之后,代善跨上战马,威风凛凛地喝道:

"吐伦世听令!命你率五百飞骑兵,火速疾驰界藩城,抵达之后,尽遣城中壮丁到上游截流蓄水,待杜松军渡河到一半时,再决开堤坝,放水淹敌!"

皇太极帐下的得力将领吐伦世一听,大贝勒把这样要紧的任务交给自己,顿时备感振奋,雄声应道:"末将得令!"

看着吐伦世领着五百飞骑兵绝尘而去,大贝勒代善又向身边剩下的一千五百兵将下令道:

"其余兵将缓辔而行,边西行边等待汗王大军!"

"喳!"

明西路军统帅杜松领着三万五千人马,此刻正沿着浑河西北岸,浩浩荡荡地向东北方向进发。

杜松望着身边奔腾的浑河,渴望立功的心情十分迫切。他因为性情耿直,得罪了上司,被革职回家。若不是朝廷此次对后金用兵缺少能征惯战的将领,恐怕他这一辈子也就老死在田亩之间了。现在既然天赐良机,让自己重又披铁甲、统雄兵,自然不能轻易放过这个为国效力的机会!他恨不得立时兵临赫图阿拉城下,生擒奴酋。也正因为如此,他才擅自命令自己统领的西路军比杨镐给各路军约定的时间提前一天出发。他现在满脑子想的都是:

"先下手为强,日夜兼程,赶在别人前面,不等那三路人马到齐,就将建州攻下,生擒努尔哈赤,夺得头功!"

过了一个叫作营盘的地方之后,杜松看到身边的浑河开始变得宽阔起来,流势也十分缓慢,从岸上看,河水也并不十分深,像是将没膝的样子。杜松想,要杀奔建房伪都,这里大概是最好的渡河地点了。遂命令一个亲兵驰马下河试水。

那亲兵得令后,一带缰绳,驱马沿舒缓的河岸下了河。杜松手搭着凉棚,立马在西北岸,注视着亲兵的行动。开始的时候,只见他人也小心,马也谨慎,一步一停地试探着向对岸走去。在中流的时候,杜松特意看了看,河水才到马肚,然后水越来越浅,那马也越走越轻松,到后来,只见那马轻轻一跃,便傲然地跃上了东南岸,回首遥望大队人马,一副踌躇满志的神态。

杜松朝那亲兵挥了挥马鞭,将自己的坐骑向下游方向催了几十步,又朝亲兵挥了挥马鞭。那亲兵会意,隔岸纵马向下游驰驱了四五十丈远,然后又下河返回。杜松觉得他这次似乎比方才走得更为顺利,河水最深的地方甚至还不到马肚。不多时,亲兵登上河岸,下马禀报道:

"将军,水浅可渡!"

杜松对身边的几员偏将命令道:

"你们几个速速渡河,过河之后,立即召集部下结阵备战。千万不可疏忽!这要是建州伏兵杀到,如何了得!"

偏将们领命渡河去了,杜松估摸了一下,现在恰是部队过了一半的时候,也就是兵家所云半渡之时,是最容易受到攻击的时候。于是杜松赶忙督促西北岸的兵将加紧渡河。

真是怕什么有什么,就在这时,"咚!咚!咚!"震天价地响了三声号炮,把所有人都吓了一跳。紧接着,有眼尖的兵卒发现,河对岸的山顶上升腾起好几股浓烈的黑烟。

杜松心中大惊,急忙命令道:

"击鼓!急命对岸兵将结阵,严防敌军来袭!"

杜松正在纳闷,却听奉命观察水势的兵士突然高声报警道:

"将军!上游水势有变!"

杜松连忙长身形向上游方向望去。只见那里的河水骤然高涨,远远望去,就像在河面上新筑了一道"堤坝"。只不过,这道"堤坝"是移动的,而且移动的速度飞快,不到一袋烟的功夫,那方才还似乎远在天边的"堤坝",便挟带着草根、树叶甚至没有化尽的浮冰呼啸而至了。

这一下可不得了了。原来最深处不过齐腰的河水,陡然涨到了齐肩深。骑兵胯下的战马,遭此突变,一个个张皇嘶鸣,不过由于战马本身高大,本能又会凫水,所以尽管受了些惊吓,但过一会儿也就都镇静了下来,驮着各自身上的骑士半泅半涉地过了河。最可怜的是那些步卒,本来他们涉着寒冷彻骨的冰水就已十分困难,现在河水暴涨,流速又急,很多个子矮小的士兵直接就没了顶了,那些年老的、体弱的、伤病未愈的,被骤然袭来的冰水一激,个个抽起筋来,手脚痉挛,许多人根本抵挡不住激流的冲击,顺流直下,挣扎一阵后,便纷纷成了泽国之鬼。粗算一下,丧命在浑河的兵士大概得有两三千众。

但事到如今,自己的三万多兵马被冰河分隔在两岸,一点别的办法也没有,只好继续涉险渡河,总不能望河兴叹徒唤奈何吧?

杜松想了想,决定调整渡河策略,原来是步骑分渡,现在改为每一匹马除了原来的骑士之外,再带一名步卒渡河,步卒扯着马的肚带或者缰绳,这样来抵御湍急的水流。这样一来,果然被淹没的士卒少了许多。

只是辎重车辆没有办法,特别是那些笨重的火炮,很难从这么深的冰水中轻易过渡。杜松又不舍得放弃这些辎重,军帐、粮草,哪一样少得了?更重要的是火炮、云梯、盾车这些攻城的器械,没了它们,以后到了建州的都城下拿什么去攻坚?只好命人往下游去另寻水浅之处,好渡辎重过河。但是这样一来,却又分去了他的一部分兵力,因为总要派些兵马保护辎重啊!后来这些辎重是在离这里十里开外的地方勉强过河的,正是因为绕了这个圈子,午

第十三章 阿敏请缨立战功 杜松受阻鱼虾阵

后杜松领军攻击吉林崖的时候，明军的重炮"红衣大将军"没有能够参加战斗。

好不容易除了辎重之外的全军过了河，杜松怕被伏兵袭击，不敢停顿，连忙整饬起队伍，大军沿着山间大道向东逶迤行进了数里之遥，虽时在正午，但山高蔽日，寒岚啸起，冷风逼体。杜松不觉周身寒冷，再看看身边的士卒，一个个嘴唇发紫，方才渡河时弄湿的征衣，此刻被寒风一吹，冻得如铁甲一般，走一步都十分艰难，且奔走半日，水米未进，三军饥寒交迫，也没有多少战斗力了。

杜松无奈，遂传令道：

"三军再坚持片刻，待到了前面的萨尔浒，便可安营扎寨，烘衣取暖、造饭充饥了！"

此令一传，全军欢腾，行进的步伐顿时快了许多，不多时，便来到了萨尔浒。

杜松在马上细细观望，只见这里的地形也是两山夹一水。萨尔河一道清流缓缓而下，河宽半里，水势平和。两岸山势蜿蜒，气势雄伟，松柏茂密，郁郁青青。相比之下，东山较为陡峭，西山则是漫坡，正好扎营。杜松于是下令，三军在西萨尔浒山平坦处安营。

明军兵士立即登山砍伐树木，扎下营寨，埋锅造饭、点火烘衣。谁知刚喘过气来，又听得营外金鼓大作、喧哗连天，杜松登高看时，原来是一股百余人的八旗骑兵前来骚扰。

杜松遂命一支军出营迎战，谁知后金兵见明军出营，却并不接战，发了一阵弩矢，伤了数十明军之后，便纵马逃逸，进了一个山口。明军正欲追赶，杜松忙命鸣金收兵。

杜松缓缓对大家说道：

"欲灭'贼军'，必破'贼巢'！列位可知道这股'贼军'的'贼巢'在哪里吗？"

"在哪里？"

"就在距此不远的界藩城！"

"界藩城？"

"正是！浑河截流决水，看来也是界藩城的建房守军们干的，目的就是延宕我军的前进步伐。而且，明日我们进攻赫图阿拉的时候，它也必然由后袭扰，令我腹背受敌。本镇再三思索，决定与监军张大人亲率一万二千人马攻打此城，以绝后患！赵副总镇，烦你率诸将留守大营！"

赵梦麟看了看监军张全忠，见他并无异议，便拱手道：

"末将得令！"

杜松踌躇满志地又说道：

"我领一万二千劲卒，攻此孤城，兵力数倍于敌，界藩城除非有天神相助，否则决然坚持不到日落！界藩今夕下，我军明朝发，便可直抵奴酋老巢赫图阿拉！哼，东南北三路人马便是飞，也休想与我西路军争一日之短长！列位，待明日直捣黄龙，我们再痛饮琼浆！"

赵梦麟等守营众将也斗志昂扬地说道：

"西路军事事占得先机，头功必属我军，愿大人此去牛刀小试、一击而中！"

杜松一边戴头盔，一边提醒赵梦麟道：

"萨尔浒山势险恶，林木茂密榛莽丛生，奴酋可能在此设下伏兵，将军须多加小心！"

"总镇大人切莫惦念，末将等定然严守营寨，建房不来便罢，若来进犯，末将定叫他来得去不得！"

"好！得胜回来与大家庆功！"杜松说罢，与张全忠出帐上马，一万二千人马尘土飞扬地杀奔界藩城。

就在杜松分兵去攻界藩之后不久，努尔哈赤率领的八旗主力就出现在萨尔浒附近。

金盔金甲宛若天神的后金天命汗王努尔哈赤，纵马来到迎候在路旁的代善、皇太极面前，跳下马来，不待这两个儿子大礼参拜，便急切地向他们问道：

"军情如何？"

二人看了看，皇太极示意代善奏道：

"杜松南渡浑河，被四贝勒派五百飞骑兵提前赶到，用决水计淹死数千兵。杜松主力在西萨尔浒山上扎了大营，不堪我军以界藩为据点不时骚扰，于中午时分，自带一万二千人马攻打界藩城去了！"

努尔哈赤一听眉毛一扬，喜形于色地说道：

"哦，他分兵去攻打界藩去了？"

"正是。"

汗王哈哈大笑道：

"兵合则势在，兵分则势衰。明军分兵四路，其势已衰，杜松又再分散之，势已亡矣！这真是天助我也！"

午后，杜松率领的一万二千人马离开萨尔浒大营，向东疾驰。半个时辰不到，便来到了铁背山西麓的吉林崖。那吉林崖真个是拔地而起、突兀挺立，如同门神一样，巍峨地屹立在界藩城外，杜松凝神看时，发现崖上隐约有人影晃动，便知道这定是后金界藩城派到崖上来的守兵，暗暗哂笑道：

"哼，如此鼠辈也敢挡我大军？须臾便送尔等往西天朝圣去！"

笑罢，杜松就在马上一声令下，明军呈半月形将吉林崖围起，架上了火炮，轰了一阵，然后一队兵马开始仰攻崖上敌军。

吐伦世早已经按照计划，在吉林崖把兵马安排妥当。吉林崖上现在除了吐伦世上午带来的五百飞骑兵之外，还有建城民工中的五千精壮汉子。别看这些民工不能披坚执锐冲锋陷阵，也不能舞刀弄枪拼斗厮杀，但却有的是力气，居高临下用滚木礌石往下砸，恰正是他们的强项。飞骑兵是八旗兵中的精锐，作战经验丰富，吐伦世让他们每人带十名民工，何时该隐蔽、何时可投石，现场指挥、随时指导，片刻之后，这五千民工便当真抵得两三千训练有素的兵卒了。

明军炮击吉林崖的时候，崖上的兵民都隐在巨石背后，加上当时的火炮杀伤力总归有限，所以尽管一霎时搞得惊天动地烟尘蔽日的，但却是雷声大雨点小，并没有对守崖金兵造成多大威胁。

炮火停歇之后，明军步卒开始登山而攻。吐伦世并不着急，待明军进入弓箭射程，方才将腰刀一举，高声发令道：

"打！"

一时间，飞骑兵霍然现身，飞矢如蝗骤然而发，五千民工也随即举石过顶，狠狠向下砸去。冲在前面的明军兵士带箭中石滚落山崖，一个个非死即伤。其余的明军兔死狐悲，纷纷停下脚步各寻庇护，不敢再攻。

杜松在崖下见状，急命道：

"调红衣大将军！"

可是，当他听到麾下偏将的回答之后，顿时泄了劲。那偏将是这样回答的：

"将军难道忘了么，'红衣大将军'还在浑河北岸寻找水浅之处呢！现在营中就只有这些轻型炮了。"

杜松恨得牙痒，恶狠狠道：

"管他什么炮，全给我推上来，万炮齐轰，掩护步卒攻山！"

于是再一次炮轰，再一次强攻。可守崖兵民毫不畏惧。反正你不能炮跟兵一起来吧？炮来了我就躲炮，兵来了我就砸兵，这样倒好，还能休息休息呢！

就这样一阵一阵地攻守，双方也不知交手多少回合，一个小小的吉林崖竟牵住了杜松一万二千人马！杜松见自己兵卒伤亡不小，急得他连声怪叫，策马冲到半山腰亲自督阵。他拔剑连斩了几个畏缩不前的老兵，众兵大骇，这才又拼命仰攻。恰在这时，杜松听见萨尔浒大营方向响起了隆隆的炮声，回首看时，远远地只看见阵阵烟尘和星星点点的火光。

杜松吓了一跳，暗道：

"大营可不敢有什么闪失！"

忙对监军张全忠说道：

"张大人，萨尔浒大营有变！这样吧，我在这里督军继续攻崖，张大人统后军四千人马回师萨尔浒！"

张全忠也担心大营有失，便道：

"杜总镇，我先回军接应大营。这吉林崖攻得下便罢，若实在一时攻不下，索性总镇也兵返大营，万不可因小失大啊！"

杜松沉吟片刻，才说道：

"我再攻攻看，若真攻它不动，我便舍此鸡肋又当如何？大人且速去接应大营！"

张全忠领兵匆匆往西南方向的萨尔浒大营而去，才不过盏茶的功夫，杜松便听见西南方喊杀连天，心中怪道：

"怎么这么快就赶到大营了？"

又一想，不对，定是张全忠这路军遭遇敌人了！果然，张全忠派人来报道：

"后金大将扈尔汗伏兵当道，我后军四千军回援大营受阻！"

杜松大惊，忖道：

"扈尔汗是从哪里冒出来的？难道后金主力已然西来，特遣他率人马援救界藩城？"

遂问来人道：

"敌军伏兵有多少人马？"

来人答道：

"敌军埋伏在山间林中，但见遍山旌旗，不知兵马实数！"

想到这里，杜松反倒心里平静了，他对众将说道：

"于今之计，我军已无退路，只有迅速攻下吉林崖、占领界藩城，方能解除后军的危机！若是现在撤围去打援军，崖上敌军趁山势俯冲而下，我军腹背受敌，必然吃亏！列位，我等必须竭尽全力，继续攻打这吉林崖！"

杜松一面命副将指挥攻崖，一面亲率兵马前去接应张全忠的后军。行到半途，恰遇派去打探大营情况的探马。

"禀总镇大人，努尔哈赤亲统大军围攻我萨尔浒大营，赵将军拼死守营，伤亡惨重！"

杜松目瞪口呆地问道：

"努尔哈赤带了多少人马？"

"总计不下五六万人。"

杜松倒吸一口凉气，惊道：

"努尔哈赤不守赫城，置那三路兵于不顾，竟自倾举国之兵抵敌我西路军一路人马，可谓老奸巨猾、老谋深算！"

想到这里,不禁暗自后悔不该自己这一路擅自早发了。

正在紧张地思索如何解救大营,扈尔汗已经麾军杀上前来。杜松忙对诸将说道:

"先打退扈尔汗,然后回救大营!"

杜松纵马来到前军,见两军正绞在一起混战,心里一急,大吼一声,挥刀上阵,斜肩带背力斩后金一员偏将。几个后金兵不知好歹,群起来攻杜松,却被杜松使出旋风刀法,大刀排头削去,可怜那几个后金兵,满心期望阵前立功,好平步青云,不料却命丧无常,结伴往枉死城讨赏去了。有在边地上日久的后金老卒,识得杜松,忙大声传说道:"这就是当年镇守辽东的廉将军杜松!"后金兵卒听得杜松的名头,个个心惊,便都退潮一样躲着杜松,明军这才好歹站稳阵脚。杜松不知扈尔汗带了多少人马,心存疑惑,见阵脚已稳,倒也不敢穷追。

这时天已薄暮,杜松遥听萨尔浒方向,已不闻炮声传来,但吉林崖这边的杀声却方兴未艾。看来吉林崖尚未攻下,但大营情况到底怎样,却让他颇费猜疑。他想,敌军若被杀退,大营必来救援于我,敌军若未杀退,为何又听不见动静?莫非努尔哈赤已然将我大营兵马一鼓全歼?"哎呀!若是这样,我军休矣!如今这吉林崖倒可有可无了,一定要保住大营,否则这一万五千兵岂不就成了'无家可归'的'孤魂野鬼'了!"

正在忧愁,忽听探马来报:

"扈尔汗只有一千兵马!"

"多少?"

"一千兵马!"

杜松大喜,笑道:

"天不灭我!这一千兵马,何能当我万马千军!"

忙一面命手下佯攻吉林崖,防止敌人俯冲追杀,一面亲率三千人马与张全忠的后军合兵,预备杀出血路好让全军突围去同大营兵马会合。

可惜的是,有一个人不容他们打响这个如意算盘,这个人自然就是皇太极。

就在杜松回身杀向扈尔汗的时候,皇太极率领驰援界藩城的正白、镶白两旗一万五千人马,赶到了铁背山下,与扈尔汗的一千先遣军合兵一处,都隐藏在山林之间。皇太极远远望见杜松在暮色中率军攻来,急忙传令道:

"我军不必与敌硬拼!现天色暗淡,我军可借山林隐蔽,于黑暗中发矢射杀明军!"

也是杜松活该倒霉,他的兵马向林中回击,却因为天色不明,箭矢十发九落空,对后金兵根本构不成威胁。

杜松回师心切,连忙令人点亮火把,以便看清敌人看清路途,可是,谁承想,杜松的这个举动,竟然将自己的军队完全暴露在金兵眼下,个个成了活靶子,金兵打的好不痛快。

　　杜松吃了大亏,却丝毫没有引起他的警觉,明军在杜松的带领下,不顾性命往山口冲去,皇太极此时已经明白了,杜松是想要强行突围,救援萨尔浒大营!这怎么能行呢,一定要将杜松牵制在这个地方,一想到这里,他就纵马摇枪,指挥军队,向明军冲杀过去。

第十四章　后金大破萨尔浒　明军各怀小算盘

两白旗将士见四贝勒冲锋陷阵，都纷纷呐喊着杀上前去。一时间，漫山遍野都是白色的旗号，杜松看了，简直吓了一跳。

"这哪有一千人？一万也嫌少啊！"

不过，这时伴攻吉林崖的明军也已经撤回来了，两军会师，拼死血战，以求得能够突围成功。虽然损失了很多兵将，但是大家都知道，要是冲不出去，今天就都死在这里了，于是都舍死忘生地冲。两白旗兵虽然在人数上占有优势，但是无奈明军已经成了敢死军，一下子还真抵挡不住了。

皇太极的兵马如同打了鸡血，个个来了劲，冲锋陷阵，生生把杜松军给逼回了吉林崖前面的那一块平坡上。

片刻以后，八旗主力在努尔哈赤的率领下赶到了吉林崖前，尽管杜松还在做困兽之斗，但残余不到八千的明军已全部被八个旗六万多人马团团围在了垓心，后金的胜利只是个时间问题了。

努尔哈赤立马铁背山顶，看着面前的杜松人马，脑海里还在闪回着下午攻击明军萨尔浒大营的激烈战斗场景。

当时，明军砍倒营前树木，挖宽沟，设鹿砦，军士引弓搭箭，火器严阵以待。努尔哈赤见明军阵营整齐，旗帜鲜明，刀枪如林，便先集中所有炮火大肆轰击，然后才令两红旗兵将仰攻。代善亲自督军，冒着明营的火炮、火铳和弓弩，不惜代价地往上攻。

攻到近前，明军大将赵梦麟率兵迎战，两边的人马杀作一团，红旗军杀气不弱，但是明军的士气也高昂，一时间难分胜负。于是，努尔哈赤赶忙调来三千蓝旗兵马侧攻明军左营，又调三千黄旗兵马侧攻明军右营。左右夹攻之下，明军营寨砦栅被攻破，不能继续发挥防御作用，双方进入短兵相接的肉搏。肉搏战是一对一的战斗，明军吃亏在人数少上了，后金每三人对明军一人，谁胜谁负是不用说的。

那一场好杀，真是血流成河、尸骨堆山啊！可怜两万多明军，只逃走了三五千人，其他的都做了辽东冰天雪地里的冤魂怨鬼了。

后金破了明军萨尔浒大营之后，留下少数兵将打扫战场，其余将士马不停蹄直奔吉林崖，又来解决杜松的一万两千兵了，其实这个时候，杜松手下充其量也就只剩下七八千人了，有战斗力的大概不超过五六千人。别的那些，都在前期被皇太极的两白旗打得差不多了。

杜松知道大势已去，长叹一声道：

"唉！天不欲我成功，奈何奈何！"

这时小校报道，监军张全忠已然死在乱军之中。杜松心痛欲碎，身子一侧棱，好悬从马上倒栽下来。他目中喷着怒火，对明军将士撕心裂肺地大声喊道：

"不成功，便成仁！杀！"

皇太极见杜字大旗向自己白旗阵地冲来，陡然发一声喊道：

"放箭！"

顿时，箭如飞蝗一齐射出。杜松身边兵将有不少身中箭矢坠马而亡。剩下的人则一边拨打雕翎，一边拼命向前疾驰。杜松身上也中了一箭，好在并不致命，他大吼一声，从身上拔出箭来，搭在弦上，向近处一个后金偏将射去。那偏将猝不及防，竟被射了个对穿！杜松抖擞精神，领着人马继续向西冲去。

但是八旗的人马太多了，光是倒下的人尸马骨就足够把杜松去路堵个严严实实的了，何况那些生龙活虎的八旗兵一个个都冀盼着立功封赏？于是，杜松就如同撞进了铜墙铁壁，怎样冲杀也杀不出去了。

杀来杀去，杜松身边只剩下数十骑了。他双目贯血，左突右冲，大呼杀贼。这时，皇太极飞马追上，拦在杜松马前，大吼一声：

"老将，四贝勒在此！"

有道是仇人见面，分外眼红，二人刀枪并举，大战起来。战不多时，莽古尔泰也杀将过来，弟兄俩一刀一枪双战杜松。杜松已激战半日，又有箭伤在身，哪里禁得起后金国这两员猛将的轮番纠缠？杀着杀着，莽古尔泰架住杜松的大刀，皇太极趁机一枪正中他前胸。可怜杜松一代名将，满腔报国之心，却连赫图阿拉的城墙影子都没见到，就在浑河岸边长眠不起了。

主帅一死，明军顿成无头之鸟，不多时便被后金军分割围歼殆尽。

明军主力西路军杜松三万五千人马只有参将龚念遂领了一伙败兵从后金兵的夹缝里匆匆逃生，正往尚间崖方向溃败。说来这龚念遂也是运气得很，三月初一上午他奉杜松命令护送辎重往下游寻水浅处去，浅处难找，辎重难行，一路磨磨蹭蹭，直到未牌时分，才慢慢吞吞渡了河东来，未待寻到萨尔浒大营，却迎头遇见参将李希泌领着大营劫后余生的败兵，不成行伍地落荒而来。龚念遂问明缘由，知道大营已成覆巢必无完卵，有心往吉林崖去救杜松，却见八旗主力气势汹汹杀奔吉林崖，自己连同收容的败兵刚刚四千人马，涓涓细流怎敢敌他滔天巨浪？龚念遂倒是有心率队迎敌，只是李希泌手下这帮惊弓之鸟，早就不寒而栗了，干脆，弃了辎重，轻装逃命吧！于是，败兵们在龚、李二将的带领下，沿着浑河往上游去，因为马林的北路军就在那个方向。

皇太极倒也不穷追，笑纳了明军丢弃的辎重，领着人马回营交令去了。

于是龚念遂这四千多败兵个个欢天喜地，纷纷庆幸自己捡了性命。不过，这场高兴并不长久，顶多持续一天一夜的功夫而已。

一天一夜之后的三月初三，皇太极们卷土重来，这次不光是白旗，黄红蓝等八旗一并杀到了。

对付一个惊弓怕弦的龚念遂，再加上四千败兵，难道竟需要后金举国的兵力么？非也。后金的主要目标是马林率领的明北路军，至于龚念遂，不过是因为他现在依附了马林，才很不幸地出了虎穴又进狼窝。除了在当时就已经成为历史的杜松西路军，马林的北路军是离萨尔浒最近的一支明军了。龚念遂、李希泌二将见了马林大军，就如在外受尽欺负的小孩子见了家里长辈一样，痛哭嚎啕地哀告马林，请他即刻发兵前去解救杜松西路军的余部。

谁知马林这个自命的儒将，根本不敢独自与后金主力交手，还振振有词地说道：

"杜将军三万余众，尚且被建虏一口吞掉，现叶赫兵未到，我北路军只有一万五千人，又怎能擅开兵锋？这也是杜将军不遵经略杨大帅将令的结果，明明约定四路同时进兵、同时合击，杜将军贪功心切，偏要提前出兵，致使孤军深入、身陷重围！我今若贸然与建虏交战，岂不也要步杜将军后尘，坏了经略大人的破敌大计？二位将军休要悲哀，这样吧，你们就在我北路军营中效力，待我东南北三路合军破了赫城，本镇定然奏明圣上，奖赏你二人的功劳！"

这一番话说得冠冕堂皇，二将无奈，只得一切听从马林。马林遂分兵三处屯扎，监军潘宗颜率五千人马驻斐芬山，是为右营；龚、李二将率所部四千人马驻斡珲鄂谟，是为左营；他自己则与副总兵麻岩驻尚间崖，自然是中军大营，一万人。三营互为犄角，如遇后金进攻，也好相互策应。他还特别强调说道：

"根据目前战局变化的情况，我北路军决不可贸然行进了！我们现在的对策，就是防御！防御！再防御！！"

就这样，北路军在尚间崖一带严阵以待，一方面待敌，防备后金铁骑突至，一方面待命，等待沈阳杨大帅新的方略。后金兵倒也没来进攻，交战双方相安无事地度过了一个和谐的白天和一个宁静的夜晚。

三月初三这天，和谐告吹了，宁静也破灭了。天色将明，北路明军的三处营盘里，炊烟袅袅，香气袭人，正是早餐时分，催命的阎王就已经纷纷找上门来了。

找上马林的是正红、镶红、正蓝、镶蓝四旗，三万人马把尚间崖马林大营围得水泄不通，三比一，但是却围而不攻，"盘马弯弓故不发"。

找上潘宗颜的是正黄、镶黄两旗，一万五千人对付斐芬山明军右营五千人,也是三比一,也不急于发动。

找上杜松残部龚念遂、李希泌的是正白、镶白两旗,由皇太极领着一万五千得胜的悍卒狂将,对付斡珲鄂谟明军左营那四千多一点点的惊弓之鸟、怯阵之兵。

果然,当皇太极麾下的两白旗人马开始冲击与尚间崖相隔五里的龚、李营盘的时候,另外两营明军只不过象征性地鼓噪呐喊了一阵,冲到各自包围圈的后金兵阵前打了个照面,就又都回去了。恨得龚李二将咬牙恶骂,暴跳如雷。

其实龚、李二人的营盘扎得还是够坚固的,从某种意义上来说,甚至比马林的中军大营还多费了些功夫。因为现在富勒哈山所有的明军战将中,只有龚、李二人跟后金交过手,识得八旗兵的厉害,所以安排防守的时候格外加料、特别小心。只是一样,他们的斗志已然崩溃,如何再敢言勇?自古以来从鬼门关回来的人,只能是两种:一种,再也不知道怕死,另一种,越加珍惜生命——这是"怕死"的另外一种说法。遗憾的是,龚李营中这四千余众,几乎无一例外都属于后一种,包括他们的两位将军。

这样无比珍惜宝贵生命的兵将,如何抵挡悍不畏死的虎狼?所以,当皇太极采取了正确的方式来对付他们的坚固防守时,这种防守几乎是在一瞬间就土崩瓦解了的。

踏平了斡珲鄂谟的皇太极率队回到尚间崖,本来打算协助父汗攻打马林大营,却不料这里的战斗也已经接近结束。

其实,连努尔哈赤都没想到,马林大营这边的仗会这么好打。四旗兵马也是采用与皇太极类似的办法,先遣步卒破坏外围壕砦,再派骑兵撒开铁蹄踹营。但是他们比皇太极那边更省了些力气,不为别的,只因为这边明军大营的主帅马林马总兵,在两军对垒的紧要关头居然失踪了!

这位马林马总兵,吟诗作对那是相当有才,得知左营被踹平,情知自己的大营也难逃厄运,思来想去,只有一条路,撤兵回开原。说撤兵,那是为了好听,其实就是逃跑,临阵脱逃。不过马林毕竟算得上是半个才子,带着一千多腿快的明军,居然一边跑,还一边想出了一副对子:

"四路兵知一路谬,八旗马看两旗先。"

不管马林怎么为自己的失败和临阵脱逃找辙,反正失去了主帅的北路军中军大营,现在堪称是溃不成军了。好在副总兵麻岩还算勇武,慌乱之中收拢诸军,顽强抵抗。只是军心已乱,大势难挽,麻岩血战片刻,竟死在莽古尔泰的大刀之下,一道冤魂不知往哪里投奔去了,马林的尚间崖大营也就此宣告不复存在。

中营、左营接踵瓦解,监军潘宗颜那五千人的明北路军右营又岂有独存

第十四章 后金大破萨尔浒 明军各怀小算盘

之理乎？在斐芬山等得不耐烦的正黄、镶黄两旗饿卒，一窝蜂地扑向明营。在后金，是扫荡残敌，在明军，则是垂死挣扎，这一场好杀！只苦了阎王判官牛头马面黑白无常那一帮子，生死簿在案头摊着，阴阳笔在手中攥着，勾名销姓忙得是不亦乐乎——不过，十成新死的鬼里面，九成九都是马林的部下。直等到连潘宗颜在内销够了四千明军，阎罗殿工作人员在斐芬山的现场办公方才告一段落。

八旗兵将天明即起闯阵杀敌，直杀到冷日平西，刚才在鲜血的刺激下，尽管杀得连刀枪都卷了刃，大家倒还不知疲倦，现在硝烟散尽，战场上一片寂静，悲风吹来，鬼哭呜咽，将士们的倦意却也涌了上来。

于是，努尔哈赤传谕全军，就在此处安营造饭，人马歇息一宿，明日清晨，全军回师都城赫图阿拉，准备迎战明东路军和南路军！

三月初四天不亮，后金大军拔营起寨向赫图阿拉行进，努尔哈赤特命皇太极率两白旗为后军，且防备叶赫部缀尾袭杀。大军走了约摸三四十里，后军遣人飞马来报，说叶赫部见马林兵败，胆怯不敢前进，已于昨天半夜收兵回叶赫去了。

努尔哈赤冷冷一笑，道：

"就这种胆子也来跟朕争斗？这次就算便宜他们了！"

又对身边众将道：

"现在好了，我们可以一心一意地对付明军了，首先要对付的，就是那个刘綎刘大刀！"这个刘大刀和他的东路军现在在什么地方呢？当然是在去往赫图阿拉的路上。虽然宽奠堡到赫图阿拉的直线距离是三百二十多华里，但是因为山道迂回崎岖，显然是太长了些。

刘大刀曾经多次不无自得地对部下说过："桓侯，战神也。綎何许人，得与桓侯齐一时名！为将者，不得不粗，不粗则无威、不粗则无勇；亦不敢不细，不细则无察、不细则无智。粗中有细，大将之谓，宜也！"

正是因为这位刘大刀的粗中有细，才使得这次本来就迂回曲折的进军更加迟滞缓慢。出了宽奠堡没多久，就到了后金的实际控制区域，刘大刀也就开始"细"起来了。队伍只要行军，就必须结成阵势才能走，而只要停下来，废话少说先给我扎起营来防御。

虽然安全，可是东路军这样子爬啊爬的，已经率军回到赫图阿拉休整了半天的努尔哈赤着急了，为什么？真要让这样的队伍全副装备最佳阵容到了赫图阿拉，没有破绽可寻，没有空子可钻，这就不是像杜松、马林那么好对付的了！

于是老办法，集思广益，找来代善、莽古尔泰、皇太极、范文程、何和理、额亦都、扈尔汉等一千后金精英，就在赫图阿拉的尊号台开了个前敌军事会议。

这是三月初四未初时分,相当于现在的下午一点来钟。

会议开得十分紧凑,并且通过了一个非常离奇的计策,那就是,假冒杜松的名义,命令刘大刀的部队加快步伐、轻装前进。

这个离奇的计策自然是皇太极首先提出来的,然后经过大家的补充和修正,终于完善起来,把理论上的荒诞性和实践上的可行性完美地结合在了一起。

虽然真的杜松早就全军覆没,他本人也已经驾鹤西游了,但是这并不排除派人冒充杜松手下调动刘綎并且获得成功的可能。因为连女真的小孩子都知道,萨尔浒就是打翻了天,身在赫城南面群山峡谷里暂时与世隔绝的刘綎也不可能得到一丝一毫消息,除非有人飞马专程送信。

飞马专程送信的人现在有了,不过不是杜松的人,而是从"抚顺额驸"李永芳带过来的人里精挑细选的几十个能言善辩的士兵,没敢选军官,怕刘綎或他的偏将们有谁见过,被认出来,士兵就比较好蒙混过去,谁记得小兵辣子啊!不过,这几十个兵已经得到承诺,回来之后就将予以破格提拔,并且还有可能成为后金某个将领或者大臣的东床快婿。

这几十个兵重新穿戴起大明的军装,打起杜松的旗号,顺着刘綎的来路就迎了上去,走了七八十里之遥,傍晚时分才在山里遇见了刚刚扎下营盘的东路军。

刘綎在深山之中遇见友邻部队,吃了一惊,问道:

"杜将军何以派你们至此?莫非赫城已下?"

假杜松军有一个小头目,二十郎当岁,脾气挺暴,从马鞍桥下革囊内取出一支令箭,正颜正色地说道:

"我家总镇同马总镇两路大军现已抵达建房州都城下。总镇派遣末将前来,请刘将军火速进军,明日正午会攻都城!"

"明日正午?以我军的速度,只恐难以准时抵达……"

那假旗牌冷冷一笑,道:

"刘将军若仍是这样步步为营,莫说明日,就是再有两日,又如何到得了赫城!我家总镇有言,请刘将军务必日夜兼程、轻装前进!"说完,也不理会刘綎做何反应,拱手施了一礼,便要率队返回。"且慢!"刘綎一声断喝,手下亲兵立刻兵刃交举形成刀门,挡住那旗牌的去路。

刘綎目光炯炯盯视来人半晌,突然问道:

"我与你家总镇同为大军副帅,他为何以令箭调我,他就这样小觑我刘大刀么?"

"杨大帅发兵之前,有言在先:此次出兵,四路军中以我西路军为主力,杜总镇代他为前敌指挥,杜将军令箭,就是他杨大帅的令箭,刘将军,您莫非忘

第十四章 后金大破萨尔浒 明军各怀小算盘

怀了吗?"

"呃,既然如此,你家杜将军为何只有令箭,并无一纸书信详述军机?"

"呵呵,人道刘将军粗中有细,看来纯属阿谀奉承!将军只有粗,哪有什么细?""此话怎讲?""末将带领这几十个弟兄,深入建房腹地,闯关过隘,自是不易,若身带书信,被努尔哈赤得着,末将一死固不足惜,误了军机大事谁来担待?"

"这……"

"这还罢了,倘若努尔哈赤将计就计,岂不是还要连累刘将军你这东路军么?"

"这、这,哈哈哈哈!好,强将手下无弱兵,你不愧是杜将军的旗牌官!就烦你回去上禀杜将军,我东路军在此歇息一夜,明日凌晨拔营起寨轻装前进,正午时分定然赶到,与你家将军合攻赫图阿拉!"

第二天天不亮,刘綎就带着部队出发了,这次他们果然改变了作风,不再追求行则成阵、止则成营,而是一窝蜂地往前涌,辎重也甩在后头了,这样一来,东路军行军的速度当真提高了许多。

这样子部伍凌乱地走了几十里地之后,刘大刀的部队就来到了阿不达里冈,距离赫城五十华里。

一窝蜂的队伍走到这里没办法继续一窝蜂了,因为这里的路太窄了,一人一马走着倒还凑合,两个人并肩就得挤躺下一个。刘綎见前军堵住了,连忙催马过去,命令大家成一字长蛇阵,鱼贯而行。

这条可怜的长蛇,进了阿不达里冈的峡谷之后才发现,周围早就布满了打蛇的长杆。只听一声炮响,数万后金兵呐喊而起,漫山遍野招展的都是黄白红蓝旗号,除了跟随老汗王守家的四千精兵,后金举国之兵已经全数在此!

英武绝伦的刘大刀此时后悔晚矣!眼睁睁看着自己的将士一个又一个地倒在自己眼前,到了最后,刘大刀自己也身负重伤、血尽而亡!可怜一代名将,临死都没弄清楚自己究竟是死在了谁的手里!

刘綎一死,东路军群龙无首,又被困在这条狭长的峡谷里,还能有什么别的出路?死路一条而已!霎时间,明军将士的尸体就将峡谷给填满了!后金兵杀到手酸,东路军就此瓦解。

皇太极与代善各领人马,奋勇追杀明东路军残部,一直追到了富察山。

东路军监军康应乾见前面已是富察山,精神大振,大声对身边的败兵喊道:

"弟兄们,再加一把劲,富察山有咱们的人!"

他说的没错,随同东路军一道出征的一万三千朝鲜兵,现在就驻扎在富察山上。当时刘大刀上了假杜松军的当,要轻装前进,嫌朝鲜兵累赘,才命他们护送辎重、缓缓后行,不想这一来反倒救了东路军残部,没顶之灾中居然被康应乾捞到了一根救命稻草!

不过这根稻草不但没救得了康监军,反倒把他给送进了枉死城。

朝鲜兵远离故国,战线太长,粮草接济不上,刘大刀又吝啬,不予援助,结果搞得朝鲜兵几天来食不果腹,饿得头晕眼花。饭都吃不上了,哪还有力气行军打仗?昨天下半夜得到刘大刀将令,要他们护送辎重,跟随前进。没想到今天早晨还没动身,就听见前面阿不达里冈方向乒哩乒啷已经干起来了。

朝鲜兵这次助明伐金,来了一万三千人,领军的元帅姓姜叫姜宏立,副元帅姓金叫金景瑞。正副元帅侧耳听了一会儿,觉得情况有些个不妙,便开始商议自家的应对之策。

副元帅金景瑞年轻气盛,并且还有些正义感,便说道:

"元帅,刘总镇一定中了建州人的埋伏,我们是不是应该速传将令,火速进军救援?"

姜是老的辣,姜元帅捋髯思索了一下,摇摇头说道:

"老弟,打仗这件事情不能光靠正义感。咱们这次出来,带着这一万多人马,可是咱的精锐,是咱们差不多一半的家当啊!国王陛下千叮咛万嘱咐,叫咱们'行军慢着点''打仗慎着点''撤退利索点'。陛下什么意思?就是不让咱们给他们卖命!"

金景瑞歪着头斜着眼想了想,又说道:

"可是如果按兵不动的话,只怕刘綎的军法难容啊!"

姜宏立面色阴沉地说道:

"我军挨了好几天饿,怎么不见刘大刀送过来哪怕斗米升粮?遭难想起我们了?你看看满营将士有一个跨得上战马、抡得动刀枪的么?按兵不动,哼,按兵不动就算对得起他!好赖咱这还算是站脚助威呢!要依本帅的脾气,早就回去了!这样吧,大家既然一起来的,给他个面子,咱们先观望观望再做道理。刘总镇要是胜了呢,我们火速出兵,他也不能说咱们什么;要是战败了,呵呵,还有谁来追究我们的责任呢?保存实力,这才是忠臣的做派呢!"

金景瑞低头想想,也是,我们要是糊里糊涂冲上去,弄个全军覆没,回去怎么跟国王陛下交待?客军客军嘛,做客来的,壮壮声势、充充门面而已,谁还真玩儿命啊!

俩人随即传令:

"全军官兵严阵以待,有妄出辕门一步者,杀无赦!"

一万三千朝鲜兵就这么见死不救,眼睁睁看着刘大刀被后金一口一口地吞进了肚子。

很快,山下就传来一阵喧闹,嘹营兵丁跑来报告,原来代善、皇太极率黄白四旗三万人马已将富察山朝鲜兵大营团团围住!

姜金二人来到辕门,只见富察山已经水泄不通了,八旗军旌旗招展刀枪明亮,一副跃跃欲试要攻山拔寨的架势。

姜元帅这块老姜也没了主张,此时,只听得后金兵丁们高喊道:

"朝鲜元帅听了,我家四贝勒有话要讲!"

姜宏立连忙三步两步地登上辕门,拱手道:

"四贝勒请了!姜宏立在此恭候大驾!"

皇太极纵马往山坡上走了一段,带住马,不怒而威地说道:

"大金与朝鲜本是兄弟之邦,两不相犯。皇太极知道姜元帅此来,乃是被明廷胁迫,并非本意。于今之势,明四路军已灭三路,你们又何必替他人受过、坐以待毙!皇太极指你一条明路,为救你们这一万三千人马,不如反戈易帜,与我大金化干戈为玉帛!"

姜宏立激动得眼泪都下来了,又回头看了看金景瑞,两人不约而同地点了点头。姜宏立拱手对皇太极说道:

"四贝勒洞悉我心,仁厚宽弘,就是我一万三千朝鲜兵将的再生父母!我军愿降,请四贝勒进营点兵受降!"

说罢,一挥手,手下吱呀呀大开辕门,迎接皇太极进营。

皇太极正要飞马上前,却被代善拦住,疑虑道:

"八弟不可轻信!"

皇太极深情地望了大贝勒一眼,毅然地说道:

"王兄不必担心,我料朝鲜兵已无斗志,我孤身进营,正可显示我军诚意,促他早降!"

说罢,一抖马缰绳,马如龙飞进了朝鲜兵营辕门。

过了半晌,代善也不见敌营中动静,心中急躁,正要命兵丁攻营,只听朝鲜营中鼓乐大作,接着,遥遥望见朝鲜兵将列着队走出大营,姜宏立、金景瑞也在马下步行,亲自为皇太极牵马坠镫,队伍的最后则是那一千明军败兵,也一道降了。只是被康应乾从后营小门溜走了。

代善激动地与皇太极拥抱在了一起。

伐金明军如今还剩下最后一路,李如柏的南路军。李如柏这位少爷军官,带出来的也都是中看不中吃的少爷兵,在听到螺号声后给吓得亡魂丧胆,以为后金伏兵来了,赶忙拼命逃跑,结果自相践踏,生生踩死踏伤了一千多人!

萨尔浒大战,就这样结束了。可以毫不夸张地说,明朝的衰亡,后金的兴起,都是从萨尔浒大战开始的。在这次战役中,后金军运用集中兵力、各个击破的战略战术,在五天之内连破四路明军,歼敌五万余人,大获全胜。从此以后,明廷在辽东无军可调,完全处于被动和守势。

萨尔浒大战结束后,努尔哈赤下令将堆集得小山似的战利品——甲胄、兵仗、衣物、枪炮等,按军功进行分配。又下令休整士卒,牧放马匹,修缮器械,等待时机,准备拿开原、铁岭和叶赫开刀了!

斗转星移,光阴荏苒,不知不觉中两个多月已悄然逝去。千里冰封、万里雪飘的北国披上了夏日的盛装。草木葱茏,繁花似锦,到处都显示出无限生机。

在赫图阿拉的汗王宫里,开原回来的细作正在向努尔哈赤汇报城内的情况:

"汗王,开原城内一切已恢复正常。守城将领还是那个在尚间崖战乱中脱逃的总兵马林。他现在整日花天酒地,纵情取乐,对整个开原根本没做任何防卫部署。"

"开原的文官是谁主事?"

"现在,开原道韩原善不在署,以推事郑之范摄道事。此人在用兵上毫不用心,却总大肆搜刮民财。虽家财万贯,仍然贪得无厌,现在连朝廷拨下来的军饷粮草都被他克扣变卖,据为己有。听说,把总朱梦祥到开原领粮饷,一个月也没有给他,弄得各军士兵变卖衣物,到处公开抢劫,依然吃都吃不饱。士兵们怨声载道,毫无斗志,有的甚至偷偷逃跑。马匹因无粮草,吃了麻杆,一天就死了好几十匹,实在无计可施,士兵们只好将马匹放到城外水草茂盛的地方,趁青喂养马匹……"

第十四章 后金大破萨尔浒 明军各怀小算盘

第十五章 攻城自有降将劝
辽东期年两易帅

努尔哈赤静静地听着,脸上不由自主地泛起了一些不易察觉的笑容,他对身边的四贝勒皇太极说道:

"儿呀,你不是一直在问什么时候才能攻打开原吗?现在机会已经来了,真是天助我也!"

皇太极正想答话,就听得努尔哈赤命那细作道:

"你赶快回去将事情打探明白,明军究竟是哪一天出去放马,到时候你想办法打开城门,我们里应外合,一举攻陷城池……"

开原是一座古城,属于辽东的一座军事重镇,明朝为了巩固边境,防范蒙古和女真人的入侵,从山海关开始,经开原,一直到鸭绿江,修建了一道边墙。墙以内,每隔三十里就会再筑一城堡,并且派兵层层防守。开原位于边墙北,东临建州、西界蒙古、北接叶赫,有利的地形不仅让开原成为了明朝同蒙古和女真经济文化交流的重要场所,而且是明廷在辽东对抗蒙古贵族和女真贵族南进的前沿堡垒,战略地位非常重要。努尔哈赤进兵辽沈,自然要摧毁明朝孤悬的堡垒开原。

萨尔浒大捷之后仅仅过去了三个月也就是万历四十七年(后金天命四年,公元 1619 年)六月初十,努尔哈赤便又亲自率领八旗军四万人征伐开原。他采取"明修栈道,暗渡陈仓"的策略,将八旗军分成"奇""正"两路:以一小股部队直奔沈阳作为疑兵,大张旗鼓地向沈阳进军,这是"奇";主力部队却开进靖安堡,悄悄向开原城进发,这是"正"。

坐镇沈阳城的杨镐听说八旗兵正向沈阳进军,顿时吓得六神无主,慌忙上报朝廷,要求增兵援救。

消息传到开原,守将马林居然有些幸灾乐祸,他表面虽不露声色,心中却暗暗地高兴:

"哼!活该报应,上次尚间崖战役失利,我险些丧命。好不容易逃得活路,你却在万岁面前骂我办事不力,害得我差一点丢了乌纱帽。这回也该你尝尝八旗兵的厉害了!到时你兵败,我再向皇上告你,看你还有什么话可说?一定要抓住这个机会,狠狠报复一下!"

满心坐山观虎斗的马林想着想着,竟不由得越发高兴起来,眯着眼睛闭目养神,心里反复咏唱着一支欢快的民间小调……

忽然有人来报：

"报告大人，高副将求见。"

"不见，不见，没见我正在休息吗？"沉浸在虚设的美梦中的马林不耐烦地挥挥手示意士兵退下。

"可他说有紧急军情禀告。"那士兵不知趣地说。

马林懒洋洋地打了个哈欠，伸了伸懒腰，越发觉得舒服了。于是破天荒第一次，他在这种情况下没有大发雷霆，而是依然淡淡地说道：

"那就让他进来吧。"

副将高杰慌慌张张走了进来，一见端坐上位的马林，赶忙上前施礼道：

"参见总镇大人。听说八旗军进逼沈阳了……醉翁之意不在酒，目标正是开原。"

"什么，你说什么？你有何根据？"

"今天早晨，小人到茶馆喝茶，发现街上车水马龙，川流不息，不似往日，另有许多人带着大小包袱，慌慌张张向城外逃去。小人上前一打听，才知道那些人都是大小商人，现在正在逃向城外。据说是昨天有一人喝了酒拒付酒钱，被老板逼急了，便冲老板大吼：'你等着，过了几天开原就归大汗了，现在八旗军已经快到了，到时候看怎样收拾你！'那人说得十分认真，大家传闻他是努尔哈赤派来的密探，所以不仅不敢难为他，反而全被他吓跑了。"

马林听到这里，长出了一口气，道：

"我以为是什么军机大事呢，不过是一个醉汉耍赖的脱身术而已！你道听途说一些捕风捉影的事就当紧急军情禀报，本该问你个扰乱军心罪。亏了本镇今天的心情好，姑且放你一马，回去吧。"说罢，马林颇为大度地挥手示意他走。

"大人，我们宁可信其有，不可信其无，有备方能无患呀！"

"行了，行了，本镇我心里有数，你走吧，我要休息了。"马林又打了一个哈欠，不耐烦地说。

"属下告退。"无可奈何的高杰不得不退了出来。

后金军的驻地，只见一队队的士兵正在卸下盔甲，有的在搭帐篷，有的在生火做饭，有的在给马匹喂草料。努尔哈赤用手拈着胡须，在大帐中不停地踱着步。他紧锁着眉头，陷入沉思：

"开原的细作为什么还不来报？难道开原守兵已嗅到了大军压境的消息而做好了准备？如果真是这样，下一步该怎么办呢？"

努尔哈赤这样想着，心里竟莫名其妙地产生一种不祥的预感。他一会儿坐下，一会儿又站起来，来回地踱步，烦躁地想着如果自己精心设下的计策落空后的对策。

正在他坐卧不安时,有人来报:
"报大汗,开原城细作求见。"
努尔哈赤喜出望外,连忙道:
"快让他进来!"
当努尔哈赤看到进来的人并不是以前来报的细作时,心里顿时往下一沉,急切地问道:
"出了什么事?"
"报大汗,他喝醉了酒,泄露了我们要向开原发兵的消息,恐汗王怪罪,已自刎身亡了。"
努尔哈赤顿时火冒三丈,他气得一拍桌子,愤愤骂道:
"混账!这个该千刀万剐的东西!他以为豁出一条命就能解决问题吗?他的小命有那么值钱吗?这个酒鬼!他破坏了我智取开原城的全部计划呀!唉!"
努尔哈赤长叹一声,颓然坐落在椅子上。
那细作见状,忙又禀道:
"大汗不要急。总兵马林不但不信他的话,还说他因付不起酒钱而耍起无赖,派人到处抓他要治他扰乱民心的罪呢。现在马林正派人到处张贴安民告示,要开原军民安居乐业,不要听信谣言呢。"
"此话当真?你可打探清楚了?"努尔哈赤满怀希望地问。
"打探清楚了,马林丝毫没有设防,十六日他们出城放马,一切仍可按原计划进行。"努尔哈赤大喜过望,抓住来人的手,大喊:"来人哪!赐酒!"
万历四十七年六月十六日,是个晴朗的好日子。一大早,一批骨瘦如柴、无精打采的明军士兵就赶着马陆续出了开原城。到了中午时分,烈日高悬当空,几乎要喷出火来,把地上的一切都给烤焦。守城的士兵一个个汗流满面,无精打采,整个城市显得没有了生机,于是就有人偷偷提议:
"咱们分成几拨,每次下去一拨洗洗脸,凉快一会儿。然后再上来,大家轮流来,省得都在这儿受罪。"
他的提议立刻得到大家的赞成,但是谁先下去呢?大家你争我抢,都想下去凉快会儿,顺便打个盹儿。
顿时,守兵们七嘴八舌,吵作一团,声音越来越大,刚才的渴、热及困乏难耐的感觉似乎荡然无存了。
正在这时,从远处传来了阵阵马蹄声,争得面红耳赤的守兵们愣了一下,开始向远处望去,只见一队人马正疾驰而来。随着马队越来越近,守城的士兵发现来的不是放马的,而是身穿盔甲的八旗兵,顿时,城上乱作一团,慌忙喊道:

"赶快关上城门,八旗兵打来啦。快,快去报告推事官大人。"

总兵官马林睡得正香,听到消息气急败坏地吼道:

"啊,你们这些饭桶!为什么不早些来报告?"

当他来到城墙上时,副将高杰正在指挥军队抵抗,城上乱糟糟的,闹成一片。马林俯身一看,自己已经成了瓮中之鳖。开原城已经被八旗兵重重包围,八旗兵一面在西、南、北三面攻城,布战车、搭云梯,鱼贯而上,沿城冲杀;一面在东门布下重兵,进行夺门的战斗。

高杰见马林上了城墙,赶忙报告道:

"大人,八旗兵重点在攻打东门,现在快守不住了,请大人赶紧派兵支援。"

马林慌忙开始指挥,不一会儿,手里就没多少可派的兵,但八旗兵的攻势却越来越猛,城里的明军伤亡也越来越大。马林叹了一口气,知道今天可能在劫难逃。

忽然,城里沿街巷跑来一小队明军,马林正在庆幸有了生力军,却见他们并没有上城墙,而是径直奔城门而去。马林正想大声喝骂,只听副将高杰说道:

"不好,是奸细!"高杰赶紧带人冲下城来,但为时已晚,细作们用早已准备好的工具,三下五除二就把城门给打开了。

八旗兵呐喊着蜂拥而入……马林这条在尚间崖战中漏网之鱼,今天终于因自己的消极备战,而死在八旗兵的手中。

努尔哈赤登上城楼,四下远眺,只见群山起伏,碧水长流,浓浓的绿意铺展在广阔的大地上,弥漫在半空中,真有一种"蓝田日暖玉生烟"的感觉,天,瓦蓝瓦蓝;云,雪白雪白。一切都是那样的清新、悦目,努尔哈赤心中真是前所未有的舒畅、痛快。

开原城里已经没有人抵抗了,八旗兵撒了欢在城中四处搜掠。无论是官宅、民房,无论有无人居住,全部被砸开,金银、珠宝、古玩、布匹见者不拒,全部被塞进了布袋,装上了马车。特别是仓库里的粮食,全部被装进了马车、牛车,运往界藩城。这些战利品足足运了三天三夜,还没有全部运完。

运完战利品,努尔哈赤传下命令:

"拆毁所有的房屋、仓库、楼台,拆毁城墙!"

命令立刻得到执行,八旗军像投入战斗一样干劲十足地对开原城进行破坏。眼看着几天前还街道整齐、繁华富丽的开原城逐渐变成一堆废墟,四贝勒皇太极心中大感不解,他问努尔哈赤:

"父王,我们为什么要毁城呢?好不容易攻下来,为什么不驻扎在这儿呀?"

第十五章 攻城自有降将劝 辽东期年两易帅

"皇儿,遇事要多想一想,我们如果攻下每个地方,都派兵驻守,我们的兵力就会分散,到那时候,如果明军派兵各个击破,我们不但不会守住这些城镇,就连守兵,恐怕也性命难保哇。两军对垒,重要的是兵力,'留得青山在,不怕没柴烧',只要我们的兵力日益增强,还愁赶不走明军,占领不了土地?凡事要往远处想,不能只看见眼前的利益。"

皇太极听着,对这位智勇双全的大汗更加佩服了。

半个月后,努尔哈赤不留一兵一卒,全部撤出了开原,只留下一片废墟,明朝经营了数百年的辽东北部重镇开原,从此不复存在。努尔哈赤离开开原,并没有回到赫图阿拉,而是率军去了界藩。界藩行宫已然竣工,汗王正好大宴群臣论功行赏。

宴会过后,努尔哈赤回到帐中,疲倦地躺在榻上。正在胡思乱想间,有人来报:"报大汗,四贝勒求见。""让他进来。""是!"皇太极轻轻走到卧榻前,关切地问:"父汗不舒服吗?""没有,只是有些劳累罢了。""父汗,孩子有一事不明,请父汗赐教。""说吧,极儿。"努尔哈赤慈爱地说。"父汗迁驻在此,是否准备攻占铁岭?""正是。""孩儿有一计,可智取铁岭。""哦?说说看。"努尔哈赤顿时来了精神,睁开眼睛坐了起来。"父汗,铁岭是沈阳北部的重要堡垒,而堡垒从内部是最容易攻破的,我们何不收买明军中一些将领,让他们从内部攻击堡垒,我们在外部攻城,陷铁岭守军于腹背受敌的地位,城必好破!"

"嗯,办法不错,但是由谁去收买明军呢?收买哪个将领定能成功而他又一定有用呢?"

"这个……这个孩儿尚未考虑好。"

"你懂得思考,这很好。但凡事应考虑周全,不可毛毛糙糙,想出点眉目就急着去做,那样只会招致失败。"

"是,父汗教导得极是。"

"那么,你再想想,到底由谁去收买明军呢?"

"这……"

忽然灵机一动,皇太极想起了投降的明军,何不让他们……于是,皇太极高兴地说道:

"父汗,可让投降的明军将官带着重金,去做说客。"

"对!你明白今天父汗让你们给他们敬酒并赐给他们奴仆马匹的用意了吧?"

"是的,父汗,您想得真远!"

"当时三贝勒还说我要侮辱你们,真让我寒心哪。父汗老了,我打江山还不是为了你们,我做的每一件事都是为了你们,哪儿会害你们?"

"父汗的苦心,孩儿明白。"

皇太极走出努尔哈赤的大帐,直奔软禁六个明军将领的地方而去。

走到帐外,忽听得里头有人骂道:

"你这软骨头,人家给酒就喝,喝完赶紧露出一副谄媚相,真丢人!"

"你这笨蛋!我们只有装得服服帖帖,才能骗取他们的信任,才好采取行动。"

"嘘……小声点儿,别被人听到。"

"怕什么,那帮野蛮人听不懂咱的话,尽管放胆子大声说。"

"好,既然你说好采取行动,采取什么行动呢?"

皇太极懂汉文,听到上面的对话不由大吃一惊,忙凑到帐前,仔仔细细地听。

"今天晚上,我们……"

皇太极听得怒不可遏,刚要冲进去向他们兴师问罪,忽然想起大汗的话:

"遇事要多思考,不可贸然行动。"

于是他返身折回自己帐中,一路走,一边思考着对策。忽然,他灵机一动:何不来它个将计就计?没准能感化他们。这帮忠臣是很懂得感恩戴德、知恩必报的。

想着,他不由加快了步伐,赶回去布置。

此时正值七月初。是夜,一弯淡淡的新月挂在天边,穿梭在淡淡的云中,时隐时现,给朦胧的大草原罩上了一层薄薄的白纱,使它显得越发扑朔迷离,神秘莫测。

在夜色的掩护下,一条黑影小心翼翼地左右看看,见没动静,便直向努尔哈赤的大帐扑去。

大帐中,一灯如豆,努尔哈赤并没有安歇,而是坐在几案前,手捧一本兵书,聚精会神地看着。他没戴盔甲,一头苍白的头发,乱蓬蓬地向后梳起个长辫,偶尔地,他轻轻咳上几声,震得那花白的胡须一颤一颤的。毕竟岁月不饶人哪,他虽骁勇善战,却也难免有"夕阳无限好,只是近黄昏"的慨叹。

那黑影从帐篷的缝隙里偷窥到这幅"老人夜读图",竟犹豫起来,站在那里进退两难。

正在这时,一队巡逻的士兵走了过来,他赶忙躲到大帐后面。

待士兵过去后,他第二次跑到大帐门前,看一眼那两个仍在呼呼大睡的守门人,一个箭步冲进帐内,冲努尔哈赤当心便刺。说时迟,那时快,只见皇太极似乎从天而降,一下挡在努尔哈赤跟前,"叭"一下磕开偷袭者的剑,二人便战在了一处,那偷袭者虽武功也不弱,但到底心虚,边打边往外退,想借机逃走,结果被皇太极看出破绽,一下打倒在地,反剪着双手被绑了起来。

皇太极正要伸手揭开偷袭者蒙面的黑纱,努尔哈赤用汉语说道:

"住手!"

"是,父汗。"

转身对偷袭者说道:

"老实交待!你是谁,为什么要杀害大汗?"

那偷袭者把脸一扭,一言不发,一副任凭发落的大义凛然的样子。

"你不说?好,来人,把他给我拉出去杀了!"

帐外的士兵听不懂皇太极的汉话,所以没人进来。

努尔哈赤却道:

"我儿,不得放肆!我这不是毫发未损吗?我很佩服这位壮士的胆量和勇气,给他松绑,放他走!""可是父汗……""别多说了,快放人吧。""是,父汗。"他一边给偷袭者松绑,一边悄声对他说道:"不管你是谁,下回再敢来偷袭父汗,小心脑袋!""走吧!"努尔哈赤道。那偷袭者将信将疑地握着刀倒退出了帐篷,立刻消失在茫茫夜色中……

明降将的大帐中,争论又开始了:"都是你这个笨蛋,干嘛让我去呀?""这……"被问者语塞了。"其实努尔哈赤也挺可怜的,六十一岁了,本该坐享天伦之乐了,还在四处奔走征杀,多不易呀!"

"而且人家有勇有谋,战无不胜,挺了不起的。"另一个附和着,"比咱们那些草包官儿强多了。"

"我看比咱们当朝天子还强。"

"哎,可别瞎说啊,会掉脑袋的。"

"没事儿,反正天高皇帝远,他听不着。其实我早就有这种想法了。保个明君,死而无憾,但保个庸才,为他死值得吗?"

他的话显然引起了大家的思考,半响无人答话。

"人家努尔哈赤治军有方,连战连捷,对下属又信任有加,百般呵护,甚至对我们这些降将都赐予封赏,而且宽宏大量,刺杀他的人都肯放过,将来我们跟了他,犯个小错啥的,他一定能包容。"

"人往高处走,干脆,咱就真降了吧。"

几个人没再说话,表示默许。

第二天清晨,六个人早早地来到努尔哈赤帐中,参见大汗。

努尔哈赤非常高兴,分别赐座。

坐定后,六个人冲努尔哈赤说道:

"大汗有什么吩咐尽管说,小的们一定尽力而为。"

努尔哈赤道:

"你们对铁岭的情况熟悉吗?"

"熟悉。"

"好,那就讲讲铁岭的情况吧。"

"今年四月,朝廷派李成梁的第三子李如桢为总兵,镇守铁岭。李如桢虽然是将门之子,却从未经历过行阵,不懂用兵,而且胆小如鼠。他听说开原陷落,颇有唇亡齿寒之忧,于是带领主力部队撤离铁岭退守沈阳,只留下一万余人,交给参将丁碧守城。"

努尔哈赤问道:

"尔等可有人认识丁碧?"

金玉和答道:

"回大汗,小人素与丁碧友好。"

"如是甚好,本汗王交给你一项任务:你带重金厚礼,去见丁碧,说服他到时做我们的内应。"

"是,汗王,小的愿往!"

表面看来,八旗军中这些天颇为平静,然而,在这平静的表面背后,一切都在按部就班地进行着,一场激烈的战斗,不久就会到来。

七月二十五日,一切已经安排就绪,努尔哈赤亲自率领五六万八旗兵,出其不意地包围了铁岭。

努尔哈赤坐在城东南的一座小山上,城内守军的动向一览无余。以身强体壮、斗志昂扬的五六万八旗兵,对付一万多身体羸弱、精神萎靡的明军,真是易如反掌。更何况守城的长官丁碧,在金玉和一番"良言"相劝,加之以重金利诱下,已经暗暗投降过来,那些明军即使有忠义之士,不肯听从丁碧的命令而开城相迎,也会因群龙无首而乱成一团。努尔哈赤想着,信心十足地开始指挥攻城。

努尔哈赤将主力放在了城北,他发现城北守兵不多,可作为一个突破口。八旗军在盾车的掩护下,井然有序地向城下紧逼。守城官丁碧故意将军队都调到东、西、南三面,北面显得更加空虚了。城上游击喻成名、呈贡卿等大感不解,连忙对丁碧道:

"大人,敌人重兵进攻北门,我们为什么不布重兵抵抗,反而故意让开呢?"

丁碧道:

"是大人我用兵,还是你用兵?八旗兵那么多,如果我们也把兵力放在北门,与他们硬拼,那不是以卵击石吗?"

"大人,那,我们该怎么办哪?"

"大人我早派人去沈阳李如桢李大人处报信去了。李大人援兵一到,我们内外夹击,定能打败敌人。"

"可是大人,只恐远水解不了近渴呀。"

第十五章 攻城自有降将劝 辽东期年两易帅

· 133 ·

"尔等只管依令行事,一切听从本大人安排。"

这时,忽听北门上喊:

"大人,快增兵吧!敌人的云梯已经搭上来了。"

"大人,敌人在凿城墙。"

"什么?!快,快放火炮!"喻成名等也顾不上再理丁碧,赶忙跑到上头,亲自参加战斗,这时,史凤鸣、李克泰等也带领一小部分人赶到,加入了战斗。霎时间,明军士气大振,火炮连连向远处发射,不断在八旗军中"开花"。近处,火炮发挥不了威力,明军就用弓箭射,用石块砸。顷刻之间,八旗军伤亡惨重,随着雨点般的箭头、石块纷纷坠落城下,惨叫声不绝于耳。不久,城下的八旗兵便尸横遍野、血流成河。

努尔哈赤看在眼里、急在心上,他暗暗思忖:难道丁碧是诈降?如果那样,只有增加兵力,加紧凿城墙了。于是匆匆传令道:

"来呀,传令:速派一百名士兵,拿上工具,协助凿城墙。"

"是!"

城中的丁碧没料到明军会如此卖命,看到八旗兵伤亡惨重,他不由心中发急。他唤过心腹苟安,对他悄悄耳语了些什么,苟安点点头,直奔守城士兵走去,

苟安命令道:

"打开城门!"

"大人,敌人正在攻城,怎么能开门呢?"

苟安恶狠狠地道:

"少废话!快打开,否则小心你狗命。"

"没有丁大人命令,恕小人难以从命。"

"敬酒不吃,吃罚酒!"

苟安挥刀向守门兵士便砍,那兵士边招架边喊道:

"快来人哪!有人要开门迎敌呀!"

这一喊,立刻过来了一队明军士兵增援守门兵丁,大家将苟安围住,战在一起。

丁碧见状,忙对另一队士兵说道:

"下面那些人要造反,你们快下去,阻止他们!"

不明真相的士兵立刻冲下去,加入了这场糊涂的"内战"。

丁碧见士兵都在混战,城门无人把守,便悄悄走到城门前,将城门打开。

八旗军潮水般涌进城来……

恰在这时,城墙也被凿开,越来越多的八旗兵冲进城来。城上的喻成名、李克泰等虽仍奋力杀敌,无奈腹背受敌,无力回天,不久,便一个个身负重伤,

为国捐躯。

喻成名临死前,断断续续地对守在他身边的一名亲信说道:

"快,快到沈阳城,告、告诉李大人,让他速速发兵解救。"

这名亲信假扮成百姓模样,这才得以逃出铁岭,飞奔沈阳城……

沈阳城中的李如桢,在努尔哈赤刚刚攻城时就得到了战报。他虽明知铁岭空虚,守军只有一万余人,却并不着急发兵。这个胆小如鼠的李如桢,早就让八旗军吓破了胆,畏畏缩缩不敢出兵。

当喻成名那位亲信来报铁岭危急,八旗军已攻破城池时,李如桢才传下命令,向铁岭进发。

一路上,他尽量减慢行军速度。他知道努尔哈赤不会驻扎铁岭,攻下城池后便会离去。那时,他不费一兵一卒,便能"夺"回铁岭,去向皇上邀功。

李如桢的如意算盘居然打对了。当他到达铁岭时,努尔哈赤早已将城中洗劫一空后离去了。城里城外,死尸遍地,血肉狼藉,惨不忍睹。看着已成一片废墟的铁岭,李如桢没有丝毫自责,反而暗暗庆幸,多亏自己的深谋远虑,料定努尔哈赤必定攻下铁岭撤走,否则,今天……想到这里,他不禁冷汗涔涔了。

"来呀,给我找敌人的尸体,割下他们的首级,割得多者按军功授奖。"

李如桢割上后金死兵一百七十九颗头颅,回朝廷报功请赏去了。

辽东巡按陈王庭参劾李如桢说道:

"来敌距边十四五里时,游击季克泰便以急军情飞报李大人。若李大人亲提一旅,衔枚急趋,定可解铁岭之围,然而李大人缩首观望,拥兵不前,导致铁岭失陷。居然还有颜面前来报功,真真羞煞人也。"

一席话说得李如桢面红耳赤,哑口无言。于是,他以拥兵不救,被下狱论死。崇祯帝时他被免死充军。这是后话,暂且不提。努尔哈赤足不旋踵地连下两城,使得明廷举朝震惊,大小官吏谈虎变色,无不为明朝的生死存亡而担忧。

吏部尚书赵焕率领群臣聚文华门,跪请万历帝召见群臣,共议辽东战守之策,到了晚上,才有中官来通报,万历帝因疾病在身,不能上朝,命群臣退下。

眼下辽东连连告警,众大臣心急如焚,万历帝却推托不见,大臣们不由怒火中烧,赵焕等再疏请万历帝御文华门听政,疏曰:

"他日蓟门蹂躏,敌人叩阍,陛下能高枕深宫,称疾谢却之乎?"

于是,万历帝万般无奈下极不情愿地召见了诸大臣。在诸大臣的提议之下,终于起用了刚直有名的原任御史熊廷弼为大理寺丞兼河南道御史,宣慰辽东。

来到辽阳城,城中的景象令熊廷弼终身难忘:到处都是流离失所的百姓,

第十五章 攻城自有降将劝 辽东期年两易帅

到处都是蜷缩在街角的难民。大人毫无生气地蹲在角落里,孩子饿得奄奄一息,本应该还是草木繁盛的季节,这里却变得满目疮痍,树木光秃秃,不仅没有树叶,就连树皮也丝毫无存……

来到军营,依旧是一副破败的景象:很多士兵手无寸铁,身无片甲,半死不活地躺在地上,稍富有的士兵,则戴着一顶毡帽、穿着不知道从哪里捡来的残盔朽甲。手中的兵器有的弓无弦无弧,所持之箭,无翎无镞,刀上锈迹斑斑,连枪都只是一根光光的木杆儿。

再看那些士兵,一个个眼窝深陷,如果晚上在你面前出来,你一定会认为这是活动着的骷髅……

第十六章　廷弼险胜汗王探
　　　　　　光宗殉位明廷乱

看到这番情景，向来爱民如子的熊廷弼老泪纵横，立即下令："杀牛百头，置酒千坛，蒸饼十万个，在校场上犒军四日。"

可是这一切都需要银子，这些银子从哪里来呢？熊廷弼一生清廉，没什么积蓄，光凭借自己的饷银根本就是杯水车薪，思忖再三，他决定暂时先挪用军饷，虽然明知道是杀头之罪，但是他也明白，如果兵士羸弱，手无缚鸡之力，还谈什么保家卫国呢？

校场上热闹非凡，士兵们个个饿狼扑食一般争抢着，生怕这些东西一眨眼就会不见了，但这只是第一天的士兵们情景，到了第二天，已经有精神相互说笑了，到第三天、第四天，士兵们一个个精神焕发，与前几天判若两人。

许多流浪街头的游民，纷纷跑到校场来，报名参军，不几日，便招募流民数十万人。

熊廷弼见军队日益壮大，军心渐趋稳定，便开始操练士兵，修整器械，缮治城池。

熊廷弼分析了形势，便命士兵修了厚厚的辽阳墙垣，在城外挖濠三道，每道三丈宽、两丈深，濠外修筑大堤储水，以加强防御。

接着，他在清河、抚顺、柴河、三岔堡等隘口重地筑起一道由重兵防守的边墙，形成了壁垒森严的阵容。各隘口相互独立，而又相互联系，没事儿时自己就地操练，小敌自行抵御，遇到大敌便可互相支援。

经过这番整顿，处于溃散状态的军队士气大振，守备大固。

努尔哈赤自攻破铁岭以后，退回界藩。由于连日征战，再加上偶感风寒，竟卧病在床，数日不起。

四大贝勒轮流守候在病榻前，悉心照料。一夜，努尔哈赤从睡梦中醒来，听到外面狂风怒号，刮得帐篷"哗哗"作响，甚至有点摇摇晃晃，颇为不稳，他觉得身上微微有些冷，便睁开眼睛，准备叫人拿条毯子，这才看见四贝勒皇太极趴在桌上睡着了，在他面前，放着一本摊开的书。

努尔哈赤轻轻地起了身，悄悄地走过去，慈爱地看着熟睡的皇太极。在自己的十几个儿子当中，就属皇太极聪敏好学，勤于思考，遇事冷静，将来很可能继承自己的事业。他拿下披在自己身上的皮衣，悄悄地替极儿盖上。

"天这么冷，也不知多穿件衣服，真是孩子呀，让我怎么放心得下。"

他转而又想：

"虽说他年岁小，可办起事来却让人放心。这几天，大大小小的事儿都由他来管，倒也办得十分妥当。到底是人老了，想起事来颠三倒四的，一会儿这样想，一会儿又朝着截然相反的方向去想。"想到这儿，努尔哈赤忍不住摇摇头，自己也笑了。

正在这时，门卫进来了，只见他的皮衣皮帽上落了厚厚一层雪，连眉毛和胡子都白了。

门卫一见努尔哈赤，连忙行礼道：

"给大汗请安。"

"嗯，外面下雪了吗？"

"回大汗，已经下了一天一夜了。"

"军中可有什么情况？"

"回大汗，刚才有人来报，明军新到任的熊廷弼在巡边。"

"什么，快去看看。"

努尔哈赤急着就要往外走。

"大汗，您病没好，还是叫醒四贝勒，让他去吧！"

努尔哈赤看了一眼仍伏在案上沉睡的皇太极，疼爱地说道：

"他太累了，让他睡吧。你去给我拿件大衣来，我要亲自出去看看。"

"是，大汗。"

努尔哈赤迈步走出帐篷，顿觉寒风刺骨，凛冽的北风夹着鹅毛般的大雪，打在人脸上生疼，地上的积雪足有一尺多厚了，踩在上面脚便会深深地陷下去。厚厚的积雪反射着白光，把天地间照得很明亮。

"这样坏的天气，熊廷弼会亲自出来巡边？绝对不可能！"

努尔哈赤边走边想。

"你们可打探清楚了，果真是熊廷弼巡边？"

"回大汗，确实是熊廷弼巡边。"

"拣这种时候巡边？又是大风雪，而且在晚上？不，不可能，一定是来偷袭的。"

这个念头一产生，努尔哈赤立刻吓出一身汗来。

"快！急令各部官兵，斩木运石，堵绝山口，以防明军袭击。"

"是！"

结果，只是虚惊一场，连个明军的影子也没见着。倒是努尔哈赤一急，出了一身透汗，病却渐渐转轻了。也算得是这次失算中一点小小的收获吧。

原来，熊廷弼初抵辽阳，便派佥事韩原善往抚辽阳。韩原善惧怕后金兵，不敢去，于是又命分守道阎鸣泰前往，谁知阎鸣泰行至虎皮驿，吓得哭着跑回来。熊廷弼见无人敢往，便不顾天气恶劣，危险重重，亲自从虎皮驿到沈阳，又趁雪夜赶往抚顺观察屯扎形势。他料定努尔哈赤不敢贸然出兵，果然应验。这虽是未交锋的第一回合，但小心谨慎、善用智谋的努尔哈赤显然输给了熊廷弼。

天渐渐转暖，努尔哈赤的病也渐渐好起来，每每想起未能趁明军立足未稳，防备未固而攻下辽阳时，努尔哈赤就不无遗憾。近日探子来报，明军在熊廷弼的治理下，纪律严明，斗志昂扬，而且辽阳城层层设防，固若金汤，努尔哈赤更加懊悔失去了一个攻打辽阳的好机会。

万历四十八年（1620）五月。努尔哈赤派出一小部分八旗兵，到花岭山城，俘获了约四百人。六月，又派出二万人，分两路进境，均遭到阻拦，于是掠王大人屯等十一寨，掠取寨里粮食归来。

经过这两次小规模的试探，努尔哈赤心里略有些底：熊廷弼虽然治军有方，但毕竟时间还太短，羽翼尚未丰。此时灭他虽有些费力，但并非全无可能。是年八月，努尔哈赤亲自率领诸王大臣，统兵包围了懿路、蒲河。守卫大惊，慌忙派人向辽阳城中飞报。熊廷弼亲自率领骑兵，前去解围。

努尔哈赤正在指挥攻城，忽见远处驰来一队人马，只见马上士兵，个个精神抖擞，气宇轩昂，最前面一员老将，白须飘飘，铠甲闪闪，身材足足七尺有余，膀大腰圆，气度不凡，眉宇间透出腾腾杀气，老远便觉英气逼人，努尔哈赤问左右道：

"来者可是熊廷弼？"

"回大汗，前面那人正是熊廷弼。"

努尔哈赤心里赞道：

"果然不凡。"

熊廷弼还没进入"战场"，便从背上取下弓箭，冲一八旗兵士遥遥射去。

"啊！"

那士兵应声倒地，后心插着一支利箭。

"嗖……"

另一支箭带着疾风，呼啸而至，又一名八旗兵大叫一声，跌下马去，箭仍是不偏不倚，插在后心上。立刻，第三支箭又到了，第三名后心中箭的八旗兵摔下马去。

"好箭法！"努尔哈赤身旁的皇太极不由自主地发出一声赞叹。

努尔哈赤连忙传令，留下一部分人继续攻城，另一部分人则回身迎战明军援兵。

刚传下令，熊廷弼带领的人马便冲到了跟前，兵对兵、将对将，双方立刻战在了一处，直杀得难解难分。

明军经过熊廷弼一年多的苦心操练,已成为一个个训练有素的合格士兵了。他们个个如猛虎下山,似蛟龙出海,越战越勇,直杀得素以骁勇善战而著称的八旗兵只有招架之功,没有还手之力。

努尔哈赤见城池久攻不下,明军援兵又已到,自己腹背受敌,恐恋战于己不利,于是只好下令撤退,八旗兵退屯灰山,后撤回界尺,伤亡惨重。

努尔哈赤大发雷霆,命令将十余名将官捆绑起来,押入牢中,听候发落。"我八旗军还从未遇到过如此重创,此仇必报!"

努尔哈赤暗下决心。

与努尔哈赤恰巧相反,熊廷弼在城中犒赏三军。这次大捷,使众将士大受鼓舞,他们似乎又看到了希望,操练更加勤勉卖力了。同时,他们也更加敬服熊廷弼了。

皇太极见努尔哈赤整日闷闷不乐,烦躁异常,私下为父汗担心。父汗的心事,他猜得到,可该怎样帮帮父汗呢?

一天,皇太极去见努尔哈赤,直截了当地说道:

"父汗,孩儿认为现在攻打明军的时机未到,不如我们先去攻打北关的叶赫和毗邻的漠南蒙古诸部,等我们取得了胜利,力量壮大了,再寻找时机对付明朝。"

努尔哈赤沉吟片刻,对皇太极说道:

"极儿,你说得很好!我们必须等待时机。"

第二天,努尔哈赤便下令征伐叶赫和漠南蒙古。

正当辽东形势初步好转,后金挥戈南进屡遭挫折的时候,朝廷内部却正值多事之秋,一波未平,一波又起。

神宗皇帝荒淫无度,年事已高,精神渐渐有些不济。郑贵妃暗中派魏太监去弄了鸦片来,劝皇帝吃。这一吃上瘾,皇上便一日也离不开魏太监了。魏太监仗着皇上宠信,里面打通了郑贵妃,外面又结识了一班奸臣,威风越抖越大,满朝文武没有不知道他的厉害。

神宗皇帝一生只有两个儿子。大儿子常洛是王恭妃生的,次子常洵是郑贵妃生的。子以母贵。因此常洵虽小,却早早被封为福王,颇受宠爱。长子常洛,却落了个无名无位。朝中有些正直的大臣,见皇上一日不济一日,便奏请皇上立常洛为太子。这一下可惹恼了郑贵妃,她在宫中又哭又闹,还生起病来,吓得神宗皇帝赶紧发了一道圣旨,将那提议立常洛为太子的大臣顾宪成革了职,遣回老家种地去了。

谁知这时候左都御史邹元标、老功郎赵南星和王家屏等一帮官员,都因为上奏触怒了龙颜,丢了功名,在家乡杭州、无锡住着。这一班自命清高的读书人便借着讲学的名,成立了一个东林书院,天天聚在一起,谈论朝政,辱骂朝中的奸臣、太监。人们都称他们为东林党人。

另外还有个叫汤宾尹的祭酒官，拉了一班朋友，成立了一个宣昆党，在北京、山东、湖南、湖北、江苏、浙江几个省份，都有他的同党，势力很大。

这两个党的人，到处都有朋友，声势也越来越大。时间一长，朝中的权臣、太监一听到他们的名字，都感到头痛得紧。这两党的人，有一个一致的意见，就是口口声声要求皇上立常洛为太子，而且倚仗党中的势力，闹得越来越厉害，那班太监和大臣们都觉得脑袋提在手中，性命朝不保夕。他们便联名上了一本奏折，说东林党人和宣昆党人如何放肆，不把皇上放在眼里。

神宗皇帝龙颜大怒，连着下了好几道圣旨，把两党的人捉拿的捉拿，革职的革职，砍头的砍头，腰斩的腰斩，一时间各地的监狱人满为患，神宗皇帝这才解了恨。

神宗皇帝没有办法，便只得将常洛立为太子，又将福王常洵调到河南去住着。因为怕郑贵妃不满，便花了三千多万两银子，为福王在河南建造了一座高大的王府。只是郑贵妃心中的气，终究平不了，便常常和魏太监在一块儿商议着如何报了这仇。

这一日，忽然有一个武功高强的大汉，持棍冲进太子宫中，那些看守宫门的侍卫，被他打伤了一大片，仍然拦他不住。幸亏宫中有许多着甲带盔的护兵，闻声而来，才将那大汉制服了，捉到刑部衙门去审问。一审，那大汉不招，二审，仍是不招。后来动了大刑，方才招供说他叫张节，是受贵妃宫中的太监马三道指使去行刺太子的。

这一下可不得了，举国上下都知道贵妃谋杀太子。那贵妃郑红袖听了，一头闯进皇上的寝宫，寻死觅活地哭闹起来，把神宗皇帝唬得不知所措。后来还是魏太监出了一个主意，神宗把太子宣进宫来，一手拉着贵妃，一手拉着太子，替贵妃辩白道：

"这事定是有人诬陷贵妃的，贵妃一点也不知道。"

太子常洛是一个忠厚的孩子，看在父亲的情面上，也推说张节是一个疯子，不必理会于他。于是刑部便将张节定了杀头的罪，又将贵妃宫中的太监马三道充军到三千里外地方去，了结了这件行刺案件。

事情过后，郑贵妃却像换了一个人似的，对太子忽然亲近起来，不但常常去看望，还亲自做些吃的、用的、穿的送给太子，比她以前对待常洵还要殷勤许多。太子见她如此垂爱，也常到宫里去朝见她，喜得神宗老皇帝天天合不拢嘴，抽空就带他们母子二人一起游玩，享受天伦之乐。郑贵妃还怕太子不相信她，便让神宗皇帝下了一道圣旨给福王，着他好生在河南呆着，不奉宣召，不得擅自进宫里来。这一下，不但太子对她没有了丝毫怀疑，朝中的大臣们，谁也不敢再说他们母子谋权的事了。

谁知好事不长,到了万历四十八年七月二十一日,明神宗万历帝驾崩。其长子朱长洛于八月一日继承皇位,便是光宗皇帝。光宗皇帝因为和贵妃要好,便仍将她留在宫中,当母亲一般地看待。

谁知光宗皇帝即位五六天功夫,便染病在床,情形危急,太医换了一批又一批,却都束手无策。有个光宗身边的妃子,叫李选侍的,这时宣称吃了红丸,病情定会减轻,请皇上速速服用。

光宗听了妃子的话,将红丸吞下肚去,药性一发,竟昏昏地睡着了。众人都以为这药起了作用。谁知到了第二天,光宗皇帝竟因吞食红丸而死于乾清宫。朝廷上下,顿时大乱。熊廷弼此时虽远在边防,但他以前在朝时,由于性格刚直,拒绝徇私受贿,又不肯俯就世俗,曲意奉承,所以得罪了不少人,此时也就成了这些人趁机攻击陷害的对象。

大臣刘国缙和姚宗文挟私鼓煽同党诬陷熊廷弼,说他不服从朝廷的命令,刚愎自用,自以为是。熊廷弼上书自辩,有理有据,刘、姚的诬陷以失败而告终。御史冯三才、顾慥、张修德又弹劾熊廷弼,说他处处收买人心,企图自立为王,反叛朝廷,熊廷弼不得不再次上疏皇上,替自己辩解。

给事中魏应嘉等复连名攻劾,熊廷弼面对重重的诬陷,已是有口难辩了,"众口铄金,积毁销骨"哇。他第四次上书天启帝,痛心地争辩边吏得不到君主的信任,针砭了当时弊政的要害,天启帝看后勃然大怒,终于改派袁应泰代熊廷弼为辽东经略。熊廷弼在统治集团的政治斗争中,再次被排挤下台。辽阳城中,一位白发苍苍的老人背着一个小包袱,踏上漫漫归程。不计其数的士兵、百姓站在道路两边,为老人送行。老人挥挥手,勉强笑笑,道:

"诸位兄弟、父老乡亲,感谢大家来为我送行,我熊某能蒙大家抬爱,今生足矣!诸位乡亲,请回吧。"

说着,他的声音哽咽了。

低低的啜泣声不知什么时候响起来,慢慢地连成了一片,逐渐地汇成了一片失声的恸哭声,这哭声,传达出人们心中对熊廷弼的多少爱戴与依依不舍!然而,圣命不可违,该走的留不住,再多的眼泪又能解决什么问题呢?

新任经略袁应泰走马上任了。新官上任三把火。他这第一把"火"便是杀白马祭天,誓与辽事相始终,这件事倒还较得人心;第二把"火"便是改变熊廷弼原来的部署,撤换了许多有勇有谋的将官,引起广大官兵强烈不满,造成前线极度混乱;第三把"火"便是看似宽宏大量,收纳了许多蒙古人和女真降人,使得大量奸细混入队伍中,成为后金内应。

当努尔哈赤发现熊廷弼被撤,而改为袁应泰时,不禁暗暗高兴。

努尔哈赤高兴地对手下将领说道:

"明廷罢免熊廷弼,无异于自毁长城!我攻取辽、沈的机会为期不远矣。

哈哈哈哈！"

明熹宗朱由检登基不久，天启元年（后金天命六年，公元1621年）的二月底，后金汗王努尔哈赤抓住明朝皇位更替、党争激烈、经略易人、军心涣散、辽东大饥、边防紊乱的有利时机，发动八旗人马，开始向辽阳、沈阳大举进攻。

在此之前，努尔哈赤实现了与蒙古的结盟，还派兵平定了多年的宿敌叶赫部，消除了后顾之忧，一切都已停当，此时不打辽沈更待何时？

三月初十，后金大军出动，军锋直指沈阳。

这次因为要攻坚，特地预备了云梯五百架，战车一千五百辆，还有许多用来搭筑营寨的板木，用上百艘船在萨尔浒城下的浑河装了，借着春汛的桃花水，起锚向沈阳航行。船上还装了许多军粮草料，估计一天一夜即能运到沈阳城外。

马步兵则走陆路，以莽古尔泰为先锋，黄、白、红、蓝各旗人马浩浩荡荡随后跟进。

皇太极率部沿浑河行进在向西的大道上，前段时间攻打叶赫部的情景又浮现在眼前……

当时，八旗发了六万兵，连夜出动，向叶赫疾速前进。

叶赫两贝勒布扬古、金台石闻听建州兵已然兵临城下，顿时大惊失色，连忙点起人马出城应战，希望能侥幸获胜，躲过这一次灾祸。

努尔哈赤六万大军，声势浩大、阵势森严，叶赫兵孤军无援，看来胜负是早已预定了。

但是箭在弦上又不得不发，布扬古和金台石只好摆开对阵的架势，挡在八旗兵的前面。

一时间，烟尘滚滚、杀声震天。后金军与叶赫军战在了一起。老汗王努尔哈赤亲自擂鼓助威。后金兵个个奋勇、人人当先，催动战马、挥舞刀枪，奋不顾身地冲向敌阵。一场血战之后，八旗军付出九百余人阵亡的代价，把叶赫城外围守军扫荡殆尽，叶赫完全陷入后金的包围之中。布扬古和金台石无计，只得闭城死守。

叶赫城由东西两部分组成，两贝勒各守一城。努尔哈赤随即也分兵两部，代善等四大贝勒率一部困住布扬古的西城，努尔哈赤则亲自督军围攻金台石的东城。

东城又称叶赫山城，分内外两层，外为石城，内为木城，木城中又建有八角明楼。城中披甲勇士不下千人，而持弓防卫者更是数以万计，城上箭矢、礌石、滚木等守城器械也备得十分充足。看来，叶赫山城是早就做好固守死守的准备了。

然而努尔哈赤岂肯甘心无功而返？他麾兵大举冲击外城，守城将士抵御一阵之后，见后金兵如此顽悍凶猛，只得纷纷退入内城防守，外城随即被破。

木城实际上比外城更为坚固，而且，守军力量集中，努尔哈赤不欲兵将伤亡过大，便命将士大声迫降。

金台石立城怒喝道：

"我乃堂堂男子汉大丈夫，岂能向你们建州俯首称臣？不要再痴心妄想了，我只有一死！"

努尔哈赤扭过脸，对身后的将士们朗声问道：

"金台石能与城偕死，难道我建州就没有敢舍身攻城的勇士么？"

八旗将士齐声喊道：

"建州无懦夫，我等皆愿以尸骨填平堑壕！"

二三十架云梯高高竖起，几十名后金兵将舍命仰攻，但结果只是在城下增添了一些后金战死者的躯体而已。

其实，努尔哈赤这边的强攻只是一种姿态，他早就命费英东带一部分军士悄悄地在城根下挖洞去了，准备装炸药炸城。

子夜时分，只听"轰隆隆"巨响迸发，东城的一段城墙被炸开了，后金兵潮水般涌进城狂杀，叶赫兵四散溃逃，金台石携妻带子躲进了八角明楼。

皇太极就是这个时候来到八角楼下的，因为金台石是皇太极的亲舅舅，努尔哈赤便让他以外甥的身份去劝降金台石。

皇太极苦口婆心劝了半日，金台石却死活不肯。

原来，金台石是害怕努尔哈赤以劝降为名，骗他下楼然后杀死他，所以抱定不降的决心。

努尔哈赤勃然大怒，立即命令强攻。金台石见走投无路，遂对皇太极喊道：

"皇太极！你若念及甥舅之情，不绝我子孙性命，我心足矣！拜托拜托！"

皇太极这时只见明楼火起，连忙命兵将冲上楼去，将舅舅、舅妈和几个表弟、表妹救出。但是，舅舅在纵火前就已经拔剑割断了自己的经脉，眼见是无救了。

两天之后的三月十二日早晨，后金大军抵达沈阳城下，并未急于攻城，而是先在城东七里河的北岸筑造木城屯兵。

八旗军出动之时，明军便点燃烽火沿途通报。沈阳城内早就做好了准备。

这时明军在沈阳附近的实力并不弱。先看城里。城里有两员总兵官，一个叫作贺世贤，另一个叫作尤世功，这两位总兵官各领兵将一万余人。再看城外。城外辽阳方面两位总兵官陈策、董仲揆领川浙军兵一万余人前来援救；奉集堡总兵李秉诚、武靖营总兵朱万良和姜弼也领兵一共三万增援。这样明军加在一起也有六万多人。

沈阳城里的两位总兵贺世贤、尤世功得到后金兵临城下的报告,连忙登城观看。只见后金兵远远扎在七里河北岸,寨墙相连、绵绵不断,好一派气势。正观望间,金营中突然驰出数十散骑,隔着壕沟向沈阳城方向窥探,一副趾高气扬的样子,似乎全不把沈阳城里的明军放在眼里。

尤世功回身对自己的家将说道:

"虏骑如此猖獗,谁与我杀杀他们的威风?"

一言未落,手下一员家将拱手道:

"末将愿往!"

尤世功对家将道:

"带一百骑兵,小心点!"

家将领命去了,到了壕边,命守卒放下吊桥,纵马过壕而去。不到半个时辰,提了四颗后金兵的人头交令请功。

尤世功看了一眼贺世贤,难掩得意的情绪,说道:

"便记你一功!"

贺世贤捻着胡须想了半天,说道:

"看来建虏也不过如此啊!"忙也对自己的家将说道:

"你们也看仔细了,倘再有虏骑窥探,不待军令便去斩杀!"

贺家的家将齐齐应了,眼巴巴盼到天黑,也不见壕那边再有动静,只得把一颗立功的心先放他一放了。

第二天,立功的机会来了。后金来了一帮子老兵,有气无力地来挑战。领头那员将飞马驰到城下,厉声喝道:

"城上贺世贤听了!你家贝勒爷今日前来取你沈阳,你若识时务,火速献城,大家免动刀兵,你也不失拜将封侯之位。如若不然,城破之时,玉石皆焚!"

贺世贤正在城楼上饮酒,听得吵嚷,就城头堞垛往下一看,见原来是努尔哈赤的一个儿子,叫作汤古岱的,遂哈哈大笑道:

"哈哈哈哈,汤古岱,你这手下败将!前些时你来打粮,被本镇杀得大败,今日还敢卷土重来?"

又命斟满一巨觥,饮尽了,点了三千人马,擂鼓出城,与汤古岱战在一处。

汤古岱与他斗了才二三十合,便显得力气不支,当下一刀劈来,趁贺世贤躲闪的当儿,拨马落荒而走。

贺世贤哪肯放过?当即麾三千明军掩杀过去,谁知刚刚追到一片树林边,却听一阵呐喊,上万后金军队平地里现出,皇太极、莽古尔泰一枪一刀犹如两尊门神,赫然挡住去路。

贺世贤知道深陷重围,不死拼不得生还机会了,便挥双刀往皇太极、莽古

第十六章　廷弼险胜汗王探　光宗殉位明廷乱

145

尔泰杀来。可惜势既已穷,技又不如人,只好夹着尾巴逃跑。

这回轮到后金兵不肯放过了。结果,这位倒霉总兵身上中了四箭,几乎成为刺猬。贺总兵带着箭,且战且走,好不容易退到城门外,惨声凄呼道:

"放吊桥,快放吊桥!"

城上怎么敢放吊桥？后金兵就在后边跟着呢！只好眼睁睁看着他们的总兵大人就死在了他镇守的城池门外。

其实这个吊桥放不放,对贺总兵都无关紧要了,因为即使放了吊桥,后金兵也会尾随进城,他照样难逃一死。

在历史上,这个吊桥还是放下来了,不过不是明军为了救应贺总兵放的,而是被早些时候努尔哈赤派进沈阳城诈降的蒙古、女真人,为了迎接汗王大军,砍断了绳索强行放下来的。

后金兵在城门里又杀了匆匆赶来的尤世功,号称固若金汤的沈阳城就这么简单地归了后金。

拿下沈阳之后,忽有探卒飞马来报,说镇守奉集堡的明总兵李秉诚、武靖营总兵朱万良和姜弼各率本部兵马合计三万人,分两路前来增援沈阳。

努尔哈赤遂命代善、莽古尔泰率左翼四旗,攻李秉诚,阿敏、皇太极率右翼四旗,攻朱万良、姜弼。

奉了父汗将令的莽古尔泰冲到李秉诚营前,一个冲锋,便将李秉诚杀得败回奉集堡。莽古尔泰正要乘胜攻城,却接到汗王命令,撤军回营。莽古尔泰无奈,只得率队返回。

皇太极、阿敏等人去战朱万良,也是这般情景,小胜即被汗王传令召回。

众贝勒得胜回营,不解地问汗王道:

"父汗,我军正要乘胜追击,为何将儿臣匆匆召回？"

汗王微微颔首,淡淡说道:"不为别的,就是想让你们好好休息一下,等到了辽阳,我们一起去兜兜风。"

大家听了简直就像炸了窝一样,哈哈,终于要打辽阳了!

其实,努尔哈赤在攻克沈阳的第二天,如果立即攻打辽阳,当天就会攻克辽阳,因为,在那个时候,辽阳已经没有了沈阳这个尖利的屏障,软腹袒露,城中只有区区守兵一万,还是一些残兵弱旅,辽东所属的战将劲兵有一半折损在了沈阳之役,而一般的士兵则在各个地方疲惫地增援与救援。

这可是努尔哈赤一生中少见的疏忽,但是却被辽东的经略袁应泰看出来了,他紧急从各地增兵请援,紧急撤回防军,努尔哈赤只给了他五天时间,但是就这五天,袁应泰竟然凑集了十三万大军。

第十七章　势如破竹夺辽阳
　　　　　　被贬雄将踏征程

　　十九日近午时分,后金全军成功渡过太子河,和辽阳相距仅仅十里。就在这个时候,探马来报:明军五万人马在城外进行阻挡,排兵列阵。

　　努尔哈赤命三贝勒莽古尔泰、四贝勒皇太极、大将扈尔汉率两万人马从正面对明营发起进攻,而代善、阿敏两位贝勒则率兵从两边进行侧击。

　　皇太极纵马往前飞奔,看着离明营只有二三箭地,令盾牌手在前,弓箭手居中,骑兵跟后,向前推进。

　　这时,明军的大炮响了。明军的弓箭也雨点般地射过来。后金军虽有伤亡,由于早有防备,并没有大的损失,皇太极命令弓箭手同时开弓放箭,明军急于躲避弓箭,为后金军创造了机会。皇太极大喊一声:

　　"冲!"后金骑兵如狂飙突进,以迅雷之势杀入明军大营。莽古尔泰随后跟进。

　　皇太极冲入明军之中,大铁枪左挑右杀,如龙出水,如虎下山,无人能挡。莽古尔泰更是凶猛,大刀上下翻飞,无数明军士兵被他砍倒在地。这时,明军左右两营也开始大乱,代善、阿敏的人马也冲杀过来。

　　明军无法抵挡后金军的猛烈冲杀,开始向后败退。

　　努尔哈赤首战告捷,心中很是高兴,下令在城外五里安下营寨,明日再行攻城。

　　三月二十日。曙光刚露。

　　辽东经略袁应泰料定今日努尔哈赤必来攻城。他不想坐待,一直想在城外与敌决战。所以天刚亮,他便统率三军在东门外展开了阵势。

　　努尔哈赤见明军出城列阵,正中下怀,毫不迟疑,便命莽古尔泰率军攻打明阵。

　　袁应泰立马阵中,见上万名后金兵越过壕堑冲过来,便下令放炮轰击。

　　顿时,明军阵前的上百门大炮一齐轰响起来,只见烟雾腾天,尘土飞扬,然而后金军的进攻并没有停止,战马依旧向前飞驰,喊杀声越来越近。在硝烟弥漫中,七千精骑以迅雷不及掩耳之势冲杀过去,明军正要放炮射箭,骑兵的大刀已经砍在他们头上。

　　七千骑兵把明军冲得七零八落,纷纷逃散,总兵梁仲善见阵脚大乱,便率队冲上来。他挥刀砍死一名后金骑兵,正要与一个后金军的牛录额真拼斗,

忽见一个黑脸将领如旋风般冲到近前,原来是三贝勒莽古尔泰,莽古尔泰也认出梁仲善,大笑一声:

"哈哈,原来是手下败将,看你今日还往哪儿跑!"

说罢,举刀就剁,梁仲善举刀相迎。没几个回合,只听"当"的一声,梁仲善的刀便又飞了出去。他见势不妙,拨马想跑,莽古尔泰手疾眼快,一提丝缰,战马往前一窜,就到了梁仲善的前头,然后抡起大刀就朝梁仲善脖颈砍来,这回是来不及躲了,只听"喀嚓"一声,梁仲善人头落地,死尸栽于马下。

明军见总兵被杀,吓得魂飞天外,掉转马头就往回跑。骑兵一败,步兵更支持不住,也跟着向后奔逃。

袁应泰见敌军来势凶猛,惟恐敌军乘乱攻进城内,便下令退回城中,关闭城门,严加防范。

努尔哈赤见明军退回城中,心想:不能给敌军以喘息之机,须趁势攻城。便令皇太极和代善从西门攻打,莽古尔泰和阿敏从东门攻打。

至傍晚时分,后金军已经把城外明军大部分消灭。城下全是手执刀枪的后金军兵。他们一边向城上放炮、射箭,一边架设云梯,呼号着向城上攀登。

城上明军奋力死守,滚木礌石、火罐灰瓶,如雨点般向攻城的后金兵砸去,弓箭手、火铳手也拼命往下射击。然而,这些都没能阻挡后金军猛烈的进攻。就在明军将士奋力守城时,监司高出、朱维曜、胡嘉栋与督饷郎中傅国等却趁混乱之机,从东北角越城逃走了。

袁应泰闻报后,只是长叹一声:

"唉,我大明王朝怎么会有如此败类……"

天黑之后,后金军的进攻并没减弱,并且已有数百后金军爬上西城城墙,正与明军厮杀。

入夜,从西城爬上去的后金士兵越来越多,城墙上喊杀阵阵。明军在总兵崔儒秀督战下奋力抵挡,同时速报袁应泰派兵来援。

此时,汗王努尔哈赤已经接到禀报。他一面传令皇太极继续在西城扩大战果,一面调兵遣将,准备对辽阳发起总攻。

这时,后金负责谍报事宜的抚顺额驸李永芳前来禀告,说辽阳城内的细作已经探明了明军防守情况,他们决定点着明军火药库、粮草场,以策应大军攻城。

努尔哈赤听后自是高兴不已,随即命令诸贝勒、大臣全线出击,攻占辽阳城。

这时天已大亮。沿着几十里的城垣,到处挤满了攻城的后金兵。一排排云梯搭在城墙上,无数的后金兵手执大刀拼命向上攀登。城上守军则向城下发射火铳、火箭,用长矛刺杀爬城的后金兵。辽阳城的周围,炮声轰鸣,硝烟弥漫,喊杀声、惨叫声、兵器声、螺号声、战鼓声,各种响声交织在一起,震天动地,响彻云霄。

辽东经略袁应泰、巡按御史张铨都站在城上,临危不惧地指挥守军抵挡敌兵的进攻。尤其张铨,别看是文官,可毫无惧色,手拿长矛,来往穿梭,刺杀爬上来的后金士兵。明军皆为其英勇所动,无不奋力拼杀,以死殉国。

正在这时,忽听"轰隆隆""轰隆隆"的几声巨响,震得全城颤抖,人心发颤。南门方向火光冲天,浓烟阵阵。

袁应泰大吃一惊,扭头一看,只见城中烈焰腾腾,高达十几丈,把天空都照红了。

火药库、草料场均遭大火,明军士气大落,纷纷向后败退。这时又有士卒来报,后金军已攻破西门、南门,并向城中杀来。

袁应泰知道大势已去,从腰间抽出宝剑,往颈上一横,自杀殉国了。

分守道何延魁见城池已破,急急奔回家中,到后宅拉着他的夫人、小姐跑到后花园,三人一起投井而死。

总兵朱万良挥刀往来突围,力杀十七人后,力尽气竭,负伤坠马,犹大呼"杀贼",终被后金军乱刀砍死。

辽阳城内的总兵、参将、偏将、游击皆战死。数万守军也被分割歼灭。

而此时的巡按府内,张铨身穿大明三品官服,头戴乌纱,在大堂上正襟危坐,二目圆睁,一动不动。

门外一阵嘈杂,几名后金兵闯进来。

张铨毫无惧色,仍旧坐在那里。

后金兵举刀喝问:

"你是何人?还不跪地投降!"

张铨目不斜视,厉声说道:

"要杀要剐,赶快动手,何须多问!"

后金兵见这个明朝文官如此傲慢,十分气恼,举刀就砍。

"住手!"门外传来一声喝斥。后金兵忙停住手,只见李永芳迈步走进来。他走到张铨跟前,上前施礼道:

"张大人,末将李永芳给您施礼了。"

张铨见一个四十多岁的后金军将官站在眼前,听说是叛将李永芳,鼻子哼了一声,骂道:

"无耻之徒,大明的败类!"

李永芳并不生气,皮笑肉不笑地说道:

"张大人此言差矣。自古道:'良禽择木而栖,良臣择主而事。'当今明帝昏庸腐朽,宦官横行霸道、作恶多端,朝廷官员互相倾轧,害得民不聊生,纷纷起来造反。这样的皇上你还保他做甚？你为他尽忠，又有何益？我主汗王，英明盖世，圣明贤能。这样的明主你不投，还等什么呢？"

张铨猛然站起，用手一指李永芳，喝道：

"李永芳，你认贼作父，背叛朝廷，为虎作伥，与奴酋一起屠杀我辽东军民，像你这等乱臣贼子，还有何面目活在世上！我张铨乃朝廷命官，岂能像你一般！"

李永芳见张铨态度十分强硬，知道无法劝降，命人将他看押起来，等候发落。

此时，日已偏西，辽阳城的战斗已基本结束。只有城内外的几个地方还有明军抵抗，但由于寡不敌众，最终被后金军全部斩杀了。

汗王努尔哈赤率队从东门进入辽阳城。

努尔哈赤进入大堂坐在虎皮椅上，众贝勒大臣也分两列坐下。

这时，范文程上前启奏道：

"禀汗王爷，辽阳城破，我军夺得明府大批金银、绸缎，现均已入库查封，另有兵器、盔甲数万件正在派人清点。"

努尔哈赤点了点头，说道：

"此次攻占辽阳，赖众卿同心戮力，一举攻克，今天朕要论功行赏：贝勒每人赏金五十两，银一百两，绸缎二十匹；议政大臣金三十两，银一百两，绸缎十匹；固山额真赏金二十两，银五十两；总兵赏金十两，银二十两；牛录额真赏金五两，银十两；士卒每人赏银五两，布一匹。兵器、盔甲待清点完毕，分发各营。此事就交给范爱卿去办吧！"

"臣领旨！"范文程答应一声，退在一边。

次日，努尔哈赤召集群臣，决定对辽东其余还未占领的地方发兵攻打。商议之后，汗王派代善、皇太极、博尔锦等人各统率一万人马分三路出击。沿途攻城略地，扫平辽东明军。

这三路大军浩浩荡荡，所到之处攻城拔寨，明军望风而逃。十日后，努尔哈赤接到禀报：辽河之东的三河、东胜、长静、长宁、长胜、长勇、长营、静远、上榆林、十方寺、丁家泊、宋家泊、曾迟、镇西、殷家庄、平定、定远、庆云、古城、永宁、镇夷、清阳、镇北、威远、静安、孤山、洒马吉、云阴、新安、新奠、大奠、长奠、镇江、汤站、凤凰、镇东、甜水站、草河、威宁营、奉集、穆家、武靖营、平房、虎皮、薄河、懿路、巩河、中固、鞍山、海州、东昌、耀州、盖州、熊岳、五十寨、复州、永宁监、峦古、石河、金州、盐场、望海埚、红咀、归服、黄骨岛、青石峪等大小七十座城官民人等俱皆投降。汗王闻报大喜，为防明军来犯，努尔哈赤传谕各城守交地从当地征集民夫，修筑城墙，加固防守。

由于一些地方的汉民反抗，与后金发生多次冲突，努尔哈赤一面派兵镇压,一面强令汉民迁往女真的聚居区,同时把大量女真人迁到汉人聚居区,实行杂居,并令他们粮食同吃、村屯同住、牲畜料同喂,以加强对汉人的监视和控制。

转瞬间,努尔哈赤占领辽阳已经一月有余。

正是四月时节。风如酥,花似火,十里桃花相映红。

天气是醉人的温暖,风景媚丽,令人心旷神怡。

这天,汗王努尔哈赤正在辽阳西城的望远楼上欣赏城外风光,只见城外一望无际的辽东平原,小麦青青,一片粉花翠浪,远处近处的田畴里,春风泛起涟漪,太阳柔和的光辉洒在城墙上、田野上,好像为它披上一层黄纱。

努尔哈赤一边欣赏风景,心里一边想着:

"如今辽阳已为我所有,这历来都是辽东首府,地广人多,物产丰富,适于长期据守,而且占有此地,还可以西取辽西,进而攻占山海关,直下中原。倒不如把都城迁到辽阳,屯粮养兵,以图大业。"

努尔哈赤正想着,议政大臣范文程走上楼来,见汗王正在凝神思考,便没敢打扰。而汗王已见他来了,便回过头来,问道:

"范爱卿,有什么事吗?"

范文程见汗王问他,便上前施礼,答道:

"刚才臣在大街上,见许多兵士闯入民宅,抢夺财物,便喝住他们。谁料他们却说辽阳已经攻下,应多带些财物返回行都界藩。不知汗王有何打算?"

努尔哈赤听后没有回答,而是问道:

"依爱卿之见呢?"

"启禀汗王,辽阳向来是辽东重地,我国若据有此地,就可以坐镇辽东,并可虎视辽西,威胁中原。如若放弃此地,返回萨尔浒,不但无法进攻辽西、山海关等地,而且连辽东也难保住,只要我大军一撤,明廷必派军队反扑,到那时恐怕就不光是丢城丧师了。所以,依臣之见,我军切不可放弃辽阳,而应长守此地才是。"

努尔哈赤听后,微微一笑说道:

"范爱卿所言正合朕意,速去传朕旨意,令各旗贝勒、额真严加管束部下,不准再到民宅强抢财物,如有违者,格杀勿论!"

"臣领旨。"范文程答应一声,走下楼去。

努尔哈赤也返回府衙,当下传旨:大贝勒代善、二贝勒阿敏率五千兵丁返回萨尔浒,迎接大妃乌拉氏及众臣家眷来辽阳;四贝勒皇太极率各旗总兵、额真在城外择址安营,修建草料场、粮食库,以备长期驻守之用。议政大臣范文程主持修建汗王宫殿、贝勒王府及众大臣官邸,又命大将额亦都修造战车,铸造火炮,打制兵器。

没过多少时日,努尔哈赤便急匆匆地迁都辽阳。

皇宫之内,努尔哈赤并没有被自他起兵反明以来所取得的胜利冲昏头脑,坐在龙座之上,他又想起了早已置于他攻取计划之内的广宁。

广宁位于辽西,是西通蒙古、南接山海关、东向辽沈的战略要地。当辽沈失守之后,这里便成了明在辽东的重要军事、政治的中心城镇。后金要想统治全辽东,就必须攻克广宁。

与此同时,明朝总结了辽沈相继失守的惨痛教训,决定重新起用有才能的经略熊廷弼,力保广宁。

一方想乘胜攻下广宁,一方要拼死保住广宁。广宁之战就这样拉开了帷幕。

沈阳、辽阳失守,明朝举国震惊。朝廷上下惊恐不安。熹宗急命京师戒严,九门关闭,一时没了主意,不知该如何抵挡住努尔哈赤的攻势,急忙召群臣进殿商议。

大学士刘一燝打破沉默,首先启奏道:

"万岁,臣以为熊廷弼前曾守辽一年有余,努尔哈赤不敢造次,如今危难之时,不如还请熊廷弼把管辽东。"

刘一燝的一席话引起朝臣的共鸣,但又都知道熊廷弼虽几年前任辽东巡抚,治辽有功,但后与朝臣不睦,被参革职,深为熹宗不喜。因此无人敢再进言。

熹宗也想起了熊廷弼,虽然此人性情刚烈,为人粗鲁,但如今,国家处于危难之时,倒不妨用他一用。只是内库财宝不能动用,京师的一兵一卒也不能给他。于是熹宗下诏任命熊廷弼为兵部尚书兼右副都御史,经略辽东。

熊廷弼被罢两次,但他此时却没有任何怨言了,他想到的是岳飞精忠报国,文天祥留取丹心照汗青。略略收拾之后,熊廷弼纵马疾奔。看那夕阳西下,心中那份激情渐渐淡下来,晚风吹过他那铜色的脸庞,他在心中不禁念起一句话:壮士一去兮不复还。

前途虽未卜,报国心却切,为解众民忧,扬鞭赴危难。让一切想法都随这风吹走罢,只求在广宁与努尔哈赤一决高低。

怎奈壮士虽有报国志,奸佞之人却得君主心。就在熊廷弼急急赴京领命,王化贞也被任命随他出征。王化贞是一个对军事一无所知之人。而此人因与魏忠贤关系甚密,被连连提拔,仗势欺人,骄横跋扈。

魏忠贤在朝中占有显赫地位。朝廷内外无不惧他三分。许多常喜迎合、见风使舵的人,纷纷向他靠拢,献媚谄附,纷纷投靠客魏集团,依附了魏忠贤。王化贞就是其中一个。

王化贞进士出身,由户部主事历右参议,分守广宁。辽阳、沈阳陷落之后,进右金都御史,巡抚广宁。他为人刚愎自用,从来不习兵,对敌人非常轻视,出言不逊。就是这样的人被派来和熊廷弼共事,如同一条枷锁戴在熊廷弼的身上。

熊廷弼入朝之后,针对努尔哈赤短于攻坚、缺乏水师、后方不稳、兵力不足等弱点,建议三方布置的政策:陆上以广宁为中心,集中主要兵力,坚城固守,沿辽河西岸建筑堡垒,用步骑防守,从正面牵制后金主力;海上各置舟师于天津、登莱,袭扰后金辽东半岛沿海地区,从南面乘虚击其侧背;并利用各种力量,扰乱其后方,动摇其人心——待后金回师,即乘势反攻,这样就可收复辽阳失地,而在山海关设置经略,节制三方。

此时东山再起的熊廷弼雄心勃勃,他很自信,是的,如果能够按照这一策略作战,他相信收复失地指日可待。

熹宗召见熊廷弼时,也被他的爱国情绪所感染。真是危险之时,方显出英雄本色。熹宗心中的一块石头完全落了地,有这样的大将镇守边关,后方岂能有事,自己又可以太平度日了。君臣想法相反,却也落得个话里投机。启行前,天启帝特赐熊廷弼麒麟补服一袭,又命设宴为他饯行,并且命令文武大臣陪饯,以示恩宠有加。

这时熊廷弼已脱掉平民衫衣,换上麒麟补服,腰佩尚方宝剑,威风凛凛,踌躇满志。他举起酒杯,以壮语豪言告众文武道:

"熊廷弼不才,蒙皇帝大恩,以重托付我,敢不肝脑涂地?此去广宁,定当尽我的全力,固守城池,防御大敌。以我微薄之力,解救辽西、辽东百姓之苦,以解朝廷之忧。"

言罢,熊廷弼猛地将酒饮下,拱手辞别皇帝及文武大臣,与王化贞一同辞别京城,率兵踏上漫漫征程,奔向那不可知的远方。

广宁位于辽西,背靠巫闾山,向来是明廷在辽西的重要军事、政治中心城镇。周围的镇武、闾阳、镇宁、西平等战略要镇各有驻兵,总数达三四万人,与广宁成为犄角,互相呼应,要想逾越相当困难。

熊廷弼上任后,皇帝批准了他的一套固定辽西以图恢复的战略防御方案。从全国调集军队增援辽西,在广宁城及其周围驻军几万,重点设防,不到半年时间,熊廷弼已大体完成了对辽西的军事防御部署。

努尔哈赤认识到广宁地理位置之至关重要,目标直指这一辽西重镇。他知道,攻下广宁,则辽西不在话下。广宁虽经熊廷弼重新部署,但努尔哈赤并未被难倒,他思考着怎样用自己的计谋来攻下广宁。

为此,努尔哈赤一面选取进军路线,准备水战所用的船只,另一方面,他仍使用惯用策略,派探子、奸细深入敌方侦探。明军虽对此有所警惕,严守城防查找奸细,破获并处死了一些努尔哈赤派遣的探子,但是这些无孔不入无处不在的探子,很难彻底清除干净。努尔哈赤对明军的情况简直了如指掌。

熊廷弼到任后,驻在山海关,拉开了同后金对峙的架势。熊廷弼的措施对后金威胁不小。但同时努尔哈赤又获得了情报:派熊廷弼为经略的同时,明朝廷又派了一个无能且骄横的王化贞。王化贞为广宁巡抚,坐镇广宁。名义上,他受熊廷弼节制,听熊廷弼指挥,但实际上,王化贞倚恃自己有魏忠贤为靠山,又自认为有个聪明的脑袋,所以根本不听熊廷弼的调遣。凡事他都自作主张,且言词伶俐,头头是道。王化贞好说大话,轻视强敌,与熊廷弼背道而驰,主张以攻为守。他不理会熊廷弼再三劝说的先守后战,而是私自做主,瞎部署,瞎指挥,专与熊廷弼作对。他为了防止后金兵过三岔河(辽河),下令派出二万将士沿河一百二十里一字排开。每数十步便搭一个窝棚,安排守军六人,以为可以挡住敌人。熊廷弼见他如此行事,显然给后金以有利之机,非常气愤。没想到还未与敌交战,即被同僚绊住。他看到王化贞面露得意之色,仿佛看到了魏忠贤的影子。王化贞不足为惧,但魏忠贤却是无法扳倒的。

熊廷弼想了半夜,最后决定将自己与巡抚的争执奏明圣上,并请求解甲归田。

这也是熊廷弼为官多年的经验,他知道,圣上现在正是重用自己之时,收复失地的重任在自己肩头,圣上怎会真让自己解甲归田?圣上一定会尽力调和的。那时再奏王化贞自作主张、以下犯上之罪也不迟。

天启帝收到奏折,心中不悦,暗想熊廷弼不识抬举。刚对熊廷弼所产生的一点好感,迅速消失,但自己却也拿不定主意。

天启二年,即天命七年(1622)正月十二日,在中府召集九卿科道会议。这是一次极为重要的会议,与会者有八十一人,明确表示支持经略熊廷弼。但当谈到王化贞时,则出现了分歧。徐场先提议将登莱、广宁二巡抚进行调换,其余的人分成两派,有人庇护王化贞,有人是中间派。

天启皇帝最后决定,对这封奏折采取不予理睬的态度。熊廷弼毫无办法,整日唉声叹气,但一想到大敌当前,强打精神,指挥官兵修筑防御工事。

朝廷会议,注定了熊廷弼的失败。他甚至天真地希望上天给魏忠贤降下大的灾祸。熊廷弼此时不知,两年之后魏忠贤确被弹劾,那是因为杨涟上疏皇帝列出魏忠贤二十四大罪状。但那只是东林党同阉党的公开决裂。今日辽东的经略与巡抚不和,也是由明朝最高统治集团内党争导致的,即使魏忠贤死了,还会出现张忠贤、李忠贤的。自己空有报国志向,也无法扭转大局。明朝这棵大树已从根上开始腐烂了。

就在明朝还在召开九卿科道会议争论熊廷弼去留时,努尔哈赤已经对攻占广宁胸有成竹了。

努尔哈赤对天启帝非常鄙视,心想:明帝竟是这样的无能,朝廷内外已经混乱不堪,徒有几员赤胆忠心的猛将又有何用,况都是不受重用的人。倘攻下广宁,乘胜进关也不是什么天大的难事了。自己戎马一生,战绩堪称辉煌。倘天公作美,让自己多活几十年,定将打到京师活捉朱由校。

几天来,明朝那边的消息已传遍军中,诸贝勒、大臣无不喜笑颜开,军中士气更加振奋。

由于在努尔哈赤迁都辽阳时曾经持反对意见,大贝勒代善深知努尔哈赤对他不满,趁机讨好道:

"由于汗王指挥得当,明军之城指日可待。"皇太极也乘兴说道:"我们女真人个个都是英雄,明军不过是一群乌合之众而已,内外受困,王化贞又对军事一窍不通,广宁军备废弛,沿河防守单薄,正是我们进军的大好时机。现在明廷会议上还在争论不休,不如趁此时机,父王快下令,我等定当奋勇拼杀,攻下广宁。"

努尔哈赤点了点头,他对于皇太极喜欢备至,每次作战,英勇作战自不必说,就连自己迁都的目的,他也猜得正确,真有自己当年的气概。看到他就不由得想起自己年轻时候雄姿英发,统一女真各部落。人生如梦一晃几十年过去了,看到皇太极,仿佛自己又得到再生。第二天,努尔哈赤传令:"锋弼、贝和齐、额驸沙津和苏巴海,你们统兵留守辽阳,以保我军无后顾之忧。"

"喳!"四员大将应声道。

"其余众将,随本汗出兵广宁。"

这一天是天启二年即天命七年(1622)正月十八日,后金汗努尔哈赤亲率大军浩浩荡荡向广宁进发。

面对金军铺天盖地之来势,熊廷弼与王化贞吵得难解难分,双方相持不下。熊廷弼主张先守再战,王化贞则主张以攻为守。朝中的魏氏阉党偏袒同伙王化贞,将大部分兵权交给他指挥,身为全军统帅的熊廷弼,空有经略之名,手下却只有五千兵马。自从上次争端之后王化贞更不将熊廷弼放在眼里。他一意孤行不听熊廷弼的意见,破坏了熊廷弼集中兵力固守广宁的部署,自作主张分兵沿辽河西岸一带布防,又在西平诸堡镇驻军。并将渡河进攻视为自己得意之举。

刚直倔强的熊廷弼已是毫无办法。他深知朝廷权贵一向对自己没有好感。只是怕撤换下他,军心会被动摇,所以才没有奏准他解甲归田。他忧心忡忡:身为主帅,却无实权,王化贞的部署严重削弱了广宁的防御,未与努尔哈赤交战,败局却已定下。

熊廷弼的心腹李贾,也整日里陪着熊廷弼叹息。眼见金军士气极旺,轻易即可占领广宁,辽东必将沦丧在金军的铁骑之下。熊廷弼苦不堪言,只得

第十七章 势如破竹夺辽阳 被贬雄将踏征程

任事态发展,等待与金军相遇。

王化贞难道不担心金兵的进攻吗?对于一个不懂军事的人来说,他根本认识不到守住广宁的重要性。他也根本想象不出金兵势如破竹的进攻。他只是把希望寄托在了蒙古援兵上。他认为虎墩、虎憨调兵四十万帮助他攻打努尔哈赤,可以轻而易举地取胜,妄想以李永芳为内应,那样一定会兵到而敌自溃。他自以为如意算盘打得不错,便赶忙上疏皇上,以博得熹宗的好感。

明朝皇宫内,熹宗的脑子里根本没有什么前方战事,懒懒地休息去了。

王化贞见这时熊廷弼大势已去,更加飞扬跋扈,口头大谈进攻金兵之事,实则对粮秣、营垒之事一概无问。兵士见上面明争暗斗,忠臣得不到重用,也无心与金兵激战。军中大乱,站岗的随便穿上平民的毡贴布衫应付了事,没有钱的干脆沿街乞讨。随身佩带的刀也都卖了,用这点钱来换饭吃。

但是王化贞,仍用空言愚弄朝廷,朝中有些大臣向熹宗反映王化贞虚报军情,但熹宗充耳不闻。凡说真话者都被魏忠贤秘密关押,弄得朝野上下一片紧张,根本无人再敢进言了。

就这样,谎报军情的王化贞竟然得到了熹宗赏识和宠信。

如此一来,王化贞更加狂妄,不受熊廷弼的节制,不断地向朝廷吹嘘。只要是他奏请批准的事,很快就会批准下来,现在,熊廷弼失宠,送别时的那份感情早就没有踪影了。熊廷弼只得暗暗为百姓叫苦鸣冤。

第十八章 谋进退妙得天机
与父易地遭谗佞

努尔哈赤大军压来,并没有直接对广宁发起进攻,他的策略是:先攻其前哨西平等处,诱广宁明兵来支援,然后再将整个援军消灭在旷野之中。努尔哈赤的八旗大军,经鞍山、牛庄,仅仅二十天就渡过了辽河,直逼西平堡。

广宁巡抚王化贞听到这个消息以后,内心一阵惊慌,但是很快就平静下来,步兵防守。

原议总兵刘渠领兵二万人守镇武,总兵祁秉忠领兵万人守同阳,分南北两路与广宁成犄角,副总兵罗一贵率三千人守西平堡,又在镇宁驻兵。王化贞自带重兵驻守广宁,他企图以此四堡来屏障广宁,阻击后金军的进犯。

由此两军开战。王化贞的布置完全顺着努尔哈赤的策略发展。眼看广宁城危在旦夕,但王化贞还不知道呢。他自己以为后金难敌他的精明部署。

虽然王化贞自以为是,部署失当,但明军内多有忠义之士,面对来势汹汹、侵犯国土的强敌,他们英勇抵抗,表现了大无畏的气概。

后金兵轻而易举地渡过了辽河,攻破辽河王化贞的防线,猛追二十里,兵抵西平堡。

守城参将黑云鹤见后金兵刚到城下,想趁其立脚未稳,打击后金兵之前锋。黑云鹤认为这是一个有利时机,出城迎战更能打胜后金兵。

二军对垒,黑云鹤先后派几员猛将挑战,皆败回或战死,黑云鹤不禁大怒,他拍马亲自来战,但战了数回合便被打得招架不住,只好败下阵来。黑云鹤额头冒汗,只恐不能战胜敌军,反教敌军追杀尾随到城内,他急忙拨转马头,边跑向本营边命令军兵:

"快撤!"

众官兵急忙随黑云鹤奔向城中。

努尔哈赤见明将败走,一举令旗,令众将士追杀。代善、皇太极奋勇争先,领军杀去。

明军各逃命入城,黑云鹤断后,试图阻止住如潮水般的后金兵马。代善等如猛虎下山,锐不可挡,只见皇太极抽弓搭箭,一箭射中黑云鹤前胸。

主将战死,断后的明军更不恋战,一溜烟地奔向城门,进入西平堡内。那些未得入堡之兵,皆死于后金军之手。

明军初战失利,众士兵沮丧不已,堡内官兵只剩三千余人,怎能守住此

地?副总兵罗一贯看着城下后金军欢庆胜利,冲着堡内示威,心中愤恨不已:

"如今已无他法,只有固守,以待援兵,也许尚可有一线生机。"

他命三千军士各据其地,严密防守,务必死守,等待援军,前后夹击后金军,方可解敌兵之围。

努尔哈赤见一战得胜,于是命士兵先劝其投降,不降者,杀无赦!

罗一贯挺立城头决心固守不出。

他令手下士兵搬来石头,筑高城墙。而此时来支援的三队兵于平阳桥与后金兵交锋。孙得功指挥所带之兵首先冲锋,不料刚一交锋,孙得功又立即下令撤退。

这时在明兵中跑出一人,大哭着说道:

"孙得功,你这小人。西平堡等待我们去救围,你却胆小如鼠,我们大明朝有你们这样败类,怎能不败呢!"

孙得功听到骂声,惊慌失措,自己临阵胆怯,如今被士卒说出,真是羞愧难当。但一看到金兵凶悍的攻势,不由得加快速度,不去多想。

那人见孙得功仍抱头鼠窜,便对溃败的明军振臂高呼:

"我们不能临阵怯弱,应以大局为重,抵挡金军,这样才能救出西平堡的官兵弟兄!"

明军中有的被他的话所激动,转回去与金兵拼杀,有的依然随孙得功逃走。

另两队明军也随之大乱。刘渠、祁秉忠压住阵脚极力稳定军队,部分军队与后金于沙岭地区展开了一场大战。无奈溃势已成,刘渠、祁秉忠阵亡。增援西平之军彻底大败。

其实这时的孙得功已叛变。孙得功原是王化贞的心腹爱将,在军中颇为受宠。但孙得功爱慕荣华富贵,惧怕金军力量。努尔哈赤早就从密探那里了解此人的为人,便投其所好,用大量的金钱来收买他。起先他还义正辞严痛斥贿赂他的密探,但一看金钱,一听努尔哈赤许诺如若投降,定加官晋爵,就不由地动了心思,最终决定投靠金军。

恰逢西平堡来人要求救兵。孙得功乘机向王化贞进言:

"小将愿冒此危险,去救西平堡。"

王化贞听了更加喜欢他,忙说道:

"你可调动广宁七万大军,同刘渠一同支援明军。"

就这样孙得功前去广宁,同时会合驻守闾阳总兵祁秉忠所率之兵,共同火速抵西平援救。

努尔哈赤击败三路援军之后,便马上集中兵力继续攻打已经围困一天仍未打下的西平堡。

西平堡内罗一贯指挥镇定。但遭到后金兵的火力猛轰,后金兵要竖云梯强攻,明军将士在城头边上用石头往下砸。

由于官兵们苦苦反击一昼夜,西平堡才岿然不动。与此同时,在明兵火炮的轰击下,云集城下的后金兵也死亡惨重,城外八旗兵尸首堆积累累。

努尔哈赤担心这样强攻西平堡,死伤会很大,眼看罗一贯不断激励士卒,明军越战越勇,他心急如焚。这时,抚顺额驸李永芳求见,努尔哈赤急召他觐见。

李永芳大步走进帐中,躬身奏道:

"汗王,观今日之战局,对我军不太有利,西平堡虽已在我军控制之下,但要收取还不十分容易。臣愿上阵前劝降。"

努尔哈赤点了点头道:

"这倒不失为上计。"

李永芳急速来到城下,对明军喊道:

"我们大汗知道罗将军是位好汉,现在你外援已绝,城中蓄积已尽,赶快投降吧,保证让你享受荣华富贵。"

罗一贯听罢,怒发冲冠,道:

"叛国逆贼,岂不知我罗某人是堂堂正正的忠臣,哪能像你李永芳那样叛变降贼!"李永芳被骂得狗血喷头,只得灰溜溜地回去复命。罗一贯继续指挥反击金兵。

忽然,一支冷箭射中他的左目,流血不止,站不起身来。

这时士兵来报:

"大人,城中火药已尽,我们该如何是好?"

罗一贯一听不由得悲怒交加,内无火药,外无救兵,看来西平堡就要沦陷在金兵的铁蹄之下。罗一贯向南方跪拜说道:

"臣力量已经用尽,再也不能报国了。"

他转身看了看黑月蓉。只见月蓉拿起两把剑,一把递给了他。

于是罗一贯自刎。西平堡陷落了。

努尔哈赤也付出了惨重的代价,伤亡六七千人。二十二日,努尔哈赤举行庆祝破西平之典礼,并杀八牛祭纛。后金军攻破西平堡,驻师于此,准备夺取广宁。

这两日,攻打西平堡使努尔哈赤感到很疲劳。他脱下铠甲,只穿着便袍在大帐周围散步。皇太极陪着他走。这几个战役使努尔哈赤与皇太极关系更密切了。两人边散步边谈论如何攻占广宁。

一阵孩子的啼哭声引起他们两人的注意。循声望去,只见一个七八岁的小男孩怀中抱有一个婴儿,蜷曲在城角。

皇太极一看是汉人拔剑要杀,那男孩睁大惊恐的双眼望着这个身材高大的异族贝勒。

努尔哈赤心中忽生一股怜爱之情。他上前用手挡住了皇太极的剑,叫卫士将两个孩子一齐带到房中。

那男孩用手紧紧搂着那个婴儿,依然用惊恐的眼睛看着努尔哈赤。

努尔哈赤打量着那个男孩,那男孩也正打量着努尔哈赤。他突然问道:

"你们就是金兵吗?"

努尔哈赤微笑了一下表示承认。

"你们为什么要到我们这儿来?"

"为什么?"努尔哈赤不由得一愣,征战多年,他从来没有问过自己为什么。

年轻时他统一女真部落,攻打明朝,他也没有问过自己为什么。多少年来,他只知道应该去干什么,而不知为什么。永远不懈地去争夺,这也许就是那个为什么吧。

孩子见努尔哈赤沉默不语,自言自语道:

"我父亲说,你们女真族侵略我们,我长大之后要替他们报仇。"

孩子话音未落,已应声倒地。原来皇太极已拔剑刺死了他。

"不能留他成祸患。应传令大开杀戒,要将西平堡荡平才是。"

努尔哈赤不忍再看那倒在血泊中的孩子,孩子之死对努尔哈赤震惊不小。他觉得自己确实老了,是这个孩子触动了他内心深处从未想过去解的谜。

在努尔哈赤身上,总好像有一股热血在体内沸腾,逼着他去干什么,一切都是出于本能,但一切又都那么顺利。

他所干的一切,难道是为了追求荣华富贵,不,他是要显示出自己征服一切的力量,他要做个顶天立地的大英雄。

他可惜这两个孩子过早夭折在他们女真人的剑下,但他的钢筋铁骨却又不让他掉下半滴的同情之泪:

"为什么呢,因为他们明朝腐败,皇上贪色不理朝政,我族不能取而代之,也定有别人来取代。"

他想到这儿,朝卫士摆了摆手,示意他们将孩子的尸体拖出帐外。

这时李永芳求见汗王。

努尔哈赤一听到李永芳之名,便冷笑一声道:

"传他进来。"

李永芳进帐,急忙下跪:

"罪臣李永芳拜见大汗。"

"起来吧。"

"罪臣今日特来向大汗恭贺西平堡大捷。"

李永芳满脸谄媚之色,努尔哈赤见他这样,更加不屑于看他,只是低头翻看广宁地图。

"西平堡大捷,多亏众将士英勇奋战。"

"多半是汗王指挥得当……"

李永芳还想说下去,汗王不耐烦地挥挥手。

"今日作战,十分艰苦,还是回去多休息吧,以后再立新功。"

"喳。"

李永芳退出汗王大帐,心头沮丧。本来想拍个马屁,不料却碰了这么个软钉子。

他正往前走,忽看到四贝勒皇太极正独自一人在那儿思考着什么。

李永芳素来很惧怕皇太极,尤其怕看到皇太极那双明察秋毫的眼睛。皇太极也打心眼里鄙视这个叛臣,这个没有民族气节的人还有脸活在世上,所以对李永芳不冷不热。

这日皇太极见西平堡被攻下,心中稍稍放了松。他踱步走出帐外,面向辽阳的方向站着。几天的苦战,只有这时方才有空思考思考。

他手握剑柄。这剑就是他刚刚杀那个男孩的剑,血迹才被他擦净。当时一时气愤,恐留住那孩子就会留下祸根。现在脑子里总是出现那孩子睁着惊恐的眼睛的样子,他很心痛。

那还不过是个孩子。两军激战,只想大刀阔斧,迅速取胜,可是战斗一结束,那血尸累累的场面却是那样令人揪心。许多明军誓死不降,纷纷自刎,其壮烈令他感动。他有时真想离开这杀场,回到山林中,过世外桃源式的生活。但是,有些事是身不由己的。

在皇太极的心中,他渴望成为父汗努尔哈赤那样的英雄。白天奋战沙场自有拼杀的快乐,可一到夜晚,仰望辽阔天空,听到人在睡梦中的呓语,他感到人的可爱,生活的美好。如果不去交战,共建这大家园,该多好呀。但同时他又在耻笑自己的妇人之心。

正当皇太极思考着,李永芳走近他。

"贝勒爷怎么还不去睡呢?晚上风大了,还是进帐去睡吧。"

李永芳的话打断了皇太极的思路,他一抬头,见李永芳正关切地看着自己。

皇太极心中一动,在这夜色里,这个自己平时憎恶的人竟也变得有些可爱。尤其是那一番关心自己的话,更使他感觉自己这时不再厌恶这个叛臣了。

皇太极轻声问道:

"永芳兄,为何不早歇息呢?"

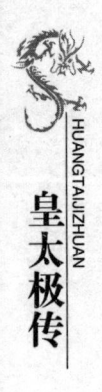

李永芳笑了笑：

"刚才去见了大汗,这会儿正要回帐呢!"

皇太极道：

"夜景这么美,回到帐子里可就再也没有心思欣赏这种景色了。"

李永芳心头一热,这分明是皇太极在挽留自己。自己自叛明以来,还头一次与皇太极说上这么多的话。况且和这位贝勒打交道,对自己有很多的好处。

于是,他附和道：

"的确如此,小臣也正这么想呢。"

说完两人哈哈大笑。

李永芳道："贝勒爷,这几次大战中,你可深得大汗喜欢。"

皇太极谦逊道：

"不过尽了一点力而已,大贝勒、二贝勒也出力不少。"

"依我看,四贝勒是最足智多谋、英勇善战的。"

"永芳兄,我算服了你这张嘴了,什么让你一说,都是好听。""哪里,永芳不过说了个事实而已。"

"永芳兄,恕我直言,依你看,我们金军能大破广宁城吗?"

"当然可以,广宁城内熊廷弼与王化贞不和,朝廷之上,阉党当道,大明朝恐怕要完矣。"

李永芳发出了一声哀叹,又道：

"我身为明臣,如果看到大明朝还有一线希望,誓死我也不会投降你们呀。"

李永芳在这夜色中竟开始倒出苦水,他什么都忘了,忘记自己在和谁说话,忘了自己是明朝忠臣良将最为唾弃的人。他发出哀叹,仿佛自己是忠义之人。

皇太极也忘了,是什么人在和自己讲话,他竟也被李永芳感染：

"你们汉族,危机四伏,朝廷中皇帝又是个废物,魏忠贤只图独权,根本不顾国家之大利。"

"明朝正如贝勒所言,我一介武夫无法改变大局。谁对我有利,我就投靠谁,我不管我是哪族人,我不管我究竟姓什么。"

李永芳说到此竟痛哭流涕。

皇太极心中一动,这究竟是什么样的人呀? 他没有一点信义。可明朝廷的确早已失去人心。

看到皇太极沉默不语,敏感的李永芳忽然感到自己有些失言了,他赶忙解释道：

"汗王对我李永芳关怀备至,永芳心中不胜感激,定尽自己薄力,去效犬马之劳。"

皇太极这时已经没有了和他继续谈话的兴趣。两人之间终是隔着不能逾越的鸿沟,他毕竟是个叛军,有用则用之,无用则抛之。

李永芳也终于明白自己不过是背叛国家的罪臣、投降金军的叛臣。面对沉沉黑夜,他甚至不相信这一现实,他希望这天永远是黑色,让人彼此看不清对方的脸,只用心在对话,不让任何功利插入其中。他又十分明白,明天天一亮,他李永芳对这些贝勒爷们依然是俯首称臣的罪人。

刚才的对话,由于两人各怀心事,再也继续不下去了。两人都感到扫兴,只是默默地踱着步。

长长的沉默,令人尴尬不安。最后李永芳主动说道:

"贝勒爷,小臣告辞了。"

皇太极也冷淡地回答道:

"去睡吧,天已经不早了。"

就这样,金兵的贝勒同明军叛臣结束了对话。

皇太极见李永芳走后,自己也踱回帐中,守着孤灯,他仍然是无法入睡。在他眼里明军根本不能和他们伟大的女真族相提并论,但他现在对明人有了一点了解。他无法去简单地憎厌这种人。当然他也决不会去完全地信任这些人,这种人是不值得重用的。但实在不能再像以往那样去鄙夷明人了。这时那孩子的惊恐的双眼又出现在他的脑海中。

正在这时,一个黑影急速地撞进帐中,提剑向他刺去。

皇太极猛惊,一低头躲过了这一剑,起身也拔剑与这黑衣人对打。不过几个回合,便擒住了那黑衣人。

皇太极气愤至极。他用剑挑开了那黑衣人的蒙面。只见一个怒气冲冲的汉家女子正怒视着自己。

不知怎的,与李永芳一席话后,他的心对汉人产生了一丝怜爱。见这个弱女子竟敢来刺杀金军的贝勒,他不想将此事弄大,只想亲自审问,于是他喝退了闯身进来的卫兵。

那女子眉毛一扬,说道:

"要杀就杀,今天我杀不了你,别人也会来替我报仇的。"

皇太极平下心来。论武功,那女子显然十分差劲,倒没有什么威胁。他重新坐下,问道:

"是谁派你来刺杀本王?如果不从实招来,定叫你身首异处。"

只见那女子丝毫没有畏惧之色,嘴角露着一丝冷笑:

"没有人叫我来,是我自己来找你们金贼算账,为我西平堡的百姓出气。

第十八章 谋进退妙得天机 与父易地遭谗佞

163

既然来了就没想回去,要杀就杀吧。"

尽管她身体那么娇弱,声音却是如此铿锵有力。要在平日,皇太极不由分说,定叫那女子身首分家,但今日,见这手无缚鸡之力的女子竟然如此刚烈,再加上今天心情一时很沉重,竟不知该如何对付她了。

"来人!"

卫兵走进帐中,皇太极叫道:

"把她拉出去斩了。"

那女子被拉了出去,现在大帐之中只有皇太极陪着一盏孤灯。他的思绪烦乱,多少年来怎么今日竟陷入如此矛盾的境地。他自言自语道:

"算了,敌我终是泾渭分明的,今日的儿女情长、小家子气可不能再有了。"

说罢,他赶忙起身,向努尔哈赤帐中走去。

这时努尔哈赤正在思考着如何去攻打广宁,而不像攻打西平堡那样代价惨重。有人通报:"四贝勒皇太极求见汗王。"努尔哈赤赶忙说道:"快叫他进来。"皇太极走进帐中,施礼道:"拜见父王。""快坐下吧。""父王,今夜有一汉家女子,闯进儿臣的帐中,欲行刺儿臣。""什么,竟有此事?""不过父王不必着急,儿已将她斩首。""看来,以后对汉人更要严加看管。"

"儿特来看您,就是让父王也多加小心,以免遭意外。"

"嗯。"

"父王,看的是什么?"

"广宁地图,等稍做休息之后,下个目标就是广宁城了。"

"广宁地势重要,城池坚固,防守严密,兵多将广,恐有一场恶战。"

"的确,这里有守兵十三万,而且其周围的镇武、间阳、镇宁等战略要镇各有驻兵,总数达三四万人,与广宁成为犄角,互相呼应。攻打将相当困难。"

"我已派出了大量的探子进入明境,刺探情报。他们可进行反间,实行策反。"

"内有心腹,外有强兵,广宁城唾手可得。"

正在努尔哈赤父子谈论如何攻占广宁之时,广宁城内的策反正按努尔哈赤父子的计划进行。

努尔哈赤从夺取明朝辽东第一座城堡抚顺起,中经开原、铁岭、沈阳,直至辽阳,后金八旗是战无不胜,所向披靡。辽东既占,努尔哈赤及手下诸贝勒大臣更垂涎河西,决定乘胜出击,兵指辽西重镇广宁。四贝勒皇太极旗下的镶白旗铁骑,纵情驰骋在辽西大地上,捷报频传,凯歌高奏。

这时候,后金汗宫里也是"热闹"非凡,传出了大贝勒代善与诸贝勒、大臣奉汗王努尔哈赤之命对天盟誓的消息。代善誓曰:"因我不恪守汗父教导之善言,不听三位弟弟一位阿哥之言,误听妻言,以致丧失汗父交付之大政……"

"以致丧失汗父交付之大政?冷僧机,你没听错吧?"

阿哈冷僧机是三贝勒莽古尔泰的家仆。同是阿哈,与宁完我相比,冷僧机长得尖嘴猴腮三角眼,一看就容易把他当成个小人,而宁完我则面相忠厚,一看就知道是个本分人,不会玩弄权术。宁完我有才气,冷僧机有灵气,两个人不约而同地投奔到了四贝勒皇太极的门下。为什么?四贝勒眼下已是继承汗位最炙手可热的人物,跟着他早晚会出人头地、光宗耀祖的。做阿哈的,出身卑微,牛马不如,他们最大的奢望便是能免去繁重的徭役,加入旗籍,成为一个真正的人,这个要求其实是不过分的。冷僧机为人机警狡黠,善察言观色、阿谀奉承之术,这也算是他的一技之长吧。还别说,他就凭着这一专长果真从一名卑贱的家仆,一跃而为显赫的世职大臣。冷僧机的飞黄腾达在众多的阿哈中掀起了轩然大波,他的成功简直成了众阿哈们眼中的神话,那么不可思议!尽管他的结局很是悲惨,后来被小皇帝顺治处死了。

皇太极强压住内心的狂喜,不动声色地将事情的经过问了个仔仔细细、明明白白,然后,一气吸了三袋烟,居然没说一个字。

"贝勒爷,这难道不是天大的喜讯吗?奴才先给您叩头贺喜啦!"

冷僧机很是奇怪主子的表情。自己大老远从宫中跑来报信,一路上欣喜若狂,真的,他很庆幸自己找对了主子,好运就在眼前了,可为什么……

"好了,这里没你的事了,快回三贝勒府上去吧。记住,眼下还不是高兴的时候,还有,咱们的约定不变,冷僧机你会得到你该得的奖赏的。"

"唷,什么奖赏不奖赏的,奴才为主子您效劳是无怨无悔的!"

冷僧机走后,皇太极在帐篷里踱着步子,他只觉热血沸腾,而帐篷里让他觉得压抑。于是他披上战袍,骑上了小白马,一抖缰绳冲上了附近的山岗。时值初春,中原应是春意盎然,一片生机了,而辽北塞外却仍是朔风凛冽,枯木萧萧,山上的积雪还没有消融。苍茫的原野和山林甚至还找不到一丝春的踪迹。但是,冬天已经过去了,春天还会远吗?

"代善,你是我的好兄长,但你的确不适合继承汗位。但愿这次的教训能让你明白你以后该做些什么、不该做些什么。父汗,事到如今,您还犹豫什么?这汗位非您的八儿子四贝勒皇太极莫属啊。也许您还想着您爱如心肝的三个小儿子?十四弟多尔衮还是个孩子,他英俊、洒脱、玉树临风,而且他睿智、机敏,的确是一块璞玉。倘若多尔衮早生十年,也许我不是他的对手,因为有父王您的精心栽培,他也许能担当汗国重任。可是,我先来,他后到,与哥哥我相比,十四弟太嫩了点儿,而且,父王您已经年迈力衰了,十四弟没了您的呵护,他十年八载的还成不了大气候。唉,风水轮流转,褚英已死,代

善优柔寡断如今又惹了麻烦；至于二贝勒阿敏，他虽为镶蓝旗主，毕竟是旁支，这汗位应该是与他无缘的，即使他有这个心也没这个机会。还有三贝勒莽古尔泰，这家伙太过鲁莽，人缘也不好。他们这几个人如今看来都已不是我皇太极的对手了。也好，父汗不再立继承人反倒使我减少了对立面，我可以暗中积蓄力量，等待时机，这汗位早晚会由我来继承。假如还有挡在我皇太极面前的绊脚石的话，我会一个一个地清扫干净。哼，哼顺我者昌，逆我者亡！现如今我要南面称王，谁还敢说半个不字？哈哈！"

峡谷中，皇太极的笑声显得格外刺耳。一切正按照他的愿望在发展，一切正按照他的目标在实现，皇太极问心无愧。他觉得冥冥中自有天神在帮助他，除了父汗，他就是后金国的主人！

大贝勒代善听信了谗言，虐待前妻之子，甚至一念之差要处死他，结果受到了父汗的痛斥，代善心里好不窝囊。快五十岁的人了，自己都做了玛法（满语：爷爷），反倒连自身的家务事也处理不好，还要遭父汗劈头盖脸的无情训斥，唉，这面子还往哪儿搁？

大贝勒心里窝着火，代善也不明白为什么突然间自己就不讨父汗的欢心了，他究竟犯了什么错，这么不可饶恕？

不错，代善一时气恼，便嚷嚷着要与父汗争宅，难道就因为这？

迁都萨尔浒时，汗王努尔哈赤亲自给诸多儿子侄子划好了宅基地。孝顺的代善觉得自己的宅地比父汗的位置靠南，又宽大，便好心好意让给了父汗。可过了不久，代善又后悔了，父汗自己的宅地也太过狭窄了，于是便拉下了脸。

消息传到父汗努尔哈赤的耳朵里，父汗把他召了去，面无表情：

"既如此，我仍居原地。你若舍不得你看中的好地，即刻带着家眷搬去住吧，反正那儿的房舍都已完工了，你若是想省下这些工料钱，你倒不妨直说，用得着这样出尔反尔斤斤计较吗？哼！"

父汗一拂手进了内室，把代善晾在一边。代善心里这个窝囊呀，为什么总是有人背地抓他小辫子，在父王面前搬弄是非，离间他们父子的关系？难道，就因为这汗位？唉，我代善有多大的能耐心里有数，这太子之位是汗王给的，我可从没想过要争呀！

代善闷闷不乐回到了府第，几个儿子也已成家立业，大都在外跟着四贝勒征战，一时间代善倒觉得门庭冷落了。

"大妃又送点心来了？"

大厅的桌子上放着一个红漆食盒子，四个抽屉，上面蒙着一方绣花丝巾。

"贝勒爷，如今你倒成了这宫里宫外的红人了。二福晋富察氏和大妃乌拉氏隔三差五地给您送点心，你倒是艳福不浅哪！"

代善的福晋撇着两片红唇，一双细眼眯缝着，一张嘴就冒酸气。

"住嘴！我已经够心烦的了。她们可是汗王的福晋,再胡咧咧当心我割下你的舌头！"

福晋的眼圈红了,哽咽着：

"宫里宫外都传遍了,你真的以为这个是好事情吗？万一惹恼了汗王,你的太子的地位还想保的住吗？"

"保不住才好呢,这太子我受够了！这个鸟太子,谁愿意做谁做去,原本好好的兄弟,可是当了太子,就好像换了人一样,处处提防,欲加之罪,何患无辞？我身正不怕影子斜！有什么好怕的呢？"

第十九章　皇太极手握乾坤
　　　　　　　耻逆子以死谢罪

"哟,太子爷这是怎么了,发这么大的火,正巧我炖了些冰糖银耳羹,给您败败火。"

大妃阿巴亥笑吟吟的提着食盒进了门。

"大妃,您这是……"

代善连忙起身相让,脸上的笑容简直要比哭还难看上好多倍。

"干嘛傻站着,快点把我的披风解开呀。"

阿巴亥打扮得花枝招展,火辣辣的眼睛直勾勾地盯着代善,福晋柳眉倒竖,又不能发作,气哼哼地出了门:"我去拿双碗筷来。"

"大妃,您……"

代善只觉得脸也红了,心也热了,浑身直哆嗦,他避开大妃那热切企盼的目光,声音有些干涩:

"您还是回宫吧,传出去对汗王和你我都不好。"

"嗤!"

阿巴亥娇笑一声,伸出嫩白的手指着代善的前额:

"贝勒爷呀,我只是来送些点心和饭菜,您倒胡思乱想了不是? 其实,汗王早就跟我说过了,他百年之后,我们娘儿四个就由大贝勒你赡养了,这话的意思你还不明白吗? 宫内总是爱传闲话,真是无聊。"

"可就有这些乱嚼舌头的人。大妃,谢谢您的饭菜,您还是……"

"好,好,我回去就是了。"

阿巴亥后退了几步,见代善仍木愣愣地站着,禁不住又是一笑:

"贝勒爷,您想歪了,好好歇着吧。"

"我怎么会想歪了呢? 可有些人偏偏要往歪里想,让你防不胜防,唉,做人难,做太子更难! 左也不是,右也不是,我,我该怎么办?"

接下来的消息肯定是对代善不利,而事情也似乎已经很清楚,的确是有人在暗中唆使,通过诬陷、栽赃等勾当打击汗王的大妃乌拉氏与富察氏。这一招够毒辣的,这么一来,莽古尔泰与多尔衮三兄弟势必受到牵连,而通过这两位福晋又将拖代善下水,一举废掉他的太子之位。

无毒不丈夫。几乎可以肯定地说,评告大妃及二福晋与太子有染之事,与几年前评告褚英对汗王不满一事几乎同出一辙,这是一场蓄谋的宫廷斗争,事关后金国的汗位以及将来的前程,代善成了无辜的牺牲品。

皇太极、岳话等贝勒被召连夜入宫,老汗王暴跳如雷,正大声痛斥着代善,而诸贝勒大臣皆沉默不语,有的悄悄窥测着代善的神色。

父子二人,一个红脸,一个白脸,一个咆哮如狮子吼,一个沉默颤抖不停,看来,原本就不善言辞的大贝勒已经张不开嘴了!

莽古尔泰落井下石,瞟着兄长代善:

"汗父之言诚是,孩儿不敢有所隐瞒。据孩儿所知,家母也曾给四贝勒送过食物。"

莽古尔泰故意顿了顿,又瞟着皇太极。

"你小子若敢当众胡咧咧,回头我便派人割了你的舌头!"

俩人目光一对,莽古尔泰似乎立刻读懂了四贝勒的眼神。人都说四贝勒的眼神很是阴沉,一点儿不假。莽古尔泰不敢再耍贫嘴,老老实实地说道:"四贝勒每次都对家母以礼相待,并不吃那食物,待家母走后,他立即着人持食物原封不动地送回。可,可大贝勒就不一样了,他……"

"汗王,孩儿不孝,您不用再审了,要杀要剐但凭您发落!"

代善悲愤地打断了莽古尔泰的话,他朝前俯伏在地,痛哭流涕。

"哭,你还有脸哭?早知今日,何必当初?唉,汗王我真的是老糊涂了吗?竟立你为汗位的继承人?范章京,请你当众宣读拟好的誓词,八旗旗主与众贝勒贝子大臣们听令!"

"嗻!"

范文程清了清嗓子,面无表情。其实他在为代善惋惜。代善在汗王所余十五皇子中居长,无论从嫡长角度还是从战功层面,或是从已有的权势、威望,代善于太子之位均无可厚非。代善屡建军功,曾被汗王赐予"古英巴图鲁"(意为钢铁勇士,有清一代独代善得此殊荣)的美称;他佐父治国,权倾朝野。本人位居四大和硕贝勒之首,又拥有正红、镶红两旗的兵力,其长子岳托、三子萨哈廉等也是已拥有数牛录的将帅;更为难得的是,代善心地宽厚,人缘好、品质好。可他被废去太子职位的罪名恰恰就是他品行不佳、行为不轨!这不是莫大的讽刺吗?

范文程心如明镜。这种围绕着宫廷王位所产生的纷争在历史上真是太多了,今天,这一悲剧又落到了大贝勒代善的身上。人称"英明汗"的努尔哈赤原先那超人的胆魄都跑到哪里去了?

众贝勒开始起誓,掷地有声,有如春雷滚滚,在后宫上空炸响:

"……此后,立阿敏台吉、莽古尔泰台吉、皇太极、德格类、岳托、济尔哈朗、阿济格阿哥、多铎、多尔衮八贝勒为和硕额真。为汗之人,受取八旗之给与,食其贡献。政务上,汗不得恣意横行。汗承天命执政,任何一位和硕额真,若欲为恶,扰乱政务,其余七位和硕额真集会议处,若该辱,则辱之,若该杀,则杀之。勤于政务公正为生之人,即使治国之汗出于一己私怨,欲乱行降革,其他七旗之人对汗可以不让步。"

这就是说,代善已被排除在八和硕额真之外,他的太子之位已经被废黜了。而今后的汗王,将从八位旗主中选出,究竟谁能胜出,众人将拭目以待。

显而易见,此次政变不仅打击了代善,也打击了莽古尔泰。而莽古尔泰野性大发,亲手杀死生母,声名狼藉。莽古尔泰从此与汗位无缘。

现在,汗位已经向包括皇太极在内的八大旗主贝勒招手了,说白了,就是在向皇太极一个人招手,他已经胜券在握!

"老骥伏枥,志在千里,烈士暮年,壮心不已。"

略显空荡的后宫里,小太监孙喜贵正给老汗王读着曹操的诗句。汗王躺在南炕上,身下铺着虎皮褥子,盖着厚厚的锦被,可他还是觉得冷,是心里冷呀。

"两个没用的东西,这火炕烧了半天了,怎么还这么凉?"

两个婢女赔着笑脸,伸手摸了摸,呀,火炕其实热乎得很,怎么汗王他还嚷着凉呢?莫非汗王病得不轻?可,他又不让喊郎中,唉,这可怎么办呢?

喝过了姜汤,努尔哈赤迷迷糊糊合上了眼,不一会儿还打起了呼噜,几个婢子们相视一笑,这才放下心。

在辽阳整整"蛰伏"了三年之后,努尔哈赤决定亲自出马,志在与明廷争夺宁远,一决雌雄。

可是,老汗王的身板毕竟不如从前了。大妃的离去,使他孤独沉默了许久。五虎大臣死的死、伤的伤,竟只剩老臣何和理一个了,这也使汗王备感寂寞。

生老病死,原本是宇宙间亘古不变的规律,长生不老只不过是漂渺的传说,这些,努尔哈赤心里很明白。即便死,他也要战死在疆场,而不愿躺在清冷的后宫里孤孤单单,没人陪伴。也许已经意识到了此行便是在黄泉路上,努尔哈赤的心里酸甜苦辣,说不出是什么滋味儿。

果然,宁远之战,努尔哈赤乘兴而来,败兴而归,而且他是躺在担架上被抬下来的!努尔哈赤起兵四十年来,这是第一次失利,败在宁远守将袁崇焕的红衣大炮之下,一世英名,到头来却受到了这样的打击,努尔哈赤一下子就垮了——他本已身负重伤,年事已高,毕竟是六十八岁的老人了。

在清河温泉,老汗王觉得生命已到了尽头,他思念着大妃阿巴亥,想见所有的亲人,还想看看刚搬进去不久的新都城盛京(沈阳),他的心里有太多的牵挂,也许他还在心里祈祷着他一手创建的帝国能国运昌明、繁荣昌盛……

人人都知道老汗王在世上的日子已经不多了,这是漫长、死寂、杀机四伏、危机四伏、令人窒息的时刻。

还是让我们回过头来，继续叙述后金对广宁的攻击吧。

这次努尔哈赤攻城，不想再付出巨大的代价，其实他也不必再付什么代价了。

已经叛变的孙得功已为努尔哈赤做好了占领广宁的工作。

孙得功二十一日于援西平时佯装败退回广宁，并散布流言说后金兵已到城下，造成整个广宁城人心惶惶。

由于事先李永芳已经做了大量策反、招降工作，广宁城中暗地里与后金勾结者大有人在，他们正准备献城，而王化贞全被蒙在鼓里。

王化贞为人骄横不说，还整日不理政事，专在家中与孙得功送与他的宠妾刘珍兰打情骂俏。

刘珍兰是孙得功在妓馆中赎出的人，思想简单，只讲求吃喝玩乐，整日里缠着王化贞，过着纸醉金迷的生活。她还有一个任务就是探听王化贞的秘密，以转告孙得功。

其实现在的王化贞也根本无秘密可言，凡事不用刘珍兰转告，他直接就会告诉孙得功，孙得功早就是他的心腹，如今又送美女给他，怎会不更加受宠呢？孙得功早看透王化贞了，暗地里跟刘珍兰说道：

"如今，咱们的任务就是稳住咱们的巡抚大人，要他吃好、玩好。如今咱俩受点委屈不算什么，等到金军那边，想干什么就干什么，只要你听我的，绫罗绸缎任你穿。"刘珍兰听了乐开了花：

"我就听大人您的话了。"

刘珍兰更加曲意迎合王化贞。

参将江朝栋，一直看不惯孙得功和刘珍兰的所作所为。

一日，江朝栋求见王化贞，刘珍兰阻止他不让见。王化贞笑道：

"我的乖宝贝儿，我的这位参军心直口快，今日不见，明天也必见的。"

"我就不信，他有这个胆。"

"好了，你先到里面，我见一会儿就行了。"

"不行，今天你必须陪着我，否则……"

说着刘珍兰手抓头发，大哭大闹起来。

王化贞见她这样，忙哄道：

"别闹了，小宝贝，不见就是了。"

于是他推说自己有病在身，暂不见江朝栋。

过后，江朝栋听到王化贞不见自己竟是由于刘珍兰所致，不由得怒火上头，这几日，他早就开始怀疑孙得功已经叛变，只是苦于抓不到证据，正想借机与王化贞商议商议，没想到王化贞竟让小妾刘珍兰缠在身上，将国家的重

第十九章　皇太极手握乾坤　耻逆子以死谢罪

事放在一边,如此下去,广宁城岂不是要听任叛军拱手相送给建虏？

整日里,江朝栋眉头紧皱。看到孙得功得意忘形之举,他气不打一处来。难道广宁城中竟如此腐败吗？见不到王化贞,他只得暗暗监视孙得功。

二十二日,消息传来,沙岭战败、西平失守,广宁城中军心大乱。王化贞急得六神无主。

王化贞赶忙召见孙得功：

"将军可知西平堡已经沦入建虏之手？"

孙得功忙装作着急的样子：

"那样广宁就暴露在金兵面前了。"

王化贞更加惊慌失措。

"还望孙将军鼎力相助,力保住广宁城。"

孙得功叫道：

"大人放心,现在正是用我之时,我定会努力拼杀,以保我广宁安全。"

王化贞听到此话,泪流满面：

"今日出现危机,显出孙将军的英雄本色。"

"哪里,巡抚大人过奖了。"

"啊,重兵之下,我朝就靠你们这些英勇之士了。"

孙得功也情不自禁流下眼泪。但这只是鳄鱼的眼泪。

孙得功被王化贞宠信并委以重任,将守城的重任委托给他。这正中孙得功的心意。孙得功下令："堵住城门,不许百姓逃亡；封住银库、火药库。"江朝栋听到孙得功的命令,心起疑云。他急忙去见王化贞。这时王化贞已无心再与刘珍兰缠在一起,正在那瞎指挥军队部署。

江朝栋见到王化贞说道：

"巡抚大人,今广宁危急,但小的不知孙将军为何堵住城门,封锁银库？"

王化贞听了,也觉不妥,忙又召见孙得功。

孙得功假装十分忙碌的样子,愁眉不展地走进王化贞房中,说道：

"小的听说大人要召见,就急速赶来了。但不知大人叫小的有何吩咐？"

"听江参军说你堵住城门,不许百姓外逃,并封锁了银库？"

"此乃实情,可小的不知,为什么江参军不明白小人的意思呢？平日里,江参军不是很了解我孙得功吗？"

孙得功假意地睁大眼睛,惊讶地看着江朝栋。

江朝栋万没料到孙得功竟将这只球踢到了自己这边。他镇定一下说道：

"如今,军事十万火急,应开城让百姓逃出城外；并且应发给军民银两,以稳军心。"

王化贞听了点了点头。

孙得功却说道：

"大人，如今形势十万火急，我孙得功早将自己的生死置之度外，如果让百姓出门，军心便会大乱，士兵根本无心守城。关键时刻，才是官兵、百姓生死共存亡之时。"

王化贞听了，也点点头。

江朝栋急忙反诘道：

"难道封锁银库，也是为稳军心？"

王化贞也将目光盯到了孙得功的身上，疑问道：

"我也觉得有些奇怪。"

孙得功慷慨陈词：

"如今，金兵大军压境，城中军兵心神不定，料想他们会抢银库，仓皇逃走，乱了军心。"

王化贞听了如释重负，道：

"孙将军果然不负众望，考虑得如此精细，我放心了。"

然后他对江朝栋说道：

"江参军，不必再问了。强兵之下，应当团结才是。"

江朝栋无言以对，道：

"小人是一时有了疑问，想弄个明白，别无他心。"

孙得功说道：

"江参军也是心存国事，卑职不会耿耿于怀的。"

王化贞听了，很是高兴：

"看到两位参军如此以国事为重，甚为欣慰，待保住广宁城之后，定上疏圣上，以兹褒奖。"

江朝栋见自己不被重视，一时也不知该怎么办，赶忙起身告辞：

"小人还有重事在身，先走一步。"

王化贞道：

"军事紧急，我也不多留。"

孙得功道：

"与江参军共事，甚为荣幸。"

三人告别。江参军先行走出。

江参军怎么也想不透孙得功的心理，忧心忡忡。他怀疑孙得功叛国投敌，但仍找不到证据。

中午江朝栋回到家中，将心事告诉自己的儿子江英。

江英也同父亲一样对孙得功很怀疑，见父亲今天碰了一个软钉子，也愤愤不平起来。他劝道：

"父亲大人,不要太忧心,容我去察探察探。"

江英说完,走出家门。他找到江家的心腹家丁吴二,告之此事。吴二说道:

"这也好办,我去找王府的管家李四,他的婆娘跟刘珍兰交往甚密,从刘珍兰那儿打听打听。"

江英一听,觉得这倒是一个好主意。孙得功将刘珍兰送到王化贞那儿,定有他自己的打算。于是他急忙请吴二去找李四。

李四素与吴二友好,两人都是管家,有时间总在一起聊天。李四来到吴二家:

"吴二,你家里的人呢?"

吴二傻呵呵地笑着:

"去帮王巡抚的爱妾刘珍兰梳头去了。"

李四笑道:

"她可真成了刘珍兰的大红人了。别瞒我,刘珍兰一定给了不少好东西。"

吴二忙说道:

"没有,没有。不过,你不说我倒忘了,昨天,刘珍兰让我那口子拿回许多衣服,都是她以前穿过的,说以后也穿不上了。"

李四一听,忙问:

"怎么,衣服怎么还有不能穿的,是旧的吧?"

吴二说道:

"很新的。唉,这有什么,人家不比我们,一件衣服四季穿。进富家,当然是穿不尽的绫罗绸缎了。"

李四附和道:

"也是,也是。"

两人正说着。吴二老婆笑着走了进来,见到吴二和李四笑道:

"唷,他李四大哥,什么风把你吹来了?"

李四笑道:

"吴二嫂子,今儿又逢什么喜事,乐得这样?"

吴二嫂子双眼笑得眯成一条缝:

"刘珍兰刘夫人,这几天对我格外大方,把一些首饰也给了我。"

说着将头上的金钗显示给李四看。

李四奉承了两句,说道:

"吴二嫂子,现在王府肯定特别清静吧,要不怎么刘夫人总叫你去陪她呢?"

"你有所不知,这一两年,巡抚大人不爱往她那儿跑了,整天在书房中看书。她嫌闷就叫我陪着干活说话。"

"那王夫人不伤心?"

"她呀,才不伤心呢,整日里描眉抹粉,说什么以后日子比现在要快活多了。"

"这是为什么呢?金兵就要过来,难道她不怕吗?"

"唷,我可看不出她怕,而且还乐呢,要不,我还劝吴二不要怕呢。巡抚家都没有事,咱小百姓家就有事了?"

"别说,昨儿孙参军还去看了她,敬她两瓶好胭脂膏子,孙参军走后,她更是笑得合不拢嘴呢。"

"不太清楚,总之呀,刘夫人嘴不停地夸孙大人的。"

"刘夫人是孙大人从妓院中赎出的,肯定对孙大人感恩戴德呢。"

"这倒也是,昨儿我隐约听到一句孙将军对刘夫人说,'金军一来,再立新功'呢。"

"'金军一来,再立新功',这是什么意思?"

"这不明摆着,孙大人肯定能将广宁城守住。"

李四听了陷入沉思。现在大兵一来,人心惶惶。听江大人说,上次孙得功去援西平,大败而回,怎么这次竟如此胸有成竹,莫非他几日内,便长了才智?

吴二立在一旁,见李四缄默不言,觉得不大对劲。今日里李四一进门便问东问西,不像是闲聊来了。想到这儿,吴二将李四叫到一旁:"李四呀,你今天来是不是有什么事情?"吴二见李四问到这一步,不好隐瞒:"不瞒大哥您说。我家江大人有些怀疑孙得功是叛徒,特让我来打探。""怎么,孙大人会叛国投金吗?""现在,我觉得也有些可疑。""为什么?""王大人自任巡抚以来一直与熊经略不和,而咱百姓心中清楚,熊大人才是忠义良臣。王大人所作所为不得人心。孙得功也是小人,他阿谀奉承王化贞,并在王大人督战之际,送给他美女,这不是误国事吗?如今,金兵就要来攻战广宁,而孙得功和刘珍兰竟比平时还要高兴,这难道不值得人怀疑吗?"

吴二听了,连称有理,说道:

"听我那婆子说,刘珍兰平日里只知吃喝玩乐无什么心计,大概能从她口中套出些情况。事不宜迟。"

李四听了点了点头。

吴二嫂子见吴二与李四嘀咕什么,心中也十分纳闷,这时,吴二说道:

"李四弟来,是有重要事的,别在那儿瞎乐了。"

吴二嫂子一听,忙说:

第十九章 皇太极手握乾坤 耻逆子以死谢罪

"李四,嫂子不知你有事,你可别怪嫂子呀,有什么事尽管问,嫂子一定照实说。"

李四思索了一下,说道:

"嫂子,我家江大人怀疑孙得功要投靠金兵,特让我来问一问。"

"什么,他孙得功要投靠金军?"

吴二嫂子一听,不禁跺脚跳起来。

"他孙得功丧尽天良了!"

吴二赶忙制止道:

"你嚷嚷什么呀,狗肚子里撑不住芝麻。"

吴二嫂子不好意思地笑道:

"大兄弟,你别怪嫂子呀,嫂子就这么个急性子。"

"哪里呀,嫂子,我就喜欢吴大哥你们两口子的正直。"

"亏得你今天来,不然我就叫刘珍兰那小狐狸精给耍了。说吧,叫嫂子干啥,赴汤蹈火嫂子也去。"

"嫂子,现在大人只是怀疑,还不敢说出去,不妨利用你和刘珍兰的关系去探探虚实。"

"就这么定了,怎么着也是江大人对咱百姓好不是,如果是真的,一定捣死这个狐狸精。"

下午,吴二嫂子又来找刘珍兰。

这时的刘珍兰,天天做美梦,一会儿梦见自己掉进一个金屋中,满屋都是闪闪发光的珠宝,一会儿又梦见她与一个金兵大将军在猜拳行令,呼拉拉自己做了王妃,连孙得功都得对她俯首称臣。

她看到吴二嫂子乐呵呵地走进来,忙迎上去:

"这会儿,该给我换个头型了。刚才睡了一觉都将头发弄乱了。"

吴二嫂子心中骂道,梳头梳头,明儿拿头发吊死你。嘴上应道:

"瞧你美的,今儿再梳个贵妃头吧。"

"那当然好了。"

"梳了贵妃头,就成那唐朝的杨贵妃了。"

"瞧您说的,我哪有她那个福分呢。"心里却想:什么时候咱也做个贵妃,也将那风流皇帝迷一迷。

吴二嫂子捋袖拿梳,麻利地给刘珍兰梳起头来。

"刘夫人,今儿上午我将那金钗给我家吴二看了一看,他都呆住了,不知该如何谢您和王大人呢。"

"谢什么呀,想要什么,尽管拿好了,我这儿多着呢。"

"那可真谢您了。"

"没什么。"

"我家吴二说了,跟着刘夫人走,可真沾了不少福气,今个新衣,明个金钗的。"

"你告诉吴二,有我刘珍兰的,就有你们两口子的。"

刘珍兰刚说完,吴二嫂子却叹了口气,说道:

"不过最近听说西平失守,金军不日就来攻打广宁了。广宁如果保不住,你我都得成了俘虏。"

"哎,什么俘虏不俘虏的,也许比现在还舒服呢。"

吴二嫂暗暗啐了刘珍兰一口:

"好不要脸的东西。"

却对刘珍兰说道:

"怎么好得了呢,孙得功孙大人和巡抚王大人都那样使劲地跟人家金兵抵抗,人家就不记仇了?恐怕那时金兵查起来,咱们还得在一块儿挨打呢。"

刘珍兰听了,"扑哧"一声笑了:

"瞧你那点德行儿,你只要跟着我,保管吃香喝辣的。"

"哎唷,我的夫人呀,您还敢吹呀,王大人是金人要打的对象,那时您恐怕都脱不了干系。"

"咱不会不跟着王大人。"

"那跟谁走呢?"

"自然是孙将军了。"

"呀呀,王夫人,您怎么这么糊涂呀,孙将军拼死守城,更是金军眼中钉,肉中刺,还说跟他呢。""这就是你的傻气了吧?""因为他想……""怎么?""他想什么?"刘珍兰忽发现自己说走了嘴,这是万万使不得的事,忙改口道:"他想将金军说服,不杀咱们广宁城的人。""我不信,金军能听咱们的话。""不信你就瞧着吧。""其实,我们这帮平民百姓死了也就算了,不过像夫人您这样如花的年龄,如果死了可就可惜了。"

刘珍兰照着镜子,打量着自己姣好的面容说道:

"可不是吗,我可不愿白白陪着那老不死的去死。"

吴二嫂又说道:

"只可惜,我们吴二无权无势,想给金军大老爷们擦擦鞋,恐怕都没人要。"

"这你就不用担心了,吴二无权,咱们只要跟着孙将军就行了。"

"怎么?"

"嘘,孙将军会替吴二办妥的。"

"哦,我明白了。"

"不许说出去。"

"那我们还得感谢孙将军呢。"

"千万别对别人说,不然杀你的头。"

"小的明白。"

"好好干你的,自有你的好处。"

从王府出来,吴二嫂子急赶回家,告诉了吴二,吴二告诉了李四。

李四连忙去找江英,江英一听:

"果不出我们所料。"

江英赶忙禀告江朝栋。

江朝栋急忙闯入王府。这时王化贞对外事一无所知,还在专心致志地读书。江朝栋闯进来,他还大为不满:"怎么,不报便入?""巡抚大人,孙得功已叛国投金军了。""怎么可能?"江朝栋不由分说,挟持王化贞弃城而走。

孙得功派出千总石天柱、生员郭肇基等出城前往西平跪请努尔哈赤驾临广宁的时候,广宁已经乱作一团。

江英、吴二两口子及李四都未能挤出城去,被关进了城门内。孙得功回头来到王府,要擒住王化贞。见没有了王化贞,忙问刘珍兰,刘珍兰只顾梳妆,哪注意到这些,道:

"许不是吓得上了吊。"

两人左找右找也看不到王化贞的身影。孙得功猛地想起怎么刚才没有看到江朝栋。

他来找江朝栋,也没找到。这时听人说江朝栋已挟王化贞逃出了城,气得他咬牙切齿。又听说有人看到江英还未逃出城,就下令:

"能抓住江英者,赏银五百两。"

江英处在危险之中。

李四随着江英躲了起来。这时孙得功的兵丁开始搜查各个地方,查找江英。情急之下,李四叫江英换上自己的衣服。江英不肯,李四跪下,央求江英道:

"江家只有你一条根,保住你我才能对得起江大人。你就遂了我的愿吧!"

江英哭道:

"你已为江家立下汗马功劳,今日不能再连累你了。咱们各跑各的吧。"

李四不肯。这时孙兵已追到附近。

李四不由分说,直接将江英打昏,兀自和他换了衣服,就向外面跑去,士兵发现后,忙调集所有的人去追赶,李四撒腿急奔,可是身后的一支箭结束了他的生命,士兵得意洋洋,向孙得功邀功请赏去了。

孙得功一听抓到了江英,非常高兴,就要看人头。可是这一看,简直就要气炸了:

"一群混账东西,赶快再去搜,这不是江英。"

第十九章 皇太极手握乾坤 耻逆子以死谢罪

第二十章 悲忠良叛将附势
袁崇焕率将附边

江英醒过来，发现自己身上穿着李四的衣服，知道是李四所为，就赶快混迹人群。听见说自己已被杀，就知道一定是李四，不觉心中一酸。后又听说孙得功认出不是江英，心道不妙，赶紧低头四处躲避。

看着大街上为了抓他而无辜死伤的民众，他于心不忍，不想连累无辜百姓。想到这里，他已经释然了，对周围的士兵说道：

"不要再滥杀无辜了，我就是你们要找的江英。"

士兵一听，如狼似虎地围了上来。

江英猛从他们当中抽出一把长剑，举剑自刎。那些人上前割下他的人头去送给孙得功。

孙得功看到江英的人头，哈哈大笑，命士兵将他的头悬挂在城门上示众。这时吴二夫妇也夹杂在被士兵赶来观看的人群当中，两人泪水纵横，李四之死的消息刚知道，江英也被砍头示众。两口子将一腔仇恨投向了叛将孙得功和刘珍兰头上。

吴二夫妇回到家中放火烧了王宅。刘珍兰正在做美梦，这回永远不会醒来了。

孙得功听说有人放火烧了王宅，急命人调查此事。

不久，吴二夫妇被捉住。

看到国贼，吴二夫妇破口大骂。孙得功被骂得恼羞成怒，将两人点了天灯。

广宁城中，人人都悲痛，要走，走不出去，留在广宁，成了亡国之奴，许多人气得上吊，自杀者大有人在。

王化贞逃走之后，孙得功等决心降金的叛将控制了广宁城。

他们下令全城百姓一律剃发并必须于街两侧设香案，准备欢迎后金兵进城。顿时城中百姓哀哭遍野。二十三日，努尔哈赤接见了来到西平的石天柱、郭肇基，了解了广宁形势后，努尔哈赤十分高兴，特地设宴款待了他们。

在宴会上，郭肇基、石天柱与李永芳见了面。李永芳极力赞颂金军的英勇顽强，郭肇基、石天柱大骂了明朝皇帝。两相配合默契。努尔哈赤、皇太极等心中虽然厌恶这些人，但同时也非常高兴，毕竟广宁城不费一兵一卒就到手了。努尔哈赤一时兴起，将自己所乘的马赐给他们。

于是，努尔哈赤下令八旗兵立即整队向广宁进发。正是这日，王化贞逃到大凌河与率五千兵的熊廷弼相遇，他诉说了广宁危险的战况。熊廷弼听了，气得咬牙切齿，痛骂明朝的败类孙得功之流。当王化贞讲到江朝栋救自己时，流下了泪水。

原来，江朝栋保护着王化贞，急匆匆来到马厩，却已经没有马匹可乘，只有两只骆驼，王化贞无奈，只得命江朝栋解缰绳，就这样，王化贞在江朝栋陪护之下，来到城门。

城门边，一片混乱，此时的王化贞什么也顾不得了。他紧随江朝栋，挨于骆驼一侧，用鞭抽打着骆驼快走。江朝栋先行，王化贞便随之而后行。

"别走，别走！"士兵们推搡着人群，棍棒打、刀剑杀。王化贞此时耳听八方，躲闪砍过来的刀刃，左闪右闪向城外挤去。忽然身边一声惨叫，只见江朝栋为保护王化贞右臂中了一刀，但他咬牙忍住疼痛，不顾一切，趁混乱冲出城门。这时一支冷箭正向王化贞胸部射来，江朝栋大喊：

"大人，小心！"

他猛扑过去，用自己的身体护住了王化贞，箭正中他的胸部。江朝栋扑倒在地。王化贞一时傻了眼，竟不知该如何是好，赶忙去拔江朝栋身上的箭，这时江朝栋流血过多，已经昏死过去，王化贞又将他唤醒过来。

江朝栋情知就要死去，他颤抖着苍白的双唇说道：

"大人，小人不能再保护您了，您赶快去……去寻找熊……熊大人。"

王化贞忍着眼泪点了点头。

"大人错……错用了孙得功，招致广……广宁城遭此劫难。以……以后切不可再……一意孤行。"

说罢含恨而去。王化贞过大凌河，来到了这里。听到此，熊经略不由地流下泪来。明朝虽不幸出现许多叛将，但也幸有这些忠义之人。如今他来不及责备王化贞。忙命人保护王化贞与数十万辽西难民，进入山海关内，明辽西战事全线溃败。

二十四日，中午刚过，孙得功一家正吃罢午饭。就听家人来报石天柱求见。孙得功一听非常高兴，自言自语道：

"难道这么快金军就要到广宁城了？"

孙父立在门边听了石天柱与孙得功的一番谈话。不听则已，一听孙父气炸了肺。这哪是什么明朝战将，分明是金兵亲信。孙父一阵眩晕，他不知道该怎么去做。他真不愿意相信这一切竟是真的。这次来城，本以为可激励儿子效忠朝廷，奋勇杀敌，却不料亲生之子已叛国投降。孙得功与石天柱说完话，感觉到门口有人，料想是父亲。于是他暗暗给石天柱使个眼色，示意他出去。

石天柱走后,孙父走了进来,只见他气得浑身颤抖,哆哆嗦嗦地举起手,指着孙得功问道:

"你说实话,你是不是已经背叛大明,投靠金贼了?"孙得功忙劝道:"父亲,儿子知错了,但现在为时已晚,金兵已快到广宁城下。""叛贼,我怎么养活了你这个叛贼!你给孙家丢尽了脸,祖坟不容你进呀。"

"如今大明朝已无可救药,只有随了金兵,才可过安稳日子。"

"畜生,你竟说出如此丢人之话。"

"我还不是为您着想吗?儿子还年轻,可您老又能活上几年呢?"

"哎呀,你气死我了。"

"父亲,不是孩子气您,是您自找气受。"

孙父完全绝望了,看到儿子那张假装恭敬,实则厌恶的脸,真想一巴掌扇过去。

而这时,努尔哈赤已率大军抵达广宁城东。

努尔哈赤身披盔甲,骑在高头大马上,白须飘飘好不威风。他来到离城三里外的高岗上向城中望去,一片太平盛世的景象。

这时城门大开,孙得功、石天柱等叛军跪在城门两旁。金军将士昂首挺胸走进广宁城。

只见城中各家焚香,官民百姓一起出动,设龙亭、执旗、抬轿、奏鼓乐,跪在道旁迎接努尔哈赤进城。

城中百姓低头跪拜。大多数人泪流满面,心中叫苦,金军入城,日后休想过上好日子。也有少数人无动于衷,他们想管他谁来支撑这广宁城呢,怎么过都得过平头老百姓的日子,只要他努尔哈赤给我们一口饭吃,就已经心满意足了。

努尔哈赤一行直入巡抚衙门。至此,广宁城这座辽西重镇,在兵不血刃之中顺利地为后金所占有。

孙得功见努尔哈赤非常高兴,连忙迎上去:

"罪臣叩拜大汗。"

努尔哈赤正位坐好,道:

"起来吧,孙参军献城有功,理应重重嘉奖。"

"多谢大汗。小臣已为大汗和金军将士备好饭食,请大汗进宴。"

"孙参军做事如此周到。"

努尔哈赤传令下去,犒赏三军。金兵尽情痛饮,庆祝进广宁城,玩乐三天。孙得功见努尔哈赤对自己大加赞赏,心中大喜,尽广宁城所有美味,贡奉给努尔哈赤。巡抚衙门灯红酒绿,歌舞升平。广宁城百姓人家里,全家抱头痛哭。孙府内,孙父辗转反侧。从孙府上的小厮等口中听到,孙得功已陪努尔哈赤进入巡抚衙门。

他默默地流着泪：可怜自己含辛茹苦将孙得功养大成人，本想让他光宗耀祖，未曾想到了花甲之年，竟受如此大辱，自己怎有面目去见祖宗呢。想着想着，竟然绝望了……

第二天一早，孙得功命家人去唤老父出来。准备将老父打扮打扮，好去见大汗。

一会儿，家人急忙来报：

"不好了，不好了。"

"别急，快说出什么事了？"

"老太爷……老太爷他上吊自杀了。"

孙得功如同挨了一闷棍，站立不稳。他急忙走进屋去。只见老父悬梁自尽了，面目狰狞，好像厉鬼在向他讨命，孙得功不敢再看下去，捂住双眼退了出来。父亲昨天的沉默不语已是对自己绝望了。可怜的父亲，怎这样命苦，不去享受人间快乐，偏偏要自寻死路。

卫兵禀报：

"大汗召见。"

孙得功一听努尔哈赤召见，下意识地擦干眼泪，扶了扶头上盔甲，跨出门来。家人见此急忙追出：

"大人，老太爷怎么办？"

"呀，我怎么忘了，你去买口棺材。要最好的，然后将老太爷埋到后山。记住别人问起就说老太爷昨天不适，暴病身亡。"

说罢，急匆匆奔向巡抚衙门。将老父忘记，脑海中只有汗王昨天对他的微笑。

王化贞狼狈逃进山海关，如丧家之犬，如漏网之鱼。他稍在山海关休息片刻，就催马奔向京师，找魏忠贤去了。

王化贞经此劫难，也感到自己无能，错看孙得功，低看了熊廷弼。如今广宁城失陷，朝廷怪下来，必将满门抄斩。怕死之心，促使他厚下脸皮去找魏忠贤。前方战事，朝廷早已知晓。魏忠贤也觉得王化贞为自己丢尽了脸，正不知该如何向熹宗禀报。

几日来，熹宗心情一直不好，因为一件木具他怎么也做不好，整日闭门不出。

魏忠贤也落得个清闲，索性也不去禀报了。

王化贞进了京城，直奔魏府。魏忠贤抬头见他，气不打一处来：

"王巡抚此番来见我，可是向我报喜吗？"

王化贞心中一哆嗦：

第二十章 悲忠良叛将附势 袁崇焕率将附边

"小人前来请罪,还望九千岁在皇上面前美言几句,饶小人不死吧。"

"如今败局已定,我怎么管得了你。"

"九千岁,我一进京,就想找到您老,下臣是您的一条狗,如今您不救,谁还管呢。"

"一条狗……"魏忠贤自言了一遍,"一条废狗。"他面露鄙夷之色。不过王化贞的"一条狗"也确实提醒了他,不管怎样,王化贞是客魏党人,杀了他,自然自己的威信就被动摇了。

这样,岂不是自家院里打架,让外人看笑话吗?当初是自己推荐王化贞去做巡抚,目的是为了钳制熊廷弼。如今若杀王化贞,皇上对自己岂不也不信任了吗?想到这儿,他面部呈现了一点暖意。

善于察言观色的王化贞岂能放过这个机会,忙再跪下:

"小人这次已知罪,下次定会将功补罪。"

魏忠贤点了点头。不过他想,如果饶了王化贞,那谁来当此替罪羊呢?他问道:

"王化贞,你是如何逃出广宁的?"

"是参军江朝栋将小人救出,可惜他为小人而中箭身亡了。后是由熊经略将臣护送到山海关。"

"哦,熊经略,他如今在干什么呢?大敌当前,他竟临阵脱逃。军事部署不当,才导致今日之恶果,广宁失守,他熊廷弼又岂能脱得了干系?"

王化贞一听,心中也不禁暗为熊廷弼叫苦。但一想到如果找不出替罪羊,自己必死无疑。此时的熊廷弼还在护送溃散的军民往山海关行进。数十万辽西难民携妻抱子,手提包裹,皆污头垢面,面容憔悴,啼哭之声,惊天动地。

不久,皇帝降旨,熊廷弼被捕,陷于狱中。朝臣中有敢直言为他伸冤的,皆遭魏党毒手,致使朝中上下无人敢言此事。许多大臣看到忠义之人遭此祸患,似乎也看到了自己的下场。天启五年即天命十年(1625)八月,熊廷弼慷慨赴市。那天,天空阴沉,乌云密布,忽狂风大作,雷电交加。熊廷弼仰天疾呼:

"老夫死不瞑目!"

熊廷弼含冤而死,明廷竟曝尸不葬。朝廷这种愚蠢凶残的举动,丝毫无助于挽回败局,反而大失人心。熊廷弼的被杀,不但使明朝失去了一位杰出的统帅,而且替后金除去了一个与之抗衡的劲敌。

努尔哈赤因"策反"之计的成功,轻易取了广宁。接着连陷义州、平阳桥、西兴堡、锦州、铁场气大凌河、锦安、石屯卫、团山、镇宁、镇过、镇安、镇静、镇边、大清堡、大康、镇武堡、北镇堡、闾阳驿、十三山驿、小凌河、格山、杏山、牵马岭、成家堡、正安、锦昌、中安、锦彝、大静、大宁、大平、大安、大定、大茂、大胜、大镇、大福、大兴、盘山驿、鄂柘堡、百土厂、塔山堡、中安堡、双台堡等四十余城堡。

后金军所到之处杀伐掳掠,他们将由广宁等地得到的百万饷帑、粮食、军器、火药、马牛、布匹、丝帛等运回辽阳,并把辽河以西的人民驱赶到河东。

努尔哈赤二十五岁征战,到如今已四十余年,他达到了自己戎马生涯的顶峰。辽河流域成了他的领地。

为祝贺这一胜利,努尔哈赤命福晋们从辽阳出发到广宁。二月十一日,福晋们在贝勒护送下出发,十四日来到广宁。

整装完毕,大福晋带领众福晋在铺设红毯的衙门里,向坐在衙署正位的后金汗努尔哈赤款款下拜,叩贺汗王功高盖世。十七日,后金汗在福晋们的陪伴下返回辽阳。

几天后,后金军放火烧毁了广宁城。

北京宣布戒严,进入紧急状态。

御史左光斗,推荐东阁大学士孙承宗督理军务。熹宗准奏,遂命孙承宗为兵部尚书,主持辽东军事。孙承宗,字稚绳,高阳人。孙承宗长得虎背熊腰,人高马大,连鬓胡子。与人说话时,声音洪亮得都震动墙壁。万历三十二年,孙承宗中进士,授编修。天启帝即位,以左庶子充任日讲官。刚开始时,天启帝每听孙承宗讲授,总是说"开心",因此孙承宗更加对熹宗忠心。

孙承宗从辽阳、广宁失守中引出的一条覆车之鉴是,应当选边将、重将权。东阁大学士兵部尚书孙承宗遴选和器重既沉稳又有气略的杰出将领就是袁崇焕。

袁崇焕,字无素,号自如,广西藤县人。"焕"是明亮显赫、光彩辉煌,"崇"是直率的质朴,是自然的本性。袁崇焕明亮如熊熊大火般的一生,我行我素的性格,挥洒自如的作风,的确人如其名。

袁崇焕原是个书生,会做诗,字写得很好,文章也有气势。万历四十七年也即天命四年,袁崇焕中进士,授邵武知县,可见八股文做得不错,诗云子曰背得很熟。

袁崇焕少年时便以"豪士"自许,喜欢旅行。他中了举人后再考进士,多次落第,每次上北京应试,总是乘机游历,几乎踏遍了半个中国。最喜欢和好朋友通宵不睡地谈天说地。谈话的内容往往涉及兵戈战阵之事。

袁崇焕为人慷慨,富有胆略,性豪爽、机敏,善于骑艺,特别好谈兵。每碰到谈军事之事头头是道者,便与之拜为兄弟,肝胆相照,对天发誓"不能同生,只求共死"。袁崇焕任闽中县令时,非常关心辽地的军事形势,每天和年老退伍的军官士卒谈论兵法,向他们请教边疆上的军事情况,在年轻时就有志于去办理边疆事务。

天启二年即天命七年正月,袁崇焕到北京述职。他平日很喜欢高谈阔论,在北京和友人谈话时,发表了一些对辽东军事的见解,很是中肯,引起御史侯恂的注意。

关外局势吃紧的时候,京师谣言满天飞。局势越不利,谣言越多,这是人类社会的通例,就在京师人心惶惶的时候,袁崇焕骑了一匹马,孤身一人出关去考察。

这日,袁崇焕来到山海关前,仰头一望,好一座威武的雄关。城门上一座高大的箭楼,巍然耸立于蓝天白云之间。高悬于箭楼上的"天下第一关"的巨大匾额特别引人注目。从很远的地方,就看得十分真切。这五个大字,笔力雄厚苍劲,与那高耸云天、气势磅礴的雄关浑然一体,甚为壮观。

袁崇焕顺着城门左侧的台阶一步步走到城墙上,站在箭楼底下,手扶着雉堞的垛口,昂首远望,心中不禁发出赞叹:

"好雄伟险要的关塞!"北望,是重重叠叠的燕山山脉,绵亘千里,起伏转折,逶迤而来;至关北五六里处,突起高峰,气势非凡。那是号称京东第一山的角山。上面巨石嵯峨,如龙首戴角,故称角山。此山雄伟壮观,动人心弦,是万里长城翻越的第一座高山。它像一条飞腾的长龙昂首直上,顺着连绵起伏的山势飞腾而来。关城南面是苍茫无垠的渤海,万里长城自关城蜿蜒南下,在南海口急骤转折与海岸平行,然后一头扎进渤海里边。那地方,就是有名的"老龙头",是万里长城的最东起点。

山海关就耸立在这高峰沧海的山水之间,也就是万里长城的脖颈上,锁住了辽蓟的咽喉。关城略呈方形,在高大厚实的城墙外面,有深且广的护城河环卫,各门都有瓮城。其形势的险要,真正是"两京锁钥无双地,万里长城第一关"。据此雄关,真是万夫莫开,固若金汤。

袁崇焕望见山海关东边二里许一个山岭上的小城。知道那是欢喜岭上的威远城。袁崇焕知道在老龙头濒临海边还有一小城叫宁海城。威远、宁海两城是关外的前哨,和山海关互为犄角:遇敌来犯,协力攻守。

袁崇焕见到这样的雄关,心想:

"假若让我扼守此关,就是敌兵十万来犯,也让他寸步难进。"

袁崇焕又在关外考察多日,对山海关的形势、地势了如指掌。不久,他回到北京。

袁崇焕回京后,求见御史侯恂,向他尽数边事。

侯恂原觉得袁崇焕口出狂言,弹劾之意很明显,但后来一想,却发现此人行事任性,很有胆识,敢作敢为又脚踏实地。若在平时,他多半要斥责他擅离职守,罢他的官。但这时朝廷正在忧急之中,王化贞大军在广宁覆灭,满朝惊慌失措。敌军势如破竹,锐不可当,自万历四十六年到那时,四年多的时间内,明军数十万覆没,攻占抚顺、开原、铁岭、沈阳、辽阳,直逼山海关。明军可打一仗,崇焕说出守关的壮语,对收拾珍宝准备南逃的朝臣,是一剂安神良药。

侯恂看袁崇焕对辽东之事说得头头是道,又有守山海关的雄心和魄力,便请皇上破格提升袁崇焕。他上言说道:

"见在朝觐邵武县知县袁崇焕,英风伟略,不妨破格留用。"

接受任命后,袁崇焕上《擢佥事监军奏方略疏》。他在奏疏中一扫当时文臣武将中普遍存在的悲观、恐惧气氛,奋全力请求皇上练兵选将,整械造船,把山海关牢牢守住,并说明他远大的宏图理想,要收复失地。疏中言:

"不但巩固山海,即已失之封疆,行将复之。"

袁崇焕赴任前,拜访了当时在京等候皇上发落的熊廷弼。熊廷弼也是知事之人,他问袁崇焕:

"这次去上任,带着什么好计策呀?"

袁崇焕对熊廷弼早就敬重得很,他恭恭敬敬地回答道:

"我认为山海关和关外之战事应以守为主,然后才能与努尔哈赤作战,收复失地。"

熊廷弼听了非常高兴。袁崇焕的想法与他对关外形势的看法,英雄所见略同。二人都恨相见时晚,为了商讨先守后战的策略,恢复辽东失地,二人废寝忘食,一起商议了整整一天一夜。

袁崇焕的豪言壮语给朝中大官们印象十分深刻。得到朝廷的支持,他从家乡招募了一批官员去。当时守山海关的主要是新到的浙江兵。另有三千名广东水兵,在袁崇焕之后到达。袁崇焕认为广东步兵勇捷善战,推荐他叔父袁玉佩负责招募三千名,其中包括袁崇焕平生所结纳的死士谢尚政、洪安澜等人。袁崇焕认为广西兵雄于天下,冲锋陷阵,悍不畏死,申请于田州、泗城州、龙英州各调两千名,由以慷慨知名、且善武艺的林翔凤带领,朝廷一一批准。

袁崇焕策骑驰往山海关,走马上任。

袁崇焕到山海关后,作为辽东经略王在晋的下属,一开始在关内办事。

王在晋见袁崇焕做事干练,很是器重他,派他出关到前屯卫去收抚流离失所的难民。崇焕奉命之后,当夜出发,在荆棘虎豹之中夜行,四更天时到达。前屯城中将士无不佩服,袁崇焕本是书生,这一来,兵将都服了他了。

王在晋是万历二十年进士,江苏太仓的文弱书生,根本不懂军事,眼光短浅,胆子挺小。他在给皇帝的进言中夸大军中困难:

"各隘口边墙未葺,器械未整,兵马未足,钱粮未议,将官惰窳,军士偷闲。"

王在晋虽对军事毫无谋略,但却十分倚重袁崇焕,奏请皇帝任命袁崇焕为宁前兵备佥事。袁崇焕本来是没有专责的散官,现在有了驻地宁远、前屯卫二城,身当山海关外抗御清兵的第一道防线。

至于明军一切守御设施,都集中在山海关。山海关是"天下第一关",防守京师的第一大要塞,然而它没有外围阵地。后金兵若是来攻,立刻就冲到关门之前。

袁崇焕一再向王在晋提出这个关键问题,王在晋听袁崇焕说要在关外守关,想想道理倒也是对的,便主张在山海关外的八里铺筑城守御,以兵四万人守御。但这只是一个只图苟安、无所作为的消极防御方略。从而受到袁崇焕和其他几个中低级将佐沈棨、孙元化等人的反对。王在晋却不采纳。

于是袁崇焕把王在晋退守山海关的意见寄给了内阁首辅叶向高,叶向高因为没有进行过实地勘察,因此不敢妄下结论,没有理睬袁崇焕的申请。

袁崇焕的主张虽然正确,然而和顶头上司争论了一场之后,意见不蒙采纳,竟径自去向最高行政首长投诉。越级呈报是官场大忌,他做官的方式却大大不对了。这又是他蛮劲的表现之一。

努尔哈赤这时在经济上实行奴隶制度。女真人当兵打仗,以抢劫财物为主要工作,认为男子汉耕田种地是耻辱,所以俘虏了汉人和朝鲜人来耕种。汉人、朝鲜人的奴隶是可以买卖的,当时价格是每个精壮汉人约为十两银子,或换耕牛一头。十三山的十多万汉人被俘虏了去,都成了奴隶,大大增加了努尔哈赤的经济力量。

那时袁崇焕仍是极力主张筑城宁远。朝廷中的大臣都反对,认为宁远太远,守不住。大学士孙承宗是个有见识的人,亲自出关巡视,了解具体情况,接受了袁崇焕的看法。孙承宗向明熹宗面奏王在晋不足任,于是皇上改调王在晋为南京兵部尚书。

明天启四年(1624)八月,孙承宗上书皇帝请求出关督师,于是明熹宗任孙承宗为辽东经略。孙承宗到山海关后,大力整顿防务,训练军队,建立营合,制火器,治军储,缮甲仗,练骑卒等。孙承宗又采纳了袁崇焕等人的建议,重点加强宁远的防御,派袁崇焕、满桂带兵驻守宁远,这是袁崇焕领军的开始。

满桂是蒙古人,骁勇善战。从那时起,他和袁崇焕的命运就永远结合在一起,再也分不开了。一个蒙古武将,一个辽东统帅,都是十分刚硬、十分倔强的脾气。两人一起经历了多次生死患难,也有过不知多少次激烈的争吵。一直到死,两人仍是在争吵。但在两人的内心,却又一直是互相钦佩。那既是英雄重英雄的心情,又知道在抗拒后金兵大战之时,非仰仗对方的力量不可。高明的组织才能和正确的战略决策是必要的,亲临前敌、殊死决战的刚勇也是必要的。

宁远在山海关外二百余里,只守八里和守到二百多里以外,战略形势当然大有区别。

天启三年九月,袁崇焕到达宁远。

本来,孙承宗已派游击祖大寿在宁远筑城,但祖大寿料想明军一定守不住的,只筑了十分之一,敷衍了事。

袁崇焕到后,当即大张旗鼓、雷厉风行地进行筑城。立了规格:城墙高三丈二尺,城雉再高六尺,城墙墙址广三丈,派祖大寿等督工。袁崇焕与将士同甘共苦,善待百姓,当他们是家人父兄一般,所以筑城时人人尽力。

天启四年,袁崇焕营筑宁远城完工,城高墙厚,成为关外的重镇。关外终于有了一个安全的地方。这些年来,辽东辽西的汉人流离失所,若是给后金人掳去,便成了奴隶,于是关外的汉人纷纷涌到,远近视为乐土,人口大增。宁远城一筑成,明朝的国防前线向北推移了二百余里。

孙承宗为进一步加强关外防线,从宁远向东推进二百余里,在锦州、大小凌河、松山、杏山、右屯兴筑要塞,派将守御。

孙承宗是个进取型的人物,申请调来了二十四万两饷银,准备对后金发起进攻,而孙承宗是教天启皇帝读书的老师,天启对老师很不错,就立即批准了。但兵部尚书和工部尚书相互一商议,说:"军饷一足,这个就要有所行动了。"

所以决定采用拖延的办法,阻止孙承宗的战略。没办法,孙承宗只好屯田,由军士自耕自食,没想,却取得了不错的成效。

第二十章 悲忠良叛将附势 袁崇焕率将附边

第二十一章　误国阉党害朝纲
　　　　　　　　孤城守将秉赤胆

　　明朝的宦官魏忠贤最喜欢收受别人的贿赂,而且是越多越喜欢,但是孙承宗为人刚直不阿,没有巴结他,引得魏忠贤很生气。

　　魏忠贤专权后,由于孙承宗功高望重,所以就想将他拉入自己的阵营里面,于是,就派人向孙承宗说明自己的意图。

　　孙承宗从来都不会昧良心做事,彻底得罪了魏忠贤。孙承宗爱憎分明,嫉恶如仇。杨涟疏劾魏忠贤二十四大罪,孙承宗做诗称赞他是"大心杨副宪,宏表万出言"。

　　十一月,魏忠贤驱赶左副都御史杨涟、吏部尚书赵南星、左都御史高攀龙、佥都御史左光斗时,孙承宗正在河北巡视。听说这些事,气愤之情无法抑制。于是想趁皇上过大寿的时机面奏皇上,历数魏忠贤的罪状。

　　张广微知道这个消息,急忙去魏忠贤府中,告诉他说道:"孙承宗带领兵数万人来清除皇帝身边的奸人,兵部侍郎李邦华做内应。此人一直与我们为敌,如果他进京见了皇上,咱们就都没命了。"

　　魏忠贤听了,十分害怕和惊慌,他明白,如果皇帝晓得了自己干的事,自己定死无疑。最好的办法是阻止孙承宗进京。

　　魏忠贤急进宫对皇帝哭诉,说孙承宗对自己不满,要把自己杀掉。

　　天启皇帝见自己的宠臣如此害怕,心中不禁软了下来。皇帝说道:"好吧,就让内阁拟旨别让孙承宗来了。"

　　次辅顾秉谦知皇帝已下旨命孙承宗不要进京,欣喜若狂,奋笔疾书道:"无旨离汛地,非祖宗法,违者不宥。"

　　孙承宗到通州后,接到圣旨,不敢担擅自离职的罪名,万般无奈,只得返回。

　　孙承宗返回之后,魏忠贤等阉党更加嚣张。他们大肆地清除异己,陷害忠良。

　　明天启五年(1625)五月,高第被任命为兵部尚书,魏忠贤及其阉党控制了军权。

　　七月,魏忠贤诬杀杨涟、左光斗等人狱。

　　当时,东林党人处在白色恐怖之中,每每被冠以莫须有的罪名遭杀害。

　　正当魏忠贤要借机削夺孙承宗兵权的时候,八月,发生马世龙柳河之败。

马世龙，宁夏人。在比武会上，力战群雄，勇夺魁首，曾做过游击、副总兵。

马世龙长得很高大，举手投足都显示出是练武之人，孙承宗爱惜他的才能，推荐他当总兵官。

孙承宗出镇山海关后，又推荐马世龙为山海关总兵。

马世龙感激孙承宗知遇之恩，于是非常效力，与孙承宗一起商议守住关外这许多城池。

明天启四年即后金天命九年，马世龙与巡抚喻安性、袁崇焕东巡广宁。又与袁崇焕、王世钦航海到盖州海滨，观察地势，商议用兵之法，而后才扬帆而还。

那时候，孙承宗统领兵马十余万，任用的将校有数百人，马世龙是其中较有用兵之才的大将之一。

这一日，马世龙正在大帐中饮酒，有人报已经投降的刘伯求见。

刘伯说道：

"三天之后是后金耀州守将莽尔古雄五十大寿。此人极其奢侈，到时肯定会让兵士彻夜饮酒，以祝他大寿。如果我们在三天之后的那晚上袭击耀州，定克无疑。"

马世龙说道：

"耀州城墙是用石头垒成，即使是过大寿，但防守肯定仍很严密，难以攻上去。"

刘伯赶紧说道：

"总兵有所不知，耀州防守并不很严，莽尔古雄生性骄傲，他每遇喜事必喝酒，每喝酒必醉。总兵可命人悄悄渡河，在四城之外拆城，将石头城墙挖出几个洞来，我军就可以进城。"

马世龙默默地想了片刻，猛然一拍大腿，说道：

"我看拆城的主意甚好，但尚不完备，耀州城城基有二三丈，也很难拆。一旦发现我们在拆城，敌人一定会猛烈抵抗。兵贵神速，时间长了，里边会增加兵力，外边会增加损失，不如先派兵去将城拆出几个洞来，然后用火药去崩……"

马世龙自视用兵熟练，听信了刘伯的话，决定三日后攻耀州城。

攻城那日晚，马世龙起身走出大帐。抬头观看，天空布满阴云，看不到星星，看不到月亮，四周一片漆黑。马世龙心里甚为喜悦，暗说道：

"上天保佑，今夜正是挖城攻城的好时机。"

马世龙当即派鲁之甲、李承先率领一队精兵，趁黑夜渡过娘娘河，袭击耀州。

鲁之甲、李承先一行人夜渡娘娘河，来到耀州城下。

耀州城内，鸦雀无声，漆黑一片。

鲁之甲一看，心中大喜，他想耀州守城士兵肯定早已酒酣入梦了。于是命人拆城装火药。

就在这时，忽然杀声四起，城门大开，无数火把点燃，从城中冲出一队女真骑兵。

鲁之甲、李承先明白中了埋伏，猛地收住战马，要想布阵已来不及，就对壮士们大喊一声：

"快撤！"

明军刚掉转马头，强悍的后金军已冲到面前。明军仓促迎战，两下大杀大砍起来，刀兵相击，杀声震耳。

由于明军对地势和周围环境不熟悉，又没想到中敌军埋伏，因此损失惨重。

鲁之甲、李承先好不容易杀出一条血路，带领士兵冲出重围，急逃回驻地。清点人数，死伤战士四百人，丢了铠甲六百余副。

胜败乃兵家常事，偷袭耀州失利，本不是一件兵戎大事。但是，攻耀州兵败之事传到北京，阉党拿此大做文章。

攻打耀州失败的消息，给魏忠贤等人制造了弹劾马世龙及孙承宗的有力把柄。

魏忠贤让他的死党顾秉谦、张广微等人奏章数十次，弹劾马世龙兵败误国、孙承宗用人不当，又自信势强，藐视圣上。

消息传到山海关，众将官气愤不平，都要上本保奏孙承宗，均被孙承宗制止。

孙承宗在山海关呕心沥血、鞠躬尽瘁，不意却遭此弹劾，气得浑身乱颤。

回到书房，孙承宗倒背着手在房中来回踱步，想到自己来山海关以后力挽狂澜，披肝沥胆整顿军务，调兵分守要地，使辽东振作，山海关得固，而今因功得罪，心中极为愤懑。他本是个火气很盛的人，这样的气他焉能咽得下？因此，晚饭也未吃，心中气愤地说道：

"不能让他们任意诽谤，我也要讲话，要上书抗辩。"

一想到上书，孙承宗坐在书案前边，这时他才觉察到天色已黑，室内很暗，即命人掌上灯来。他铺开奏折，奋笔疾书。他要力排众议，澄清是非。

孙承宗直写了两个来时辰，方才写毕。要旨是：

"……臣到辽东，力挽危局，现已渐固，却遭到朝中非议。今朝中议论者，全不知兵。冬春之际，待以冰雪稍缓，哄然言师劳财匮，马上促战；乃军败绩，始弹劾不止。自有辽难以来，用武将，用文吏，何尝有一效？疆场之事，当听疆吏为之，何用拾贴括语，徒乱人意。今辽东转危为安，臣却因之生而致死。

臣乞圣上,速遣大臣来辽视察真情,具实奏闻。如臣有欺君之举,甘当伏罪……"

孙承宗的奏疏上达朝廷后,魏忠贤又串通张广微连章攻劾。皇帝准了孙承宗的奏章,但却派了高第为钦差大臣,到辽地考察。

被后金兵破坏了的觉华城又修复了。烧毁了的城门二层箭楼又盖了起来。远远望去,又显得巍峨了。城墙垛口安放了几十门大炮;环城又挖了两道壕堑。

孙承宗带着几个亲信在城上巡视了一番,几座颓败不堪的城垣变成了坚城,心中颇为满意。

放眼望去,只见城外一片金黄,收成的季节来到了。觉华城是守辽左、榆关的重镇。觉华一失,就会危及辽左形势。为此,他亲自来查看并部署防守。巡视完毕,孙承宗站在箭楼下面,对觉华城的祖大寿说道:

"城已修复了,要加意防守,再增拨两千人马。"

祖大寿躬身抱拳说道:

"末将遵命。"

孙承宗刚要下城,他的亲将匆匆上城来报:

"禀大人,袁总兵派人送来十万火急书信。"

说罢将信札双手捧给孙承宗。

孙承宗急忙拆开信封,由里面抽出信纸,展开后从头到尾看了一遍。看后,双眉紧锁,沉默不语。祖大寿等不知何故,不敢发问,都静静地望着他。

只见孙承宗倒背着手在城墙上急速地走了几步,然后猛地转过身来,一只脚踏在一块石头上,一只手扶着腰间的宝剑,拧眉思索。

过了好一会儿,孙承宗断然下令:

"立即整军回宁远。"

说罢登登走下城墙。

不一会儿,南门大开,三千人马蜂拥出城,疾驰而去。孙承宗骑在马上,心潮起伏,难以平静。他刚才接到的信上说,朝廷派来的阅兵大员已到宁远,请他立即回去。而这阅兵大人不是别人,正是与自己为仇的高第。

孙承宗想:

"此人根本不懂行军布阵,为何让他来此阅兵?"他深知此人心术不正,为人奸诈,喜欢诬陷,乃成事不足、败事有余之辈。朝廷让他来辽阅视兵马、守备,焉能公正治断?他料到这次要出麻烦,从心底对他厌恶,连见都不想见他。

"但他是朝廷派来的大员,自己怎能不回去应酬?"他就是怀着这样一种不快的心情打马上路的。

傍晚时分,进了宁远城。因天色已晚,不能去拜见高第。孙承宗回去歇息了一宿。

次日卯时,他来到阅兵大员的行辕,让人通报。高第得报,大模大样地站在大厅正中,命孙承宗接旨。孙承宗整顿一下衣冠,迈着虎步进入大厅,望着手捧圣旨的高第倒身下拜。

高第手擎圣旨,高声念道:

"自辽东乱起,朕极为关切。今着兵部尚书高第去辽东校阅兵马,查看武备。待其查明之后,回京复旨。钦此!"

孙承宗望旨叩头谢恩后双手接过圣旨。高第这才走了过来,皮笑肉不笑地一拱手说道:

"孙大人,别来无恙?"

"承宗戎马倥偬,大人驾到未曾远迎,尚望海涵。"孙承宗站起身来,抱拳说。

两人坐下,随从献上茶来。孙承宗问:

"高大人奉旨来辽阅兵,承宗欢迎之至。不知大人怎样阅法?"

高第眨了眨母狗眼说道:

"此次奉旨来辽,一来想详细观察辽东形势,二来才是看看兵马训练情况。"

"高大人既然要知道辽东形势,承宗当据实禀报。"

孙承宗慢慢地将他到辽以后的种种防守以及收复失地等详细情形细细向高第讲述了一遍,足足用了一个时辰,高第不动声色地听着。

孙承宗说完,站起身来说道:

"承宗所言,未必详实,还请大人详查。明日大人阅兵,还须部署,现在告辞。"

明朝陋习,凡钦差大臣每到一地,当地官员都要送礼馈赠。孙承宗什么礼物也未带来,高第更为不满,瞅着机会就给天启皇帝上奏本弹劾孙承宗。

有一天,皇上正在专心雕琢一个玲珑小巧的戏人,魏忠贤就凑上前去说道:

"万岁爷,有好些弹劾辽东经略孙承宗的本章,都说'此人不去,辽东难保',请陛下圣裁……"

天启皇帝正雕戏人的眼睛,头也不抬地问:

"你看怎么办?"

"这孙承宗确实无能,引起众愤,奴才看,就按众位大臣的意思将他罢了吧。"

皇上仍用一个小尖刀刻戏人的眼睛,连想都没想,随口说道:

"嗯,就这样办吧。"

罢黜孙承宗的命令下来了，朝中几个忠臣力保孙承宗，备言孙承宗守辽之功。皇上批下，再交部议。

这天孙承宗巡城回到府中，见书案上有一封信，展开一看，原来是朝中好友写来，详细说了朝中对他参劾之事，让他赶快设法去贿赂宦官魏忠贤。只要魏忠贤那里疏通了，皇上就能回心转意。

孙承宗看过书信，默默地坐了许久，心里像明镜似的，知道这一切都是魏忠贤及同类所为，一腔怒气直冲脑门：

"想我来辽之后，披星戴月，废寝忘餐，一心整治辽东，巩固城防，逐步进军，收复失地，然后征伐后金，没曾想却落到如此下场！"

孙承宗觉得心气难平，霍地站起身，以拳击案，忍不住大声说道：

"让我去向那些权贵低头么？要我结那些阉党么？我孙承宗是堂堂正正的大丈夫，岂肯做那种苟且之事……"

孙承宗简直气坏了，胸脯一起一伏地喘着粗气，脸色变得煞白，心中又骂：

"魏忠贤，你狗眼不看事实真相，一心想诬陷我孙承宗……"

他自知在这种情形下，决不能继续留在辽东了。他感到壮志未酬，奴酋未灭，心中十分难过。他在屋内来回踱步，嘴里忿忿地说道：

"你们不是不让我安于此位么？不是要摘我的乌纱帽么？何用费这么大的精力？我孙承宗早就想告老还乡了。"

想到这儿，他坐到案前，写起求勘奏疏来了，足足写了一个时辰，方才写完。要旨是：

"……蒙圣恩得以带兵入辽，现局势已定，却受勘，想始驱羸座数千，跟啮出关。而今且地方安堵，举朝贴席，此非不操练、不部署者所能致也。若谓拥兵十万，不斩将擒王，诚臣之罪。然求此于今日，亦岂易言。臣自知难当此任，愿缴还尚方宝剑，解职待罪！"

孙承宗写完奏折，从头到尾看了一遍，轻舒了一口气，好像将心中气闷全吐了出去。他命人护送尚方剑，将剑与本章连夜送往京师。

十月，表文上达天启皇帝，天启帝仍问魏忠贤：

"卿看若何？"

魏忠贤说道：

"皇上，此人自我吹嘘，不能相信。"

朱由校当即下旨，罢去孙承宗辽东经略职，回京听旨勘。

孙承宗明日就要离辽了，袁崇焕想起大人对自己的恩情和辽东父老的得救，这个硬如钢铁的汉子痛哭失声。他在孙承宗面前恳切地要求：

"大人，我情愿追随大人左右，永不分离，万望大人恩准。"

孙承宗眼望着这个彪形大汉，长叹一声说道：

"失地未收,你应留在辽东,建功立业,也好封妻荫子。"

袁崇焕无奈,只好让步:

"既然大人不能允许,崇焕愿将大人护送回籍,然后再返辽东。"

说罢痛哭失声。

孙承宗向来性情刚烈,此时也为他感动,无可奈何将他扶起,答应了他的要求。

袁崇焕出去不久,又急急忙忙进来:

"禀大人,辕门外有数千百姓要求见大人。"

孙承宗听说百姓要见他,急忙说道:

"好,我立即出去。"

孙承宗随即走出去,越过前厅,来到辕门外,站在台阶上往下一看,府门前跪满了百姓,有男、有女、有老、有少,一见孙承宗出来,个个叩头。

有几位长者大声说道:

"我辽东数万民众,皆赖大人得以安居,听大人要弃我们离开辽东,我们众百姓不忍让大人离去,特前来挽留,望大人看在百姓份儿上,永驻辽东吧!"

说罢都叩头痛哭。

"大人,千万不能走啊!"

"大人,你不能抛下我们不管哪!"

府门前一片哭声、哀求声。

此情此景,就是铁石心肠也要被感动的,何况孙承宗素来体恤黎民百姓。他眼内噙满泪水,举着双手连连摇摆,让人们止住哭泣,大声地劝说道:

"众位乡亲父老,承宗感谢你们的深情厚谊。承宗也不愿意离开辽东。实因承宗无能,未能收复失地,罪该罢黜。现在新经略即将到任,一定能守辽保民,收复疆土。请你们放心。"

不管孙承宗怎么说,众百姓就是不起来,只想挽留孙承宗,不让他离开辽东。孙承宗无法,正色地说道:"承宗乃朝廷命官,圣上旨意命我离辽,我怎敢违背君命?诸位坚持不准我离辽,岂不陷承宗于不忠么?"

众百姓听他这么说,才没有了办法,只好挥泪离去。

次日孙承宗告别了众亲友,启程离开宁远。他骑着一匹黄骠马走在前面,袁崇焕率领五十名壮士随在身后保护,众友送出西门。

刚出西门,全城百姓黑压压地齐集道路两旁送行,排出数里之外,一见孙承宗出城,都跪地相送。有的手捧金银,送给他做盘缠。

孙承宗连忙下马,拱手作揖,拜谢辽东父老,谢绝所赠。百姓们恋恋不舍,紧紧追随,直送出五六里地,在孙承宗和袁崇焕的劝阻下,大家这才止住脚步,但仍然流着热泪站在原处,目送着孙承宗一行逐渐去远的身影,一直看不见影子了,才陆续回城。

朝廷对于良将,应当给他权力,不加以压制,不监视他们,不剥夺他们的权力,不信小人的谗言。对良将信任一些,国家就取得小胜利;多信任一点,国家就取得更多的胜利。完全信任良将,朝廷就会攻无不克、战无不胜。朝廷不信任贤臣孙承宗,而信任阉党高第,这就给后金努尔哈赤提供了向西进军的机会。

努尔哈赤听说明朝经略易人,便准备亲率大军,西渡辽河,进攻宁远。

袁崇焕自到宁远后,兢兢业业,辛勤经营,缮城修堡,备炮制械,设营练兵,拓地开荒,劳绩十分显著。

一日,袁崇焕发现一名校官王文鼎虚报兵额,吞没粮饷,不禁大为恼火。

晚上,袁崇焕读了一阵子孙武兵法,有些疲倦了,将书合上,迈步走出书房,来到庭院中。

只见满天星斗,一轮皎洁的明月挂在当空,银辉洒满大地,把府内房舍映得如同白昼。凉风习习,树影婆娑,显得十分幽静。他想到皇上的圣命,望着明月,想到连日的情景,又想到王文鼎这样吞士兵粮饷的贪官要不惩治,军民不服,士气难振,必须严惩不法之徒,申张法纪。

袁崇焕在树下一条石凳上坐下来,眼睛望着皎洁的明月和天河中的繁星。夏夜的晚风徐徐吹来,使他感到十分凉爽,心情也更加冷静。他又思索了好一阵子,拿定了主意,这才缓步入室歇息。

次日清晨,他传下将令,着众将行辕议事。

日上三竿,辕门三通聚将鼓响过,众将都顶盔戴甲来到大厅。分左右站立。侍卫兵丁分列两行,由大厅直站到辕门。袁崇焕身着戎装,头戴金盔,足登乌靴,走进大厅,在正面虎皮交椅上坐定。

大厅内鸦雀无声,显得十分静穆。袁崇焕用灼灼目光环视了一下众将,提高了声音说道:

"本官奉圣命来镇宁远,誓死与诸位将士共守国土。身为将帅者,食君之禄,就该为国尽忠。我等应竭尽全力,保卫辽东,恢复失地,为国立功。然我辽东现在兵备松懈,将官不肯用命,更有甚者,有人虚报兵额,吞没粮饷。这样的军将,怎么统兵,怎么对付得了努尔哈赤的八旗?今日召集众将,就是要申明军纪。违反者,立斩不贷。"

说到这里,袁崇焕把话顿住,二目忽然圆睁,冲着帐下大叫:

"王文鼎何在?"

王文鼎听了方才袁崇焕一番言语,情知不妙,可又不敢不出来,只有低着头出列,躬身向袁崇焕参拜:

"末将参见大人!"

"你可知罪？"

"末将知罪。望大人宽恕。"

"你还有何面目见我？现在辽东形势吃紧，兵士粮饷原本不足，你却贪心不足，要你这个败类还有何用？"

王文鼎吓得大气都不敢出，一语不发。

袁崇焕说到这里，蛮劲儿又上来了，用手一拍书案，高声喝问：

"你事到如今，还有什么话讲？"

大厅中的气氛严肃到令人窒息的程度。众将都瞅着盛怒中的袁崇焕的脸。袁崇焕气得脸色发紫，厉声说道：

"你这样的败类，乱我军纪，留之没用。来！将这败类绑出去斩首示众！"

王文鼎吓得骨软筋酥，一下子瘫软在地。过来几名如狼似虎的兵士将他拖了出去。袁崇焕余怒未息地说道：

"以后凡有违军纪者，以他为戒。"

不一会儿，军士用托盘托来一颗人头，袁崇焕一挥手命令：

"挂到城门上示众！"

军士退下，袁崇焕环视一下肃立的诸将，激动地说道：

"我们全体将士必须同心协力，保护疆土，我们一定要整军备武，加固城池防守。全军将士务听从号令，违令者军法不容。今后定要赏罚分明，有功者赏，有罪者罚！"

众将都肃然听命，不敢做声。袁崇焕部署完毕，这才撤帐。军中纪律由此更加严明。

话说朝廷将孙承宗罢去之后，任命高第为辽东经略，进驻山海关。

高第是进士出身，向来不知用兵之法。他因为巴结魏忠贤而得以封此重任。

高第曾极力反对孙承宗守关外以保关内、先固守再收复失地的积极防御方略。等高第一到山海关，便借耀州兵败之事，罢去山海关总兵马世龙的职务，命令放弃关外城堡，将关外的士兵一概撤回。

高第采取不谋进取、只图守关的消极防御策略。高第与孙承宗作风正好相反。他色厉内荏，害怕敌人比害怕老虎都甚，随意辱骂处置将士，撤防弃地。高第命令把锦州、右屯、大凌河、宁前诸城守军都撤去，将器械、枪炮、粮秣、弹药移到关内，放弃关外四百里。

锦州、右屯、大凌河三城，是辽东明军的前锋要塞，如果仓皇撤去防守，使已经修好的城堡毁掉，布置戍守的兵士后退，使已经开垦荒地种植庄稼的辽民重新迁走，恢复的二百里国土将重新丢失。

袁崇焕听了大为吃惊。

他说道：

"兵法有进无退，诸城既已收复，怎可随便撤退？锦州、右屯一带一动摇，宁前就震惊，山海关也就失去了保障。这些外围城池只要派良将守御一定不会有危险的。"

经略高第凭借皇上赐给的尚方宝剑、坐蟒、玉带三件法宝，不但执意要撤锦州、右屯、大凌河三城，而且传命令要撤宁前防守。宁前道袁崇焕坚决不同意。

袁崇焕倔强得很，抗命不听，说道：

"我做的是宁前道的官，守土有责，与城共存亡，决计不撤。"

高第是胆小的书生，袁崇焕是他的部属。但见他蛮劲发作，不服从命令，也就不反对他怎样。

高第只是下令将锦州、右屯、大小凌河、松山、杏山的兵都撤去了，放弃了粮食十余万石。

由于这次是不战而退，闹得军心不振，撤退毫无秩序。军民怨声载道，哭声震野，百姓和将士都是气愤难当。

袁崇焕的父亲早一年死了，按照规矩，儿子必然要回家守丧。当时朝廷以军事紧急，下旨不许他回家，命他在职守制，称为"夺情"。这时袁崇焕大怒，上奏章要回家守制，朝廷不准，为了抚慰他，升他按察使。高第，字登之，万历十七年中进士，他考试果然是"高第登之"，但做大军统帅，却是"要地弃之"。

花开两朵，各表一枝。

这日努尔哈赤到后山看他八岁的儿子多尔衮射箭以树叶为靶子，他的那张小小宝雕弓虽不能百发百中，也能百发中半。他十分刚强，一心要学好武艺，好跟随父王去南征北战。按女真族的习惯，他从五六岁就开始练习骑马射箭了。他不但骑烈性的蒙古马，还能在马上拉弓射箭。

这天他正在王殿后的树林边跟哥哥阿济格学射箭，忽听头上一只鸟儿鸣叫着飞来，他抬头一看，对阿济格说道：

"哥哥，看我射这鸟儿！"

说着一下子把那宝雕弓拉满，嗖地一箭向那鸟儿射去。

只听空中一声惨叫，那只鸟儿一头栽了下来。

正在这时，由后面树林中传出一声喝彩：

"射得好！"

多尔衮与阿济格闻声望去，见努尔哈赤与生母大妃乌拉氏站在离他们有二三十步远的地方，脸上都带着笑容。

多尔衮是老汗王得宠的儿子，一见父王和皇额娘驾到，顾不得去拣那只射下来的鸟,飞快地跑到汗王面前,右手触地,单腿下跪请安说道:"给父王、皇额娘请安!"努尔哈赤与大妃见爱子箭法有了很大长进,心中都十分高兴,笑着走过来,用手慈爱地抚摸着多尔衮的头顶。多尔衮扬着苹果似的小脸,有些矜持地咧着小嘴笑着,望着汗王说道:

"父王,您该带我去打仗了吧!我要上阵,管保把那些南朝的将官一箭一个地射死。"努尔哈赤仰面大笑:"打仗哪能只凭箭法!一要有武艺,更要有谋略,你小小年纪,怎么能行?"

"那我什么时候能行?"

多尔衮急不可耐地仰着那圆圆的小脸问。

阿济格在一旁很认真地说:

"你像我这样大就行了。"

"你?"多尔衮向他一努嘴,不服气地说道:

"我比你强多了,要不信,咱们比箭!"

"父王不是说了么,光箭法好不行,还要有武艺,有谋略!"

多尔衮把小眼睛瞪得圆圆的,问他的哥哥道:

"你有啥谋略?"

"头几个月我就带兵守沈阳城了。你会守城吗?"

阿济格认真地对弟弟说。又转脸问汗王:

"父王,是不是?"

多尔衮拉着他的小弓比划着,说道:

"守城算什么?你能守,我就能将它攻陷。敌军来了,我站在城墙上,来一个射杀一个,来一双,我就射杀一双,这样不就得了?"

· 200 ·

第二十二章　老汗王誓师出征　袁崇焕重创后金

汗王看着两个儿子争论，没有阻止，只是微笑着，心里面却是十分高兴，这两个儿子争强好胜，都有很大的志向，是他喜欢的类型。

大妃却怕他们惹恼了汗王，就嗔怪地说道："在你父王面前这样嚷叫，哪里还有一点儿规矩？"

汗王摇摇手，走到多尔衮面前，抚摸着他的脸蛋说：

"不要急，等你长大了，我还要让你带兵打仗呢！"

大妃见汗王喜欢自己的儿子，就说：

"汗王这么纵着他们，他们会学坏的！"

汗王也笑着说：

"哪里会学坏呢？我爱新觉罗子孙一个比一个强！"

这时候皇太极匆匆走了过来，皇太极一见汗王，快步走到近前，单腿跪地道：

"儿臣皇太极叩见父王。"

汗王见是皇太极，便说道：

"起来说话。有什么重要事吗？"

皇太极喜形于色地说道：

"禀父王，是有喜事了。刚才前线的探子传来喜讯，明朝廷已罢孙承宗职务，改派高第。高第是个庸才，他把明前线的各城防守都撤去，只剩宁远了。宁远孤城难守，又无援兵。正是父王攻宁远的好机会。只要攻下了宁远，山海关也快完了。山海关一攻破，咱们就可以直捣北京，杀贼除奸。望父王早做出决定。"

努尔哈赤问：

"宁远城袁崇焕有多少守城的士兵？"

皇太极回答：

"只有不足两万人。"

"好！"努尔哈赤大声说，"传朕令下去，各旗做出征准备，打他个落花流水。"

努尔哈赤也顾不得和儿子逗趣，匆匆和皇太极回宫中与大臣们商议进攻宁远之事。

后金汗努尔哈赤在占领广宁后的四年间,虽派兵夺取过旅顺,但未曾大举进攻明朝。这固然因努尔哈赤忙于巩固他对辽沈地区的统治,整顿内部,移民运粮,训练军队,发展生产,施行社会改革,镇压汉民反抗。同时,更由于孙承宗、袁崇焕等边防工作井然有序,无懈可击。因此,努尔哈赤蛰伏不动,等待时机。善于待机而动的努尔哈赤,曾趁熊廷弼下台之际,夺占辽、沈;这次又得到孙承宗罢去,高第撤军向关内,宁远孤守的哨报,决定师指宁远城,进攻袁崇焕。

　　天启六年即天命十一年(1626)正月初,努尔哈赤从十方堡出发,前往广宁临近地方打围,十二日,回到沈阳。努尔哈赤这次出征是进行军事演习,之后,便准备大举攻城。

　　正月十四日,就在沈阳城外一个开阔地方,七万后金将士整装列队站立,八面大旗被北风吹得猎猎作响。

　　队伍前面,立着一根高有数丈的神杆。神杆下面放着一张神桌,上面摆着香炉、供器、贡品。神桌左右都插着汗王金黄色的龙旗。这是个祭天的仪式。几万人静静地肃立,没有一点儿声音,像在等什么人的到来。队伍站了好久,才由远处传来了得得的马蹄声。不一会儿,一队人马由城内奔驰而来,前面有一百名巴牙喇开路,后面黄罗宝伞下老汗王努尔哈赤坐在枣红马上。

　　努尔哈赤头戴金顶红缨大帽,身着龙袍,外罩团龙马褂,足登黄牛皮快靴,腰悬一口龙凤宝剑,目视前方,显得十分庄重威严。紧跟在努尔哈赤后边的是代善、阿敏、莽古尔泰、皇太极四大贝勒和额亦都等议政大臣。

　　他们在离神杆不远的地方一齐下了马。老汗王走在前面,四大贝勒、五议政大臣紧随其后,大步来到神桌前面。

　　努尔哈赤停住脚步,由案上拿起成束的线香。侍卫们赶快给他燃火点着。他把带火的香举过头顶,恭恭敬敬地插在香炉里,这才看着地跪倒。后面的几位贝勒、大臣也相跟着跪成一排。

　　努尔哈赤叩了三个头,大声祷告:

　　"后金国汗爱新觉罗努尔哈赤来敬告上天:明廷几十年与我为敌,杀我黎民百姓,掠我财产人畜,作恶多端。是可忍,孰不可忍?因此今日发全国之兵去征明廷,望上天保佑我们旗开得胜!"

　　祷告完毕,又拜了三拜,才立起身来,将神案上的三碗酒一一洒在地上,几位贝勒、大臣叩拜后也都一齐站起,躬身而立。

　　祭天是女真族的风俗,每逢出兵打仗、凯旋回来,或者重大事情需要庆贺,都要祭天。古代军事家都主张"义战",努尔哈赤也是想到用祭天宣布自己仗义出师,以动员全军,激励士气。

　　祭拜天地后,努尔哈赤回转身来,用他那炯炯的双目迅速地扫视一下整整齐齐站在自己面前的数万将士,手按龙凤宝剑,挺直腰身,高挺着羽翼般的眉毛,眨动炯炯有神的眼睛,浑身洋溢着威武和力量。他慢慢向前走了两步,放开洪亮的嗓门大声说道:

"朕今日出发去征明国,是顺应天意,发正义之师。明国和我国为敌三十余年,处心积虑鲸吞我国,想把我族人变成他的奴隶,明国和我国有不共戴天之仇,明国一日不灭,我国一日不得安宁。今日兴兵去伐明国,就要一举将他消灭,永绝后患,以保障我族人安宁康乐。这次出征,望我八旗将士齐心协力,英勇杀敌。"

在努尔哈赤说话的时候,全场哑然肃立,悄无声息,等他刚说完话,全军立即爆发出一阵山崩海啸般的欢呼声。

努尔哈赤见全军如此振奋,心情十分愉快。努尔哈赤又吩咐各牛录及降将,各预备牛车三十辆,披犁三十张,每个兵士要备战靴三双,妇女也要各备炒米三斗。

努尔哈赤做好军事与后勤准备,在祭天以后,便誓师出征。

十六日,努尔哈赤到达东昌堡。

十七日,努尔哈赤西渡辽河。

八旗军布满辽河以西平原,后金兵前后络绎不绝,看不到头,看不到尾,旌旗如潮水涌动,剑戟如树林般晃动,号称二十万的八旗劲旅像狂飙一样,扑向宁远,震动的声音很远就能听到。

明经略高第和总兵杨麒,闻风丧胆,一听说努尔哈赤来了,根本没有办法,只是龟缩到山海关内,拥有军队却不救援前线。

刘沼知宁远形势危急,统兵两千出山海关接应,高第却命令已出发的兵马返回。

李卑的援兵蜷缩在中后。

李平胡的援兵不满七百人,又退至中前。

山海关的援兵,一个都没有出发救急。

袁崇焕后面没有援军,前面面临的是勇猛善战的后金军,形势明显对袁崇焕不利。

正月十八日,后金兵攻到右屯城下。

后金兵抬着云梯扛着盾牌,前仆后继地跳进了护城河,隔着护城河不断用箭射杀河对岸城根下的明军。明军没有遮挡,死伤无数。有的趴在后面躲箭、射箭,仍在抵抗,还有的把火铳火炮架在死人堆后边发射。

努尔哈赤立马于南门外督战,忽听有人报守城的代监军已逃出北门。便命人向城内呼喊:

"明军听着,你们的监军都跑了,你们不要抵抗了,赶快投降,还能留条命,不然死无葬身之地……"

这消息对明军确实起到了动摇军心的作用。有些兵士就犹豫起来：

"当官的逃命了,我们为什么还要送死？"

明军抵抗不如先前那么猛烈了。努尔哈赤看得出来：城上的抵抗减弱了,箭发射得少了,火铳火炮也稀疏了。

努尔哈赤抓住时机,命炮手向城下明军开炮。

城上的明军见城下明军被炸死炸伤一片,死得十分凄惨,已经心惊肉跳,叫苦不迭。忽然,炮火又向城头上射来,城上明军一个个吓得魂不附体。有的丢下火炮往城内跳,有的趴在垛口后边不敢动弹；有的被火炮火铳烧着,满地打滚,喊爹叫娘。有的东逃西窜,乱跑乱跳。

那些当官的,只顾自己逃命,哪有心思吆喝士兵？不多时,南门城上的明军全都逃之夭夭。城门楼起了大火,烈焰冲天。努尔哈赤手捻胡须,暗暗得意,回头下令：

"炮火停止,立即攻城。"

八旗兵见对岸敌人已被消灭,又有汗王亲自督战,个个欢腾雀跃,精神振奋。他们抬云梯、扛木板,呐喊着像箭似的冲向护城河,将云梯和木板搭在护城河上,踏着梯蹬飞也似的跳过河去,然后将云梯竖了起来。

一架云梯竖起来了,两架、三架、五架竖起来了。后金兵一个接着一个顺着云梯向城墙上攀登。

右屯城很快攻陷。

接着八旗军又连陷大凌河、小凌河、松山、杏山、塔山、连山等六座城镇。宁远形势愈加对努尔哈赤有利。袁崇焕驻守孤城宁远。那时候,宁远城中士卒不满两万人,但城中兵民誓与城共存亡。尤其是那些从后金领地中逃回来的人,都对后金的统治极为痛恨,打起仗来可以一当百。

袁崇焕召集诸将商议战守之策。

参将祖大寿说道：

"绝不可以与后金兵逞强,后金兵人多势众,来势凶猛,我们只有一万多人,不能以鸡蛋碰石头。我们应该以守为主。只要我们誓死保卫宁远,不让努尔哈赤攻破这座城,他就没办法去攻山海关。"

诸将都赞同祖大寿的意见。

宁前道袁崇焕面临号称二十万的后金军,后面又无援助之师,等于是背水一战。

但袁崇焕临危不惧,指挥若定。他采纳了诸将的议请,做了如下守城准备：第一,制定兵略,凭城固守。宁远战前,敌我双方态势明显是强弱悬殊。袁崇焕前面是强大的后金主力军,后面无援兵,西边蒙古兵并不很效力,抵不了事儿;东边朝鲜更帮不上忙。关外辽西一带,宁远是座孤城了。因此只有扬长避短,凭城固守。

袁崇焕说道:

"守城,是上策;战,是中策;逃,是下策。以实不以虚,要拉长战争时间,决不能想打一天就算完,要奋死抵抗。"

袁崇焕吸取抚顺和清、开、铁、沈、辽失守的惨痛教训,决定先死守孤城,拼命抗战。敌人怎样诱惑也不出城,敌人用激将法也不出战。

宁远的战略,主旨在固守。

第二,激励士气,划地分守。袁崇焕和总兵满桂,副将左辅、朱梅,参将祖大寿,守务何可纲,通判金启等,将士兵召集起来誓死守住宁远城。

袁崇焕刺出自己的鲜血,写成文告,让将士传阅,更向士卒下跪,激起忠义。

全军上下在袁崇焕的鼓励下人人热血沸腾,决心死战。

袁崇焕命令将银一万一千一百多两全部提出来,放在城上。袁崇焕说如果士卒有能打中贼敌和不逃避艰险的,当即赏银一锭,以此来奖赏勇士打退敌人。袁崇焕派满桂守东门,左辅守西门,祖大寿守南门,朱梅守北门。满桂提督全城,分将划守,各负其责,又相互援应。

袁崇焕则坐镇城中钟鼓楼上,统观全局,统率全军督军固守。

第三,修台护铳布设火炮。袁崇焕在宁远城上,实施"以台护铳、以铳护城、以城护民"的措施。

袁崇焕在宁远城设置西洋大炮。

守关应该在关外守,守城也应该在城外。在城外,就是东边靠山,北边正当各个出口,建二堡,势如鼎足,以互相援救。在马面台、四角台,都按西洋法改造,形状像长瓜子,用来互相救援掎角之势。

以上是孙元化给皇帝的奏章中提到的用兵之事,孙元化请求皇上让他去宁远与袁崇焕料理造铳建台之策。

皇帝准奏。

宁远城安置的西洋大炮,即是西夷大炮,也就是人们说的红衣大炮,是英国制造的早期加农炮,具有炮身长、管壁厚、射程远、威力大的特点,是击杀密集骑兵的强力火炮。

先前徐光启练兵购进四门西洋大炮,又经李之藻购进二十六门。共计三十门。其中留都城十一门,炸毁了一门,解往山海关十一门。

这十一门西洋大炮就架设在宁远城上,成为袁崇焕凭城用炮退敌的强大武器。

金兵逼近宁远城的时候,袁崇焕听从王喇嘛的意见,将十一门西洋大炮撤回城内，制作成炮车，设在城上，备足弹药，由孙元化、彭簪古、罗立等教将士练习燃放。

茅元仪先前亲自试过燃放此炮，知道用它的办法，彭簪古也在京营中受过葡萄牙人的训练。于是袁崇焕就用茅元仪等人的主意，让他们到城上设置西洋大炮，防后金兵的南犯。

第四，坚壁清野，严防奸细。袁崇焕下令把城外客舍、仓库等设施全部烧毁，以防后金利用，并将城外居民转移到城内，将粮米偷运到觉华岛藏好。

袁崇焕吸取以前辽东兵败的教训，捉拿奸细。命同知程维英率部下专管此事，街头小巷都查过，奸细被抓尽。袁崇焕又派士兵巡守在街巷路口，过往行人，一律查问搜身。因此，只有宁远没有偷将城门打开的叛民，没有内应后金的奸细。

第五，兵民联防，送粮运弹。袁崇焕命令通判把守控制城的四方民地，编派民夫，供给守城将士饮食。袁崇焕又派卫官裴国珍带领城内的商民们，买物料，运矢石，送弹药。

第六，整肃军纪，以静待动。袁崇焕严明军纪，派官员巡视全城，对乱自行动和城上兵下城者即杀。

袁崇焕又下令前屯守将赵率教、在守将杨麒，凡是宁远有兵将逃回来，一概抓住斩首。山海关有他的上司辽东经略高第镇守，袁崇焕的职权本来只能管到宁远和前屯，山海关总兵杨麒他是管不着的。但这时不管他什么上司不上司、职权不职权。

袁崇焕的母亲和妻子这时也在辽西，大概住在山海关或前屯卫后方。他将母亲和妻子都搬到宁远城中来住。全家和宁远共存亡的决心，表现得再清楚也没有了。

全城官兵上下，一心守卫，"以必须这样的法则来规范，那么心也就齐了"，这是袁崇焕激励将士死守宁远城的方法。宁远城最后能够守住，也由于官兵、官民上下一心。

袁崇焕又从后金的奸细那里，拷问出后金军的情报，打的是有准备之战。

一切准备就绪之后，袁崇焕命令全军偃旗息鼓，以静制动，等待来敌。

袁崇焕紧张而有序地布置宁远的防御事务时，后金汗努尔哈赤正在驱骑急驰奔向宁远——一场宁远大战迫在眉睫。

努尔哈赤统率八旗军西渡辽河之后，如入无人之境，长驱直入，指向孤立无援的孤城宁远。

宁远城，康熙《盛京通志》载：宁远州城池，即明之宁远卫城也。本广宁前屯、中屯二卫地，无城郭。明宣德三年，总兵巫凯请分二卫地建宁远卫城。

康熙《宁远州志》亦载：

"城本广宁前屯、中屯二卫地。明宣德三年,总兵巫凯请建宁远卫于此筑城。内城周围五里一百九十六步,高三丈;池周围七里八步,深一丈五尺。门四:东曰春和,南曰延辉,西曰永宁,北曰威远。外城周围九里一百二十步,高如内城。明季增筑,门四:东曰远安,南曰永清,西曰迎恩,北曰大定。四角俱设层楼……钟鼓楼在中街,明都焦礼建,天启间重修。"

袁崇焕增筑的宁远城,成为据城固守、抵御后金的堡垒。

二十二日,袁崇焕守城部署安排完毕。

二十三日,八旗军穿过首山与螺峰之间的隘口,兵临宁远城郊。努尔哈赤与袁崇焕展开了明朝与后金关系史上著名的宁远之战。

二十三日,八旗军进抵宁远后,努尔哈赤命令离城五里,横截山海大路,安营布阵,并在城北扎设大营。

袁崇焕初次见到"辫子兵"的威猛。

后金兵都有辫子,在那时,汉人只要听到"辫子兵"三字,不由自主的就胆战心惊,直到十余年后仍是如此。李自成部下都是身经百战的悍将健卒,席卷而来,攻破北京,在山海关前的一片石和吴三桂部大战时,丝毫不落下风。但清兵突然出现,李自成军中响起"辫子兵来了!辫子兵来了"的惊呼,二十万大军就此全军大溃,一败涂地。李自成逃出北京,向西急窜,"大顺"朝终于覆灭。在那时候,"辫子兵"就是"无敌雄师"的代名词。袁崇焕并不是比李自成更会打仗,他部下的兵将也并不更为勇猛。但他更加镇定,更加坚决,他没有个人的自私欲望,不像李自成那样想做皇帝。真所谓"无欲则刚",所以他比李自成更刚强。

但他部下的兵将不是广东人,主要是辽河两岸的关外健儿,其他各省的都有。只因为主帅有"顶硬上"的英锐之气,部属也都跟着他"顶硬上"了。

努尔哈赤在发起攻城之前,释放几名俘虏来的汉人去宁远向袁崇焕传话:"我这次带了二十万大军来攻,宁远非破不可。守城官如投降,我一定大加优待,封为大官。"

袁崇焕回答说道:

"你突然领兵来攻,那是什么道理?锦州与宁远两城,你本来已经占领,又再放弃。我修好了来住,自然要死守,怎肯投降?你说有二十万兵,未免夸张。你真正的兵力大约是十三万,我倒也不以为来兵太少了。"

袁崇焕拒绝努尔哈赤诱降之后,命家人罗立等向城北后金军大营燃放西洋大炮,一炮轰去,歼灭后金兵数百。

后金兵把大营移到西面。

努尔哈赤见袁崇焕既拒不投降,又炮击大营,于是命令部下准备战斗武器,准备明日攻城。

二十四日。

后金兵推着战车,运着钩梯,步兵、骑兵蜂拥而至,大举攻城。

当时朝鲜使者带着翻译官韩瑗去北京朝见皇帝,刚到宁远。袁崇焕很高兴地招待使节及其随从。

朝鲜使节见守军甚是镇定,暗暗感到奇怪。袁崇焕和三个幕僚闲谈,及报清兵攻到,袁崇焕来至敌楼,又与韩瑗等谈古论今,泰然自若,全无忧色。

过了不久,忽听得一声大炮,声动天地。韩瑗大惊,只吓得低下头抬不起来。

袁崇焕笑道:

"贼兵来了!"

韩瑗打开城头的窗子,向外望去,只见后金兵蔽野而来,城中却声息全无。

成千成万的辫子兵冲到了城边,突然之间,城头举起千千万万火把,矢石如雨般投下城去。

原来是袁崇焕故意空出外城,诱敌深入,金兵果然中计。战事越来越激烈,明军忽然从城头的每一个石堞间推出一个又长又大的木柜,这些柜一半在堞内,一半探出城外,大柜中伏有甲士,俯身射箭投石,投完了便将大木柜拉进来,再将矢石出去投掷。跟着地雷爆发,土石飞扬,无数后金兵和马匹被震上半空。

后金兵的先锋部队是铁甲军,每人身上都披两层铁甲,称为"称头子"。后金兵以坚车攻城,车顶以生牛皮蒙住,矢石不能伤。

城内架起十一门西洋大炮,在城头轮流轰击,每一炮打出去死伤无数,此炮杀伤力有数里。

金兵奋勇迫近,推了铁裹车猛撞城墙,声音轰隆轰隆,撞击了很久,城墙破的地方很多。

后金兵再用像云梯那样的裹铁高车来撞击城墙高处。随后又把裹铁车推到城墙边,上面用木板遮住,以挡城头投下的矢石。车里藏了兵士,用铁锹挖掘城墙墙脚。

后金兵攻进了城墙下的死角,大炮已打不到他们。

在这危急之时,守军想到了计策,抬了屋子前的长条大阶沿石从城上投下去。阶石十分沉重。铁车上的木板挡不住,砸死了不少后金兵。

时间过了好久,城基终被挖成了一个个凹龛,后金兵士躲在城墙洞内向里挖掘,城上再投大石下去,就打不到了。

这时宁远四周十余里的城墙墙脚被挖得千孔百疮,眼看城破在即,满城百姓惊慌得很,有的抱怨说道:

"袁爷为了他自己一人,害死了我们满城百姓。"

大家正在彷徨无奈，通判金启倧（浙江人）临时想出了几件新式武器，将火药撒在芦花褥子和被单上，纷纷投到城下去。他将这种新武器取名为"万人敌"。当时是正月，气候酷寒，后金兵见到被褥，就都来抢夺。城上将火箭、硝磺等引火物投下去，"万人敌"立即燃烧，烧死了无数攻城金兵。

　　另有一种"万人敌"是将火药放在空心的大泥团中，外面围以木框，点燃了药引投下城去，泥团不断旋转喷火，烧死敌兵。不幸的是，那位通判在赶制"万人敌"时，火药溅上火星，不幸被烧死了。

　　这时城墙被撞垮了一丈多。袁崇焕不能再泰然自若了。

　　他亲自搬石来堵塞缺口，连受了两次伤，部将劝他保重。他却厉声喝道："宁远虽只区区一城，但与国家的存亡有关。宁远若是不守，数年之后，咱们的父母兄弟都会成为奴隶。我若胆小怕死，就算侥幸保得一命，又有什么乐趣？"

　　袁崇焕撕下战袍裹了左臂的伤口又战，将士在他的榜样鼓舞之下，人人奋勇，终于堵上了缺口。

　　二十五日。

　　后金兵又猛攻。城上施放炮火，"炮过处，打死北骑无数"。后金兵惧怕利炮，畏缩不前，大将们驰马驱兵，刚到城下，兵士就往回逃。后金兵士一面抢走城下尸体，运至城西门外砖窑焚化；一面继续攻城。

　　但是，攻城不克，只有收兵。

　　攻城两天，金兵共损失了穿锦衣的军官十余人，即满洲人称为"牛录额真"的，努尔哈赤在这次战役中也受了重伤。

　　二十六日，后金兵继续围城。努尔哈赤命武讷格率军履冰渡海，攻觉华岛。觉华岛位于辽西海湾，距宁远六十华里。岛呈两头宽、中间窄不规整形状，孤立地悬于海中。

　　觉华岛岛形为龙形，"龙身"为山岭，穿过狭窄的"龙脖"迤北，便是"龙头"。"龙头"地势平坦，三面临海，北端有天然码头，适合停泊船只。"龙头"开阔地上建有明屯粮城，城呈矩形，墙高约三丈，底宽约一丈八尺。北墙设一门，通城外港口，是粮料运输的通道。

　　南墙二门，与"龙脖"相通，便于龙岛上往来。东西两面无门，利于防守，城内有粮囤、草垛及守城官兵营房。

　　努尔哈赤在宁远城下失利，派兵突袭防守薄弱的觉华岛。觉华岛守军凿冰为壕，阻止敌人的骑兵。怎奈严冬寒冰，随破随结。

　　武讷格仅率八百骑登岛就破了觉华城，岛上军民、粮料损失惨重。

　　史料记载，觉华岛的士兵损失了有七千人，其中商民、男女杀戮最惨。给河车堡、笔架山、龙官寺、右屯的粮，全部被烧毁，损失很大。这次金兵攻宁远不下,便迁怒于觉华。

后金汗努尔哈赤虽在宁远城下失败,却在觉华岛上得胜,使明守岛七千将士全军覆没,大量粮秣和两千余船只被焚,并使明经营多年之觉华岛基地废弃。就官兵死亡与粮船遭焚而言,明军在觉华岛上的损失,超过了后金军在宁远兵败的损失。

第二日,满兵大营毫无动静。袁崇焕对皮廷相笑道:

"努尔哈赤伤得不轻。"

说罢,取出笔砚,修书一封,命人携了礼物前去下战书。

努尔哈赤接了战书一看,只见那上面写道:汗王殿下:吾闻老将军横行天下,所向无敌。今日败在小将手中,岂非天数耶？三日内,贵军若能攻破我城,吾等定当手提头颅,前往迎接。若三日之内不能破城,请汗王自动退出锦州、广宁诸城。

努尔哈赤乃是一代豪杰,岂能不知袁崇焕使的是激将之法？他哈哈大笑着,命大贝勒代善取良马一匹,作为回礼,并命来使转告袁崇焕:"明日再战。"来使一去,诸贝勒便围在努尔哈赤的身边,问道:"陛下,您的身体……"汗王摇摇头道:"我满洲十几万大军,连辽、沈、广宁这样的大城,都不在话下,岂能被区区宁远四万多人吓破了胆？何况,袁崇焕若探知我身负重伤,岂不是更加于我不利？"

第二日一早,八旗军果然如约而来,由降将李永芳率精兵配合四贝勒皇太极从西边攻城。谁知八旗军拥到城下,却见城上无一守兵,城下却铺着一张张芦花被。正在纳闷,却见城上突然掷下无数火箭,芦花被一见火花,登时"劈里啪啦"爆得芦花满天,将那临近的八旗兵一个个都炸得血肉模糊。剩下的,一个个吓得四散而逃。

原来这一床床看似柔软的芦花被中,却装满了火药、铁沙,一经引爆,立时威力无穷。城上的明军见敌军大溃,更是士气高昂,连连往城下放炮放箭,每打中一敌,都互相鼓掌鼓励。努尔哈赤躺在战车之中,听了汇报,心知败局已定,只好赶紧鸣金收兵。

高第经略听说袁崇焕守卫孤城,竟将努尔哈赤打成了重伤,心中大喜过望,忙派精兵五万,前来助阵。诸将闻知,赶紧抬着汗王努尔哈赤撤回沈阳。一路之上,众士卒听说汗王重伤难愈,都伤心得痛哭流涕。

二十六日后金兵退去后,宁远城守军将五十名敢死队队员用长绳缒到城下,在战场上捡了十万余支箭。城墙上被挖开的洞穴足足有七十余个。而此时弹药殆尽,局面不容乐观。

第二十三章　迁都沈阳削兵权
八王共治乞太平

后金军攻围之后，百姓们感到安全了，纷纷去拜谢袁崇焕与满桂的救命之恩。二十七日早晨，后金军大队人马聚集在城外大平原。袁崇焕派遣使者，表达了自己的情义，说：

"老将横行数十载，从来没有败过，如今却败在我的手下，恐怕是天意吧。"

努尔哈赤当时已经有伤在身，于是就回送礼物，表示日后再战。

所谓"约期再战"，只是掩饰面子的话。努尔哈赤根本不敢再攻宁远城。

宁远之战，后金汗努尔哈赤虽然在觉华获小胜，并以此安慰诸臣、安慰官兵。但就总体而言，就战略而论，历史的结论是：努尔哈赤兵败宁远。

明朝与后金的宁远之战，以明朝的胜利和后金的失败而结束。

传来宁远捷报，京师空巷相庆。

宁远之捷是明朝从抚顺失陷以来的第一个胜仗，也是自"辽左发难，各城望风奔溃，八年来贼始一挫"的一仗。

明天启帝指称：

"此七八年来所绝无，深足为封疆吐气。"

与明相反，努尔哈赤原来用兵攻宁远城，是想夺取山海关，不料败在袁崇焕手下。

袁崇焕指挥这个战役很有儒将风度。坐在城头敌楼中督战，打了胜仗之后，派使者送礼物给努尔哈赤，颇有《三国演义》中诸葛亮与周瑜羽扇纶巾、谈笑用兵的气派；也似南朝梁朝大将韦睿临阵时轻袍缓带，乘车坐椅，手持竹如意指挥军队。韦睿身子瘦弱，但战无不胜，敌军畏之如虎，称为"韦虎"。不过到了当真危急之时，袁崇焕也不能再扮儒将了，只得以"蛮子"姿态来死拼。

袁崇焕初历战阵，便打败了努尔哈赤。

努尔哈赤在宁远遭到用兵四十余年来最严重的惨败。对于军事统帅，最大的痛苦莫过于指挥失败。努尔哈赤兵败后对诸贝勒说道：

"我自二十五岁以来，战无不胜，攻无不克，为什么单是宁远一城就打不下来？"

无奈的诘问，饱含了一个久经沙场的"战神"的无尽的悲哀。

望着努尔哈赤显见苍老的面容，众贝勒及大臣们面面相觑，无言以对。

因为,他们也有些怀疑:难道一向以战无不胜、攻无不克而著称的"战神"已经……

天命六年(1621)正月,努尔哈赤精心策划,召开了"内阁"会议。他召集阿敏、莽古尔泰、皇太极、德格类、济尔哈朗、阿济格、岳托等长侄长孙,对天焚香发誓说道:

"蒙天父地母垂佑,吾与强敌争衡,将辉发、乌拉、哈达、叶赫,同一音语者,俱为我有。征敌国大明,得其抚顺、清河、开原、铁岭等城,又破其四路大兵,皆天地之默助也。今祷上下神祇:吾子孙中纵有不善者,天可灭之,勿令刑伤,以开杀戮之端。如有残忍之人,不待天诛,遽兴操戈之念,天地岂不知之?若此者,亦当夺其算。昆弟中若有作乱者,明知之而不加害,惧怀礼义之心,以化导其愚。似此者,天地佑之,俾子孙百世延长。所祷者此也。自此之后,伏愿神祇,不咎既往,唯鉴将来。"

努尔哈赤渴望苍天中的冥冥神力,能护佑他的子孙永远相安无事,企图依靠对神祇的誓言,杜绝同室相残的血迹,求得天地祖宗的宽恕。

然而,又有谁会相信这不是一场梦呢?努尔哈赤迁都沈阳后,为了加强汗权,不惜将骨肉残杀在血泊之中。

首先是与其胞弟舒尔哈齐的权力之争。

在努尔哈赤起兵之初,舒尔哈齐处于他的副手地位。舒尔哈齐曾多次以建州卫都督等身份进京"朝贡",这在他兄弟五人中,除他的长兄努尔哈赤外,是绝无仅有的。

舒尔哈齐地位显贵,与其兄相比,也是不相上下的。如申忠一到费阿拉所绘建州首领住家图录仅二幅,即《木栅内奴酋家图》《外城内小酋家图》。他所见舒尔哈齐"体胖壮大,面白而方,耳穿银环,服色与其兄一样"。比申忠一先一月到费阿拉的朝鲜通事河边国,分别受到努尔哈赤和舒尔哈齐的接见与赏宴。这表明,努尔哈赤与舒尔哈齐曾经是主副配合、相辅相成的。

但是,努尔哈赤与舒尔哈齐之间的矛盾,在万历二十三年(1595)已见端倪。申忠一见舒尔哈齐家里的"凡百器兵,不及其兄远矣"。舒尔哈齐也向申忠一力言:

"日后你金使若有送礼,则不可高下于我兄弟。"这表露出舒尔哈齐对已经获得的权位和财货的不满。

万历二十七年,建州女真兵征哈达时,努尔哈赤在哈达城下当众多军兵怒斥舒尔哈齐。舒尔哈齐怀恨在心,两人之间裂痕加深。

万历三十五年,努尔哈赤以舒尔哈齐在乌碣岩之役作战不力,命将他的两名将领常书、纳奇布论死。后来,舒尔哈齐为二将求情,这才将他们免死。但罚常书百两银子,夺纳奇布所属牛录。自此,努尔哈赤"不遣舒尔哈齐将兵",削夺了他的兵权。

万历三十七年三月,舒尔哈齐被夺取兵权后,闷闷不乐,常常口出怨言,认为活着还不如死了好,接着就移居黑扯木。努尔哈赤马上命收回舒尔哈齐贝勒的财产和阿哈,杀了他的儿子阿布什,又将他的部将武尔坤吊在树上,以火烧死。

万历三十九年八月十九日,舒尔哈齐贝勒幽死。据明人黄石斋《建夷考》载:

"酋疑弟二心,佯营壮第一区,落成置酒,招弟饮会,入于寝室,锒铛之,注铁键其户,仅容二穴,通饮食,出便溺。弟有二名裨,以勇闻。酋恨其佐弟,假弟令召入宅,腰斩之。"

努尔哈赤为强化汗权,不惜幽杀胞弟,当然是为他的帝业服务的,这与他晚年渴望子孙相安,"俱怀礼义之心,以化导其愚顽"是不相矛盾的。他渴望子孙相安,为的是让他们能齐心协力,来保他所创下的帝业。至于说努尔哈赤焚香设誓有无爱惜子孙,不忍他们骨肉相残之意,这恐怕年老之人是更容易理解他的。

人都说"人老惜子",莫非这位当年为强化汗权宁杀爱子的努尔哈赤垂暮之年也有此意?据为他作传的人说:"努尔哈赤年事已高,不愿子孙骨肉相残,要不咎既往,唯鉴将来。"

努尔哈赤嗣子褚英,乃佟佳氏所生。他在万历二十六年率兵征安楚拉库路,被赐号"洪巴图鲁";万历三十五年,在乌碣岭之战中立功,被赐号"阿尔哈图土门";万历三十六年,偕贝勒阿敏等攻乌拉,克宛罕山城。旋因居长,又屡有军功,被努尔哈赤授命执掌国政。

褚英柄权后,因年纪轻,资历浅,心胸褊狭,操切过急,受到"四贝勒""五大臣"的反对。"四贝勒"即努尔哈赤爱如心肝的代善、阿敏、莽古尔泰、皇太极。他们各为旗主贝勒,握军队,拥权势,厚财帛,领部民,建州又无立嫡为长的历史传统,所以,他们都不满褚英当嗣子、主国政的地位。他们上告长兄褚英。"五大臣"即努尔哈赤所信用恩养、同甘共苦的费英东、额亦都、扈尔汉、何和理、安费扬古。他们早年追随努尔哈赤,威望高、权势重、历战阵、建殊勋,当克图伦时褚英尚在襁褓之中,所以,他们自然也不满褚英专军机、裁政事的地位。他们首告嗣储褚英,似有二心之嫌,于是,也力求与"四贝勒"联合。

努尔哈赤嗣子褚英对这些建州的柱石和元勋缺乏谦恭之态,想趁父汗在边时逐渐削夺他们的财势和权力,以便巩固储位。这促使"四贝勒"与"五大臣"采取内外夹击的策略,共同对付褚英。褚英陷于孤立。"四贝勒"和"五大臣"经过密议之后,联合向努尔哈赤告发褚英。努尔哈赤让他们每人写一份

文书呈送。他们各写文书,联合控告褚英的罪状是:

一、使"四贝勒"和"五大臣"彼此不和睦;

二、声称要索取诸弟的财物、马匹;

三、曾言"我即位后,将诛杀与我为恶的诸弟、诸大臣"。

努尔哈赤在权衡长子褚英与"四贝勒"、"五大臣"两方面的力量对比之后,断然疏褚英。尔后,两次耀兵乌拉,努尔哈赤都没有派褚英出征,让他留居家中。"褚英意不自得,焚表告天自诉,乃坐诅咒"之罪。万历四十一年三月二十六日,被幽禁在高墙之内。万历四十三年(1615),努尔哈赤下令将褚英处死,当时,褚英年仅三十六岁。

努尔哈赤亲诛爱子,其行为可谓狠矣。但是,若不杀褚英,后金汗权力又当如何呢?后金大汗虽说有亲子之情,但他的创业之心是更甚于此。就像地球不会因为少了某个人而停止转动一样,后金统治集团内部残酷的政治斗争,也没有因努尔哈赤率领众子侄等对神祇焚香设誓而自行消失。同样,"怀礼义之心"的诸王贝勒,对于觊觎汗位者,也必不能"化导其愚顽"。在后金统治集团中,有汗位,就有激烈的争夺;有争夺,就有酷虐的斗争。满洲这种为争夺皇位而骨肉相残的宫廷斗争史,后来一再重演。也许,努尔哈赤若看到后来发生的事情,会以为这是他开的先河,是上天对他子孙的惩罚吧。也许,努尔哈赤根本不做如是想,但不论如何,后金统治集团内部是一直没能彼此相安的,他们当年在努尔哈赤面前的焚香设誓早随那一缕香烟化为乌有,不留痕迹了。

褚英被处死之后,后金的"建储"之争更为剧烈。这主要在四大贝勒的代善和皇太极之间,他们进行明争暗斗,于是,努尔哈赤为了第一个"梦"的实现,接着又编织了第二个"梦"——改革政体。

有书记载:

"天命年间,四大贝勒各拥重兵,觊觎大位。顾阿敏为太祖侄,莽古尔泰之母则得罪太祖,故以代善与太宗最为有望。当开国之初,削平诸部、夺取辽沈,二王功最高。"

代善与皇太极,以序齿言,代善居长,皇太极应在弟行;以才德言,代善宽厚得众心,皇太极则威厉令人畏惮;以武力言,代善独拥二旗,为皇太极独掌一旗所不及。努尔哈赤自然决定让代善继褚英执掌国政。代善因被赐号"古英巴图鲁",努尔哈赤死后,必定是代善继其位。努尔哈赤曾说过:

"俟我百年之后,我的诸幼子和大福晋交给大阿哥收养。"

大阿哥,即大贝勒代善,大福晋是努尔哈赤的大妃乌拉纳拉氏阿巴亥。

努尔哈赤将爱妃和诸幼子托付给代善,即预定代善日后袭受汗位。代善性宽柔、孚众望,军功多、权势大,自协助父汗主持国政后,凡是努尔哈赤不在的时候，一些重大军机便先报告他。然而，随着代善的权位日重，他同父汗及皇太极的矛盾便也日趋激化。

代善同努尔哈赤、皇太极之间的矛盾，以秦泰的告讦而爆发。

万历四十八年即天命五年三月，小福晋秦泰向后金汗告发：

"大福晋两次备佳肴送给大贝勒，大贝勒受而食之。一次备佳肴送给四贝勒，四贝勒受而未食。大福晋一天两三次派人去大贝勒家，大约商议要事。大福晋有两三次在深夜出宫院。"

听到告发后，努尔哈赤派扈尔汉、额尔德尼、雅逊和莽阿图四大臣去调查，后查明告发属实。而诸贝勒、大臣在大汗家里宴会、集议国事时，大福晋饰金佩珠、锦缎装扮，倾视大贝勒。诸贝勒、大臣虽然内心不满，却因惧怕大贝勒和大福晋而不敢告发。努尔哈赤对大贝勒同大福晋的暧昧关系极为愤慨，但他既不愿加罪于儿子，又不愿家丑外扬，便借口大福晋窃藏金帛，勒令离弃。小福晋秦泰因告讦有功，被升为与努尔哈赤同桌共食。有人说，秦泰之谋出自皇太极。皇太极借大贝勒与大福晋的隐私，施一箭双雕之计，既使大福晋被弃，又使大贝勒声名狼藉，并离间了努尔哈赤与代善的父子情，为他后来夺取汗位准备了重要条件。

后金汗努尔哈赤年事已高，选立嗣君的计划一次又一次地破产。这促使他试图废除立储旧制，改革后金政体，实行八大贝勒共治国政的制度。这也就是努尔哈赤晚年编织的第二个"梦"。但，正如他的第一个"梦"没能实现一样，谁能想到他的第二个"梦"会不会破灭呢？而当时的努尔哈赤正处于晚年的多"梦"时节，他一心一意地勾画着他的帝业的第二步宏伟蓝图，他虔诚地信仰那个当年救他逃脱李总兵追兵的上天，他相信上天让他的脚上长七颗红痣，就是让他来做后金大汗，开辟万世基业的。所以，他毫不怀疑上天为子孙后代设计的治国方针是千真万确的，那么，他的帝业、江山也会是固若金汤、万古不灭的。其实，我们不论他的方针是否正确，单就他那些个聪明伶俐的儿孙后代来看，就很轻易地能判断出他的梦究竟是否能实现。我们且绕过这位用心良苦的后金汗努尔哈赤，暂让他在自己编织的美梦中得意欣慰一番吧。

努尔哈赤为使其汗权具有稳定性和延续性，解决择立汗位继任者的难题，试图将他初设的君主集权制改革为八大贝勒共治国政的体制。

努尔哈赤的八大贝勒共治国政制，是同八旗制度密切相联的。

在经济上，八旗的每旗都是一个庞大的政治集团，旗主贝勒又都是本旗最大的财富拥有者。当时的习俗是：有人必八家合养之，土地必八家分据之。努尔哈赤告诫子孙们：

"预定八家，但得一物，八家均分公用，毋得分外私取。"每次兵马出征所获，按照八旗，依军功大小进行分配。其中，各旗的旗主贝勒，在该旗中是金帛、牲畜、房田和人口的最大占有者。如大贝勒代善为正红旗的旗主贝勒,他早在万历四十一年,就占有诸申五千户,牲畜八百群,白银一万两,敕书八十道(诸申,是早期满族内部的一个阶层。地位在贝勒即贵族以下,阿哈即奴仆以上)。八旗军进入辽沈地区之后,旗主贝勒占有的财富更急剧地膨胀。八旗的旗主贝勒既为该旗的最大财富拥有者,他必然要求在政权机关中,有与其财富相关的政治权力。

在政治上,八旗的每旗都是一个巨大的社会集团,旗主贝勒都是本旗最大的封建主,各旗的固山额真、梅勒额真、甲喇额真和牛录额真,领有部众,分割属民,等级等格,名分有定。旗主贝勒即是该旗的最高行政长官。从后来盛京大政殿与十五亭的建筑形式,可以反映出后金汗之下,八旗的旗主贝勒所具有的特殊政治地位。旗主贝勒既为该旗大小封建主的总代表,他必然会要求在后金政权机关中,分享相应的决策权力,参与国事。

在军事上,八旗的每旗都是一个强大的军事集团,旗主贝勒又都是本旗的军事统帅。努尔哈赤以"十三副遗甲"起兵,连年征战,南北驰突,占领辽沈,建立后金,主要是靠军事胜利发展起来的。后金对外掠夺,对内镇压,都需要有一支精锐的军队。后金努尔哈赤汗倚恃铁骑劲旅,吞并诸部,攻城略地,掳掠金帛,俘获人畜,因而,八旗军队成为后金统治的八根支柱。所以,旗主贝勒在后金统治机构中,占有极为重要的地位。旗主贝勒既为该旗的主帅,他必然要求在后金政权机关中,握有与本旗军事实力相应的执政权力。

由此可见,旗主贝勒在后金政权机构中的权力,是按其经济、社会和军事的实力来分配的。努尔哈赤有鉴于此,又以嗣子褚英、代善为教训,决定实行八大贝勒共治国政的制度。

明天启二年、后金天命七年三月初三日,后金汗努尔哈赤发布实行八大贝勒共治国政的《汗谕》:

"众贝勒问汗曰:'基业,天所予也,何以宁辑?休命,天所赐也,何以凝承?'上曰:'继朕而嗣大位者,毋令强梁有力者为也。以若人为君,惧其尚力自恣,获罪于天也。且一人纵有知识,终不及众人谋。今命尔八子,为八和硕贝勒,同心谋国,庶几无失。尔八和硕贝勒内,择其能受谏而有德者,嗣朕登大位。若不能受谏,所行非善,更择善者立焉。择立之时,若不乐从众意,指然变色,岂遂使不贤之人,任其所为也!至于八和硕贝勒,共理国政,或一人心有所得,言之有益于国,七八益共赞成之。如己既无才,又不能赞成人善,而缄默坐视者,即当易此贝勒,更于子弟中择贤者为之。易置之时,若不采从众议,指然变色,岂遂使不贤之人,任其所为耶!若八和硕贝勒中,或以他事出,告于众,勿私往。若入而见君,勿一、二人见,其众人毕集,同谋议以治国政。务期斥奸佞,举忠直同也。'"

这八大贝勒，或称八王，又称八和硕贝勒，和硕贝勒也称旗王贝勒。努尔哈赤颁布八和硕贝勒共治政谕，改革政体，旨在提高八和硕贝勒的地位，限制继嗣新汗的权力，以维护后金政权的长治久安。通过这次政体改革，努尔哈赤使后金政权掌握在八和硕贝勒手中，八和硕贝勒拥有相当大的权力，如：第一，推举新汗。努尔哈赤身后新汗的即位，在"八和硕贝勒内，择其能受谏而有德者，嗣朕登大位"。八和硕贝勒握有拥立新汗的大权。新汗既不由先汗指定，也不是自封，而是为八和硕贝勒议后共同推举。新汗既被八和硕贝勒共同推举，即位之后便不能独揽后金大权，其权力受到很大的限制。

第二，"并肩共坐。"新汗与八和硕贝勒并肩共坐一处，同受国人朝拜。新汗在正月，一拜堂子，再拜神祇，三拜叔兄。随后升御座，与八和硕贝勒并肩一处共坐，共受诸臣叩拜。这项朝议规定，将八和硕贝勒位列堂子、神祇之次，而居于新汗之上；在接受群臣朝拜时，新汗和八和硕贝勒处于平等的地位。从而在礼仪上给新汗以严格的限制。

第三，共议国事。"一人纵有知识，终不及众人之谋"，因命八和硕贝勒"同心谋图，庶几无失"。努尔哈赤规定在会议军国大政时，新汗要与八和硕贝勒共同商议，集体裁决，新汗与八和硕贝勒之中，任意一人都不能独裁军政大事。这样，就使八和硕贝勒共同操持后金军国大事的最高决策权，从而限制新汗恣肆妄为，独断专行。

第四，"八合"分配。就是后金军猎获的金帛、牲畜等，归八和硕贝勒共有，按"八合"即八旗进行分配。这既为着八家因财富分配不均而祸起萧墙，更为着防止新汗一人垄断财货。这项规定使诸和硕贝勒与新王在经济上享有同等权力，从而对新汗的经济权力加以限制。

第五，任贤退奸。努尔哈赤规定，八和硕贝勒要"斥奸佞，举忠直"。凡牛录额真以上的官员，其作用、奖惩、升迁、贬斥，都由八和硕贝勒会议共同决定，而不由新汗一人专决。这样，新汗丧失了任免官吏的权力，而人事大权掌握在八和硕贝勒手中。

第六，断理诉讼。努尔哈赤规定，后金审理诉讼的程序分为三级：理事官初审，诸大臣复审，最后由八和硕贝勒断定所拟定之罪。新汗操生死予夺之权受到限制，八和硕贝勒掌握最高司法权。

第七，禁止私议。努尔哈赤规定，八和硕贝勒如果有他事告于众，不要私自去；如果要进朝见驾，不要一两个人去，而必须是大伙聚齐了，共同去见驾商议国家大事。不许八和硕贝勒私自在家中议论国政，也不许新汗同八和硕贝勒之中某人和大贝勒单独密议，以防奸谋。军国大事需要庙堂聚集谋商，共同议决。

第八，废黜新汗。八和硕贝勒如果认为所拥立的新汗，不能接受进谏，行为又常常不妥,那么就有权罢免,另行择立。

后金汗努尔哈赤经过无数个愁绪满怀的不眠之夜,终于完成了这个改革后金政体的梦。他实行八和硕贝勒共议国政的制度,使八和硕贝勒拥有国君立废、军政议决、司法诉讼、官吏任免等重大权力,由八和硕贝勒组成的贵族会议,成为后金国家的最高权力机关。努尔哈赤几经琢磨,终于做出了这一伟大的创举,他试图通过实行八和硕贝勒共治国政制,在新汗嗣位之后,改革君主专制,实行贵族共治,这在我国两千多年的封建社会历史中,是一次可贵的尝试。

然而,后金汗努尔哈赤的这一美梦又是多么荒唐!他试图用八王共治的一纸诏书来阻止诸子势同水火的储位之争,其用意是何等善良!可惜,后金努尔哈赤汗的八旗均分的原则和八王共治的政体,只在皇太极登基以前,曾对诸子相争起过一定的阻止作用,而一旦皇太极登基,这一切又同第一个"梦"一样,成肥皂泡散去了。

难道,这又是历史在捉弄身怀大志的后金汗努尔哈赤吗?其实,历史是不会随便捉弄人的。如果努尔哈赤真料事如神,能妥善安排后事的话,他的美梦至少是不会那么早地破灭的。之所以那么早就美梦破灭,说出来恐怕令后金汗王痛心,因为他百般琢磨、反复研究的政体改革,其实是有着很大的局限性的。也难怪他片面、局限,世事变化莫测,人心复杂难料,有谁会对未来料事如神呢?说到底,努尔哈赤还是被历史捉弄了一回。

这一次改革仅局限在调整后金统治集团内部新汗与八和硕贝勒之间的关系上。八和硕贝勒是后金汗下最大的女真贵族,后金的统治权实际上掌握在几个大贵族,主要是四大贝勒手中,同诸申毫不相干。

这次改革将异姓贵族排除在后金最高统治集团之外。如努尔哈赤建立后金政权,由五大臣执政,其后,他的儿子都一个个长大成人,而且又都具才华,于是,五大臣就被四大贝勒取而代之。这时,费英东、额尔都虽死,何和理、安费扬古、扈尔汉尚在,但并不预政。这表明最高统治权是局限在爱新觉罗氏大贵族之中的,是完全排除了异姓军功贵族的。

这次改革是以努尔哈赤《汗谕》形式进行的,主要意图是在平衡四大贝勒之间的关系,但这种权力平衡只能是暂时的。明崇祯五年,后金天聪六年正月,皇太极开始"南面独坐",四大贝勒的平衡关系被打破,君主独裁重新建立,努尔哈赤的改革宣告彻底失败。

失败是令人难以接受的,说"失败是成功之母"是用来安慰青年、激励青年的。而后金汗努尔哈赤当年却已是将要入土之人,所以失败除了在他的一生中留下几许让后人品评的话题外,对努尔哈赤已再不能成为"成功之母"了。

努尔哈赤一梦接一梦地连续地做下去，他已经没有时间等梦境成真了。他虔诚地祈祷着上天，希望曾经以乌鸦遮树洞、小狗扑烈火救他于李总兵追兵之中的天能再度赐福给他，让他的每一个梦都能在他的有生之年实现。他苦苦地思索着、追求着，做着许多他从未想做过的事。

天命九年四月，努尔哈赤为了实现他的第二个梦，命他的族弟多毕等人前往赫图阿拉迁陵。赫图阿拉埋葬着他的祖父母和父母，也埋葬着他的妃与弟。努尔哈赤为求死后安宁，有生之年尽量做完对一生冤孽的忏悔。当他命人杀牛祭奠亡魂时，他亲自率领一队披挂一新的将士，在炮声和鼓乐声中，将祖父母、父母和妃与弟的灵柩迎到了东京的灵堂。当他灵前跪拜，焚告天地祖宗的时候，他默默地向他的胞弟舒尔哈齐表示了歉意和内疚，当然，他心中祈求上天恕罪的想法恐怕要多于对胞弟的歉意。

金汗努尔哈赤又开始收买身边的老头儿老太太们，这就是——全家聚会。

天命十一年正月旦日，努尔哈赤一觉醒来，便突然发癔病般地命诸贝勒来见他议事。

八和硕贝勒遵父命匆匆赶来，见父王端坐御座，神情庄重严肃，都猜不透父亲又有何新创。默然静候有一时，才听努尔哈赤开口说道：

"我宗室内，有拜者户、胡星刚两位兄长，昔日只知给我增忧，与我为敌，毫无有利于我的地方。又有乌拉国岳母阿巴亥之母、满泰妻、叶赫国岳母孟古之母、仰加奴妻，挑唆其夫和子与我为仇，你们说，他们这些人哪里对我有半点好呢？不过，尽管如此，他们毕竟是长辈，是应当受到尊敬的，我不能去掉礼节。我想，时值正月，为了表示对他们的慰问，选个吉日将他们召进宫来，一同聚聚，一来表达我对他们的敬意，二来也让你们和他们联络联络感情，俗话说，和为贵嘛。"

努尔哈赤一番话说得情真意切，显然是有真感情在里面的。其实，如果了解了他对以上诸位的痛恨之后，就不难理解，当时对他们的友好示意，心里面是有多么的不爽快，但是他毕竟是一方天子，着眼点要远远高于凡夫俗子。儿女情长、恩仇怨恨是因政事需要而生的。情感上的小小波折，对于他们来说，还不是小事一桩吗？

与拜者户、胡星刚两位族兄的矛盾发生在他含恨起兵之时。

第二十四章　虑久宴亲露和谐
　　　　　　　追忆此生梦难圆

　　万历十二年时候,正值努尔哈赤起兵一年之后。努尔哈赤虽然已经统一了苏克素浒河部,势力日渐强盛,但是仍然会有外部时不时前来劫寨,努尔哈赤的处境可以说是仍处在危险之中。

　　关于宗族戚友加害,有这么一例:

　　"长祖、次祖、三祖、六祖之子孙同誓于庙,欲谋杀太祖。"努尔哈赤当年刚刚开始创业,虽说他本人智谋过人,英勇无敌,但创业大事仍需有人支持,有人帮助。值此重要时刻,他的族人不仅不帮他,而且还欲加害于他,这怎能不令他痛恨于心呢?所以努尔哈赤说他们"毫不利于我"是丝毫没有冤枉他们的。

　　至于乌拉国岳母、叶赫国岳母两位女流,虽不曾直接与他发生过什么干戈,但她们分别是两大国乌拉和叶赫的首领之女,她们虽然都有过将自己之女送与努尔哈赤为妻的举动,但努尔哈赤作为政治老手,是很理解她们的意图的,只不过当时势力强大的努尔哈赤并不领情罢了。后来,她们两国在努尔哈赤的征服过程中,都曾百般抗争过,而且,很可能两位岳母在抗争过程中也没少为她们的丈夫儿子出谋划策,以至于努尔哈赤的统一大业大大受阻,军力、财力大大受损。虽然由于努尔哈赤的勇不可挡和智谋过人,他们两国最终还是归顺了,但对她们两人的仇恨却仍在努尔哈赤心中留存着,只不过由于她们是岳母,她们的女儿又为努尔哈赤培养了智勇双全的后代,将功抵过,或者说出于礼义,努尔哈赤才留下了她们的性命,而且还给她们供给,但要努尔哈赤敬她们、对她们友好,这恐怕是办不到的。

　　如今,就是这么四位曾经与他作对的人物,努尔哈赤也要出于"受敬之礼不可废",而准备召他们进宫聚会了。试想,努尔哈赤难道真是心平气和、心甘情愿吗?不然。但却正因为不然,就更应该为努尔哈赤的大义英明、高人一等而赞叹。

　　当努尔哈赤通知八大贝勒后,便在庆贺新春的佳节里,将他的两位族兄拜者户、胡星刚,两位岳母叶赫氏、乌拉氏,皇姨以及叶赫贝勒占泰(曾发动乌碣岭之战,与努尔哈赤争雄,兵败后逃入叶赫,及至叶赫被收,他也归顺了努尔哈赤。努尔哈赤曾在对乌拉的政治怀柔阶段把侄女送给他为妻)、金台石(曾为叶赫山城即东城守将,是皇太极的舅父、代善的岳父。东城陷后,三次拒降,后举火自焚未死,被缚俘而缢死)两人之妻一同请入宫中。

当日,宫中隆重设宴,努尔哈赤举家欢庆,深宫大殿里第一次出现了春意融融的气氛。

努尔哈赤精心设计这次别开生面的大团圆式聚会。

他率领他的诸嫔妃,面对坐在上座的两位族兄和四位老妪,行家人礼,其诚其敬,不亚于朝拜他自己的亲生父母。

两位族兄及四位老妪何等身份、地位,见大汗如此礼拜,自是激动不已,免不了离座行君臣大礼。

于是乎,两下和好,恩怨似乎全消,宴会气氛出奇的和睦,少有的温馨。

也许,努尔哈赤当时真是人老心诚了,他在内心里很享用这次聚会呢。可怜那些一生为事业所困的英雄们,其实他们也有七情六欲,只是自古治国平天下者就都少有儿女情长,而儿女情长、以家庭人伦之乐为追求者也很少能治国平天下。这一矛盾曾经演绎了多少人间悲剧,努尔哈赤又如何能逃离规律呢?出于善心,让我们还是来相信他此时的真情吧。尽管他最初的意图可能不是为了满足自己的情感需要,但至少说现在,他那生之为人的温情需要是满足了。那么,他高驾于一切之上的、为帝业着想的意图,使子孙相安、江山永固的伟大理想是否也能在这么一次别开生面的宴会中实现呢?努尔哈赤当时完全沉浸在梦境中,他看到的可能是理想之光的辉煌,但是他的美梦最终也还是会破灭的。人,尽情地享受一番家庭的温暖吧。

努尔哈赤主持过家人礼拜后,众人便就序入宴。

举家饮过团圆酒后,努尔哈赤跪着斟满酒杯,无比尊敬地对两位族兄和四位老妪道:

"岳母、长兄、侄女、女儿及爱妃,请受我努尔哈赤这杯酒。我一祝你们健康长寿,寿比南山,福如东海;二祝你们和睦团结,尽释前怨;三呢,算是对多年来由于政事繁忙,不能前去探望诸位表示歉意。今日正当新春佳节,设宴请来诸位。理当礼遇诸位,且请诸位干了这杯酒,我努尔哈赤心满意足了。"

说完,令人将酒一一送到二兄与四老妪面前。二兄与四妪受宠若惊,见酒端过来,自然不敢怠慢,一个个都小心翼翼地接了酒,然后,六人齐声说道:

"我等罪臣承蒙大汗开恩,不但不计前嫌收留我们,而今又设宴款待我们,我等虽年事已高,再不能孝敬大汗,但是日后教育儿孙时,定要让他们效忠后金王朝,为保后金江山,就算于刀山、下火海,也当在所不辞,死而无悔。我等今日饮下这杯酒,就当对天盟誓,日后若有不从,但愿上天惩罚!"

六人说完,都举杯一饮而尽。努尔哈赤看着他们一个个都杯底朝天,才命人将众人搀起。他哈哈大笑。众人便一起动筷吃菜,宴会再一次显出家宴的欢乐。

第二十四章 虑久宴亲露和谐 追忆此生梦难圆

宴会在欢乐祥和的气氛之中进行着。

然而他们谁都没有发觉,不管是操纵者努尔哈赤,还是就范者六位客人,他们都没有发现冥冥中那位天帝已在满脸嘲笑地向他们观望了。

他笑努尔哈赤的痴心妄想,笑六位客人的不自量力,他们太相信自己的教化作用,太忽视子孙后代的勇力、才华,也太忽视历史的造化作用。他们以为自己曾经一世英明,叱咤风云,儿女后代无非是为延续他们的人生理想而为天帝所赐。

岂不知,一个人生与不生,也许天帝有可能定夺,而至于生下来后如何行事,天帝恐怕就不能完全定夺了。

再者说,就算天帝真能定夺一切,焉知道他就不会再造世事,尽废前计呢?所以,天帝要嘲笑他们,嘲笑他们这些自以为是的人。他们也太瞧得起天帝、太瞧得起他们自己了。

是呀,努尔哈赤何尝不是太瞧得起天帝了?他所做了的一切,不是依靠天帝帮忙实现、他自己又能实现多少呢?他只能是算尽一切办法,布置后事,为上天保佑他江山巩固多做一些实在的事务。

然而,上天要真想保佑他,又与他的做不做准备有什么关系呢?当年,上天造他做后金皇帝,他又有什么准备呢?无非是时代需要,上天造化了他而已。

他忽略了时代,忽略了历史发展,以为上天造他就是要他永世统治后金呢。

努尔哈赤虔诚地、苦苦地为实现他的"梦"里乾坤准备着一切,真所谓煞费苦心了。

然而,一切最终都成了南柯一梦。

梦是心灵的呼唤,是希望的寄托,于是,一个个壮举就都在一位位胸怀斗志的伟大人物的梦里诞生了。

他们的事业蓝图大多都是梦里设计的。当然,也是时代需要,所以,他们中不少人成功了。等到老年的时候,梦又是什么呢?梦成了安慰。

努尔哈赤戎马一生,经历过无数的刀枪剑戟,创下了千古英名。而今,他老了,将要离开他一生为之献出了无数血汗,甚至不惜牺牲亲骨肉的后金江山了。

他在短短的余生中,又怎么能不追求美好的梦境呢?

努尔哈赤可谓儿孙满堂、后继有人了,所以,他渴望有人能代他管理政事,自己好享受一下人生的真正安乐。他有时想,那些平民百姓们多幸福啊,他们不因为江山社稷操心,不用为子孙后代操心,老来自有儿孙孝顺,自己又轻松安逸,那生活多自由啊!而我……

努尔哈赤失望了。他不能从现实中获得安宁与欢乐。他的帝位候选人屡换屡让他失望,他的子孙们在他面前和善团结,而背转他,却又勾心斗角,他又怎么能"使我不预国事,得坐观尔等作为,以舒其怀"呢?

努尔哈赤只有寄希望于那些虚幻的梦了。

联想人生,忽觉得这人生也真如一场梦。年轻时,为未来梦幻,当然,这梦也不是完全能实现了的。年老时,为过去和后世梦幻,梦过去是为了求得现实的安慰,梦后世则是为了子孙的平安。然而,这后世的梦,又有几多能实现的呢?也就是梦梦过去辉煌,为自己的晚年添些欣慰,这一点还较为容易办到罢了。

三国时代,曾有同努尔哈赤晚境相似的一大军事家、大政治家曹操有感而发,写过《步出夏门行》这么一首诗:"老骥伏枥,志在千里;烈士暮年,壮心不已。"诗中,曹操抒发了一代枭雄的不朽斗志,但也隐约可以读出人寿无常的些许无奈。因了这首诗的形成简单,思想内涵深刻与抒志直接明了,所以,千百年来,许多仁人志士都在暮年时于各种情况下出于不同思想吟诵过这首诗,他们借用曹操的诗意,抒发着各自不同的人生感慨。然而,有谁又像努尔哈赤一样与曹操晚境如此相似呢?有谁能比努尔哈赤更适合吟诵曹操的《步出夏门行》呢?

"知音哪,曹操,可惜我没有你那样的文采,写不出你那样的流传千古的名诗,但你我心境相同!真想能有幸与你谈谈,或许,我心中的郁闷会多少减退些。"努尔哈赤想到曹操,不免做了如是之想。

然而,这也无非是个梦罢了。曹操入土千年,又怎样出土与他闲谈,为他排忧解难呢?倒是让我们忽然又从他们的相似中看出点什么来。曹操作为一代枭雄,晚年肯定也不少梦幻,梦想江山千古,无论哪个帝王都肯定会想,野心勃勃的曹操一定是更不例外,然而结果又是如何呢?曹丕做了一代帝王后不久,曹氏天下便灭了,又如何能千古呢?努尔哈赤此时想到曹操,是不是在梦想之余,也有江山不古的担忧呢?难断啊,帝王之心,恐怕连他们自己当时也说不清自己究竟是什么心理。

努尔哈赤梦醒时分,好像有所发现,发现他的梦都不可能好好实现,于是,他又转向现实寻找安慰,于是就有了辽沈之治。

努尔哈赤从小就英勇好战,及至含恨起兵后,更是战事连绵,其中,大多都以获胜为终,因此,努尔哈赤向来也是以英勇无敌而自豪的。

然而,自进入辽沈后,这位用兵如神、在战场上叱咤风云、游刃有余的征服者,却在被他征服的土地上陷入了困境。他不知该如何实行对辽民的统治,不知该如何征服众多汉人。

明天启元年,后金天命六年七月十四日,努尔哈赤综合明辽东封建军事屯田制和后金八旗牛录田制,颁布《计丁授田令》。

他命将收取海州地方田十万亩,辽阳地方田二十万亩,共计三十万亩,给予在该处驻居的兵丁,如不敷用,再将松山堡以东之田耕种。如仍不足,则可出境耕种。努尔哈赤下《汗谕》:"凡今年种植的庄稼,均各自收获。我今天计田,按每一男丁,种粮田五亩,种棉田一亩,均平分给你们。你们不要隐匿男丁,如有隐匿者,便得不到田亩。原来的乞丐,不得再讨饭。乞丐、和尚都有权分田。你们都要勤劳地耕种自己的土地,每三男丁种官田一亩,每二十男丁中,征一丁当兵,以一丁应公差。"

天命六年十月初一日,后金汗努尔哈赤又令辽东五卫的人,交出无主田地二十万亩,满洲、盖州、复州、金州四卫的人,也交出无主田地十万亩,共三十万亩,实行"计丁授田"政策。

另外,又将"辽东地区"无主之田,按丁授与满、汉人户。

就其土地所有制来说,后金国家是土地的最高所有者,把土地分为官田和份地,直接生产者除以无偿劳役耕种规定的官田外,便在所得份地上经营自己的经济,而并无真正的土地所有权。就其直接生产者的地位来说,直接生产者虽不像奴隶那种人身隶属关系一样,但不许隐匿人丁。他们被钉附在土地上,成为八旗封建主的依附土地的农奴。就其分配形式来说,生产者耕种规定田作为劳役地租,份地则为"一家衣食,凡百差徭,皆从此出"。

"计丁授田"制度的颁布,表明了土地所有制、直接生产者地位和产品分配形式,都属于封建生产关系的范畴,而其基础则是满洲八旗封建土地所有制。努尔哈赤继牛录屯田之后,又颁布"计丁授田"之令,进一步从法律上确立封建土地所有制在经济基础上的统治地位,标志着我国东北地区满洲社会已用封建制取代了奴隶制。

"计丁授田"令是他在进入辽沈后的第一个经济改革。改革扩大了统治者的利益,而使百姓权益大大受损,这就为农民起义埋下了一颗种子。努尔哈赤统治自己的族人没出现过什么差错,而这一涉及汉人的经济政策颁布后,汉人的骚乱曾经一度使他不知所措,不过,民还是小民,最终,努尔哈赤还是镇压了他们。

"计丁授田"令颁布之后,努尔哈赤又颁布了"按丁编庄"令。他下令将奴隶制拖克索转变为封建制拖克索。建州的拖克索有一个变化的历史过程。它先为奴隶制田庄,努尔哈赤起兵后不久,在奴隶反抗斗争冲击下,逐渐废弃。尔后,奴隶制田庄仍继续存在着。八旗军进入辽沈地区之后,将大量俘获汉人降为奴隶,编入奴隶制田庄。但田庄的奴隶无法为生,叛之殆尽。努尔哈赤鉴于田庄奴隶的反抗,辽东封建经济的影响,奴隶田庄濒临瓦解的原因,便发布了"按丁编庄"令,将奴隶制田庄过渡为封建制田庄。

从此，拖克索发生了质变。

明天启五年，后金天命十年十月初三日，后金汗努尔哈赤发布"按丁编庄"谕：

"男丁十三人，牛七头，编成一庄。将庄头的兄弟列入于十三丁之数。庄头自己到沈阳，住在牛录额真家的附近，使两庄头要住在一处。如果逢上役使，这两个庄头轮流前往督催，诸申不要参与。把庄头之名，庄中十二男丁之名，牛、驴之毛色，都写上，交给村领催，由去的大臣书写带来。"

"若收养的人，置于公中，会被诸申侵害，全部编入汗、诸贝勒田庄。一庄男丁十三人，牛七头，田百亩。其中二十亩纳官粮，八十亩供自己食用。"

"每男丁十三人，牛七头编为一庄，总兵官以下、备御以上，每备御给予一庄。"

以上就是后金"按丁编庄"的基本内容。这是大规模地用划一标准建立起来的田庄。

"按丁编庄"涉及的问题很多，但就其生产关系来说，田庄的土地，分为纳粮和自食两个部分：纳粮部分，壮丁用自己的劳动、耕牛和工具，耕种农奴主的土地，产品作为劳役地租，归农奴占有；自食部分，对壮丁来说，它提供生活资料，对农奴主来说它提供劳动力。田庄的壮丁，有自己的经济，其身份已不是隶属于主人的奴隶，而是附着在土地上，为封建主服徭役、纳租赋的农奴。这表明奴隶制田庄已转化为农奴制田庄，奴隶制拖克索已转变为封建制拖克索。

田庄的数目，虽限定每备御给予一庄，但实际上远不是这样。据《建州闻见录》所载，后金的田庄，"将胡则多至五十余所"，田庄如云，遍布沃野。田庄中，"奴婢耕作，以输其主"。在按丁编庄之后，"奴婢"也就是农奴。

总之，后金汗努尔哈赤进入辽沈地区之后，控制了其辖区的所有土地。他通过后金政权，一面使牛录屯田发展为"计丁授田"，就是将其中一部分土地，授给后金诸申和汉族民户，从而使屯田转变为旗地；另一方面使奴隶制拖克索转变为封建制拖克索，就是将其中的另一部分土地，分给大小军事封建主。

努尔哈赤实行"计丁授田"和"按丁编庄"，都是封建主占有土地，农奴分得份地，依附于土地，为地主纳税、服徭役，并受其超经济的强制。奴隶制已基本不再是后金社会的主要经济形态，而仅仅是保留在封建制中严重的奴隶制残余了。

后金汗努尔哈赤的"计丁授田"和"按丁编庄"，对于满洲社会完成由奴隶制向封建制的过渡，无疑是一个巨大的进步，但对于辽东地区相当发达的封建经济，则又是一个历史的回旋。他在辽东地区的经济政策及其实施，主要引起三种人的不满：一是后金诸申的不满。在计丁授田时，上等肥沃土地，有的被本管官占种，有的被豪富占据，剩下的一些贫薄之地被众人分割，名义上是人五亩，实在分到手的不过只二三亩而已。而且，他们除纳劳役地租外，还应公差、服兵役。后金连年战争频繁，他们马不卸鞍，常年服兵役不说，还得自己卖牛典衣，买橄制装，若丧身疆场，妻子无依，家小无靠，其生活是苦不堪言的。

另一种不满的人是汉族地主。努尔哈赤征发"无主之田"和实行"按丁贡赋"的政策，直接损害辽东汉族地主的利益。因为"无主之田"原来其实是有主的，只不过其主人多是辽东官僚地主、缙绅豪富，他们或死或逃，受后金贵族排挤，与后金贵族之间形成了尖锐的利益冲突。"按丁贡赋"对辽东汉族地主也是一个打击。如努尔哈赤向辽东汉族地主下达文书说：

"我来辽东之后，见各种贡赋都不以男丁计，而是按门户计。按门户计，有的门户有四五十男丁，有的门户有一百男丁，有的门户只有一二男丁。如果按门户计，富者可以财物免役，穷人则没有财物，须经常应差，他们一来会有不满，二来又因饥饱不均，难以强壮的体魄，这于军队是不利的。我不执行你们的制度，还用我原来的制度。我不准诸贝勒大臣向底下人索取财物。贫富都公平地以男丁计。"

这项政策尽管没能真正执行，但仍在不同程度上打击了隐匿人丁数量的辽东汉族地主。

再一种不满的人是辽东的汉族普通人。辽东的汉人，无论是"按丁授田"的民户，还是"按丁编庄"的壮丁，其身份都被降作后金汗、贝勒、额真的农奴，他们不但没有因田而生活有所好转，而且还因民族歧视及农奴身份而遭受更严重的奴役。

后金汗努尔哈赤的经济政策给辽东地区的汉族人民，捆上了阶段压迫和民族压迫的绳索，使他们不堪重负，终于激起了他们的反抗。努尔哈赤本欲改革经济制度后能安抚辽东汉人，没曾想，他们不仅不领情，甚至还起义反抗他，这使他非常恼火。他强烈地镇压了农民起义，才使得他的统治巩固下来。但由于内乱毕竟不利国政，所以，为了安抚民心，努尔哈赤又制定了一系列政策，一方面谕令收养汉人、勿妄杀掠；一方面又经常滥施淫威、举措失当，他所制定的一系列政策其实是更加激怒了汉人。

努尔哈赤究竟制定了什么政策而使民众更加不满于他呢？且看努尔哈赤的喋血政策及辽东汉人对他的反抗斗争——"蛰伏"辽沈。

努尔哈赤面对汉人的反抗，陷入了极度的混乱与矛盾。他集中精力、费尽心思地想管理好自己征战得来的土地，然而，事情往往出其意料，他越是想安定政治，安抚民心，却越是政治混乱，民心动荡。努尔哈赤非常苦恼，他没想到保江山竟比打江山难这么多。他是马上皇帝,但却并非有勇无谋,他曾准确地判断形势,赢得过无数次战争,也曾迂回地运用手段,征服过好几个民族,但值此治国之际,他怎么就没主意了呢?是他年老智弱,聪明不如当年了吗?不得而知。但政策总得制订,否则局面失去控制,其后果将是不堪设想的。

不管剃发也好,迁民也好,查粮也好,征役也好,这一切似乎并没给努尔哈赤带来什么好处,带来的只是辽东人民一浪高过一浪的反抗。

努尔哈赤自以为聪明制定了对辽政策,但这一政策大大削弱了他的统治力量。然而,侵略成性的努尔哈赤心中只有江山社稷,尽管国内政治不稳定,他却又欲挑起新的战争,这说明什么呢?恐怕只能表明努尔哈赤嗜战,且野心勃勃,太有创业欲望罢了。

但努尔哈赤的兴盛期好像已经过去了,正如他晚年的一切梦幻都是破灭的一样,他在蛰伏辽沈三年后挑起的宁远战争最终也是以失败告终。

努尔哈赤平定了国内的叛乱,紧接着便又挑起了对宁远的战争。

战争,对某些人来说,它是死亡的象征,是妻离子散、家破人亡的象征,然而对于发动战争的人而言,它却是权势的象征,是威武的象征。对发动者来说,战争就像一餐饭,人少了一餐饭,身体就会受损,而国家少了战争,可能江山就会受损。

努尔哈赤现在倒不是江山受损不受损的问题,而是江山够不够壮美的问题。

努尔哈赤自从起兵后,先后发动过那么多的战争,而战争又给他带来了那么多的收获,建州、海西、野人等女真部落的统一,蒙古、乌拉、叶赫等的降顺,哪个不是战争帮他得来的呢?如此看,努尔哈赤又怎能离得了战争呢?他以战争称雄,而且他还要通过战争来与明朝抗争,这是他少年时就曾梦过、老年时仍在梦着的一项伟大工程。

而今,努尔哈赤为内政操劳得心力交瘁,而操劳的结果却又是令他那么的失望,这是很令他难以忍受的。他需要发动一场战争来安慰一下自己的心灵,他需要发动一场战争来鼓励自己的自信。几经失败后,他觉得,只有在战争中,自己的聪明才智与勇力才能得以发挥,自己的信心之帆才能再度鼓张起来。于是,在辽民此起彼伏的叛乱声中,努尔哈赤毅然决定向宁远进攻。

然而,宁远一役,后金惨败。多少年以来的第一次惨败。

宁远之败给努尔哈赤留下了终生遗憾,但他从明人手中夺取帝业的宿愿却仍没更改。努尔哈赤追寻着、期待着军威再振。而今,他需要暂且恢复一番。但没用多久,他就又精神抖擞地踏上征程了,这次是——讨伐巴林部。

努尔哈赤自宁远兵败后,便陷入了不可名状的苦闷中。愤恨、懊丧、痛心和失望,交相袭扰着他,使他本就烦闷不安的心更无片刻宁静。而心情的沮丧,更使努尔哈赤的思绪无休止地进行下去……

努尔哈赤在自己的脑海里寻找着、探索着,时而反省自责,时而感慨嗟叹。想不到,宁远之败竟像个不散的阴魂紧紧地缠住了他,摧毁了他那从未失去过的自信,他第一次感到人生如此的困惑。

努尔哈赤一向是沉默寡言的,而如今却也变得唠叨起来了。他以前喜欢独处,喜欢一个人安安静静地思索事情,而今,他竟害怕起了孤独,他强烈地想与人攀谈。他不厌其烦地问身边的大臣:

"难道是我身心倦惰,不留心治道吗?难道是我对国家的安危、民情的甘苦不问不查吗?难道是我对那些立过功勋、为人正直的人没有重用吗?不然,我何以会打了败仗呢?"

大臣们自然会前来安慰,虽然是阿谀奉承之词,但是他仍然百思不得其解,由此而产生的联想更是让他找不到方向。他经常问自己:

"我的儿子们真的会和我一样尽心为国吗?大臣们都是勤于政事吗?面对的明国,真实的情况又是什么样的呢?像袁崇焕这样的将军明国还有吗?"

诸事萦环,努尔哈赤觉得自己真的是一个啰嗦的老人了。

第二十五章　一代天骄梦断归　遗嘱之谜引猜测

努尔哈赤从没有像现在这样渴望与别人进行交谈,他希望倾谈的对象,不管你是"通窍者",还是"骁勇者",或是"精练行阵者",只要能够给他启迪,什么样的人都可以。然而,他身边既无张良、萧何,又无孔明、周瑜,处境真的是孤家寡人,无人可依了。

失望之中,努尔哈赤不禁想到了一句古老的民谚:

"一人善射,十拙随而分肉。"

他目前乃至一生,不正是这种民谚的写照吗?

"唉,不肖子弟们,贤人治理之国当等坐享之,英雄阵获之物当等坐分之。而今,贤人垂暮,英雄末路,汝等何所享之、何所分之呢?"

努尔哈赤大发感慨,他的失望无人能理解。

努尔哈赤就这么孤独地调理着自己。不堪忍受现实的诸多失意,他便把思维又引向了追思悠悠的往事,他不想被痛苦、失意击垮,所以只有想法子治愈自己,宽慰、解脱自己。

努尔哈赤从图伦复仇想起,发觉连年的征伐,虽然恍如一场血腥的梦,却仍能把他带回叱咤风云的战场。他想到计杀诺米纳,雪夜伐李岱;想到马尔敦大战、吉林崖四人敌八百人、古勒山破九部联军,想起他由此奠定的建州枭雄的地位,接着,想到他完成对扈伦四部的吞并,对东海女真的招抚,对蒙古诸部的征剿,也想到了他冲出女真、杀向明朝的几次战役,这些都是攻无不克、战无不胜的,攻城略地,他向来都是势如破竹、所向披靡的。这些赫赫的战功,是唯一能使努尔哈赤感到安慰的事情。当沉浸在回忆中的时候,努尔哈赤庄严的、愁苦的面容终于露出了一丝丝微笑。

孤独者之所以能生存,是因为他们有惊人的自救能力。努尔哈赤经过一番痛苦的挣扎后,终于走出了心理的低谷,重新回到了现实。

一旦回到现实,努尔哈赤发现,他还是坚强的一国之主。国内,其时仍有许多亟待解决的问题等着他处理,大家都还倚重他这个后金汗努尔哈赤,大家都等着他为宁远的惨败洗刷耻辱,找回补偿呢。努尔哈赤也清楚地知道,宁远之败,不仅使许多的八旗壮士为国捐躯,死在了疆场,后金国军队笼罩在了损兵折将的悲哀之中,而且,失去亲人的旗人,还会因一无所获,得不到战利品而再生怨念。后金国的国民还没有丢掉靠掠夺为生的恶习,何况当时,大家还都正在困难时期。这些都不足为怪,更可怕的是,曾经如龙似虎、强悍无敌的八旗壮士在宁远之败后竟被他们的大炮吓破了胆,竟然变成了谈虎色变的胆小鬼。

努尔哈赤觉得自己不能再沉默下去,他得拿出一些威严给旗人撑腰做主。古语说得好:失之东隅,收之桑榆。

为了掩饰兵败的损失,重振八旗军威,也为了洗刷兵败耻辱,发泄心中怨恨,努尔哈赤终于又重新鼓起了勇气,再次举起了征伐的旗帜,将后金将士和人民的不满引向了背金助明的喀尔喀蒙古巴林部。

努尔哈赤找不到比战争更能治愈他心灵疤痕的灵药。战争,对努尔哈赤来说,永远都是振作精神的兴奋剂,可以说,战争几乎是努尔哈赤的全部生命价值,因为它是完成帝业的希望。

明天启六年、后金天命十一年四月四日,在宁远兵败后的两个多月之后的又一个重要日子里,努尔哈赤抛开多日来萦绕心头的郁闷和不安,又一次精神抖擞地踏上征程。

诸贝勒大臣簇拥着威风凛凛的努尔哈赤飞驰着奔向了通往漠北的大路。大路上,铁骑奔腾,黄沙漫天飞扬,其壮观再一次激发了后金八旗将士的勃勃雄心。

努尔哈赤的兵士没有遇到任何阻力,迅速渡过辽河,紧接着,十万大军便以披靡之势杀向巴林部。

努尔哈赤命一支精锐的小分队打前锋。前锋部队由五百壮丁组成,他们个个身强力壮、灵活机智,又都是久经沙场、经验丰富的战士,所以,冲向敌阵后,没用两个时辰,便射杀了巴林部首领叶赫巴图鲁的幼子囊努克。囊努克一死,蒙古军便呼啦撤退。后金八旗军前锋部队首战告捷,五百人连同坐骑均丝毫未损,八旗军士气受到鼓舞,军威大振。

连夜,努尔哈赤不等敌军做好再战准备,就又发兵攻打巴林总部。巴林部迅速灭亡,努尔哈赤马不停蹄,挥师继续前进。

四月五日,代善、阿敏、莽古尔泰、皇太极,以及济尔哈朗、阿济格、岳讬等人率领大军,火速奔往西拉木伦河。西拉木伦河是喀尔喀蒙古各部的集中地。努尔哈赤知道他们也曾以战争雄踞欧亚大陆,是一个非同一般的民族,但这不但没有吓倒努尔哈赤,相反却更加激发了他的斗志。他慎重考虑,周密布置,在总结宁远兵败的教训后,心平气和、认真谨慎,试图一举攻灭喀尔喀蒙古族,并以此来检验他自己的能力。

为了完成这一志愿,努尔哈赤调动了他的全部精锐之师。清晨,总攻正式开始。

努尔哈赤亲自督阵,代善、阿敏、皇太极等贝勒大臣英勇对敌。喀尔喀蒙古各部虽兵强马壮,但因仓促应战,毫无准备,所以后金兵一来,他们便手忙脚乱,顾此失彼,营中一片大乱。

后金兵杀气正冲,逢上惊慌不定的蒙古军,他们更是越杀越勇。加上宁远兵败在他们心间积郁沉重,他们正好借此机会,大加发泄。看来,努尔哈赤这次总算算计对了,他终于给自己挣回了颜面,为士兵洗刷了耻辱,给他们找准了一个很好的出气筒,使他们既抒发了心中的闷气,也捞回了宁远战场中没有得到的战利品。他们终于再一次胜利了。这是在宁远兵败后的一次意义重大的胜利,它标志着八旗军仍然顽强,努尔哈赤仍然年轻。

战事很快结束。努尔哈赤以意想不到的速度结束了这次战争。他的脸上终于绽放了舒心的微笑,欣慰之余,他终于出了一口憋在胸中的闷气。"吁,总算是办成功了又一件大事!"努尔哈赤由衷地发出感慨。

为了宣示这次胜利,努尔哈赤在科坤河畔的大营中宰牛祭天,告慰天地祖宗。他感谢天帝给他的安慰。联想到老来所经历的种种失败,他更加看重这次胜利。他认为这是天帝给他的希望,而以往的几次波折无非是天帝有意对他进行考验而已。"是呀,我怎么这么经不起考验呢?小小失意竟让我如此不宁,这未免也太没气量了。"努尔哈赤面对胜利,心情舒畅多了,所以,以往的所有失意就都在他这一声感慨中淡忘了。他又重新陷入了对帝业的畅想中,他觉得,他的梦里乾坤不久就会成为现实。

努尔哈赤举行了隆重的庆祝胜利的仪式。他在新侵占的土地上犒劳他的士兵。这一天,贝勒、额真以及所有八旗军首领都走到士兵中间,与他们一起大碗地饮酒,大块地吃肉。八旗将士多年来第一次如此亲密、如此兴奋地吃喝在一起,他们都被胜利的美酒佳肴充塞得忘了天日。

努尔哈赤在大宴上也是出奇的好胃口,他好像一下子吃下了过去好几天没有吃过的饭食,他觉得自己是又年轻了。酒肉下肚,他甚至能听到自己身上骨骼生长的"咯吱吱"声音。战场枭雄,恐怕只有在战场得胜后,才会有这种豪情、这种自信吧。

努尔哈赤庆宴后,乘兴查点了所获战利品,然后,将数万人畜悉数赏给了出征将士。将士们分得财物,自然又是一番欢欣鼓舞。

努尔哈赤面对欣喜的士兵,心中那份曾经失落的自信现在更加坚定,他觉得,自己从前的动摇及怀疑是太丢人了。"我拥有这么精良的部队,处在这么强盛的地位,还怕等不到打败明朝,统一天下的那一天?我努尔哈赤注定是要做天下王的。年龄算什么,只要仍然强壮,八十岁我也还是能出兵的。"如此想着,努尔哈赤就更觉得信心十足。

努尔哈赤在获胜的土地上逗留了一个来月。当把那里一切安排就绪后,五月,他便返回沈阳,料理朝政。

努尔哈赤刚刚返回沈阳,战败的蒙古科尔沁部台吉奥巴就赶来求见。这令努尔哈赤格外欣喜。归附的臣民来拜,他出城十里,隆重欢迎。这是努尔哈赤向来的政策。他对归顺的臣民向来都是十分礼遇的。

奥巴在京的几日,努尔哈赤每天设宴款待,而且还给他丰厚的赏赐,并将养孙女许配给他。奥巴对努尔哈赤十分感激,于是,他们便在浑河岸上宰白马乌牛盟誓,表示君臣永远和睦相处,有敌共挡,有福共享。这是努尔哈赤晚年笼络人心比较成功的一例,但其前提却是战争的胜利。

奥巴的归附,使努尔哈赤看到了后金国的希望。他觉得自己现在是众望所归,还怕日后不能立于不败?

六月,努尔哈赤亲自率领诸贝勒大臣,将欲返回科尔沁的奥巴送到了沈阳以北的蒲河献岗。一路上,努尔哈赤一改以前曾经一度唠叨的衰暮老人形象,重新气宇轩昂,庄严肃穆起来。受他盛情款待的奥巴此时随他同行,只觉得他高大魁伟,令人敬畏,他那威武挺拔的身躯,仍然像蕴含着搬山填海的无穷威力。

努尔哈赤送走奥巴,返回朝廷后,又接连接待了几位臣服的部族首领。于是,晚年一度悲凄的努尔哈赤像是重获新生,朝事确实又繁忙了几日。

但,就像临终之人的那一刻回光返照一样,努尔哈赤的这一段振作,很遗憾也成了他惊天动地的一生中的最后辉煌。

积郁成疾,他竟患上了痈疽。

梦断神游。

七月二十三日,努尔哈赤终于不能再隐瞒病情,勉强支撑了。他把朝中事稍做安排,便决定前往辽东清河温泉疗养。

八月初一日,努尔哈赤让侄儿阿敏宰牛烧纸,跪在地上向天地祖宗祈祷:

"苍天在上,先祖有知,我辈努尔哈赤争战一生,只图创业。现今,眼见帝业初创,前途无量,众子嗣却心力不合,不宜治国。我当一人独撑天下,续建后金帝业。然由于不慎,我却又染上痈疽,如今,虽百病皆侵,然唯疽凶猛。为后金江山万古不灭,努尔哈赤请天地、先祖保佑,令我生命安全,寿命无疆,以尽我创建后金江山之毕生之力。万望关注,切切!"

努尔哈赤百倍虔诚地向天地祖宗求助。然而,生老病死,仍是大自然新陈代谢,向前发展延续的必然规律,就算神灵果有神力,又如何能破坏自己所立的规矩呢?何况,天地、圣灵原只不过是努尔哈赤在孤独无援时,自己臆想出来的一种依靠而已。可怜努尔哈赤一生靠自己的勇力、智谋南征北战,开创基业,临老万般无奈之时,竟向神灵祈祷起来。他记得,神灵从前帮他时,可从来是没用他祈祷的;而且,为感激神灵帮助,努尔哈赤也是诚心做过表示的,按理说,危难之时,神灵自当主动前来相助才是,如今怎么反倒是求也不至了呢？心病、身病一起折磨着努尔哈赤。他在清河疗养半月有余，病情不仅不见好转，而且反倒更加严重了。

努尔哈赤冥冥中感到他已失去了神助，自己在人间苟留的时间不会太久了。于是，八月十一日，努尔哈赤由清河出发，乘船顺太子河而下，向沈阳返回。船载着病魔缠身、思绪沉重的一代英杰，很快进入浑河，然后变成逆水行舟，船速减慢。

努尔哈赤凭意志支撑的伟岸身躯终于倒下。他静静地躺在那里，如油尽灯干。剩下的微弱生命，他更是倍加珍惜。

不再为那些搅扰他不安的闹心事耗费心力了，他要好好利用这内心中仅存的一丝光明，去想想自己的亲人，想想自己帝业的美好前途。

他仿佛看见爱妃大福晋阿巴亥含情脉脉依他而坐，诸子一个个谦虚谨慎地侍立两旁，孙子辈均随其母，罗列诸子身后。

他命他们就座，为他们设宴，要他们尽情享受、尽情欢愉。而后，他又看见自己端坐御座，满朝肃然静穆，明朝王跪拜阶下，三呼他万岁、万岁、万万岁……

啊，这一切都是多么美好！努尔哈赤举家安宁，后金帝国天下太平，这不正是努尔哈赤一生中梦寐以求的吗？啊，可惜，这一切恐怕永远也只能是梦了，因为，想着这一切时，努尔哈赤早已是昏迷不醒了……

他又走进了他的梦中。梦里来，梦里去。只有到这时，他似乎才领悟人生的可笑。当你溘然而去时，往昔的峥嵘岁月、往昔的荣耀都变得虚无缥缈起来。梦里的"乾坤"犹如海市蜃楼。那些都是可望而不可即的。

努尔哈赤的"梦"，是"老龙"的"梦"。他终生为这龙的"梦"而奋斗。

当这"梦"似圆非圆之时，他却将这残缺不全的"梦"留给了那些"龙子龙孙"们。

"龙子龙孙"不是"老龙"，这本来就残缺的"梦"传到他们的手里，似乎有些"变味儿"，有些"走样儿"。

本来就缥缈虚幻的"梦"，在这些"龙子龙孙"的整治下，更显得神秘，更显得难以琢磨。

沈阳城中，满汉百姓闻知大汗负伤而归，竟都不约而同地来到路边，目送汗王回营，这时节，正值辽东大地的春天，春风扑面，花团锦簇。为了让努尔哈赤早日康复，众贝勒将汗王送到清河的行宫里息心静养。

三个月时光飞逝而过，炮伤一点一点愈合了。可是汗王毕竟已是六十八岁的老人了，他的身体已经大不如前，特别是七月以来，汗王的后背上，忽然生了一个毒疮，时常疼痛。御医知道清河的温泉能医治皮肤顽疾，便建议汗王去温泉沐浴。

可是没能料到,一洗之后,汗王的病情反倒一日重似一日,陪同的诸王大臣们,见老汗王整日昏睡,不吃不喝,不得不采取应急之策,速返沈阳。

于是,八月一日,老汗王被抬上一艘大帆船,在大贝勒代善和四贝勒皇太极的陪伴下,顺太子河而下,经浑河,驶向沈阳。

帆船于十一日到达沈阳。老汗王的精神却忽然好了起来,命人将乌拉氏母子接了回来,又将众贝勒、旗主、文武大臣们都召到八方殿内,挨个儿看了一遍。这大殿之中,从来未坐过这么多人,一时间,竟显得拥挤起来。

老汗王看着诸子济济一堂,文武大臣聚积如云,心中不禁大悦。他挥了挥手,命侍卫抬进连夜铸好的两尊铁鼎,放在桌上。

九皇子巴布泰盯着这两只铁鼎看了半天,不解其意,便问道:

"父王,孩儿见过的鼎都是三足二耳,为啥这两尊鼎一个是八足,一个是独足?"

老汗王笑了笑,弯腰朝巴布泰道:

"九儿,你把那尊独鼎给父王立到桌上去。"

巴布泰听话地走上前去,抓起独足鼎,在桌上立了半天。可是那独足好似锥子一般,哪里立得起来?他只好垂头丧气地坐下了。

六皇子塔拜是一个又粗又壮的汉子,他见九弟不行,便自告奋勇地道:

"父王,将那独足削平,不就能立住了?"

努尔哈赤笑着摇摇头,又道:

"八儿你来试试。"

皇太极见父王点到自己,便大步走上前去,双手举起鼎来,猛地一墩,只听"咔嚓"一声,桌上砸了个大洞。众人定睛一看,那只独足鼎已经稳稳当当地卡在其中了。

十四子多尔衮奶声奶气地喊道:

"八阿哥耍赖!"

说着,跑上前去取出独足鼎,轻轻放在八足鼎旁边,笑着对父王说道:

"这样不就立住了!"

汗王却没有吭声,他挥挥手,命人搬走了鼎,朝大家道:

"朕今日将诸位召来,是想商定汗位继承人之事。鉴于古今历史,朕想反古今之定例,立八王共治的新体。"

众人一听汗王说到了正题,顿时鸦雀无声,全神贯注地倾听起来。

"朕近来身体越来越不行了,恐离大去的日子不久了。我去之后,嗣等汗位的,应是有才而且善于纳谏的皇子。自古以来,只有品行端正者,方能造福于民。众位刚才都见了,八足稳立,而独足难立。我去之后,众位贝勒、文武大臣,应归八旗。八旗之主,应当坚持国事众议,谨防一王独断。这样,方能避免恃强恃力者毁我江山……"

老汗王说罢,诸子肃然起立,高呼万岁。范文程上前道:

"此八王共治之体,前无古人,后无来者,乃是汗王创举!"

众位旗主、贝勒这时也纷纷上前,称颂不绝。老汗王见诸子甚解其意,也满意地抚须大笑。谁知这一番劳累,又受了些风寒,只好又躺上病榻,息心静养。

这些日子,外面军政事务,都由诸贝勒共同料理,老汗王努尔哈赤虽然躺在病榻之上,却仍思前想后,不肯安歇片刻。

汗王自二十五岁起兵,一生南征北战,从来都是凯旋而归,谁知如今却败在一个无名小子的手下,实在难以平静。他躺在病榻之上,思潮翻涌。几十年了,他是第一次有这个闲暇,得以反省自己。对自己以前做过的所有事情,努尔哈赤都怀疑起来,自己治国是否有过失误,下察民情是否有失,教育子孙是否得当,特别是将来的汗位,将由谁来继承,他觉得心里有千头万绪,理不清楚。

朦胧中,他仿佛又回到了少年时候,额亦都、安费扬古、阿敦、舒尔哈齐都紧紧跟在他身后,破古埒、灭尼堪、收复辉发、平定乌拉、鲸吞叶赫、征服哈达、并吞"野人"女真、大破九寨联军、创建八旗、制定满文、智斗李成梁、计袭抚顺、大战萨尔浒、巧取开原、夺取辽沈、占领广宁、修筑新京……一次次凯旋而归,一次次论功行赏,那时何等风光、何等气魄呀!

蓦地,他又想起含恨而死的结发妻子秀儿,想起了孟古,还有那个葬身他乡的绝世美女温姐,她送自己的那幅肩负世间愁苦,孑然独行的《行者图》,陪伴了自己几十年。看来果真被她言中了,自己戎马一生,荣华享尽,妻妾、儿女成群,到头来却比任何乡村野老都要寂寞得多呀……

忽然这一切都消失了。凭他如何倾听,怎样寻觅,那欢声笑语,那舞曲再也没有……只有身下浑河自顾自地流淌着。

努尔哈赤一直处于迷蒙中,但一旦回到现实中来,听到不变的浑河之流水声,听到侍从轻声来回走动的声音,不禁于胸中深叹一口气。俱往矣!往事如烟,抓也抓不住,一挥手便轻易地散了,消失了,再也寻觅不到。

老汗王知道自己不久于人世,可阿巴亥在哪里,她怎么还不来呢?不是早已派人去召大妃了吗?

此时的一代枭雄、老汗王努尔哈赤如同一盏光,即将燃尽,堪堪将灭。

一切的一切,渐归于沉寂,世界离老汗王越来越远,越来越远……

"汗王,汗王!"

努尔哈赤被急切的呼声唤醒了,他无力地睁开双眼。他看到大妃阿巴亥就在自己的身边泪流满面。老汗王的嘴唇动了动似乎想要说什么。

"汗王,您会好的!汗王,有什么话说,就说吧,我听着呢!"

老汗王无力地张着嘴,可他已说不出来,只有两滴泪珠顺眼眶滚落。他又昏迷过去了。自此归入沉寂,生命在往下陷落。

阿巴亥坐在老汗王身边。自从老汗王得了痈疽病,她心中已有预感。可是老汗王一直没有留下什么话,给自己安排一下托付之人。现在她见老汗王如此,知生命已尽,再也不能讨得老汗王的口谕了。她只好一边垂泪,一边为尚有一息之气的老汗王做点儿最后的事情。她用香巾给老汗王净面、净手。她现在能做的只有这些了。大妃阿巴亥心内悲切,她多希望老汗王好转过来呀!老汗王呀……

大妃阿巴亥看着老汗王的生命一点点在耗尽,看着生命之光离开了老汗王,死神走过来了。

天色昏暗,一切都归于静寂,太阳隐失于天外,星星还未露面,天地一片茫茫。

在距沈阳四十里处的瑷鸡堡,刚好是下午未时,努尔哈赤的心脏停止了跳动。时年六十八岁。

努尔哈赤就这样未留下一句话就离开了阿巴亥。一代天骄陨落了。

秋风萧瑟,夜幕下,努尔哈赤在沈阳的行宫里,但他再也没有知觉了,他再不能指挥若定了。幽深的王宫笼罩在惨淡的气氛中。

安葬汗王及其身后的一应事项由以四大贝勒为首的诸子们紧张而秘密地进行着,墓地、葬仪、日期……还有"遗嘱"。

有关遗嘱的全文已无从查找,有关文献中只扼要地记载着:

"后大妃,饶丰姿,然心怀嫉妒。每致帝不悦,虽有机变,终为帝之明所制。留之恐后为国乱,预遗言于诸王,曰:'俟吾终,必令殉之。'"

阿巴亥的命运就这样决定了。

四大贝勒公布了汗王的遗嘱,阿巴亥简直不相信自己的耳朵,呆若木鸡。她恐惧、绝望,然而又备觉疑惑,老王对自己那么疼爱,怎么可能让自己殉葬,怎么可能忍心让自己殉葬呢?她悲切地哭泣着,不相信事实真的会如此残酷。

她对各位贝勒说道:

"汗王对我恩爱有加,各位有目共睹,老王已饶我之过,不再追究,他不会真心愿意我得到如此结果的。"

四贝勒皇太极等答道:

"先帝有命,虽欲不从,不可得也。"

阿巴亥支吾其词不愿殉葬,但贝勒大臣们以先帝之命为据,毫不相让。

阿巴亥痛哭失声。她心中怨啊!自己从十二岁侍奉君王,竟有如此下场?天理何在?阿巴亥心中不平,她恨啊!为什么偏偏命运不放过我呢?这就是我的一生吗?

但现实不容她生。

大妃阿巴亥回到卧房,哀哀痛哭。想先帝下诏令自己奔辽阳之时,因匆忙而遗失仅存的衣物,包括头饰、假发统统失落。老汗王颇为在意这区区小事,他知道这些都是阿巴亥的心爱之物,因而派人找回失落之物。汗王如此待人,感情可见其炽烈。然而……大妃不禁问道:

"汗王啊!汗王!你找得回我所失之物,又为何不愿找回我那后半生?你因何要我死呀?"

此时真是叫天天不应,叫地地不灵。

大妃的儿子阿济格、多尔衮和多铎更是悲痛无比。他们没想到父王会留下这样的"遗嘱"。他们只能袖手旁观,而无力救皇额娘脱离死地。

皇额娘也担心自己的儿子啊。自己死后,三个儿子更加无依无靠。她虽已向阿济格三兄弟的兄长们恳求过:求他们恩养幼子多尔衮、多铎。代善、皇太极等也答应过了。但三个孤儿既无势力,年纪又小,一旦受人欺负,又有谁为他们撑腰呢?

阿巴亥在努尔哈赤死后的第二天早上辰时自尽而死。她带着怨恨与不平,带着对幼儿们的挂念,不情愿地走了。

同时殉葬的,还有宠妃阿济根和那个因告密大妃而获宠一时的秦泰。

《满洲实录》中有这样的记载:

"太祖崩时,国政及子孙遗命豫有告诫,临终遂不言及。"

但在当时,人们只能凭感觉猜测,而这感觉已因汗王的驾崩变得格外敏感。

努尔哈赤真的留下遗命,令大妃阿巴亥生殉吗?代善、皇太极等诸贝勒所得遗嘱由何而来?确定可靠否?

以后的一系列事实更让敏感的人们敏感,大妃的生殉和汗位的继承难道没有联系吗?

人们对努尔哈赤和阿巴亥等留下的"遗嘱之谜"纷纷猜测着。

时日愈久,人们心中的疑虑愈重,后来人们竟有了这样的猜测:阿巴亥乃皇太极等人假借遗嘱逼迫而死!

后金国将辽、沈攻下后,辽东尽为女真族所有,在与各位福晋及诸大臣、贝勒们共庆胜利之时,汗王努尔哈赤宣布了一项经过深思熟虑的重大决定。他宣布这项决定,一是让"新"回的大妃放下心来;二是对自己身后之事略做安排。他说道:

"我疆土日益广大,百姓黎民日益众多,国事日繁,朕年岁已高,四大贝勒使命日重,因此,朕决定再封四个新贝勒,和四大贝勒同时协朕处理军国大事。将来,重大事情都由八大贝勒共同协议。从今天开始,八大贝勒共同治理国政,任何人不得专席,等朕有一天归天之后,从八大贝勒当中推举一个人继承朕的汗位。"

汗王宣布的这个制度,不仅群臣哑然,就连代善、皇太极和众贝勒也都感觉到百思不得其解,聪明的皇太极只隐约感到,这实际上是将自己手中的权力削减掉了。

第二十六章　代善弃位谏储君
　　　　　　太极登基改国号

其实,这个策略,汗王心中已经思谋已久了:

"褚英专权误国,代善的功劳虽然说很大,但是竟然敢和母后私通,还同我争夺宅第。如今我还健在就已经这样胆大妄为了,我死后,还能了得吗?"

他想四大贝勒现在重权在握,将来一定会为争夺汗位而乱了天下,所以,应该适当削弱一下他们的权力了。他认为可改四大贝勒执政为八大贝勒执政,从中选取将来的继承人,多多少少可以避免因为争夺王位而造成的不必要的内乱。

他觉得这是长治久安之策。他所要封的四位贝勒,是阿济格、多尔衮、多铎、济尔哈朗。除其中的济尔哈朗是他的亲侄子外,那三个都是大妃乌拉氏所生的爱子。他们现在年幼,他恐怕自己一朝驾崩,他们会受兄长们欺凌。现在趁自己还在,封他们享贝勒高位,就可避免日后被欺压。

代善、皇太极都暗自放心。这四个人,阿济格兄弟三人年龄尚小,还形成不了与自己争权的势力。济尔哈朗又是阿敏的弟弟,也不会妨碍自己的权力。

代善觉得应再讨明示,于是躬身询问如何共执国政才是。努尔哈赤答道:

"朕的基业乃天所赐予。将来继朕汗位者必须有德者嗣之,不使强梁有力之人为之。所以继朕汗位之人,要由八大贝勒共同选择、共同推举。即位之后,也不准独揽大权,必须与八和硕贝勒并肩共坐一处,接受群臣朝拜。军国大事新汗要与八大贝勒共同商议,不得专断。凡所获金帛、牲畜等为八和硕贝勒共有,凡牛录以上官员封赏、升迁、贬惩,皆由八大和硕贝勒议定。"

最后努尔哈赤补充道:

"对新汗八贝勒有拥立之权,也有废黜之权,如新汗不肯受谏,行事奸乖非善,八大贝勒可废黜,另推举有德之人为汗……"

努尔哈赤给八贝勒如此大的权力,平衡了四大贝勒的关系,为自己准备了后事。

虽然努尔哈赤对自己身后之事已做了尽量的安排,然而,权力之争仍不可避免。有多少人为这"权力"二字所害,兄弟反目,父子成仇。天地间的人们被这"权力"蒙住双眼,什么时候才有醒过来的那一天呀?

努尔哈赤之长子褚英不就是为早日得到权力而被父亲仇视吗?他不就是被这"权力"害死的吗?他死后代善、皇太极等人之间又明争暗斗不断。如

· 239 ·

今代善因与阿巴亥之丑事已失去争夺汗王的兴趣,他已被这人间之情愁磨砺得如一个鹅卵石,再无锋芒。他似乎已看透这人生,"权力"为何物,值得人人去争吗?得到它又有何用?得到它的同时不是会失去很多很多吗?

代善既无争夺之心,努尔哈赤这几个儿子当中也只是皇太极最有可能了。皇太极以机巧长于众兄弟之中,他也是对权力最热心的一个人。他渴望自己能像父王一样叱咤风云,渴望继续父王未竟之事业,施展自己的才华,创一番天地。然而,多尔衮、多铎逐渐长大,他们与阿济格相依相靠,势力渐强。皇太极有了新的竞争对手。

多尔衮和多铎自幼聪明伶俐。努尔哈赤也对这两个孩子特别偏爱,视如心肝。努尔哈赤为了平衡四大贝勒之权力,又封八大贝勒,阿巴亥的这三个孩子皆在八大贝勒之内。他们成了主管一旗的旗主贝勒,从而取代了德格类和岳托的位置,跃居"八固山王"的行列。按努尔哈赤的安排,"八王共治"的治国原则使八固山王平列。因八固山王中的阿济格、多尔衮、多铎这同母三兄弟得三旗,再有母亲总领其上,明显地他们的势力大增。如果由八固山王推举汗王,那这天平肯定会倾向于他们这边。结果当然十有八九,是他们三兄弟之中的一人为王。

聪明的皇太极自然意识到了这一点。他亟须采取措施,一定要削弱这三兄弟的实力,自己才可能在汗位之争中有希望获胜。

老汗王的身体自宁远之败后越来越衰弱,他又患了痈疽,所以去疗养治病。皇太极知道有一天老汗王会突然离去的,自己应该早做打算。

这一天,他又在书房内苦思冥想,希望有一个天衣无缝的计策,既可削弱三兄弟之力量,又可不使自己的声望受损。一个念头闪现在脑际:对!可利用父王病中,不在宫内,就此之际,利用父王之名,制一"遗嘱",则可矣。因为以父王之命削弱三兄弟之权力,不会有人怀疑自己的。努尔哈赤万没料到自己的儿子会假借自己的名义来个什么遗嘱吧?如果他能料到皇太极竟想出这样一个计谋来,恐怕他早就事先立下遗嘱了。然而,事情发生了⋯⋯

皇太极密派心腹亲信将负责书写旨意的大臣叫来,说四贝勒有急事相告。

大臣来了。参见已毕,皇太极喝退左右,命人严防他人偷听,然后将该人带入小密室之中。他开门见山地说道:

"父王命我替他写下遗嘱,召你前来,正是要告诉你如何书写。你回去后,要立即秘密地写下,万万不可泄露。"

大臣感到惊异:老汗王去温泉治病,至今未回,何以会有"遗嘱",又怎么会让四贝勒在如此情形之下相告呢?

他赶紧躬身问道:

"臣斗胆请问四贝勒,汗王可有手谕?"

皇太极见问,说道:

"没有,这是父王亲自命我办理,亦未告知他人,父王命我只可一人知道,秘密立下遗嘱。"

皇太极看看满面犹豫之情的大臣接着说道:

"父王交待,一旦泄露将引起混乱,为防大贝勒及阿济格等人生事,故命秘密行事,否则……"

说到此处,皇太极恶狠狠地盯着大臣,举起手,猛地一砍:

"杀!"

大臣浑身一抖,吓得倒退两步,看着恶狠狠盯着自己的皇太极,心中明白:"如不遵命,我命休矣。""既是汗王有谕,又有四贝勒之命,臣依命办理就是,绝不敢泄露出去。"皇太极微微一笑:"好!那你快去吧!"大臣诚惶诚恐地倒退数步,急匆匆地走了。

事情果如皇太极所料,老汗王仓促间去世,无任何话留下来。

于是,汗王死的当晚,皇太极请诸贝勒及大妃阿巴亥齐聚大殿,宣布了遗诏。

阿巴亥难以相信这是事实,将汗王生前所说的要将自己及幼子托付给大贝勒代善的话晓示众贝勒。可皇太极说道:

"我等皆未听汗王提起过此事,怎能相信?汗王有遗命在此,你如何又不信呢?"

"遗命?"阿巴亥机械地重复道,是啊,遗命在此,谁敢反抗。她茫然麻木地转过身走出大殿。皇太极嘴角挂着一丝冷笑,看着大妃的背影,看着阿济格弟兄哭着追上前去。

阿巴亥怎能甘心,她觉得这里面有鬼,可事到如今,又有何办法?代善一句话不说,只凭皇太极张狂。她也没有力气再去争辩了。然而看着三个孩子,她悲切地哭了。良久,嘱咐阿济格道:

"你是兄长,以后要好好照顾两个弟弟。"

阿济格哭着,看着自己的母亲,点了点头。他也没有办法呀,父王遗命!父王遗命!他只能点点头而已,什么话也说不出来。

阿巴亥看着哀哀痛哭的孩子,一狠心走进屋内,关上房门。

可还有一句话让她回过头来:

"要多加小心,仔细提防皇太极。"

她能做的只有这些了,以后她再也不能保护自己的孩子了,以后只有看他们自己的了。她诅咒上天、诅咒皇太极,怨恨代善、怨恨汗王。

阿巴亥死了,皇太极现在可暂时放下心了。因为代善早已不是自己的对手。现在只有自己最有实力得到汗位。

第二十六章 代善弃位谏储君 太极登基改国号

代善与其兄褚英为努尔哈赤元妃佟佳氏所生。他很早就随父东征西战，曾赐号古英巴图鲁，在八旗中领有正红旗和镶红旗。代善本可以继承汗位，他有这个实力，又有深得人心这一优势。但他为人庸劣，在与大福晋的关系被揭露后，在努尔哈赤及诸贝勒心目中的声望已垮，因此他本人已无奢望承继汗位。

现在他会支持谁为新汗呢？

努尔哈赤身死的当日，代善叫来两个儿子问道：

"你们认为以后谁应继承汗王？"

长子岳话答道：

"您为长子，当然汗王由您来做。"

三子萨哈廉也赞成大哥的说法，认为父亲应做新汗王。

代善沉思一下说道：

"我早已无此志，不愿卷入这权力之争中。你二人也不必劝说。还是商议其他人谁可为新汗王吧！"

岳托和萨哈廉听到父亲竟无意争汗位，心中惊异。然而父亲口气坚决，显然已无商量之余地。无奈二人缄口不言。

代善接着说道：

"八大贝勒当中，现只有四贝勒皇太极可以为新汗，你们看呢？"

二人点点头。皇太极确实实力雄厚。阿巴亥已死，阿济格三兄弟势单力孤，父亲不愿相争，皇太极成为新汗的可能性最大。

代善见二人无话，于是命令二子与其共同书写，以便明日传与诸贝勒看。

第二天，诸贝勒大臣聚于朝内，共同商议推举新汗的问题。

代善作为长子首先说道：

"国不可一日无主，我们应尽快推举新汗王，避免旁生枝节，被人乘虚而入。"

皇太极响应道：

"对！我们应推举才德兼备之人为新汗，主持国事，我等尽力辅佐，以壮我国之力。"

代善将拥戴皇太极为汗王的书传递与众贝勒，然后说道：

"皇太极随老汗王身经百战且智勇双全，应立他为新汗。"

其余人，就是皇太极也吃了一惊。代善竟主动推皇太极为汗，怎不叫人吃惊。他二人一直暗中较量，各展其能，对汗位虎视眈眈，何以今日代善放弃？放弃也就罢了，他又为何力举皇太极呢？

莽古尔泰见大贝勒首推皇太极，他也说道：

"皇太极足智多谋又善战勇猛，我等诸人皆不及他，当立皇太极为汗。"

阿敏、阿济格和多尔衮等人心中却不平。大贝勒为长子,新汗王当然要推大贝勒。皇太极怎可为汗？然而众人之中,皇太极确实是一个佼佼者。众人皆明白这一点。

代善见无人再言,知大家心中不服。他接着说道：

"我后金国面临强敌,若无得力之人领导,极有可能重新为明朝所压,只有皇太极这等智勇双全的人才可能主持大局。我等共同治国,共同御敌,则后金国可日益强盛,老汗王之抱负可以实现了。"

代善一番话,众人无话反驳,为了后金国的强大,众人只好纷纷表示同意。皇太极没有想到代善竟然支持自己,又极力说服了众人。他心中当然欢喜,心中暗道：

"我终于可以坐上汗王宝座了。此后我可以大展身手了。"

于是,众人皆称赞,"议遂定"。

皇太极继承汗位时曾说道：

"皇考无立我为君之命,若舍兄而嗣立,既惧弗克善承先志,又惧未能上契天心,且统率群臣,抚绥百姓,其事甚难。"

这些话虽然是虚与谦让之辞,但皇太极是在代善父子及诸贝勒拥立下继承后金汗位的则是事实。努尔哈赤死后一天,后金便选择了一个有力的新领袖,来继承努尔哈赤的事业,这对以后的发展有很大的关系。天命十一年九月初一,皇太极宣布正式即汗位,明年改元天聪。

皇太极在汗位争夺中如愿以偿。然而,他嗣立大位却非诸贝勒诚心拥戴,人们心中的疑团并未解开。而遗嘱之谜,又在皇太极死后重新掀起嗣位的波澜。

清崇德八年,此时努尔哈赤已在沈阳东郊的福陵里度过了长眠后的第十七个春秋。皇太极因病去世,清统治集团内部矛盾激化,新君的嗣立将遗嘱之谜又摆在人们面前。

皇太极的长子豪格和多尔衮是势均力敌的竞争对手。

当时满族贵族中原皇太极所属的正黄、镶黄两旗大臣索尼等人,坚持主张支持皇太极长子豪格继承帝位,并表示：

"先帝有皇子在,必立其一,他非所知。"

另一派满洲贵族则支持多尔衮,认为他作战英勇,足智多谋,在满洲贵族中素有威望。

两派斗争激烈,相持不下。

这日,两派又于朝内争论此事。在崇政殿里,一场舌唇之战开始了。阿济格和多铎当着众大臣的面对多尔衮道：

"你在我等之中威望最高,又是先帝崇宠之人,如今阿哥去世,当由你来即位。"这些话马上受到索尼等人的反对:"尔等将皇上长子豪格又置于何位?有豪格在,又怎能由多尔衮即位?"多铎急不可耐。他见多尔衮默不作声,面对誓死拥立皇子随嗣的大臣,他大声说道:

"你若不允,当立我。我名在太祖诏。"

多尔衮见弟弟如此鲁莽,心中不满,抢白道:

"豪格也有名,不独你有。"

多铎仍是不服气,争辩说道:

"不立我,论长当立代善。"

代善现在早已在汗位争夺战中败下阵来,他甘于与世无争的淡泊和宁静。此时,他听到多尔衮提自己即位,连忙摇手:

"不可,不可!多尔衮若允即位,则是我国之福,否则亦当立皇子。我老矣,如何能胜任呢?"

外面一阵嘈杂,淹没了代善的声音,多尔衮急派人去问,却听侍从报道:

"外面两黄旗的兵马,张弓挟矢,将宫殿围住,他们声言定要皇子豪格即位,否则……"

"否则怎样?"

"否则,闯入宫内,尽杀叛逆之人。"

多尔衮、阿济格等人不禁一惊。

这时只听多铎怒喝一声,瞪视着索尼一派大臣及皇子豪格,手握在剑柄之上。

多尔衮见一时气氛紧张,不禁担心,心道:

"我们皆亲兄弟,一族同胞,怎么能自相残杀呢?"

他急忙喝叱多铎:

"大胆!"

多铎气愤地放下手,转过身去。

多尔衮看着索尼等大臣,道:

"还不将两黄旗兵将喝退!"

见众人不动,面面相觑,他又接着说道:

"难道尔等要让这大殿血流满地吗?难道尔等要自相残杀,让亲者痛、仇者快吗?"

索尼命令部下道:

"去,让兵士回营!"

一场血战避免了,但矛盾并未解决。

最后多尔衮道:

"我不能即位,而豪格即位又有人不满,我提一个折中的办法,与诸位商议。"

大臣们道：

"愿闻其详。"

多尔衮接着说道：

"我建议让大行皇帝三子福临即位，我与济尔哈朗共摄朝政，负责政务，辅佐幼帝，待福临长大成人之时，他即亲临朝政，众位大人以为如何？"

众大臣认为这个折中的办法尚可行。于是"大国事，九王（多尔衮）专掌之；出兵等事，皆属右真王（济尔哈朗）"。

为了进一步缓和满族贵族内的矛盾，多尔衮还把拥护他为帝的礼亲王代善子阿达礼及硕托杀了，表示其秉公无私。

这些是记载于清代官书上的史实，无需怀疑它的真实性。它使努尔哈赤的遗嘱真正成了一个谜，一个流传千古的谜。它的谜底已随努尔哈赤永远埋葬于地下了。长眠于九泉之下的努尔哈赤，如果心灵有知的话，他会怎样想呢？

然而，生命有限，逝去的记忆再不会复返，即使他地下有知，又能如何呢？阿巴亥陪他同葬于地下，他该不会孤独寂寞了吧？他的儿子们互相争斗，可毕竟他的后金国成了大清朝。他会含笑于九泉了吧？

天地悠悠，生死一别。自古天下谁无死，努尔哈赤叱咤风云，驰骋沙场一生，亦有他的无奈。

带着无奈，努尔哈赤走向了世界之外。在他的身后留下的阿巴亥生殉、皇太极即位，以及人们的猜测。

人们为阿巴亥的生殉抱不平，为她怨恨，为她迷惑。阿巴亥一向深得努尔哈赤喜爱，努尔哈赤亦有将她托于长子保护之意，他怎么又会留下什么"遗嘱"要了阿巴亥的命呢？

阿巴亥死了，代善的锋芒已磨掉了，阿济格和多尔衮、多铎少了母亲的庇佑，成不了大气候，只有皇太极积极活动，做了后金国的新汗王。他是否真由代善推荐、众贝勒同意的呢？

一连串的疑问摆在我们面前，众说纷纭。然而，历史便是历史，努尔哈赤已成过去，可他的功与过、是与非都不可磨灭。

太宗皇太极即帝位以来，忙于内政，一时倒也无暇西进南下。只是东邻的朝鲜国王，有些让他不甚舒服。努尔哈赤在世的时候，英武无敌，大败过明廷的四路军马十多万人，朝鲜国十分惧怕，遂年年遣使前来，进贡些珍稀之物。及至努尔哈赤宁远兵败，又匆匆过世，明廷在朝鲜国王李琮的眼中，重又变得高大起来。他重又暗中遣使与袁崇焕联络，希望将满洲人赶出辽东。

这消息被满洲坐探报到沈阳，皇太极心中便颇为生气。当即便召见诸位大臣，将此事讲了。二贝勒阿敏一听此事，便抢先出班奏道：

"朝鲜国本是我国的兄弟国。前番先帝升天，朝鲜国未曾差人来吊唁，已属失礼。陛下即位，已历半载，尚不遣使来贺。他仗着明朝的声势，对我国这样无礼，实在太过分了。臣愿领兵前去征服它，请陛下发圣旨。"

太宗欣然准奏，任阿敏为大元帅，统领五万大军，前去征服朝鲜，又将盛京沈阳的政务、军备整顿得井井有条，准备待机率兵西进，攻取先帝在时未曾攻下的宁远和锦州两座辽西重镇。正在此时，侍卫却前来禀报，说军师范文程在帐外候见。

太宗知道军师求见必有要事，便急忙请他入帐。

范文程开门见山道：

"臣下之意，锦州、宁远等地，陛下暂且不要急于进攻，一则明廷派了袁崇焕升任辽东巡抚，我满洲兵曾败于他手下，多畏敌怯阵；二则西边的蒙古近日发生了内乱，陛下不如趁机发兵征服了它，日后袭取明廷，也好免却后顾之忧。臣有一计，等陛下从蒙古回来，便可听到喜讯。"

太宗对范文程之言，向来相信。当下，也不问何计之有，便将国内精兵，选了十万，亲自率领着，渡过辽河向察哈尔部扑去。蒙古各部忙于内乱，不曾防备，临时招了些亲兵，且战且退。不料大贝勒代善却绕到背后，发兵猛袭，不长时间，便将林丹汗杀了个大败。这一战掳来的牲畜、财物多得不计其数，归附的人口竟有五六万之众，科尔沁部一听满洲兵所向披靡，不战自溃。首领额哲赶紧携了重礼，前来拜会太宗皇帝。

太宗皇帝出师半月，便将蒙古各部都归并到自己部下。等到凯旋，喜得全国的百姓都赶了来，夹道欢迎，这毕竟是新帝即位、宁远兵败后的第一次大捷，举国上下都欢庆起来。

太宗皇帝坐在朝堂之上，接受文武百官拜贺。忽然记起军师曾说过的计策，正待要问，却听大臣扈尔汉道：

"回禀陛下，辽南四卫皆已平定，为害我国的贼头毛文龙已被明廷斩首，从此我满洲国再无后患，可喜可贺呀！"

太宗一惊，忙道：

"这果真是大喜之事呀！"

便下旨朝中文武官员齐到八方殿内设宴欢庆。

在那酒宴之上，太宗这才让军师范文程将他如何用了一着"反间计"，除掉了明廷的"神探"毛文龙，收回了辽南四卫的前前后后，详述了一遍。

原来宁远大捷之后，明廷对袁崇焕甚是重用。这时候，熹宗皇帝已死，即位的崇祯皇帝十分器重袁崇焕，任命他为兵部尚书，督师蓟辽兼督登莱天津军务，并赐了尚方宝剑，请他驻守山海关。这崇祯皇帝因为即位前曾吃过魏

· 246 ·

忠贤的亏,所以一上台,就先诛了阉党的头子,又将阉党的官员,一个一个都罢了官,朝野人人拍手称快。

范文程得知这个消息,却悄悄派人往山海关附近大造舆论,说毛文龙是魏忠贤的干儿子,往年常借魏的势力横行于辽南,虚报兵额,广招商贾,贩运禁物,发了大财。如今阉党倒了,毛文龙没了靠山,正在与后金勾结,商议归附之事等等。

袁崇焕乃是刚烈之人,又曾被阉党压制多年,一听这事,登时气得眼冒金星,也不报奏皇上,便携着尚方宝剑,带了一干人马,来到东江,将毛文龙的部众一起招到校场上来,当场宣布了毛文龙十二条罪状,将"神探"斩于众将之前。又道一声:"只杀毛文龙一人,余皆无罪。"然后扬长而去。

毛文龙的众将在袁崇焕的尚方宝剑面前,未敢说个不字,等袁崇焕一走,他们一拥而上,围着毛将军的尸体放声大哭起来。一时间,原本与毛文龙有手足之情的登莱巡抚孙元化、中军孔有德、参将耿仲明,和毛文龙的一名部将叫尚可喜的竟一起扯叛旗,同明廷干了起来。太宗皇帝赶紧命范文程写了招降书,一一送了过去。毛文龙的部下,个个都是英雄虎胆的人物,一见有明主惜才,便一商量,携着登州的西洋炮、莱州的粮草,以及所部的三万多人马,一起从海路归了满洲国。

太宗皇帝当时便在八方殿前设大宴款待降将,又下了圣旨,封四人为都元帅、总兵官,还赐了土地房屋侍女。孙元化、孔有德等一时感激不尽,谈论到报答太宗的法子,想来想去,孔有德想出了一个上尊号的法子来。一说,那一班满洲的贝勒、大臣纷纷说好。当下便将范文程请了来,拟定表文,又将表文写成满、汉、蒙三种文字。待到早朝时,多尔衮捧着满文表文,科尔沁汗王捧着蒙古表文,孔有德捧着汉文表文,一起跪在殿下。蒙古王子额哲,也献上了一件无价之宝。原来是元朝历代皇帝的传国玉玺。相传这颗玉玺篆刻于汉代,最少也有一千七八百年的历史,它为历代君主所拥有。元世祖忽必烈获得此宝后,他告诫子孙,要妥善保管好此宝,代代相传。他说道:

"国宝在,则天下在,国宝失,则天下亡!"这样,国宝一直传到元顺帝。到朱元璋建立了明朝,并派大将军徐达率军进攻元朝大都,元顺帝携带此宝北逃上都。到常遇春率兵攻打上都时,元顺帝又被迫北逃应昌。在这次逃跑途中,再一次遭到明军截击时,元顺帝偷偷地将国宝埋在地里。在他于应昌安定下来之后,就派人到埋印的地方去寻找,但是茫茫草原,哪里又寻得见。元顺帝不由得哀叹一声:

"国宝已失,看来我大元帝国是定亡无疑了!"

国宝自此消失得无影无踪,在地下埋了二百余年!

有一天一位蒙古牧民放牧于上都北边的草原上,他躺在草地上,仰望蓝天,悠然自得的唱着牧歌。突然,他发现几只羊儿围着一处地方用蹄儿在刨着什么。他感到很奇怪,就跑了过去,轰开羊群,发现在羊蹄刨过的地方散落着许多腐烂的破绸片,而在刨过的小坑里露出一个小方角,亮晶晶的闪闪发光,他急忙深挖下去,挖出一看,竟是一颗白玉大印。他虽然不认识汉字,但那上面雕刻着两条龙他是认识的。他知道这是块宝,便把它献给了自己的领主博硕克图汗。

国宝重现的消息很快在草原里传播开来。林丹汗听到这个消息以后,便倚仗自己的势力派人向博硕克图汗索要此宝,博硕克图汗说什么也不给,林丹汗就以兵戎相见。他亲自领兵攻打博硕克图汗,博硕克图汗失败被俘,被迫将玉玺交给林丹汗。

林丹汗得到玉玺后,他的野心膨胀了,他心想:

"我命该做皇帝,是老天把我们祖传的国宝送给了我。"

从此以后,他就自称是四十万蒙古的大汗,林丹汗在青海出痘生命垂危之际,他把儿子额哲叫到跟前,把玉玺亲手交给额哲,把这块玉玺的来历告诉了他,并对额哲说道:

"这是块国宝,有了它,你就可以号令整个蒙古,千万要保存好,切莫遗失。"说完就死去了。

太宗接过表文、玉玺,只见那表文上写着:诸贝勒、大臣、文武各官及外藩诸贝勒,恭维皇上承天眷佑,应运而兴。天下混乱之时,修德体天,逆者威之以兵,顺者抚之以德,宽温之誉,施及万方。征服朝鲜,统一蒙古,更获玉玺,内外化成,上合天意,下协舆情。是以臣等仰体天心,敬上尊号,一切仪物,俱已完备,伏愿俯赐俞允,勿虚众望。

太宗皇太极看了看表文、玉玺,却一笑道:

"现下时局尚未大定,正是用兵的时候,哪里有工夫顾及此事?"

诸贝勒、大臣一齐劝驾,说道:

"历来王者一获玉玺,便可称尊,乃是名正言顺的事。况且皇上功盖寰宇,如今又要和明廷用兵,须得先上尊号,才能和那姓朱的皇帝下个对等的战书。"

太宗见觉得他们的话很有道理,就答应了下来。

选了个吉日,祭告天地,受了宽温仁圣皇帝的尊号,将国号改为大清,改元称崇德元年。自此,这天下就有了个大清国,史称清朝。

第二十七章　后宫皇妃捣醋海
　　　　　　　乌兰冒死谏关雎

大清国建立之后，公开和明朝对抗，在国内依照明朝的官职，设立了三院，一为内国史院，负责编制实录，记注起居；一为内秘书院，负责草拟敕书，收发章奏；一为内弘文院，负责讨论古今政事得失。又命范文程为大学士，汇集三院文员，恭定称尊典礼。

接着，太宗又下令邓公池率领数千民工，建造了太庙、天坛等宫室殿堂，一时间，沈阳建的堪比北京城。太宗又选了个吉日，带着众位贝勒去祭了太庙，尊始祖为泽王，高祖为庆王，曾祖为昌王，祖为福王；尊父努尔哈赤为武皇帝，庙称太庙，陵称福陵。又册封大贝勒代善为礼亲王，贝勒济尔哈朗为郑亲王，多尔衮为睿亲王，多铎为豫亲王，豪格为肃亲王，岳讬为成亲王，阿济格为武英郡王。

此外的文武百官，也都有了封赏。那大学士范文程被拜为宰相。便是孔有德、耿仲明、尚可喜三位新降的明将，也都因为劝进有功，得了恭顺王、怀顺王、智顺王的称号。

封赏一毕，满朝上下，尽皆欢喜。太宗便又点齐兵马，直逼辽西重镇锦州、宁远而来。大军行抵锦州城，太宗命令离城五里下寨。这时，经略袁崇焕正在关内练兵，听说满洲军又来犯边，急令部将赵率教带兵前来救援。到了锦州，正遇八旗军攻城，赵率教便令弓弩齐发。一时间，箭矢齐下，将满军杀得倒退不迭。

太宗在后面观阵，见此情景，急忙命令后面的兵士上来增援。

正在危急时候，满军后营突然骚乱起来，原来袁崇焕率明军主力前来增援赵率教来了。一时间，明军士气大振，八旗兵前后受敌，惊惶失措，溃不成军。明军趁势追杀了十余里，方才鸣金收兵。这一战，八旗兵被杀死三千余人，俘获两千余人。

太宗见锦州围攻不下，转而率部往宁远进发，这里只留下一队人马，以虚张声势，企图声东击西。

时值仲夏，太宗率领了五万人马，悄悄来到了宁远城北的山冈下。只见城上寂寥无声，正想传令攻城，忽见城西火光四起，一彪人马打着"袁"字旗号，如狂风般呐喊而来。为首一员大将，正是辽东经略袁崇焕。

太宗措手不及，急令全军迎战。但为时已晚，四下里明军源源不断地袭来,将八旗兵围追堵截,分为几处。

一时间,喊杀连天,哭声震地,八旗兵四散溃逃,众兵卒只恨娘胎里少生了两条腿。太宗见全军大败,许多将领都已身负重伤,只好检点军队,撤回盛京沈阳。

这次出征,带去的八万人马,损失过半,器械帜仗,所损不知其数。气得太宗皇太极咬牙切齿地道:

"这袁崇焕果真厉害,怪不得先皇在日,也吃了大亏。看来,此人不除,难以夺取明朝的天下。"

"布尔湖,明如镜,库里山,耸入云。浩渺空烟,仙鹤千里长鸣;古柏森森,龙凤直冲云空。芳牡丹,碧松花,无限塞外风景。"

盛京的御花园里,奶娘纳喇氏正低声吟唱着一首满族人广为传唱的民歌,九阿哥福临依在她的怀里,似懂非懂地听着,这熟悉的歌声自打福临记事起就陪伴着他,这个美丽而动人的天女下凡的故事他也不知听过多少次了。许是奶娘的嗓音很柔美,许是故事的内容很传奇,反正一有机会,福临便会缠着奶娘让她唱。

"莺鸣燕唱春光无限,几位仙女沐浴湖畔;布尔湖边鸟衔朱果,佛库伦姑娘孕而生子。"

"奶娘,仙女生下的就是我的祖先吗?"

"是的,仙女佛库伦吃了那颗晶莹剔透的红果之后,便觉得满口清香,随后又觉得身体重如千斤,怎么也飞不上天了。过了九个月,佛库伦便产下一位天神,因生他的时候金光罩身,便让他姓爱新觉罗(金),名字叫布库里雍顺。再后来,三姓的百姓共同尊布库里雍顺为大汗,建立了一个共同的国家。"

"奶娘,我额娘是不是仙女?不是说生我的时候外面祥云初现吗?那么我长大也能成为一位汗王喽?"

一席话逗得奶娘纳喇氏忍俊不禁:

"九阿哥,您天生就是福相呢。瞧瞧,这宽宽的脑门,厚厚的耳垂,生就的一副帝王相呢!依奶娘看哪,后宫里的阿哥就数你聪明英俊!"

"真的?"福临乐得眉开眼笑,挣脱了奶娘的怀抱。他穿着一件浅色长袍,外罩一袭明黄色的绣龙黄缎马褂,大大的脑袋上戴着一顶嵌着东珠的小皇帽,足上登着一双长至膝盖的闪亮的小马靴。这身衣着真是帅气十足!

只见福临双手倒剪,抬头望天,学着父皇的样子踱起了步子,嘴里边还念念有词:

"我大清国……"

奶娘和随侍的老太监笑作一团,才四岁多的孩子,可真有灵性哪,天哪,他心里装的竟然是大清国!

福临正在兴头上,昂首阔步地向前走着,一脸的顽皮,忽然他一抬脚踢到了什么,这才低下头来。

"哎呀,这是哪个宫里的孩子,这么不懂规矩,你怎么可以在皇后娘娘的面前大摇大摆呢?"

随着宫女的一声呵斥,小福临才发现他差一点儿闯了祸,脸上得意的笑容僵住了,他愣愣地站着有些不知所措。

奶娘纳喇氏早已看见了皇后博尔济吉特氏和她的随从,但她却无法制止福临的顽皮表演,只得慌忙跪在一旁:

"奴婢请娘娘大安,这是永福宫的九阿哥福临,他年幼无知,是奴婢教养不周,奴婢请娘娘治罪。"

"这孩子是永福宫的?我说呢,跟他额娘一个德性,不知天高地厚的!还不一边退下,多加管教。皇上这些日子龙体欠安,看不得小孩子没规没矩的四处乱跑。庄妃还没来吗?她总是不慌不忙、磨磨蹭蹭的,岂有此理!"

发愣的福临忽然意识到了什么,直直地跪倒在皇后的面前,声音响亮地喊着:

"儿臣福临给皇额娘请安了!恭祝皇额娘身体健康,笑口常开!"

听着福临那稚声稚气的声音,皇后不由得转怒为喜了:

"这孩子,真是个机灵人儿!瞧他的模样蛮俊的,嗯,长得像他额娘。就是年纪太小了,什么时候才能为皇上分忧解难呢?"

"永福宫庄妃叩见皇后娘娘!奶娘,福临又闯什么祸了吗?"

粉色的旗袍,婀娜的身材,髻儿高高的,鬓儿弯弯的,压在白嫩的颈子上,越显得黑白分明。庄妃淡施粉黛,倒比那些围在皇后身边的粉妆玉琢的嫔妃们更胜一等。

"哟,瞧你这身打扮,鲜嫩嫩的倒像个新嫁娘一般。你那双不安分的眼睛什么时候才能大大方方目不斜视呢?"

满心欢喜的庄妃被皇后迎面泼了盆凉水,心里不由得嘀咕起来:唉,说起来还是我的亲姑姑呢,为什么每次看见我总要冷嘲热讽的?我年轻漂亮,那是爹娘给的,如今你人老色衰了,反倒嫉妒起我来了,简直是不可理喻!我哪有不安分的地方了?不就是自己比你多了个儿子福临吗?偷偷看了他几眼,这也值得你大呼小叫地横加指责?你的心胸这么狭窄,难怪一辈子也生不出个皇子来!

"大玉儿,你也该管管你的儿子了,有四五岁了吧,怎么能总在外面撒野呢?唉,有道是龙生龙、凤生凤,你这个儿子呀我看也跟你差不多,一点儿也不安分!"

庄妃这回可是真的受不了啦。她的儿子福临是不折不扣的龙种,她与皇后都是蒙古科尔沁部落的女子,血统是一样的高贵,皇后她为什么要说出这种话来?

"娘娘,怎么着福临也是九阿哥,是爱新觉罗氏的龙子龙孙,我承认对他太放纵了些,疏于管教,因为他还只是四岁多一点……"

"大玉儿,当着众多姐妹的面,你想与哀家争个高下吗?真是没有个王法了!哀家说错了吗?当初你进宫时才十几岁,如花似玉的,皇上格外恩宠你也是自然的。可现在你也不年轻了,三十岁的人了,还整天打扮得花枝招展的,在后宫里这是给谁看呢?难道你不知道皇上这些日子龙体欠安吗?"

跪在地上的庄妃没料到今天自己的胆子这么大,惹得皇后娘娘大发雷霆。她悄悄叹了口气,都忍了十几年了,还在乎眼前这一回吗?如果这事传到皇上的耳中,倒真显得自家不知事体了。后宫里姐妹众多,人心难测,七嘴八舌的,什么话说不出来?

"臣妾不该无礼,请娘娘恕罪。"

表情诚恳的庄妃终于得到了皇后娘娘的谅解,她起身拍落了膝上的灰尘,心里却在发笑。生儿子在后宫这块母以子贵的土地上着实是一件大事,这不仅表示着皇上的恩宠,也表示着自己的尊贵。

在皇太极的五宫后妃中,永福宫的庄妃是最年轻的一个,虽然排名在五宫之末着实令庄妃苦恼过一阵子,但现在她有儿子福临做依靠,心里踏实多了。再说皇太极的五宫位序带着浓重的政治色彩,并不是以恩宠和喜好来决定的。比如正宫皇后大福晋,如今已是五十出头的人了,皇上还能再喜欢这个人老珠黄的人吗?只因为大福晋资格老,总理着后宫从无过失,加上她来自科尔沁,皇上要依赖与科尔沁的坚强牢固的联盟呢!再说了,大福晋只生了三个女儿,到老了她能指望谁呢,也难怪她的脾气一天天地坏了。还有麟趾宫贵妃和衍庆宫淑妃曾经是蒙古察哈尔部首领林丹汗的妻子,皇太极将她们收纳为妃并列入五宫之内仅仅是表示对察哈尔部的尊敬,也是一种政治上的需要。再说她们现在也都到了不惑之年,还有多少风韵呢?康惠淑妃没有生育,只抚养了一个女儿嫁给了睿亲王多尔衮。而贵妃虽生有一子博穆博果尔,但因脾气暴躁、性格鲁莽而不得皇上的欢心。这么一来,五宫就只剩下她永福宫的庄妃和关雎宫的宸妃了。说起来,如果当初对宸妃还有那么一点点嫉妒的话,那么现在庄妃对宸妃有的只是爱怜了。

宸妃是庄妃的亲姐姐,姊妹俩同侍一夫,这让庄妃既自豪又觉得不安。后来入宫的姐姐一下子赢得了皇上的欢心,自然便冷落了妹妹庄妃。好景不长,宸妃的儿子不到两岁便夭折了,这一打击令宸妃悲痛欲绝,从此她变得失神落魄,落落寡欢了。这么一来,庄妃对姐姐便一点儿也恨不起来了。现在,五宫之中,只有她庄妃才有个活蹦乱跳又聪明又健康的儿子,她有决心让这个宝贝儿子也赢得皇上的欢心!这么一想,庄妃能不心花怒放吗?

关雎宫里,皇太极正斜倚在榻上,宸妃坐在他的身前,眼圈红红的,正拿着一方丝帕揩着眼睛。

"有什么好担心的?瞧,朕不是还好好的吗?倒是爱妃你,多日不见似乎又瘦了一圈,真令朕心疼!"皇太极爱怜地握住了宸妃的手,眼中满是柔情蜜意。

宸妃心里一热,不由得又落下泪来:

"皇上,臣妾能得您宠爱已是万分荣幸,感激之情无法用语言表达。只是,近来您日理万机,又亲临前线,臣妾时刻为您的安危牵挂,要知道,皇上您已经不再年轻了,还这么日夜操劳能不伤了龙体吗?请您浑身放松,让臣妾给您捏捏身子吧。"

"爱妃,朕五宫之中,唯独与你脾气特别相投。仿佛天大的事一到了你的面前都变得无足轻重了。你总是那么贤淑文静,又依然那么年轻美貌,只是,你太消瘦了,近来又总爱多愁善感的。要知道,即使朕在大营里仍牵挂着爱妃你呀。我要你快乐起来,胖起来,有朝一日朕还要让你住进北京城哪!"

"皇上对妾的好,妾一辈子都忘不了,如果来生有缘,妾身还愿意伺候您。"

两个人互相说着体己的话,都不愿意提及那个最伤心的事情。两年前,他们的爱子——八阿哥尚未来得及取名字就夭折了,皇太极十分偏爱这个八王子,本有立他为嗣之意,怎奈这个儿子命薄如纸,无福消受便匆匆告别了人世。从那以后,宸妃的脸上便失去了笑容,身子一天天地消瘦了下来。两个人都明白,他们之间是不会再有一男半女的了。尽管皇太极不承认,但一种力不从心的感觉却时常困扰着他,他才五十出头,按理说正是人生的壮年,他怎么会老了呢?

"眼下,我大清军正与明军在松锦一带进行一场大规模争夺战,鹿死谁手,实难预测,这场战役对大清来说至关重要。"皇太极十分惬意地翻了个身,让宸妃给他揉搓后背和腰部。对这些军事上的事宸妃并不关心,她能给皇太极的只是一些体贴和安慰,这一点与她的妹妹庄妃相比就不一样了。庄妃不仅贤淑还有一副颇为聪明灵活的头脑,对国事家事她分析得头头是道呢。但对皇太极而言,此刻他需要的是一个能全心全意听他倾诉的人,这个人当然非宸妃莫属了。

"如果说萨尔浒战役是我军由战略防御转为战略进攻的话,那么眼下的这场松锦战役则是由辽西对峙转为战略进攻的关键。朕怎么也忘不了在天聪元年朕在宁锦城下所遭到的惨败。"

"天聪元年？那时候臣妾还在科尔沁呢。"

"是呀，一个如花似玉的大姑娘，不知正在做着什么样的五彩梦呢！老实告诉朕，你迟迟不嫁究竟是为了什么？"

"你又来了。"宸妃的脸上飞起一片红霞，这使她原本苍白的脸显得生动可爱起来。她是鹅蛋脸儿，细细的黛眉，黑黑的眸子里流露着万种风情。

宸妃伸着春葱似的纤手，轻轻地揉着皇太极的肩膀，脸上带着一些羞涩回忆着：

"妾本是科尔沁草原上的一个公主，自以为是一只金凤凰，又一直受到父汗寨桑的宠爱，所以对前来求亲的王公贵族全不放在眼里。到后来，妹妹嫁给了你，又听人说你相貌十分英俊又是一国之君，妾就明白，这世上再也找不到比你更好更强的男人了，自那时起，妾就下定决心非你不嫁。这事又不好对人说，可急坏了父汗，他差一点就要学着中原人的做法给妾比武招亲了！"

宸妃说着脸上的红晕更深了，笑盈盈的面庞越发美丽。皇太极目不转睛地盯着她说：

"你笑的时候多美呀！怎么样，我没让你失望吧？"

"还说呢，"宸妃娇羞地嗔了皇太极一眼，"你要我的时候已经是天聪八年了，那时候我已经整整二十六岁了呀，真是老大不小的了。说起来还真有些后怕，要是你不娶我，我可怎么办？"

"哈哈哈！"皇太极乐不可支，一把搂住了宸妃，"这是天赐良缘，你我是天造地设的一对儿，你是专门为我而生在这个世上的。想当年我娶你的时候是四十多岁，有了你，我才真正懂得了女人，知道了什么是真正的爱。嘿嘿，那些年我们两人是久旱逢甘露，那种颠鸾倒凤的日子我一闭上眼就能感觉得到！爱妃，今生今世，你都是朕的最爱！"

"皇上，请不要……"宸妃偎在皇太极的怀里，充满了柔情："皇上，你我来日方长。眼下，您得好好歇息一下，保养身子，妾这就给您煨参汤去。"

"唉，你又扫朕的兴了！"皇太极的脸色有些不快。

"皇上，您得明白臣妾的苦心。皇后娘娘一再叮嘱妾身要好好伺候您，不能让您劳神费心伤了元气，倘若娘娘知道会怪罪臣妾的。"

"那，你就不怕朕怪罪你，不再宠爱你了？"

"妾不怕。妾是真心对皇上好，皇上会明白的。"宸妃低垂着眼睛，一副乖巧的模样，皇太极忍耐不住，胡乱将她按倒在床上……

庄妃病了，说不出是哪里的毛病，只是觉得心烦意乱，浑身上下处处不舒服。

"姐姐还是吃些汤药吧，整天不吃不喝的，可怎么受得了哇！"

说这话的是贴身侍女乌兰,她是当初作为庄妃的陪嫁过来的,主仆二人情同手足,平日里就以姐妹相称。

　　"乌兰,我害的是心病,没什么汤药能医得好的。"庄妃叹了口气,一脸的忧郁。

　　"要不,我陪您出去散散心?外面秋高气爽的,总比呆在这冷冷清清的宫里舒服呀!"

　　"这十几年了,我已经惯了。倒是苦了妹妹你了,让你陪着我在这儿受苦!明儿我求皇上给你找个主儿,嫁出去吧,你早该有个家了。"

　　"姐姐!"乌兰急得直跺脚。她放下了汤药,扶庄妃坐了起来。"姐姐,我早就发过誓了,一辈子不离开您!您要我嫁人就是要我去死!结婚成家又有什么好处?还不是要受男人的气?姐姐您不是有家了吗,还是庄妃娘娘呢,为什么您还总是长吁短叹的?"

　　"找一个老实巴交的普通人,那样你就会感到生活的乐趣。不要像我,嫁入深宫不见天日,门庭冷落形影相吊。唉,我这是何苦呢,明知是个坑,还非得往下跳。人哪,不能有太多的欲望呀。我这是自作自受,怨不得别人。可是,我还把姐姐也拉进宫里,让她受这份活罪。"

　　"姐姐说得不对。宸妃娘娘这些日子正得意着呢。听说皇上一回来就一头扎进了关雎宫,连皇后娘娘都不见,气得皇后娘娘咬牙切齿地骂她是个妖精呢。"

　　"唉,姐姐也是的,明知道皇上龙体欠安还拉着他不放,能不让皇后怪罪吗?姐姐也是命苦,好端端的一个儿子,怎么就养不活呢?如果上天有知,能赐给姐姐一男半女的,我也就放心了。"

　　"姐姐!你总是为别人操心!还是多关心关心自己吧!这十几年来,您在皇上身边没少操过心,您孜孜不倦地帮助皇上,走完了从后金到大清这辉煌而又艰难的一步,您跟皇上同喜同悲、同乐同忧,这些都是有目共睹的事实,您付出了这么多,为什么皇上对您却总是不冷不热、若即若离的?我真为您不平哪!"

　　"大凡男人都喜欢平庸的女人,女子无才便是德嘛,更何况一个皇帝呢?这些年虽然我一心一意为皇上分忧解难,但却一直得不到他的欢心,我就悟出了这个道理。皇上是个好强的人,他怎么能容忍身边有个能说会道、给他出谋划策的聪明女人呢?这样不是有损于他天子的威严吗?所以,他更爱我姐姐那样默默无闻、有着花容月貌的女人,那只是一个花瓶、一件摆设,供他在劳累之余玩赏而已。"

　　"噢,您说得这么深奥。女人做花瓶有人爱有人怜的有什么不好呢?这说明女人的美丽容颜得到了他人的认可,总比被冷落在一边强得多吧?没有男人赏识,女人活着还有什么意思呢?"

"乌兰,你总算说出了心里话了。是呀,这么漂亮的一个姑娘怎么会没人疼没人爱呢?不要噘嘴,一遇到合适的我便把你嫁出去,让你尝尝当花瓶的滋味。"

"姐姐,您就饶了我吧。说真的别人伺候您我还不放心呢。"乌兰抿着嘴笑了。

"这话倒是真的,咱们姐妹一场,你对我的好我会记住的。唉,说起来要不是你脑瓜子机灵,我和福临娘儿俩哪还有今天哪!"庄妃说着眼圈红了。

那是崇德三年的事。那一年的冬天特别的冷。身怀六甲的庄妃身子越来越笨,行动不便,皇太极早已把她冷落在一边,整日陪着宸妃和他们的儿子八阿哥。永福宫愈发冷清,两个上了年纪的太监、两个粗作丫头和两个厨娘,里里外外能拿个主意的就是乌兰了。

正月三十这天,又下雪了。凛冽的北风呼啸着一阵紧似一阵。不远处的关雎宫和衍庆宫里传来了喜庆的鞭炮声,笑语喧哗,人声鼎沸。细心的乌兰生怕庄妃心里寂寞,特地将宫里的白纱灯蒙上了一层红绸,倒也显得喜气。

"姐姐,有道是瑞雪兆丰年,您怀的阿哥或是格格还没落地,就给我们带来了吉祥。"

"听这宫外的北风刮得像刀子似的,我心里真冷哪。宫里的柴禾够烧的吗?这个冬天可怎么熬哇。永福宫就像被皇上遗忘的角落,他怎么就这么无情无义的呢?"

"姐姐,本来我不想多说的。就算皇上忘记了,那不是还有后宫之主皇后娘娘呢么!怎么着她也是你的亲姑姑,自己在那边吃香喝辣的,怎么就不派人来问问你的冷暖呢?明知咱们宫今年冬天要添丁进口,可分派下来的食物、木炭、衣料不仅没有增多反而比往日还少一些!她的心也真够狠的!"

"许是被管事的太监们克扣了。算了,多一事不如少一事,不要去斤斤计较了。对了,咱们宫里还有些什么吃的没有?我寻思着让厨娘做些龙鳞饼给关雎宫送去。姐姐以前可爱吃这个了,如今八阿哥已经快两岁了,皇上又日夜宠幸她,我真为她高兴啊。"

乌兰的嘴一撇,她的唇边长了一颗小黑痣,显得很可爱。"姐姐!那些食物还是给咱们自个儿留着吧,这会儿有皇上在,关雎宫里能缺什么呢?您那位姐姐呀怎么一点儿也不念着手足之情呢?想当初要不是您引荐给皇上,她能有今天吗?姐姐,我真为您不值呀。"

"有什么值不值的?当时她都二十好几了,一个老姑娘,眼见就嫁不出去了,我能不替她着急吗?现在她终于有了归宿,这不是很好吗?再说,她快三十了才生了龙子,多么不易呀!皇上排行第八,姐姐生的阿哥也是第八个王子,所以我想皇上才格外喜欢她们母子俩,这真是姐姐的福分哪。要是我能生个阿哥就好了,母以子贵啊,那三个格格并不能给我带来好运。"庄妃说着轻轻叹了口气,手一抖,针掉到了地上,她正腆着肚子赶制婴儿衣服呢。

"哎哟!快扶扶我!"乌兰也在灯下做着针线,没注意庄妃的脸色已经十分难看。

"我,想弯腰找一下针,结果,肚子就疼起来了。快,吩咐海公公去请御医,我恐怕要生了!"

话音没落,庄妃的额上已冒出了豆大的冷汗。

"快来人哪,海公公,快去请御医!胡水妈,快生火烧水!快,快来人哪!"乌兰毕竟是姑娘家,一时慌了手脚,看着蜷缩在床上痛苦万分的庄妃,急得团团转。

"回姑娘的话,两位公公到隔壁关雎宫的公公那里吃酒聊天去了。两个丫头和张妈也不知跑哪儿去凑热闹去了,就剩婢子一个人在。我是先烧水呢还是去请御医?"胡水妈披着棉袍,一副睡眼惺忪的样子,显然刚从被窝里爬起来。

"真是反了,无法无天了!"

乌兰气得柳眉倒竖。她一咬牙冲出了永福宫。

凛冽朔风卷着鹅毛大雪漫天飘舞着,天上地下已是白茫茫的一片。瑞雪白得如银镂玉雕,晶莹剔透,寒光闪闪。若是在往常,乌兰最喜欢在这雪地里徜徉,听着脚踩着积雪发出的"吱吱"声,甚至捧起一把放进嘴里含着,在温柔的阳光下尽情享受这大自然的美景。可现在情形却不同了,这是雪夜,没有阳光,只有刀子似的寒风。乌兰不由得哆嗦起来,这才发觉匆忙间忘了披件斗篷。她咬着牙,迎着刺骨的寒风和飘雪,深一脚浅一脚地向前走去。

"永福宫的?这大冷的天,御医早就睡下了,明个一早再说吧。"乌兰一听,急得要哭了,用力拍着门板:

"叶公公,您老就行个好吧,救命如救火呀!"

"你就是把门板拍烂了也是白搭!半夜三更的,天儿太冷了,就让庄妃娘娘忍一个晚上吧。再说,她前边不是已经生过三位格格了吗,都平平安安的,这一回料也没大事儿,她们母子会平安的,不过这一回也许还是个格格呢。"

屋里再也没了动静,灯也灭了,乌兰气得抬脚猛踢着门板,疼得她龇牙咧嘴的边叫边骂:

"这些朝三暮四的小人,势利眼,丧良心的,赶明个娘娘生个阿哥,头一个就收拾你!不行,我找皇上去,他总不能见死不救吧?"

冰冷的雪片肆无忌惮地钻进了乌兰的脖子里。乌兰心里有火,一时间竟然忘记了寒冷,调头朝关雎宫走去。

"哟,这不是永福宫的乌兰姑娘吗?这么多冷的天气还惦记着哥哥,还亲自前来看看啊。哟,你瞧这手,冻得通红通红的,可真让我哈朗心疼哟!"

"呸!"乌兰猛地给哈朗啐了一口,扭着身子就想走开,没想到脚下打滑,却摔倒在雪地里。

第二十八章　庄妃如愿降阿哥
　　　　　　痛心疾首相煎急

"乌兰姑娘,这么晚了还来关雎宫,是不是有事啊?"年纪颇大的穆公公实在看不下去了,就和气地问道。

"是的,皇上是不是在关雎宫?请公公禀报,我有急事求见。"

"这可不行。皇上有令,任何人不得打扰,现在这个时候正睡得香呢。"

"两位公公,庄妃娘娘马上就要临产了,怎么着也得找个御医呀,您快想想办法,若是生了阿哥,少不了您的好处啊。"乌兰冻得直打冷颤,浑身哆嗦个不停。

"赖总管发过话,谁也不得擅自打搅皇上,咱们是帮不上忙呀。快回去吧,我可要关门了。"

"哎,乌兰姑娘,听说东边的园子里住了几个萨满妈妈,你去请她们帮帮忙吧。不过,这冰天雪地的路可不好走哇,何不让你们宫的海老弟跑一趟呢?"

"我们宫里的两位公公不知去哪里玩去了,连个人影都看不见。"

"嘻嘻!海中天这个滑头准是躲在哪儿搓骨牌呢。"

乌兰一听没指望了,谢过了两位太监,跌跌撞撞地挣扎着离开了。关雎宫的大门"咣当"一声关了起来,乌兰的心里冷得像冰一样。

四个萨满妈妈终于被乌兰请进了永福宫,而这时的庄妃已被疼痛折磨得说不出话来了。乌兰像个雪人,头发上了冻,连眉毛上都结了冰,她的两只脚早已麻木冻僵了。

胡水妈拧亮了宫灯,手脚麻利地摆好了一张神桌,四个萨满妈妈脱去了斗篷,吸足了大烟之后来了劲了。她们年岁也不小了,却个个打扮得妖妖娆娆、描红抹绿的,有的还在粉白的脸颊或是下巴上点个黑痣。

庄妃躺在炕上,已经筋疲力尽了。她的长发散落在脸上,愈发衬得面目苍白。她双眼紧闭,牙关紧咬,在与命运做苦苦的较量。

"我是世上最可怜的人,天神阿布凯恩都里,请你帮帮我!皇太极,你的心真狠哪。我入宫十多年了,难道我的一切言行就没有一点儿能逗得你的欢心吗?这是不公平的!在这后宫,我的贤惠、我的聪颖、我的才干谁人不知、谁人不晓?宸妃入宫前,我一直深受恩宠却从未恃势凌人。宸妃入宫后,她深得皇上垂爱,我却常常独居深宫坐等天明,却也未醋海生波!皇上你怎么

· 259 ·

就不明白臣妾的一番苦心呢？

"虽说我被封为永福宫,位居五宫之末,但我并不承认从此就会失去皇上的恩宠,我犯了什么过错了,要被皇上抛弃呢？侍奉皇上十多年了,我急皇上所急,想皇上所想,日思夜想的全是国事和皇上,我甚至把亲姐姐送给了皇上！皇上呀,在你家睦族和、帝业有成的今天,难道没有我大玉儿的一份功劳吗？

"我有自知之明。论身份我不如正宫皇后大福晋,她是我的亲姑姑,如今是清宁宫的皇后。我知道你们当初的结合是为了共同对付明朝与察哈尔。她总理后宫,从无过失,我怎么可能与她争位呢？论政治作用,我不如懿情大贵妃和康惠淑妃,她们曾是被击败的蒙古察哈尔部首领林丹汗的妻子,皇上您娶她们并非为色而是表明您允和天道,这是出于政治上的需要,这个道理我懂,所以她们俩在后宫中仅次于正宫之后,我一点儿也不嫉妒。论宠爱,我不如姐姐宸妃。关雎宫本身不就意味着深深的爱意吗？'关关雎鸠,在河之洲。窈窕淑女,君子好逑。'姐姐的幸福不也是我所祈盼的吗？由此看来,五宫之中,最无足轻重的就是我永福宫了。皇上,如果您真的这么想可就错了！

"五宫之中我居末位但我却最年轻,这就是我的依赖、我的资本！其实,我不甘心做一个平凡的女人,我还有能耐没使出来,只要是皇上您需要,我就是为您、为大清国赴汤蹈火、粉身碎骨也在所不辞！这么多年了,皇上您还是不明白臣妾的一片苦心哪！皇上,您现在心里还有我的位置吗？也许我就要给大清国生出一位龙子了,皇上您会对我刮目相待的！皇上……"

庄妃的嘴唇轻轻嚅动着,没人注意到她的表情,因为萨满妈妈们已经开始了神秘莫测的跳神占卜吉凶,铃鼓作响转移了人们的视线。

头上插着花的萨满妈妈们腰上还系着一串小铜铃铛,当她们一扭一捏地走动起来的时候那铃儿便叮当作响,十分悦耳。她们左手拿着闪亮的鸾刀,右手擎着系着铃铛的桦木棍,先恭恭敬敬地在神座前行了礼,然后开始跳神。她们摇着叮当作响的桦木棍儿,舞着银光闪闪的鸾刀,跳踏舞步哼唱起来："乌兰,乌兰,乌兰依……乌兰,乌兰,乌兰依……天神阿布凯恩都里,请你保佑床上的博尔济吉特氏。鸾刀闪光腰铃儿响,灯影摇摇月影儿长。弱水悠悠,不成(注:弱水和不成分别为黑龙江和长白山古称)巍巍,天神保佑的庄妃娘娘,将生下大富大贵的哈哈济(注:哈哈济为女真语男孩子之意)。爱新觉罗氏的子孙,比雪鹰还要矫健,比虎豹还要勇猛。乌兰,乌兰,乌兰依,乌兰,乌兰,乌兰依,……"(注:此为女真语,意为相传,相传,永久地相传下去……)

萨满妈妈们舞得起劲,唱得卖力。歌声悠悠,铃儿叮当,真令人眼花缭乱,神魂飘荡。也不知跳了多久,唱了几遍送子神词,忽然歌声戛然而止,萨满妈妈们齐刷刷地跪倒在神桌前,只听一个威严的声音从远而近缓缓传来:

"天神阿布凯恩都里赐谕:今有帝星罕尼乌西哈降生为博尔济吉特氏为子,帝星马踏之地,皆为大清国土。博尔济吉特氏,你要小心抚育他!"

屋里静极了,忽然庄妃大叫一声:

"火龙,满地满炕的火龙!"

接着只听"哇"地一声一个白胖的哈哈济果然降生了!

"姐姐,快睁眼看看,这是一个阿哥,一个哈哈济!"乌兰又哭又喊摇着疲惫不堪的庄妃。

"我……真的放心了……"庄妃干裂的嘴唇渗出血丝,但她的脸上却现出了欣慰的笑容。

不知这是天意,还是巧合,永福宫的庄妃终于如愿以偿。母以子贵呀,五宫之中她终于可以吐气扬眉了!位居五宫之末,那又算得了什么?她大玉儿有了皇子,大清国又多了一位龙子,这件事情难道还不足以使皇上回心转意吗?

乌兰看着庄妃出神的样子,不由得抿嘴儿一乐,庄妃这才回过神来。原来,不知不觉中,乌兰已经一勺一勺地把一小碗热粥喂完了。

"姐姐,你出神的时候样子可真好看,都三十岁的人了,怎么看着还这么年轻呀,倒显得妹妹我干巴巴,又黄又瘦的。"乌兰说着故意噘着嘴巴。

"幸亏我不是个男人,否则你颔下的那颗美人痣还不早把我给勾引去了。"庄妃不由得眉头舒展,微微一笑。

"姐姐的心情看来好多了。得,随您怎么说吧,反正我的脸皮也够厚的。"

"乌兰,把那件礼袍拿来,陪我到清宁宫去给皇后请安。"

"您不是病了嘛,过两天再去不成吗?这回真的有了理由,何不清静几天?皇后怕是老糊涂了,前个儿怎么能对姐姐说出那么严厉的话来?还当着那么多姐妹的面?"

说归说,乌兰知道庄妃的脾气,一旦做出了决定便很难再更改的,所以她仍旧忙前忙后地为庄妃更衣,梳洗打扮,然后准备给庄妃戴上饰有一大颗东珠的簪子。

"这支簪子就不戴了,省得被皇后挑了毛病去,给我换上支银色的蝴蝶簪子吧。"庄妃捧着玉簪子端详了片刻,看得出她很看重这支簪子:

"这是皇上当年到科尔沁迎娶我的时候亲手为我戴在发髻上的,他说只有我才佩戴这个,这颗龙眼似的大东珠价值连城呢。"

"可是姐姐,宸妃娘娘可是有一条用这样的东珠串起来的项链呢,她戴着也太不称了。她人瘦,脖子又细,我说呀,那串项链要是戴在姐姐的脖子上才合适呢。皇上还是偏心眼儿。"

"那些不过是身外之物,有什么好眼红的?我只记得皇上对我说过的一句话,他称我是科尔沁草原上的一颗明珠呢。"

"嗨,姐姐,看来您是上了皇上的当了。您想想看,皇上的五宫娘娘,还不都来自草原吗?也许他对其他人也说过这样的话呢。"

"是呀,"庄妃一拍脑门,掰着手指细算了一番之后,惊叫道:

"天哪,皇上的五宫后妃都是蒙古人!加上其他的嫔妃,哎呀,这后宫简直是蒙古女人的天下!"

"不,娘娘,应该说是博尔济吉特氏的天下!皇上的五宫娘娘不都姓博尔济吉特氏吗?"

"是的。爱新觉罗氏的男人们征服着天下,而蒙古的博尔吉济特氏的女人们则统治着后宫。夫子说,修身齐家治国平天下,没有家哪来的国?乌兰,我们后宫姐妹,原本就是一家人嘛,大家应该齐心协力,共同支撑着治国平天下的皇上呀!快些走吧。"

乌兰听得稀里糊涂,瞪大了眼睛看着庄妃。这会儿,庄妃唇红齿白,眼睛里盈着笑意,哪里还有一点儿病容?

锦州城里死一般沉寂,战争阴霾笼罩着大地。

入夜,北风猎猎,寒气袭人,城外的清军营帐悄无声息,只一顶大帐篷里闪着亮光。

"众将官,朕怎么也忘不了天聪元年(1627)在宁锦城下所遭到的惨败,这是一场硬仗哪!"

"父皇不必多虑。如今我大清如日中天,与昨天已不可同日而语了。而那明朝却如落日西沉,气数将近。若父皇恩准,儿臣即刻率麾下八旗精兵夜袭锦州,以云梯入城,里应外合,一举拿下锦州!"

"豪格,你也不小了,三十多了怎么还这么鲁莽?朕的八旗精兵养精蓄锐,可不是让他们去送死啊!再说,明军早有准备,全城戒严,防守上固若金汤,我们千万不能贸然出兵!"

肃亲王豪格被父王当众斥责,脸上觉得热辣辣的,棱角分明的脸上现出一副不服气的神情,恨恨地哼了一声。

清太宗皇太极妻子嫔妃众多,子女有二十几个,然而除了长子豪格之外,其他的儿子或年幼或过早夭折或属无能之辈,唯有豪格有着赫赫的战功,在满朝文武中位高权重,因此不免有些骄横。或许皇太极已经察觉到了豪格的得意忘形,有意要在众人面前压一压他的威风,所以才会板着面孔训斥他。要知道,在满朝文武的眼中,豪格可是太宗的得力助手,是将来继承帝统的最佳人选啊。

"皇上明鉴,锦州的明军已有防范,如果我军踌躇不前,反倒给明军援兵提供了时机,到时要拿下锦州就更困难了。臣明了皇上的心愿,"武英郡王阿济格见皇太极听得很认真,便加重了语气并伴以手势比划着,"我大清进取之大计,一者攻燕京,此乃刺明心脏之举;二者夺下关门,这是断明喉管之举;三者先得拿下宁锦门户,这是为我军入关南下定鼎中原先扫除后顾之忧。如果整个关外都是我大清的天下,则我军可一心一意与明朝决一死战了,所以,我认为必须当机立断,攻占宁锦!"

"唔。"皇太极若有所思。阿济格的话不无道理,他与豪格虽为叔侄但年纪却相当,均以勇猛善战著称,但他二人似乎有着相同的缺点,都是狂妄骄横、锋芒毕露之人。

考虑到兄弟之情,所以皇太极并没有像斥责儿子豪格那样斥责阿济格,他捻着下巴上的一缕花白的胡子,颇为赞赏地看着这位同父异母的弟弟:

"朕记得在天聪元年的时候,你与朕率兵伐明,攻锦州,逼宁远,搅得明军鸡犬不宁,这可惹恼了明总兵满桂,他出城列阵,指明要与朕一决高下,关键时刻,是你挺身而出与满桂在两军阵前厮杀。朕则趁明军精力分散之时,击鼓进军,明军大乱被打得人仰马翻。哈哈!怎么样,这一回你是不是又想大出风头哇?"

阿济格涨红了脸,众将官们也一起笑了起来。

"多尔衮,你怎么不言语?"

和硕睿亲王多尔衮正值而立之年,为人多才多智,英武超群,一向是皇太极器重的小弟弟,这一次多尔衮受命为"奉命大将军",率豪格、阿巴泰统左翼军;太宗的侄子岳托为"扬武大将军",率杜度等统右翼军,分两路攻明,足见皇太极对多尔衮寄予了厚望。

"臣奉圣上之命率军自张家口东二十里处入关,与岳托将军的右翼配合兵分八路向南挺进,在燕京至山东之间的千里之内攻城略地,所向披靡。计入关五个月,转战两千里,败明军五十七阵,破河北、山西、山东、天津府、州、县七十余,掳获明军将领、士兵、金银等不计其数,大胜而还。臣以为明朝在政治、经济、军事、生产各方面都已经受到了巨大的损失,它只有被动地挨打而无还击之力了!"

多尔衮的话音未落,众将军齐声叫好,提议隆重庆贺。皇太极笑着点头应允,夸奖道:

"多尔衮,你果然是朕的好兄弟!来日方长,以后朕的江山就多靠你来扶持了!"

"多谢皇兄谬夸!维护大清的江山,天下一统,收复中原,这是微臣义不容辞的职责!"

多尔衮眼睛发亮,信心十足。一旁的豪格却向这位得意洋洋的小皇叔投来了鄙夷的一瞥。

"朕一向赏罚分明。多尔衮此次率军凯旋而归,朕一定重重有奖!但,朕听说你离锦州城远驻,并擅自下令遣返部分军士,你可知你动摇了军心,松懈斗志?"皇太极话锋一转,目光炯炯盯着多尔衮。

多尔衮听得一愣,笑容僵在脸上。他为自己辩解道:

"圣上有所不知,因多月征战,将士已疲惫之极,臣因此下令军中一些老弱之人回去,这也是无奈呀!"

"朕不想听你的解释!朕只知道,你已经违背了军法,扰乱了军心,你让我怎么攻城?"

"这……"多尔衮不由得额上冒出了冷汗,"什么扰乱了军心,这简直是小题大做嘛?哼,口口声声说要奖励我,话音还没落地,转脸就要惩治我了。我凭什么出生入死地为你卖命?你是皇帝,我是臣,可是当初我也有资格继承王位的呀!"

"多尔衮,朕待你与诸子弟不同,良马任你乘,美服任你穿,肴馔任你食,之所以如此加恩于你,是因为你勤劳国政,兢兢业业,对朕忠心耿耿。而现在你违抗朕命,擅自屯兵远居,离锦州城三十里之遥安营扎寨,并遣兵丁回家,你、你可知罪吗?"

"既然皇上要治罪于我,我也无话可说。皇上也是领兵打仗之人,难道就不能理解士兵们的疾苦吗?"

"住嘴!朕已派内大臣昂邦章京图格尔、大学士范文程做了详细的调查,朕决不会无故冤枉你的,收起你委屈的样子吧,哼!"

豪格见多尔衮尴尬之极,心中不免得意,恨不得让父皇罢免了多尔衮的大统帅才痛快呢。

"肃亲王,你身为睿亲王的参将,明知他失计,为何缄口不言?难道你在幸灾乐祸吗?"

豪格心里一惊:父王好厉害的眼力!连忙垂下了头,不敢正视皇太极的眼睛:

"父皇明察儿臣失职,任由父皇惩治。"不过豪格心里却在说,若要治罪首当其冲的是叔叔多尔衮!

多尔衮不禁皱起了眉头:皇上为什么要跟自己过不去呢?看这情形侥幸是过不了关的。唉,他有生杀予夺之大权,他说草是蓝色的,又有谁敢反驳说草是绿色的呢?我两次遣兵回家,一次是每牛录抽三名,另一次是每牛录抽五名,主要是军中人疲马乏,加之粮草不济,不得不令他们轮番回去休整呀。说什么我扰乱了军心,这分明是夸大事实,瞎编滥造嘛。锦州城里的明军仍被我紧紧包围着,明兵怎么可能自由出城运粮采樵呢?哼,不知是什么人别有用心地上了"密折",在皇上面前告了我一状。走着瞧,顺我者昌,逆我者亡,我多尔衮可不是任由人拿捏的柿子!

"睿亲王,依我大清军律,你罪该当斩不赦。不过,朕念在你多年来随朕出生入死的份上,从轻发落,你可有话说?"

多尔衮心里松了口气:只要不杀头,什么事都好说,留得青山在,何愁没柴烧呢?皇上分明是要给自己一个下马威,得,那就认了吧!

于是多尔衮跨前一步,双膝点地跪在皇太极的面前:

"皇上英明,我既掌兵权,又擅自令兵回家,违军令之罪甚重,应死。任凭皇上发落吧!"

豪格见多尔衮挺身认错,并不委过于他人,眼珠子一转,紧跟在多尔衮的身后跪下请罪:

"睿亲王是王,我也是王,既然与叔父睿亲王共掌兵权,彼既失计,我也有责任,但请皇上从重发落!"

与多尔衮同来的军中几员大将也齐刷刷地跪下认罪,纷纷自责,或请处斩,或请革职,或请贬黜为民,帐中的气氛一时严肃起来。

红烛映着皇太极那张苍老的脸。由于多年来领兵作战,餐风宿露,呕心沥血地操劳国事,原本五十岁的他却更像是个花甲老人。帐篷里静悄悄的,一班子文武大臣们屏住呼吸,神情紧张地注视着皇太极。

皇太极觉得有些燥热,的确,小小的帐篷里聚集了这么多的人,空气能新鲜吗?他抖落了身上的豹皮大氅,露出了绣龙黄缎的御袍。他脸色涨得通红,面露赞赏之色:

"好!我八旗将校不愧为英明汗王努尔哈赤的后代,个个敢作敢当,毫不含糊!朕有你们这些左膀右臂的支持,何愁对付不了明朝的军队呢?哈哈哈!"

帐篷里的气氛顿时轻松了许多。众将官一个个面露喜色,开始窃窃私语:

"皇上仁慈呀,如此爱惜将士,大清焉有不强盛之理?"

"睿亲王是个汉子,敢作敢当,不过,他也的确有苦衷,皇上治他的罪也是应该的,这权当是一个教训吧!"

这时,只听皇太极说道:

"睿亲王,你可知罪?"

"臣知罪,罪不容诛。"

"那好,范大学士,依我大清军律该如何处治睿亲王呢?"

一直恭候在一侧的范文程没想到皇上给他出了个难题,要他做恶人。要知道,这睿亲王可得罪不起呀!他只觉得头皮发麻,黄脸一下子憋得通红。得,先熬过眼前的这一关吧,以后的事,走哪儿算哪儿吧。

范文程清了清喉咙,心里稍稍平静了一下,不慌不忙地开了腔:

"回皇上,睿亲王擅下军令本该严惩不贷,以儆效尤。但考虑到皇上的仁慈宽容以及睿亲王爱惜士兵的心理,臣以为可以这样定睿亲王和诸大将官兵的罪:一、睿亲王降为郡王,罚银万两,拨出部下两个牛录;二、肃亲王也降为郡王,罚银八千两,拨出一牛录;三、其余军中主将俱罚银五十两至两千两不等。请皇上定夺。"

"好,就这么办吧!"

多尔衮瞥了范文程一眼,心里说这个八面玲珑的汉人心眼就是活,他总能想出应变之策,倘若他肯为我出谋划策,将来不愁没有我出头之日。只是,这个范文程一心一意忠实于皇上,他肯为我所用吗?

"谢皇上不杀之恩!臣对皇上的处置口服心服,降爵罚银只会更激发臣对皇上的赤胆忠心。请皇上给臣一个将功补过的机会,臣将继续奔赴松锦前线,以战功来恢复自己的名誉和地位!"

"说得好!朕拭目以待!多尔衮,你领兵去吧!"

多尔衮、豪格率十多名将帅谢恩而去,偌大的帐篷里立刻显得松快了许多,皇太极长舒了一口气,疲惫地跌坐在龙椅里。

也许是皇太极感到对多尔衮的指责过于严厉,或者因为还牵涉到诸多的王公、贝勒、贝子和大臣,包括自己的长子蒙格也在其中,他们都是统兵治政的人才,如果严惩的话必将动摇军心。松锦之战刚刚拉开序幕,只好对他们从轻发落,希望多尔衮他们能以此为戒,日后小心谨慎些,夹着尾巴做人。

唉,这些个王公、贝勒,自恃与众不同,平日里骄横张狂,飞扬跋扈,令皇太极十分头痛。任何人群或人类集团内部都不可能完全一致,由于早婚早育加上多妻多子,使太宗的这个大家族里的关系错综复杂,总的趋向是大多数成员拥护和支持太宗,却也有个别成员敌视他,并演出了种种悲剧。在清太宗皇太极的大家族中,他子侄人数比兄弟人数约多四倍,他本人有十一个儿子,亲兄弟的儿子约有六十五人,加上叔伯兄弟的儿子,换句话说,皇太极比较亲近的子侄有一百六七十人之多!他们年富力强,生机勃勃,如长子豪格,侄子杜度、岳托、萨哈廉等均是战功卓著、年轻有为的人物。

对众多的子侄,皇太极尚能令其以自己马首是瞻,但对于跟自己地位相同的同胞兄弟,皇太极有时未免感到力不从心。

不消说,这些亲兄弟如老大哥代善等人,有拥立之功,为人也比较谦逊稳重,而阿济格、多尔衮、多铎三兄弟也受到皇太极的特殊恩宠和重用,或许是皇太极对当年逼死他们三兄弟的母亲大福晋阿巴亥而心中有愧吧。在皇太极的兄弟中,与他关系不和的有莽古尔泰、德格类、巴布海、费扬果等,尤其是莽古尔泰居然在天聪五年围大凌河时,在太宗御前露刃,犯下了大不敬罪,从此遭了厄运⋯⋯

同室操戈,勾心斗角,令皇太极痛心不已。不甘心偏安于东北一隅,一心要夺取大明江山,又令皇太极操劳过度,他觉得很是有些个力不从心了。

"皇上,天都快亮了,您就安歇一会儿吧。"

贴身太监柔和的声音打断了皇太极的思绪,他抬头一望,果然帐外已是天色熹微了。一阵困意袭来,皇太极觉得眼皮格外沉,他吩咐太监吹熄蜡烛,自己勉强起身想到榻上歇息,可就在他一起身的时候,只觉得头晕目眩,他那略显肥胖的身子失去了平衡,重重地摔倒在地上……

关雎宫里,宸妃正凭窗而坐,呆呆地出神。她的黑发蓬松松地挽着,两条细柳眉拧着,眼睛里流露着淡淡的哀愁。

"皇儿呀,你这一去,把额娘的心也带走了。额娘放心不下你呀,至今你咿呀学语的声音还在额娘的耳畔回响着,若不是顾念着你皇阿玛对额娘的恩宠,额娘早就随你去了呀!额娘的命苦呀!"

眼泪如断了线的珠子,滴落在宸妃胸前的长袍上。一想到年仅两岁就夭折的儿子,她就会泪流不止,人也变得恍恍惚惚的提不起精神。

"娘娘,永福宫的庄妃娘娘看您来了。"

"哦!"宸妃急忙抹去眼角的泪水,强打起精神走出了寝宫。

"姐姐今天的气色好多了。妹妹没打扰您吧?刚做好的龙鳞卷儿,趁热给您送了些来。"庄妃说着一指桌子上放着的朱红色的食盒子。

"妹妹费心了,这些年来你总是嘘寒问暖的,倒教为姐心里过意不去了,说起来姐姐心中有愧呀。"

"姐姐千万不要这么说"庄妃上前握住了宸妃的手。"呀,姐姐的手凉凉的,你的衣衫太单薄了吧。您的身子本来就瘦弱,经不起风寒的。倘若身子不适,皇上又该放心不下了。"

宸妃面上一红,避开了妹妹庄妃的眼光:

"皇上这两天忙着处理国事,并没来关雎宫,有时想起来了只打发个公公来探问一声。唉,五十出头的人了,还没日没夜地为国事操劳,一听到战事吃紧还得亲临前线,长此以往,就是神仙也吃不消哇。"

"皇上就是这个脾气,每一件事他都要亲自过问,否则他就不放心,这也是没有办法的事情。"

"妹妹,以前你不常常在皇上身边为他分忧解难吗?这五宫里,只有妹妹你有能力辅佐皇上。不像我,是个榆木脑子,对时局根本不感兴趣。妹妹,你可得想法子助皇上一臂之力呀!"

庄妃一脸的苦笑:

"这个社会,是男人的天下,女人太聪明了反倒会招致不幸,只有像姐姐这样温柔贤良的女人才会赢得皇上的欢心。姐姐如今是'三千宠爱在一身',

妹妹却成了那毫无颜色的'六宫粉黛'之一了。"

"妹妹的大度令姐姐汗颜,其实姐姐的日子也不好过呀!"宸妃幽幽地叹了口气:

"想我入宫这些年来,深得皇上的宠爱,朝夕相伴,可后宫里包括皇后姑姑在内的姐妹们却对我冷眼相待,见了面总是冷嘲热讽的,背地里还不知会怎么中伤我呢。这种事我又不能向皇上诉说,眼泪只能往肚子里流。我知道妹妹你与她们不同,你不是个争风吃醋的浅薄女人,但毕竟在我入宫以前,你是深受皇上宠爱的。难道,你就一点儿也不怨恨姐姐吗?"

"姐姐,男女之间,两情相悦,本来就是一件极其美好的事情,不能强求,再说,皇上如果宠爱您,说明你让他心动了,您的温柔缠绵,您的美貌多情,是我学不到的。再说,我们本是同胞姐妹,现在同为一家,更应该不分你我,姐姐,我现在替你高兴都来不及呢!"

"姐姐是个苦命的女人,每当看到九阿哥,就会想起自己的儿子,如果还活着,也应该六岁多了。"说着说着,宸妃的眼泪就要留下来了。

第二十九章 洪承畴统兵压境
后宫二妃坦心计

"姐姐,你若是喜欢福临,那就把他过继到您的宫中吧,姐姐的年纪不大,调养身子,说不定过两年……"

"不要安慰我了,皇上的身子骨日益见老,你又不是不知道,他的脸上已经有老人斑了,可是却不服老,怎么能行呢。"

"姐姐,您拾掇一下,咱们出去转转吧,闷在屋子里还不把人给憋坏了?咱们姐妹先去清宁宫给皇后姑姑请安,然后再相伴着在宫里散散心。对了,中午姐姐干脆就到永福宫去,咱们姐妹俩自己动手做一些可口的饭菜吃。"

"这个主意倒不错。"宸妃不忍拂了妹妹的好意,对镜梳妆,往脸上扑了些脂粉,披上了藕荷色的缎子披风。

"姐姐,你这样的容貌难怪会引起后宫嫔妃们的嫉妒,连我看了都自愧弗如,心里酸溜溜的呢。唉,都是一母所生,姐姐怎么就抢了个先,把父母的优点全都占去了呢?"

宸妃的脸上终于露出了笑容,但她那漆黑的眸子里仍有抹不去的忧伤。

清宁宫在皇宫的最深处,这里古柏森森,庙宇高耸,雕栏画栋,蔚为壮观。因为这里是皇上和皇后的寝宫而显得神秘和庄重,在庄妃看来,它不如永福宫那么小巧雅致,在宸妃看来,它也不如自己的关雎宫那么华丽舒适,但这里又是她们梦寐以求的地方。

从东暖阁里传出了皇后娘娘与其他侧福晋们的说笑声,庄妃轻轻一扯姐姐的衣袖,说道:

"今儿个皇后的心情不错,咱们姐妹可以轻松一回了。"

她们正要往里屋走,却被一位婢女拦在了门前。

"奴婢给两位娘娘请安了。今天大福晋身体不适,改日再来问安吧。"

"怎么,大福晋她身体不适?"

庄妃微微一怔,刚才分明还听到皇后的说笑声呢,为什么……

"妹妹,既是这样,咱们就回去吧。"

宸妃的脸上有些挂不住了,扭过头就要往回走。

"姐姐且停一下!"庄妃眼珠子一转,显出忧虑的神色来,"大福晋病了,做妹妹的理应在她身边伺候着,端茶倒水的做些分内的事情,咱们更得进去了!"

269

婢女迟疑了一下,脸上勉强一笑:

"既是两位娘娘一片好意,就请进来吧。"

东暖阁里温暖如春,皇后博尔济吉特氏正倚在软榻上,手里抱着一把精致的铜质水焊子。继妃乌拉纳喇氏和侧妃叶赫纳拉氏等人正喝着热茶,吃着瓜子,给皇后说笑话解闷呢。

"哟,今个儿是什么风把这一对姊妹花给吹来了?啧啧,瞧你们两人的打扮,倒像是去吃酒似的,我这清宁宫里可只有清茶哟。"

庄妃脸上挂着笑,与姐姐一同行过礼,没理会皇后的冷嘲热讽,态度依旧很谦卑,她说道:

"大福晋吃了汤药没有?昨个儿还好好的,怎么就病了呢?请御医看过了吗?"

"不要唠叨了,我心烦,找个地儿坐下吧。"皇后一点儿也不给侄女面子,口气还是那么冲,宸妃怯怯地用胳膊肘子碰了一下妹妹,示意她坐下来。

"啪嗒!"乌拉纳喇氏悠然自得地吐着瓜子壳,又伸出满是肉窝的手端起了茶杯:

"两位福晋倒是越活越年轻了,大福晋,我可不愿意在众人面前出丑,我就先告退了。"

"老老实实地给我坐下!谁没有年轻的时候?想当年哀家大婚成亲的时候,荣耀有加,皇上的眼珠子都看直了,谁不夸我是科尔沁草原上飞出来的金凤凰?"

看来,上了年纪的人总爱回忆以前的事情,尤其是这种风风光光的事情。福晋们掩着嘴咻咻地笑了起来,气氛轻松了许多。

"男人都是朝三暮四的德行!大珠儿,哀家问你,这些日子你又给皇上吃了什么迷魂药?皇上老了,前些日子又犯了头晕脑涨的毛病,你又不是不知道!"

宸妃的脸涨得通红,大福晋也太过分了,就差没骂她是妖精了。宸妃硬着头皮为自己辩解:

"大福晋错怪侄女了,皇上只去过关雎宫几次,其他的时间都在崇政殿里。"

"难道他是神仙,就不睡觉了?"

"他,皇上他……"

"大福晋,"庄妃接过了话茬,"皇上他太不爱惜自己的身子了,听说他除了偶尔回西暖阁歇息之外,有时候实在撑不住了就在崇政殿里打个盹儿。"

"唉!"大福晋重重地叹了口气,半晌才说道,"皇上这是何苦呢?他已经许久没来我这东暖阁了。偌大的清宁宫里有时真让人觉得冷清呀。"

崇政殿里，皇太极眉头紧蹙，正来回踱着步子。松锦前线的战争形势越来越复杂，围攻与反围攻，大小战役此起彼伏，明清双方都为这关键一战随时准备倾国中之精锐来决一雌雄。形势不容乐观哪！皇太极刚刚接到了和硕郑亲王济尔哈朗的奏报，称明经略洪承畴率六位总兵带兵六万来支援锦州，屯兵于松山北岗。济尔哈朗亲自率兵迎战失利，伤亡甚重！

"冷僧机，八面击鼓，令贝勒群臣速速上殿议事！"

"嗻！"一等御前侍卫冷僧机见皇太极脸色凝重，心知有重大事情发生，于是命人用力敲响了大鼓。

皇太极双手倒背，缓步从御座前走到群臣中间。因为天气闷热，他只穿了绣龙黄缎子的龙衫，更显得体态臃肿、大腹便便的。

"近二三年以来，朕一再尝试打破锦州，但一直没有成功。明军顽强抵抗，我军多有失利，和硕郑亲王还中了枪伤。你们说，朕该怎么办？"

皇太极的情绪有些激动，他的嗓门听上去有些嘶哑，呼哧呼哧地大口喘着粗气。

"臣观今日情势，围困锦州之计实出万全。攻城和围城，当然以前者易见成效，而后者则需要时间，坚持下去才能成功。然而如今情况有变，明军的增援已到，加上驻在锦州城里祖大寿的兵力，我清兵并不能完全掌握主动权。臣以为当务之急，立即增派援兵，截断洪承畴与祖大寿之间的联系！"

"范大学士言之有理。不过，锦州的外围已被睿亲王的大军层层包围起来，祖大寿只是锦州城里的一只困兽了，不必多虑。至于洪承畴的明军却不能忽视，他们士气高，加上洪承畴治兵有方，实在是一支很难战胜的力量！"

说这话的是郑亲王济尔哈朗，他脖子上吊着绷带，声音里还透着几分疲惫。

"蓟辽总督洪承畴所率的'洪兵'固然强悍，但我八旗精兵已是身经百战，势不可挡！"

两黄旗重臣索尼声音洪亮，语气坚定，皇太极听了不由得精神为之一振。这貌似矮小瘦弱的索尼也是由皇太极一手提拔上来的，他精通满蒙汉文，智勇双全而且年富力强，对皇太极忠贞不二，是皇太极的御前一等侍卫之一。

"臣以为明国气运渐衰，连年旱灾虫祸，加上流贼叛民，明国的气数已尽。我大清何不乘运奋发，诸王贝勒同心协力，问鼎中原在此一举。时不容缓，机不再来，请皇上立刻出兵，荡平松山！"

"哈哈！知我心者索尼也！朕真担心洪承畴会及早逃脱呢！朕主意已定，朕要亲自率兵，星夜开往松山，与洪兵决一雌雄！郑亲王济尔哈朗留守盛京，你们就静候佳音吧！哈哈哈哈！"

又是一阵爽朗的笑声，皇太极情绪激动，脸色通红。他向来不喜欢说大话空话,而此刻他把这场迫在眉睫的大战说得易如反掌,足见他早就胸有成竹、胜券在握了。

"退朝!"皇太极大手一挥,群臣贝勒们面带兴奋之色心里松了一口气。

可他们没注意到,皇太极的手没有放下,却仰面捂住了鼻子,血正从他的手指缝里往外渗!

夜色浓重,星光闪闪。盛京城外的清兵大营里,萨满们正头戴铜鹰,腰围神裙,敲着神锣、神铃边跳边唱为清军送行:"天门地门全打开,萨满妈妈请神来。天神保佑皇太极,马到成功下松山。霞光紫气照盛京,万马欢腾人欢笑。"众多的萨满妈妈,戴着神罩,手挥弯刀和桦木棍儿,边舞边唱,十分热闹。清兵们围了里三层外三层的,不住地喝彩叫好,看得津津有味。萨满妈妈们的身后还跟着一群老婆婆,手里吹拉弹拨着各种乐器,抑扬宛转,也跟着跳神的脚步,舞来摆去,还故意弄出许多丑态引人发笑。

帐外是欢声笑语,帐内的气氛却有些紧张!

皇太极又流了许多鼻血,伤了元气,这个时候他却执意要御驾亲征,怎能不让人担忧呢?

"你们几位是朕的心腹之人,朕患鼻衄未愈之事不得外传!"

身披战袍的皇太极在灯下显得很威武,一等御前侍卫索尼手捧黄色的披风侍卫一旁,神情忧郁,一副欲言又止的样子。

皇太极的弟弟多罗武英郡王阿济格和豫亲王多铎几乎同时跪下劝阻皇太极道:

"皇上,臣弟恳请皇上暂且歇息几天,臣弟愿先行一步!"

"快起来,我的好兄弟!"皇太极心头一热,亲手扶起了两位异母弟弟。或许就在这刹那间,他想起了当初自己亲手逼死他们的母亲阿巴亥的那一幕。一时间他的眼中流露出了一丝愧疚的神色。

对于皇太极的夺主即位,曾经有人大加指责,其实只有当事人皇太极最最明白他该不该受到指责。显然,这是一场蓄谋的逼宫政变,是由皇太极与兄长代善联手完成的。英明汗王努尔哈赤向来重爱情、重亲情,他怎么可能在自己临终之际又"遗命"大妃阿巴亥殉葬而丢下两个十来岁的亲生儿子多尔衮与多铎呢?他们年幼无知,若丧父又丧母,在这冷酷的后宫之中将何以立足呢?"遗命"似乎是有,但却不是"逼大福晋殉葬"的遗命,而是立"九王子"多尔衮为王,这件事代善在场,他就是最好的见证人。真真假假,假假真真,真的"遗命"成了假的,假的"遗命"却成了真的!

大福晋阿巴亥生殉成了后金国的一大疑案,残酷的历史给多尔衮兄弟三人开了个无情的血淋淋的玩笑,而坐在龙廷里的皇太极却并不感到心中惶然。唐太宗李世民、宋太祖赵匡胤、明成祖朱棣……以不正当的手段登基称帝的例子不胜枚举,他皇太极又为什么不能心安理得呢? 更何况在他的治理之下,迁都盛京,走完了从后金到大清这艰难的一步,即便他有过错人们也早该原谅他了!

只不过偶尔,每当面对多尔衮三兄弟时,皇太极的内心深处会产生一点点的愧疚,仅此而已。就为了弥补内心深处的一点点愧疚,皇太极对多尔衮三兄弟格外重用,因此尽管他们年纪不大,资格不老,他们的地位却比许多兄长高。皇太极这么做不仅仅是因为这三兄弟军功卓著,随着年纪的增加,他也许想到了有那么一天他会面对已故的大妃阿巴亥,到那时他也算心中坦然了。

然而这种愧疚的念头只是一闪而过,皇太极的声音又恢复了平静:

"行军制胜,贵在神速! 出其不意,攻其不备,朕此时若有翼可飞,恨不得展翅而去,以迅雷不及掩耳之势直赴松山。好了,外面的祭神已经结束,两位兄弟,即刻带兵随朕出征!"

多尔衮带着亲兵部将十数骑连夜回到了营地。

一路上,多尔衮策马飞驰,宝马苍龙骥似乎明白主人的心情,四蹄飞扬掀起阵阵尘土。部将们不敢怠慢,扬鞭猛抽,生怕被主帅拉下。风声呼呼,马蹄阵阵,月光下的多尔衮浓眉拧到了一起。

"朕待你与诸子弟不同,良马任你乘,美服任你穿,肴馔任你食⋯⋯"皇太极威严的声音在多尔衮的耳畔回响。

"叭!"多尔衮气恼间又扬起了马鞭,苍龙骥已经跑出了一身汗,它忍着疼痛风驰电掣般地狂奔起来。

几年来,多尔衮出生入死、马不停蹄地为皇太极打天下、争地盘,先后降服了察哈尔和朝鲜,使明朝在辽东失去了两翼,为大清解除了后顾之忧,多尔衮的军队还接连不断进攻明朝,直捣中原,频频获胜,然而他却万万没有想到,他差一点遭到了灭顶之灾!

"由亲王降为郡王,罚银万两,拨出部下两牛录!"大学士范文程的声音不高但却十分清晰,多尔衮听来十分刺耳。

"唉,这么没日没夜地为他打天下,他却翻脸无情,这种朝不保夕的日子可真难挨呀!"

马上的多尔衮重重地叹了口气,松开了缰绳,因为眼前就是他军中的大营了。

营帐里灯火摇曳,五彩的地毯和榻上毛茸茸的皮褥子显得温馨舒适。多尔衮惬意地躺着,两位侍从端水送茶忙前忙后地伺候着。

"王爷,烟点好了,您抽几口吧。"

多尔衮眯着眼睛,稍稍张开嘴:

第二十九章 洪承畴统兵压境 后宫二妃坦心计

273

"傻丫头,你不会送到本王的嘴里?喏,就这样。"

多尔衮伸手抓住了那递烟袋锅的手:"手指又白又嫩,啧啧,简直爱煞人了。"

"王爷,半夜三更的,您不能再吸烟了,您得喝碗热奶子,这样您就可以好好地睡一会儿,明儿个您还得领兵打仗呢。"

两个女扮男装的侍卫,一个递烟、一个送奶,一个丰腴、一个美艳,两个人娇滴滴的声音令多尔衮满心欢喜,两个人花儿般的容貌更令多尔衮喜不自胜。他猛吸了几口烟,又喝完了奶,然后色迷迷地搂抱着两个女子,"噗"地吹熄了蜡烛。

天蒙蒙亮的时候,多尔衮被帐外的争吵声吵醒了,他揉着眼睛正要发作,忽又听到了帐外那颇为熟悉的声音:

"我有要事禀报王爷,将军如若不允,我可就要硬闯了!"

"你这厮怎敢如此放肆!堂堂睿王爷是你想见就见的吗?快滚开,否则老子的剑可是不认人的!"

多尔衮一掀帐篷走了出来,他身材颀长,相貌英俊,颌下是一把修剪得很整齐的短胡须,潇洒中透出几分威严,显得气宇轩昂。

"你们且退下,本王有话跟他说。"

"睿王爷,侄孙这么早就吵醒了您,实在是因为事出有因。"来人一袭黑袍,脸上罩着面具,看不清他的相貌。

"这么说事情很急?好吧,进来说话,阿达礼。"

阿达礼解下了面罩,环顾四周,桌子上已经摆满了热气腾腾的食物:热牛奶、牛油饼、烩牛肉。阿达礼不禁咂吧着嘴讪着脸:

"王爷,小的一夜没睡,跑得又累又饿……"

多尔衮眼睛一瞪:

"再累再饿也不在乎这一会儿。快说,那边出什么事了?"

"王爷,昨晚您刚离开不久,皇上他就病了,天还没亮内侍就传出话了,说什么'圣躬违和',要去安山(鞍山)温泉疗养,已经动身了。"

"噢?皇上又病了?哼,他如今已是秋后的蚂蚱,没多少气候了。训斥我的时候还是大喊大叫,原来他这是硬撑的,好哇,我倒要看看他还能撑几天?"

"王爷,听说皇上这次去温泉走的是近道,途中要经过'神仙谷'……"

"嗯?"多尔衮浓眉一挑,眼露杀机。"看来皇上病得不轻呀。想那狭谷地势险峻,两边是悬崖峭壁,自古以来是强人打家劫舍之地,如果皇上受到了惊吓,也许会一病不起了!"

"王爷,侄孙明白您的意思,此事包在小的身上,您瞧瞧,我这副贼人扮相谁能识破呢?"阿达礼紧盯着多尔衮的眼睛,拍着胸脯。

"阿达礼,这件事千万不能露了马脚走了风声。记住,只要想法子吓唬一下煞一煞皇上的威风即可。哼,我要让他知道,天外有天!"

"小的明白,请王爷放心,小的日后还想跟着王爷飞黄腾达呢。这一桌子香喷喷的食物……"

"馋嘴的家伙,吃吧,吃饱喝足就办正事去。记住,人不要太多,挑几个轻功好的,带着火铳再放上几箭,一有风吹草动便四下散开,各自回自己的营地。"

"嗻!"

"皇太极,你不仁我可有义呀,你对我有杀母夺旗之恨,这十几年来我把一潭苦水深埋在心里,君子报仇十年不晚,我终于快要扬眉吐气了!来人,请萨满妈妈,本王要祭神!"

鞭子香被点着,冒出了袅袅白烟,萨满妈妈头戴金雀铜翅神帽,身穿八条虎牙长裙,腰系神铃,手摇神鼓,乌牛白马已被牵到了香案前。

众将帅不知道主帅为何要祭神,看着神情严肃的王爷均不敢多问,均戴了神帽披了神裙跪在了多尔衮的身后。神鼓敲起,神铃震耳,众将侍从们跪在神案之前随着萨满妈妈咏诵神词:"游遍了九层云天,最高贵最英武的大神是阿布凯恩都里;访遍了三江五河,最善良最美丽的女神是呼其塔蚌神三姊妹。沐浴神灵我大清如旭日东升,爱新觉罗的子孙将兴旺发达繁荣昌盛。"

多尔衮在神前若有所思,他在暗中祈求祖先神灵保佑自己,扫除自己的敌人、对手和绊脚石,众将帅均神情肃穆拜跪着神灵。此时晨光初现,一抹红霞使庄严的祭祀场面增加了几分活力,萨满妈妈手中的神鼓和腰间的神铃交汇成了一首飘飘仙乐……

天命五年九月二十八日,后金国发生了一件令众多的王公贵族疑惑不解的事情,英明汗王努尔哈赤在汗宫当着八旗诸贝勒、众大臣宣布,多尔衮三兄弟成为八旗旗主,多尔衮虽然年幼,但却对当时众贝勒的誓词记忆犹新。"……此后,立阿敏台吉(努尔哈赤侄)、莽古尔泰台吉(努尔哈赤第五子)、皇太极(第八子)、德格类(第十子)、岳托(次子代善之子)、济尔哈朗(侄)、阿济格(第十二子)、多铎(第十五子)与多尔衮(第十四子)八贝勒为和硕额真,为汗之人,受取八旗之给与,食其贡献,政务上,汗不得恣意横行……"

多尔衮欣喜若狂,几乎不相信自己的耳朵:他当上了八旗旗主之一的和硕额真?他们三兄弟终于可以出人头地了?当然,这一切的功劳是母亲阿巴亥的,她已经在英明汗王众多妻妾中由侧福晋上升为大福晋,成了后金国臣民的国母!

众贝勒大臣在震惊之余窃窃议论起来:

"英明汗王这是怎么啦,八旗兵应该编制八个和硕额真,可这份名单上却写了九个人?"

"事情不是明摆着的吗?九岁的多尔衮贝勒和七岁的多铎贝勒两个人的名字被排列在一起,说明他们两个人被合立为一个和硕额真!"

"英明汗王的此举一点儿也不英明!把我们这些身经百战,军功显著的功臣贝勒丢在一边,却让两个乳臭未干的娃娃当上了旗主,这、这不是欺人太甚了吗?"

"背地里发脾气有什么用?你敢当面跟汗王说出来吗?我料你也不敢这么做。得,把眼泪放在肚子里吧。人家多尔衮小贝勒凭的是母荣子贵,就冲这,谁能跟他比?你不服也得服!"

"走着瞧,天有不测风云,人有旦夕祸福,多尔衮他们三兄弟如果经不起沙场上的考验,如果他们的母亲失去汗王的欢心,结果又会怎么样呢?我真是不甘心哪!"

在众贝勒大臣充满哀怨嫉妒的眼光中,多尔衮三兄弟的厄运果然降临了。

天命十一年(1626)初,英明汗攻宁远受挫。自天命四年以来,努尔哈赤率八旗军于萨尔浒大败明军,使后金与明朝的关系发生了根本变化。此后,后金又攻灭叶赫,统一了女真,天命六年又发动了进攻明朝辽沈的战争,下沈阳、克辽阳,英明汗王的汗宫也由赫图阿拉老城一迁再迁而迁到了盛京(沈阳)。几十年来努尔哈赤所向无敌,而这一回却惨败于宁远孤城之下,这怎能不令他气愤难当呢?努尔哈赤气血攻心,忧怒成疾,痈疽突发,病势急转直下,竟病逝于距盛京四十里之遥的谖鸡堡!

盛京城里哀声四起,与明朝作战的事被放到了一边。少年多尔衮思念着与英明汗王浓浓的血缘父子之情和殊恩深宠,更是伤心欲绝,那一夜显得格外的漫长而沉寂,但多尔衮万万没有想到还有更大的灾难等着他!

天刚亮,皇太极就率领诸贝勒王大臣,风风火火地赶到了大福晋阿巴亥的住处,声称执行父汗"遗命"要大妃自杀殉葬。

多尔衮怒不可遏,厉声指责皇太极,却被众贝勒冷冷地打断了:

"八王皇太极已被推为黄台吉,这是天意,因为汉人称储君为皇太子,而八王的名字本来就是黄台吉,他就是我们新的汗王!"

"新的汗王?父王有遗诏吗?推举新汗王这么重大的事情,为什么我们三兄弟无一知晓呢?"年轻的多尔衮怒气冲冲地注视着正值壮年的八皇兄皇太极。

"父王创建了八和硕贝勒共治国体的方针,你们却擅自改成了四大贝勒共坐之制,父王尸骨未寒你们就要背叛父王?"毕竟年长一些,多尔衮的哥哥、皇十二子阿济格的语气咄咄逼人。

"住嘴!你们三人能有今天,全仗着父王对大妃的宠爱。本汗过的桥比你们走的路还多,你们有什么资格成为八和硕贝勒之一,有什么资格在本王面前指手画脚?哼,今非昔比,你们三兄弟今后说话做事可得当心了!"

说罢,皇太极脸色铁青,手一挥让侍卫捧上了白绫,对大妃道:

"大妃,您与父王夫妻一场,恩爱无比,如今您能让父王一人冷冰冰地躺在那里吗?父王的心里只有你,快追随父王去吧!"

大福晋阿巴亥欲哭无泪。面对着如狼似虎的夫君的子臣们,她心里明白自己只有死路一条了。二十多年的宫廷生活让她明白了宫廷斗争的血腥与残酷,她知道抗拒是徒劳的。满族并没有妻妾为夫殉葬的习俗,反而流行"君臣同川而浴,并肩而行,父死子妻后母,兄终弟娶寡嫂"的治栖之风。但,阿巴亥又不甘心,她看着脸色阴沉的皇太极:

"我在你们父汗弥留之时陪伴了他四天,他从未对我表示过要我与他同行的意思,反而劝慰我,要我照看好你们几个年幼的弟弟。"

大贝勒代善面无表情地看着惶恐不安的大妃阿巴亥,心里却感到万分的痛苦:

"大妃才三十多一点儿,又白嫩又丰满,当初她很中意我,为此受到了父王的冷遇,唉,我如今也是泥菩萨过河自身难保了,只有硬着头皮翻脸无情了!"

"大妃,父皇的遗命是下达给我们四大贝勒的,我、阿敏、莽古尔泰和四贝勒皇太极均可作证。父汗说,他十分喜爱母后,因此要求母后与他同行。母后是个聪明人,知道父汗的命令是不可违抗的,请您自己动手吧!"

大妃阿巴亥的热泪夺眶而出,双手颤抖着接过了白绫。

"不,这是阴谋,我不相信你们的话,我不能让母亲死!"多尔衮歇斯底里地喊叫起来,双手紧紧拉着母亲的衣袖,一双仇恨的眼睛怒视着皇太极和代善。

阿巴亥心如刀绞,自己死不足惜,为了保护三个儿子,她跪拜在皇太极和代善的面前,泣不成声:

"我自十二岁入宫侍奉先帝,至今二十六年。我与英明汗情深似海,原不忍相离。既是大汗有遗愿,我也无话可说。只是,多尔衮他们三兄弟尚未成人,我死以后,求几位大贝勒看在你们父皇的份上,好好抚养他们。毕竟,你们都是亲兄弟呀!"

皇太极皱着眉头,不情愿地回跪阿巴亥:

"请母后放心地去吧,阿济格已经成人,多尔衮和多铎我会格外照顾的。"

阿巴亥再也无话可说,她屈从了命运的安排,心一横,推开了心爱的儿子,走进了内室……

三十七岁的阿巴亥就这样成了汗位争夺斗争中的殉葬品。眼睁睁地看着自己的母亲被逼上了绝路,多尔衮心中犹如万箭穿心,但他却没有再哭闹喊叫,而是抹去了眼角的泪痕,牙关紧咬！这杀母夺旗之仇一定要报！看着皇太极眼中闪现出的一丝喜悦,多尔衮握紧了双拳！

"通往汗位的一切障碍都已经清除了,我可以从容不迫地登上宝座,并可以全力以赴去实现父汗没有实现的问鼎中原的梦想！"皇太极心中的确兴奋不已。仅仅一夜的时间,形势就发生了根本的变化！英明汗突然撒手人寰,虚空的汗位令后金统治集团内部乱作一团。

早就觊觎汗位的皇太极这个时候实在按奈不住了,作为父汗钟爱的四贝勒,皇太极聪明、干练,是个野心勃勃的政治家,皇太极自信,在四大贝勒中,没有一个人能够比得过他。大贝勒代善生来懦弱,优柔寡断,早就失去了宠爱,二贝勒阿敏毕竟是父汗的侄子,三贝勒莽古尔泰过于鲁莽,朝野上下声名狼藉……皇太极思前想后,最后有能力和他争夺王位的只有代善和多尔衮兄弟。

第三十章　丧父孤子勇抗敌
　　　　　　猛将镇边许谁攻

　　代善果然成不了大气候,在汗宫父汗的龙椅前,就当着众人的面宣布要放弃汗位,推荐自己的弟弟皇太极,令皇太极甚是开心,不过,还有一个危险的劲敌,就是一国之母的大妃乌拉纳喇氏阿巴亥,当然,就是多尔衮三兄弟的生母。

　　由于她的受宠,三个儿子迅速成为了后起之秀,年方冲龄便被封为八和硕额真王并掌有全旗,多尔衮三兄弟尽管年轻但其实力已经超过了包括皇太极本人在内的三大贝勒!这能不令皇太极惶恐不安吗?不只是皇太极,众贝勒出生入死,血战数十年,又有几个能当上旗主额真呢?阿巴亥在无意之间成了诸王贝勒的敌人,当然更是皇太极登上汗位的最危险的政敌,所以,她必须死,皇太极相信倾巢之下,不会再有完卵的。

　　父汗的去世,本来对少年的多尔衮就是一个沉重的打击。生母被逼自杀殉葬父汗,对多尔衮来说简直是晴天霹雳,令他痛不欲生!多尔衮三兄弟从十一日未时到十二日辰时,在不足一昼夜的时间里,经历了父汗去世、汗位失去、生母被逼殉葬的一系列灾难,从一向由父汗宠爱、母后欣赏扶持的有着强大靠山的高贵旗主,一下子降为备受冷落的无依无靠的孤儿弱主,前途渺茫,凶多吉少,身处逆境中的少年多尔衮仿佛一夜间成熟起来了,他把眼泪往肚子里流,把一潭苦水深深埋在心底,夹着尾巴做人,暗中积蓄力量屈以求伸。

　　"父汗哪,如今儿臣羽毛已丰,风华正茂,而皇兄皇太极则是暮气横秋,体力不支,这大清的江山也应该由我来扛了。我忍气吞声了十几年,戎马倥偬,出生入死,不就是为了等待这一天吗?儿臣谨遵父汗的遗命,尊王敬汗,已经立下了显赫的军功,大清国的缔造也有儿臣的一大功劳呀,他皇太极称帝所用的玉玺不就是我派人奉送的吗?如今他已是病魔缠身,理应由儿臣我来接替他的帝位。如果儿臣成了大清国的皇帝,当务之急就是消灭明朝,统一中原,我要让我们爱新觉罗氏的子孙世世代代成为中原的主人!父汗,儿臣并不是忤逆狂妄之人,儿臣问心无愧,请父汗的在天之灵保佑儿臣早日实现这个梦想!"

　　多尔衮沉浸在对往事的回忆之中,忽然被一阵锣声惊扰,不由大怒,起身喝道:

"祭神重地,什么人敢这样大胆喧哗吵闹?"

"不、不好了,王爷,明军人马已经来到了阵前,要向我军挑战呢!"

多尔衮这一回是真的清醒了,他眉头一拧:

"来而不往非礼也,各牛录额真听令,全军严阵以待,听本王的调遣!"

多尔衮披上白战袍,跨上宝马苍龙骥,带着豪格等将帅登高远望,观敌瞭阵。这一看他心里猛然一惊:天哪,似乎是一夜之间,明军的大队人马漫山遍野四处都是,更令多尔衮感到触目惊心的是,那乌压压的明军军营里旌旗猎猎,醒目地写着"洪兵"!

"洪承畴来了? 莫非他是从地底下钻出来的吗?"多尔衮的脸色阴沉下来。

对大名鼎鼎的洪承畴,多尔衮早有耳闻。洪承畴先中举人又登进士,仕途顺利,官至陕西布政使司右参政,成为镇压陕西农民起义军的主要军事统帅。崇祯十一年(1638)洪承畴设计伏击李自成的军队,大胜,从而被摇摇欲坠的明朝末帝崇祯更加宠信,满朝文武也寄以厚望,称他所统领的军队为"洪兵"。

从清崇德元年(1636)以后,皇太极便把进攻的矛头指向了明朝。在短短的三年时间里,清军数万铁骑五次征明,肆意践踏着大明千里平川的华北大地,令明朝上下人人自危。关键时刻,明廷于崇祯十二年初,特命洪承畴为前辽总督,主持对关外的清兵战事,以拱卫京师。

年近五十的洪承畴深知肩上的担子。大明内部党派纷争,人心涣散,连年对农民起义的镇压更使国力贫乏,山河破碎,一向被认为用兵如神的洪承畴变得小心翼翼起来,因为他知道一失足便会成千古恨!当锦州被清军围困一年多,频频告急的时候,洪承畴决定孤注一掷了。他共征调宣府总兵杨国程、大同总兵王朴、密云总兵唐通、蓟州总兵白广恩、玉田总兵曹变蛟、山海关总兵马科、前屯卫总兵白广恩、宁远总兵吴三桂八镇大军十三万、马四万,集结宁远,准备与清兵决一死战!

洪承畴针对皇太极长期围困锦州的政策,决定以守为战,步步为营,稳扎稳打。但迫于朝廷速战速决的压力,他不得不进行军事冒险:将兵马粮草留在宁远、杏山以及锦州七十里外的海岛笔架山上,亲率六万兵马抢占了松山城北乳峰山,七座大营安营扎寨,一夜之间出现在清军多尔衮大营的阵前。

"主帅,还犹豫什么? 趁明军连夜奔波马乏人困之际,我军应速速出击杀他个下马威,让明军无喘息之机。"

"豪格,洪承畴用兵如神,决不能等闲视之,阿巴泰,你即刻派几名旗牌官向盛京求援,敌兵实重,请皇上速派济尔哈朗前来助战!"

"豪格,带领你手下的精兵向乳峰西侧的明军进行骚扰,注意保存实力,避开明军的神器红衣大炮!"

"杜度,率你的精兵速速切断洪兵的后路,在松山与杏山之间严防死守,只许成功不许失败!拿去,本王旗下的十牛录兵士归你调遣!"

多尔衮从腰中掏出了令旗,杜度领兵而去。可豪格仍愣愣地站在一旁。

"你想违抗本王的军令吗?刚才不是你喊得最响吗?"

多尔衮对这个比自己大几岁的侄子并没有好感,甚至在内心深处还处处提防着他。为什么?就因为豪格是皇太极的大阿哥!其实,多尔衮的担忧差不多是多余的,种种迹象表明,豪格一直没讨得父皇皇太极的欢心,尽管他有文韬武略和赫赫军功,但他始终未能当上主宰一旗之旗主,他只辖有皇太极麾下的正黄、正蓝和镶黄三旗之中的若干牛录而已!

"豪格只是想请求主帅也拨一些兵马,因为我手中的兵力实在是有限!"

"哦!"

多尔衮没有立即表态。

对面明兵安营扎寨的炮声惊动了围锦州的清军,他们看到明军这逼人的气势,无不面露惊恐之色。洪承畴占据的乳峰山东侧,距锦州仅五、六里远,他的数万人马环松山城结营,掘起了长壕,竖起了木栅栏,耀威扬威的骑兵队巡游于松山东、西、北三面,防御甚严。

"必须将洪兵的气焰打下去,以振我大清兵将士气!"多尔衮一字一句,掷地有声。"豪格,本帅将统辖的正白旗中的十个牛录交与你调遣,你可凭借熟悉的地形对洪兵进行袭击,打乱他们的阵脚,瓦解他们的士气!"

"请主帅放心,豪格此去定能马到成功!"

正午的阳光炙热地烤着黑土地,远处,尘埃飞扬,人欢马嘶,大队人马滚滚而来。

正黄旗的巴牙喇兵(护军)骑着一色的高头大马,身披盔甲,耀眼夺目的旗纛在风中招展,灿若云霞。一张硕大的黄伞下,皇太极威风凛凛地骑在马上,他的身后紧跟着的是御前一等侍卫出身的宠臣索尼、汉军正蓝旗固山额真佟图赖和军师范文程等十几位内大臣。

再往后则是身穿黄马褂的侍卫骑兵队和三千名八旗精兵。尤其引人注目的是马队中间的红衣炮队,炮筒上的红绸迎风招展,与无数黄色的军旗和天蓝色的军旗相互辉映,如彩蝶纷飞,如百花争艳,蔚为壮观。

从盛京到锦州有数百里之遥,大队人马马不停蹄已经行进了三天,估计还有三天的路程。这一路赤日炎炎,士兵们早已是汗流浃背,疲惫不堪。身材肥胖的皇太极更觉闷热气短,苦不堪言,他的两个坐骑大白与小白更是吃尽了苦头——皇太极自幼便身材魁伟,中年发福之后更是膀阔腰圆,当穿上

第三十章 丧父孤子勇抗敌 猛将镇边许谁攻

铠甲之后,昔日背负他驰骋疆场的这两匹宝马良驹如今再也威风不起来了,小白尚能日行百里,大白却只能日行五十里了。

"皇上,前面有一处庙宇,可否请皇上歇息一下？"紧跟在皇太极左右几乎寸步不离的索尼察觉到皇太极脸上的疲惫之色,请求让大队人马稍事休息。

皇太极点头同意,但他的内心却万分焦急。翻身下马,皇太极立刻又觉得一阵头晕目眩,眼疾手快的索尼快步上前扶住了他。"哎呀,皇上您、您又流鼻血了！"

"不要紧张,更不要声张,朕休息片刻就会好的。"脸色苍白的皇太极低声嘱咐着索尼。索尼会意,招手示意,由几位御医和侍卫搀着皇太极进了大庙。

大雄宝殿里宽敞清静,建造精巧,金身佛像闪着亮光,和蔼地冲着皇太极发笑。皇太极心念一动,恭恭敬敬地在佛像前合掌下拜,连连作揖,嘴里念念有词：

"大慈大悲的佛啊,赐福给大清国,保佑我皇太极此次出兵旗开得胜,马到成功！"

见皇上如此敬佛,跟在身后的索尼、佟图赖等一帮子内大臣们慌忙趴身下拜,连连磕头。他们心中奇怪,大清国一向最信萨满教,出兵作战或是祭祖祭天都要请萨满跳神,对汉人看重的菩萨庙或是佛祖庙并不感兴趣。皇上这是怎么啦？当然,日后要图谋中原,与汉人长期相处,就得接受和适应汉人的各种习俗。其实,眼下的八旗精兵或将帅里就已经有了不少优秀的汉人人才。祖上为宋朝文正公范仲淹之后的范文程起初追随英明汗努尔哈赤,现在又一心一意辅佐皇太极,他足智多谋,料事如神,上解天文,下知地理,深受皇太极的赏识和宠信,被任命为内秘书院大学士,进世职二等罕喇章京。带兵投清的明将总提兵大元帅孔有德和总督粮饷总兵官耿仲明分别被皇太极封为恭顺王和怀顺王。原为镶黄旗汉军人的佟图赖十三岁即驰骋疆场为后金国效力,军功卓著成为威名远扬的战将,连年被提拔封赏,当皇太极于崇德七年(1642)组建汉军八旗之后,佟图赖被授予汉军正蓝旗固山额真——即都统,他由此跨入清军高级将领的行列。

看起来,满汉相互融合,这是历史发展的大趋势呀。目睹着皇太极虔诚敬佛的范文程暗中欢喜,连连点头。

庙里主持赶紧收拾了一间僻静的禅房,竹帘、竹椅加上竹床,皇太极立时觉得清凉了许多。士兵们早已躺在树荫下或是大殿里呼呼大睡了,可皇太极却辗转反侧,难以入眠,他的心早已飞向了松锦战场……

锦州是明朝设置在辽西的军事重镇之一,自从明清争战以来,锦州的战略地位日益重要。锦州的正南面近二十里处是松山城,松山西南近二十里处是杏山城,而杏山西南二十里左右便是塔山城,这三城如羽翼如卫星般地拱卫着锦州,此外还有宁远重镇作为锦州的坚强后盾。因此,明朝派遣重兵由祖大寿统领,加固城池,力图使锦州成为阻止清兵西进的一座坚强堡垒。很明显,锦州不破,清军就只能局限于东北一隅,毫无前途可言。

然而,自努尔哈赤阻于宁远城下,到皇太极即位后的十几年间,清向辽西的多次进兵一直未能取得重大进展,因此形成了明清在宁、锦长期对峙的局面。

"唉!"皇太极回想多年来的坎坷,不禁一声长叹:"难道上苍真不助我,我大清只能安于东北一隅么?中原,人杰地灵、土肥水美的中原,何时我皇太极才能骑着大白和小白在那里策马扬鞭呢?"

往事历历在目,皇太极怎么也忘不了他承袭汗位的第二年在宁锦城下所遭到的败绩,甚至他的父汗努尔哈赤也因为在宁远败下阵来,受了伤又窝了一股火不久就去世了。如今,已明显感到体力不支的皇太极急于拿下这只拦路虎。他也许觉得自己的时间不多了,十几年了,一个弹丸之地竟成了阻挡清兵入关的关键,皇太极一向心高气傲,他实在是咽不下这口气呀!

"你皇太极不过是我城下的一名败将!"这讥讽的声音令皇太极坐卧不安。他猛然翻身起床,一声怒喝:

"不拿下锦州,死不瞑目!来人哪,传朕的旨意,大队人马立即朝锦州进发!"

天聪三年十月,皇太极率领十万大军避开袁崇焕防守的宁远、山海关,绕道科尔沁,直扑明长城的各个隘口。

后金兵分三路:七贝勒阿巴泰、十二贝勒阿济格攻龙井关;大汗堂弟济尔哈朗、侄儿岳托攻大安口;皇太极亲统大军偕大贝勒代善、三贝勒莽古尔泰入洪山口。十万满洲铁骑从天而降地杀来,直惊得明朝守军魂飞天外,三路人马势如破竹,只三天时间,便已攻到马兰峪。

马兰峪守将吴阿衡自接守以来,素无警报,便懈怠下来,终日饮酒,少有醒时。满洲兵杀来之时,他尚沉醉不起。侍卫强拖他上了战马,对面满洲铁骑冲杀过来,阿济格手起刀落,吴阿衡便人头落地,死得倒也没有丝毫痛苦。

当长城各口陷落的消息传到京师的时候,已经是三天以后,当时满洲兵已经占领了蓟州城。崇祯一向自以为沉着老练。这时突闻后金铁骑已近在咫尺,一下子惊得面如土色,过了半晌也想不出应对之策。还是首辅大臣韩爌稍稍老练一些,当即请皇帝下诏:宣布京师戒严,附近机动军队全部防守京师;飞檄传袁崇焕回师拦截后金大军;诏告各地督抚率兵入京勤王。

三道诏书颁下,崇祯怦怦乱跳的心才稍稍安静了一些,正待喝一口茶安顿一下过度紧张的神经,老太监王承恩急慌慌地走过来,到他身边附耳说道:

"皇上,刚刚传来战报,说山海关总兵赵率教战死在遵化城下!"

王承恩声音不大,而且生怕吓坏了皇帝,话说得极为缓慢,但听在崇祯的耳朵里,仍然像晴天霹雳一般,惊得目瞪口呆!

　　原来,山海关总兵赵率教闻警,不待督师与巡抚下命,立即率两千人马前往遵化救援。疾驰三昼夜,几乎与后金兵同时抵达遵化外围重镇三屯营。

　　三屯营守将是蓟镇中协总兵官朱国彦。这朱国彦是蓟辽总理刘策属下将官,刘策与皇帝最近的红人袁崇焕不睦,影响到其部下也对袁崇焕的属下充满敌意。此时,朱国彦正为八旗兵的突然到来忧心忡忡,忽然听说赵率教前来增援,心中大喜,当下便欲开门迎纳。他的幕下师爷走了过来,捋着山羊胡子劝朱国彦道:

　　"赵率教是我朝名将,将军若延之入内,势将反客为主,胜敌是增援之功,失守则将军难逃其责。况且八旗兵虽强,却也未必能攻下三屯营。"

　　朱国彦认为言之有理,当下紧闭城门,拒不接纳援军。赵率教三天三夜强行军,早已人马疲惫,却不料遭此冷遇,当下怒火中烧,指着城头骂道:

　　"朱国彦,你这王八蛋,老子好心帮你,你却这样待我。待三屯营失守,看你怎样向皇上交待!"

　　骂阵自然无济于事,赵率教只得绕过三屯营来援遵化,途中与阿济格所率镶红旗遭遇,双方一场混战,羽箭若狂风怒雪,兵戈击打如潮。最后赵率教所率两千人马全军覆没,两千人没有一个逃走,没有一个投降。总兵赵率教身中二十七箭,拄着宝剑站立在战场上死去了,就连一向好勇好斗的满洲士卒见了,也不禁肃然起敬。

　　拒不接纳援兵的总兵朱国彦终究没能侥幸抵挡住能征善战、士气正盛的八旗兵。就在后金军攻入三屯营那天,他穿好朝服,向京师方向叩拜如仪,之后与妻子张氏一同上吊自杀殉国。

　　满洲三路人马汇集遵化城外。遵化巡抚王元雅是一介文官,哪见过这等阵势,急令总兵官李贾坚守,谁知道武将更是稀松,没等开兵见仗,早跑得无影无踪。王元雅悲愤交集,便把逃跑诸将名单张榜于抚衙之前,而后与永平知县徐泽等人相继自缢而死。

　　皇太极夺了遵化,继续挥师东进,明军的抵抗软弱得出乎他的意料。十一月八日,探马来报:大军前锋已至蓟州。皇太极见天色已晚,便传令三军:"今日就地扎营,来日一早攻城。"

　　第二天,天刚刚亮,八旗军便开始攻城。皇太极素知蓟州乃是重镇,攻取不易,便令莽古尔泰、阿尔泰、岳托各领一旗人马轮番攻城。

　　城头上的滚木、礌石、羽箭像密雨冰雹一样倾泻而下,仰攻的八旗将士纷纷倒下,但这却丝毫也阻挡不住越来越猛烈的攻势。

　　突然,一枝羽箭射中了莽古尔泰的前额,顿时血流披面,疼得他"哇哇"大叫。这莽将军血性大发,猛地一把将那箭杆折断,头上带着残余的箭镞,疯了一样登上云梯,狠命地向上攻去。周围的将官士卒被主帅的神勇所感染,军威大振,在声如牛吼的号角声中,八旗兵置生死于不顾,嗷嗷大叫着往前拥,这番气势将城头兵将吓得心惊肉跳,抵抗之势顿减,眼见有数十名敌军就要爬到城垛口,蓟州城危在旦夕。忽然,城上"轰""轰""轰"三声炮响,紧接着杀声震天,仿佛有数万明军如神兵天降一般出现在城头,半空中飘扬着一杆大旗,红色的大旗上书有一个斗大的黑字——"袁"!

这个字,八旗兵将们再也熟悉不过了。不错,这正是蓟辽督师袁崇焕的大纛旗!

主客之势顿时逆转,城头木石铺天盖地而下,八旗铁骑攻势受挫,莽古尔泰右臂又中一箭,在军将的保护下撤了回去。留下千余具残肢断臂的尸体,无声地点缀着这惨淡血腥的战场。

皇太极闻报大吃一惊,喃喃说道:

"莫非这袁崇焕真是神人转世!"

要知道,宁远至蓟州有千里之遥,袁崇焕在这么短的时间里整军前来,简直是不能想象!

"这可如何是好!难道朕此番入塞,又要功败垂成,坏在这袁蛮子手里不成?"

皇太极自言自语道:

"不行,袁蛮子一日不除,朕伐明的大计就一日不得施展,总得设计除掉他才是!"

这时,范文程走上来,文绉绉说道:

"我素闻明主朱由检生性多疑,虽然已将辽东全权交给袁崇焕,却也未必用之不疑。我有一计策在此,供大汗参考。"

接着,范文程在皇太极耳边低语良久,说得皇太极频频点头。

第二天,皇太极命令贝勒豪格及额驸恩格德尔率一旗兵马绕过蓟州,循三河、临顺、义城,目标直指京师。其余各旗分散在蓟州城方圆百里之内,抢夺人口、牲畜、金帛、粮食,补充给养,消耗明朝实力。

袁崇焕不愧为一代名将,后金军抵遵化之时,他才得到报告,当时也是万分惊骇。不过他到底有数十年临敌的经验,当时他即刻做出决定,留一万兵马镇守宁远、锦州,其余大队人马随自己千里赴援。俗话说,疾行无善迹。但袁崇焕还是将这支精锐之师带到蓟州城内,比皇太极快了半拍,而且沿途抚宁、永平、迁安、玉田诸镇,还都妥善派兵把守。

但是袁崇焕却对皇太极的新举动有点茫然,按理说皇太极应该猜到他袁崇焕千里行军,人马困顿,该当继续夺城才是。即使不愿与袁军作战,也完全可以以主力绕道蓟州,去攻打京师。为什么他只派一支军队绕城而过,主力却在蓟州城外游荡起来,这其中必然有诈!

袁崇焕正在思考皇太极的用意何在,祖大寿赶来,急火火地说道:

"督师大人,咱听说豪格已东去袭取京师,大人为何还不动身去援京师?"

袁崇焕心里涌起一股暖流,只有他这鲁莽勇猛的汉子才会直率地讲出自己的所思所想,一心为督师安危、为朝廷大计着想。此刻,祖大寿生恐京师有闪失,危及到袁崇焕的责任,才直言相询。

袁崇焕便也坦承自己的顾虑:

"皇太极本可以全师东进,却在这里休养,不知有何阴谋。蓟州东去抵京师一马平川,再无重镇可依,如若本督移师,恐怕蓟州难保啊!"

"但是督师已至蓟州,京师遥遥在望而不前,谁能保证朝臣们不会说出什么话来?"

祖大寿说出了自己的担忧。

"大安口、龙井关、洪山口都非本督负责地带,鞑子由此而入,不是咱们自己疏于防范。咱们闻讯即千里赴援,谅百官也挑不出什么漏洞来攻讦——即使他们说了,咱们皇上英明神武,想来也不会相信。"

"督师说得是,不过,历来辽东主帅都不是败在鞑子手中,而是败在朝中谗言与胡乱调度之中。督师虽然有皇上宠信,小心一点总不会有错。"

正说着,何可纲走了进来,道:

"禀督师,皇上派人来宣读诏书!"

话音未落,内宫太监高起潜带人闯了进来,尖声唱道:

"袁崇焕接旨!"

"臣在!"

袁崇焕匆忙率祖大寿等人跪倒。

"蓟辽督师袁崇焕千里赴援,忠勇可嘉,朕心甚慰。今京师危急,特命袁崇焕火速入京勤王,以息房难。钦此!"

袁崇焕叩头领旨,站起身来,对高起潜说道:

"本督有一主张,还需公公禀明皇上:现今皇太极及八旗主力还在蓟州,其去向难明,崇焕须得稍待数日,察其意欲何往,再做定夺。"

高起潜感到有些意外,说道:

"铁骑入境,自然是京城最为危急,督师大人不去入卫皇上,却在这里查探动静,怕是不妥吧?"

"本督千里赴援,正是担心皇上安危,此时驻守蓟州,亦是扼皇太极东去之路。公公所言差矣!"

高起潜不再争辩,只懒懒地说道:

"好吧,咱家替大人转告皇上就是啦。督师身担大任,倒要好自为之。咱家一路奔波,鞍马疲惫,请督师先安置咱家歇歇脚,再回去复旨。"

再说袁崇焕在蓟州驻扎数日,几次出城与八旗兵决战,皇太极都是一触即溃,从不正面交战。袁崇焕又不敢离城太远,只好无功而返。

这一天,袁崇焕正在与诸将议事,忽然有军卒来报:八旗军整兵绕城而过,似乎要向京师而去!

袁崇焕大惊,立即登上城头观望,但见远处烟尘滚滚,马蹄声震动大地,果然八旗军主力整军西向,矛头直指京师。

事不宜迟!袁崇焕赶紧升帐,命祖大寿为先锋,率部赶在后金军之前到京师防守,自己与何可纲统中军随其西行,尾追皇太极求战,力求给后金军以创击。

谁知皇太极无心恋战,只是一个劲儿地往西赶。袁崇焕无奈,也只得加紧行军,先其赶回京师。就在他刚刚踏上左安门之时,皇太极的八旗兵也旗幡招展铺天盖地而来!

袁崇焕不敢怠慢,立即整队与八旗兵战在一处。兵法云:"百里趋利者军半至",袁军长途跋涉,既无充足给养,又没有充分休整,情形未判,突与皇太极接战,难免损兵折将。幸赖袁崇焕平时训练有方,部队临危不乱,才侥幸没有大的伤亡。袁崇焕在广安门外立脚不住,只得移师沙河,祖大寿驻营广渠门外。

八旗铁骑如影随形杀到,皇太极身着金盔金甲,坐在黄罗伞下,亲自督战。八旗兵在大汗面前,欢欣鼓舞,没命一般往前冲,喊杀声、兵器撞击声混成一片,刀光剑影,血色弥漫。两支人马直杀得天昏地暗、日月无光。袁崇焕立马大纛旗下,面色铁青,一言不发,半晌,看这样的混战很难击败皇太极的进攻,才对何可纲下令:

"放炮!"

立刻有火器营的军兵推出两门红衣大炮,装好炸药,点燃引线。

随着一阵清脆的锣声,袁军忽然间撤了回来,没等激战正酣的八旗兵明白过来,"轰""轰""轰",几声震耳欲聋的炮声,炮弹在后金阵营落地开花,顿时火光一片。

皇太极的坐骑也受了惊吓,掉头向东北方向奔去,八旗军兵中弹者累累,这时一见大汗仓皇奔逃,立刻乱了阵脚。袁崇焕挥动令旗,明军一阵掩杀,八旗兵败退。

夜,已经很深了。

文华殿的灯光依旧明亮,崇祯皇帝一会儿坐下来沉思一阵儿,一会儿又匆匆站起来来回走动。

袁崇焕的战事,已经有亲信打听清楚了告诉他。不过,最让他欣慰的是,袁崇焕终于来了!袁崇焕治军有方,有了他,害怕什么呢?

然而还有一些消息确是令人不安、疑惑。上午,东厂提督太监高时明来了,告诉他大量流传在百姓当中的传言,说袁崇焕是满人故意放回来的,打算里应外合,覆灭明朝之后平分天下。

第三十一章　杀忠臣自毁壁垒
　　　　　　　　松锦地唾手而得

　　崇祯对这些无稽之谈一笑而过,他不相信,间接害死努尔哈赤的袁崇焕能够向他的儿子妥协,简直就是不可能的事情嘛!

　　但高时明说的另一件事情,却让他有所触动:有一些朝臣及军将私下里议论,说袁崇焕要和鞑子讲和,怕有人反对,就效仿澶渊之盟,借后金之势,兵临城下,胁迫皇帝就范!

　　是不是确有其事呢?崇祯拿不定主意。整个下午,他都在焦躁与狐疑中度过,袁崇焕重兵在握,有勇有谋,他若心怀不轨,京师危矣,大明危矣!

　　入夜的时候,崇祯终于得到了好消息,袁崇焕在广渠门外击退金兵主力。这时,崇祯才长出了一口气,真是的,袁崇焕怎么可能投降呢?自己竟然对正在城下浴血奋战的良将起疑心,真是大大的不应该!

　　就在崇祯焦急不安的时候,南海子的后金营地的中军大帐里,也是红烛高烧,甲士环绕,后金国主皇太极正与谋士密谋攻取大计。

　　外貌粗犷威猛的后金大汗其实并不乏心智。此番大举入塞,在亲王贝勒看来是到大明天子脚下耀武扬威,掠夺奴隶金帛,但在皇太极的内心里,却另有一番打算。

　　这是皇太极生平第一次见到北京城,京城那雍容威严的天朝大国的帝都气象令他感奋不已,更勾起了他取而代之的决心。

　　然而要取代大明,最关键的一步是夺取明朝的门户——山海关。这座巍峨坚固若铜墙铁壁般的关口一天在明朝的防守之下,取代明朝就是痴人说梦,而果敢睿智的袁崇焕镇守宁远、山海关一天,后金夺取山海关的希望就会像海市蜃楼一样虽辉煌而缥缈。皇太极在苦苦地思索着铲除袁崇焕的良策。

　　计划在按部就班地进行着:首先绕道蒙古,深入明朝腹地,令崇祯对北方边防有了袁崇焕高枕无忧的念头发生动摇,让不知就里的京城官员与老百姓把怨气撒到袁崇焕身上。

　　第二,在蓟州城下故意逗留拖延,让袁崇焕摸不清自己的动向,不敢轻举妄动,从而给崇祯造成袁崇焕不顾京师安危,逗留不进以提高自己身份的印象。

　　第三,派大批奸细打入京城,在街头巷尾传播袁崇焕以战胁和的谣言……

　　这一切,都在皇太极的授意之下成功地进行着。然而,对于像袁崇焕这样一直精忠报国的形象,仅靠这些是绝对不能给他以致命损伤的,必须寻找机会,给他以直接而有效的打击。

范文程似乎猜到了大汗的心思,他悄声无息地走到皇太极身旁,轻声说道:

"大汗,古人云:欲速则不达。若欲离间明朝君臣,则我军不可急攻京城,否则我军攻之越急,明朝国主就愈发倚重袁崇焕。京师城高墙厚攻取至为不易,大汗既不能取明都以得实利,又白白加重了袁崇焕的地位,此乃为临渊驱鱼之策,实不足取。"

皇太极的心思被人说中,眼睛忽地一亮,一把抓住范文程的衣袖,请教道:"依先生之见如何?"

范文程不慌不忙地说道:

"京郊多富庶之地,我军可分兵四出掳掠粮食、庄丁、金银,一者以耗明之实力,一者储足粮草,静以待变。我听说朱由检生性多疑,咱们围城既久,自然能找到机会,置袁崇焕于死地。即使找不到机会,袁崇焕身为兵部尚书、蓟辽总督、勤王兵马总调度,久久不能退敌,也是一条罪过。"

"好计策!"皇太极一拍大腿,极口称赞道。

在接下来的十几天里,皇太极减缓了京城的围攻,而是派人四出扫荡掳掠,一时间京师周围方圆百里之地烽烟四起,生灵涂炭。老百姓家园被毁,牲畜粮食遭抢,哭天抢地、怨声载道。而袁崇焕身负守城之责,不敢分兵去消灭恣意践踏的满洲铁骑,只得硬着头皮接受越来越强烈的舆论压力。

京师百姓看袁崇焕按兵不动,更是怒不可遏,他们大骂袁军无能,说袁崇焕先找借口杀毛文龙,杀掉后金心腹之患,又放纵后金大举进攻,自己借勤王之名,回军反噬……老百姓还编了一首顺口溜,道是:"杀了袁崇焕,鞑子跑一半!"

皇太极的机会很快来了。这一天,豪格来报,说是抓住了两个监军太监。皇太极说道:

"监军太监?这种不男不女的东西有什么用?一刀杀掉算了!"

范文程急忙制止,高兴地说道:

"大汗且慢!此乃天赐二人与我主,助我主成其大事!"

"此话怎么说?"皇太极急忙问道。

范文程俯身凑到皇太极耳边,低低地说出一番话来。皇太极听了频频点头,到了后来,不由兴奋得一拍大腿,哈哈笑道:

"范先生所说,真是太高明啦!真不愧是朕的诸葛孔明!"

按照皇太极的安排,降将高鸿中、鲍承先来至前营,命人将两名太监押至自己营中,对两名太监说道:

"今晚你们先住在这里,明日清晨大汗有话问你们。"

说罢便不理他们,命人摆上酒席,边饮边唠。大约到了半夜,一名太监由于折腾了一天便迷迷糊糊地睡着了;另一名太监却说什么也睡不着,但是也闭上眼睛在那里装睡。

过了一会儿,只听高鸿中压低声音问鲍承先:

"他们俩睡着了吗?"

"睡着了!"

"我告诉你一件事,今天袁督师派人来见大汗,我恰好在大汗那里,袁督师派来的人告诉大汗不要着急,说他正在设法让他的军队进入北京城,只要是他的军队开进北京,那时就来个里应外合,不愁北京不在大汗手里。"

这太监把这一切听到耳里,心想:"原来袁督师早和他们串通一气了,我说呢,八旗兵怎么来得这么快,原来真是袁督师放进关的。"但是他仍然装成熟睡的样子。

又过了一会儿,进来两个人,对高鸿中、鲍承先说道:

"大汗找二位将军有要事商量。"

高鸿中说道:

"可是这两名太监怎么办呢,你们三位先走,我去找两个人来此看管他们。"

说完,四人便一同走了出去。那太监一见无人,赶紧将同伴推醒说道:

"现在没有人看管我们,赶紧跑吧!"

两名太监"顺利"的逃离后金兵营,直奔京城,入城后进入宫中,赶紧将昨晚在金营中所听到的一切告诉了崇祯皇帝。

崇祯一听大怒,心想:"原来如此,我就知道你袁崇焕三番两次地要求把军队调进城内,定然另有计策,果不出我所料。"

他对报信的太监说道:

"朕知道了,此事你们不要再张扬出去,朕自有办法。"

十二月一日,崇祯皇帝派宦官到袁崇焕营中传袁崇焕进城议事。袁崇焕急忙随宦官一起入城来见崇祯皇帝。崇祯一见袁崇焕便立即吩咐锦衣卫将他拿下。

袁崇焕大吃一惊,便问:

"皇上,臣有何罪?"

"你这叛逆,放入旗兵入关,还想和八旗兵里应外合攻占北京,朕一切都知道,你还有何话可说?"

袁崇焕一听也吓愣住了,真是祸从天降,直喊:

"皇上,休听谗言,臣对皇上忠心耿耿,实在冤枉!"

但事已至此，他再说什么崇祯也听不进去，袁崇焕被打入死牢，并于崇祯三年八月十六日斩杀于西市，曝尸原野。

袁崇焕被捕入狱的消息很快就传了出去。跟随袁崇焕一同率军前来的辽东总兵祖大寿，听说袁崇焕被皇上下狱，心想："袁督师对朝廷如此忠心，竟落得这般下场。看来皇上已不信任我们，我又何必在此等死。"于是便率领自己的人马返回辽东，使形势更加恶化。

皇太极听到这一消息后，大笑道：

"崇祯小儿，中我计矣！"

于是下令尽掠财物，于次年二月率军满载而归。

明廷处死袁崇焕，犹如自己坏了坚固的长城，任凭八旗兵长驱直下。这清太宗皇太极原本在袁崇焕手里吃过亏，毕竟怯他三分，袁崇焕一除，他心中的一块石头落了地，立刻便决定重整旗鼓，攻取辽西重镇宁远、锦州。他先派了一队八旗兵，由十四亲王多尔衮率领，去夺锦州。

这锦州的守将祖大寿正因为袁经略被杀，自己擅自回来，朝廷虽没有加罪，但已经心灰意懒，压根儿不想再为朝廷卖命。多尔衮到了锦州城外，未打几个回合，祖大寿便举起了白旗，开城投降了。多尔衮早就知道祖大寿是中原不可多得的一员猛将，当下便奏明太宗，为祖大寿加了官职，然后放他回国去做密探。

这些消息，明廷并不知道。因为用人之际，所以祖大寿虽然未守住锦州，却也未曾加罪。崇祯皇帝又派洪承畴为经略，带了王朴、吴三桂等八员总兵官，马步兵十三万，出了山海关。七月二十九日，洪承畴率领全部人马到达了松山，当天晚上就派出一股人马抢占了离锦州只有五、六里路程的乳峰山西侧，并随即在那里扎下了明军的大营，而清军的大营则正好在乳峰山的东侧。

八月初，明清两军便以乳峰山作为互相争夺的重点，数番激战。由于明军的兵力占有绝对的优势，又加上洪承畴指挥调度得当，从总的形势上看，明军显然占了上风。

洪承畴在取得了初步胜利之后却变得十分的小心谨慎，当时吴三桂曾建议趁清军的援军未到，立即一鼓作气乘胜进攻，但洪承畴没有采纳，而是采取了一个以坚固对坚固、营垒对营垒的方针。他命令在松山和乳峰山之间筑起了七座大营，又在此掘壕设垒，并命骑兵分驻于大营的东、西、北三面，从而使得这里成为一个十分坚固的防御体系。然而在宁、锦防线的北侧有一座小小的长岭山，虽不是十分的险峻，但骑兵却完全可以绕过它包抄到松山的西侧，从而切断明军的后方补给线。正是这个小小的疏忽，最终导致了他的惨败。

多尔衮看到明军兵势浩大，忙向盛京太宗报告。皇太极得知了消息，立即决定亲率大军在这里和明军进行一场大决战。于是，他一面命令锦州前线的清兵死守待援，一面迅速地调集各路兵马来沈阳。他本准备于八月十一日出发，但在临出发之前，却突然发现自己的鼻子流血严重，于是便只好拖延了出发的日期。但是三天后，待病情稍有好转，他便决定带病出征，临行前，他召集各王公贝勒和全体文武大臣，十分高兴地对他们宣称：

"朕但恐敌人闻朕亲至，将潜遁耳。倘蒙天眷佑，敌兵不逃，朕必令尔等破此敌，如纵犬逐兽，易如拾取，不致营苦也。朕所定攻城机宜，尔等慎无违误，勉力识之，定获大胜。"

他立即下令起程，一出盛京，便纵马昼夜疾驰。几年来，他一直尝试要夺取锦州。眼下洪承畴率大军增援松山、锦州，清军又屡屡失利，直急得他忧愤呕血。

由于时间紧迫，他便率领三千精骑先行。也许行军太为急迫了，路途中，他的鼻子竟又流起血来，一连流了三天才止住。从盛京到锦州有六百余里，皇太极却只急行了六昼夜就赶到了锦州前线，与多尔衮的人马会合。

这一日，太宗和范文程上山察看地势，见那峰峦起伏，曲折盘旋之山，遥遥有旗帜飘扬，必定是明军的大营。

范文程仔细观望一番，说道：

"这洪承畴不愧为中原才子，颇懂得一些兵法，守备都是滴水不漏，看来我军硬攻是不行的。"

太宗道："依先生之计，该当如何？"

范文程轻轻一笑，道："不如我们先发兵将他一军。将兵马驻扎在通往松山的路上，截了他的退路，然后派兵从长岭绕行到他背后，劫他在塔山的粮草。"

太宗道："就依先生妙计，先让洪承畴措手不及最好！"

当夜，君臣两人便取出了辽西地图，找出一条小路，命多尔衮和阿济格两位亲王各带两千人马，悄悄往塔山而去。

这时，已有三更天气，空中淡月如纱。多尔衮见没有什么粮草，便带了亲兵数人上山察看，却发现前面的山谷中，隐隐立着七、八个营寨，忙下山和阿济格说道：

"山谷中的营寨，显见是护卫粮草的人马，粮草定是屯在山后，你我兵分两路，正好趁他不备，左右夹击，打他个措手不及。"

阿济格点头同意。当下，只听得一声呐喊，数千清兵便冲将出去。那些个明军在酣睡中被惊醒过来，一个个惊惶失措，只消半个时辰，七个营寨便纷纷被击溃。太宗皇太极率领后援人马，风一般地冲到岗上，将几百囤的粮草统统搬下山来，运到清兵大营。

等到洪承畴闻讯赶到，早已为时过晚。原来清兵情急之下，早已放了一

第三十一章 杀忠臣自毁壁垒 松锦地唾手而得

293

把火,将那些未及搬运的粮草一股脑烧掉,扬长而去。

明军将士根本没有想到皇太极会有这一着,知道粮草被清兵夺取了,通向后方的补给线又断了,一时间,明军的士气低落到了极点,一个个人心惶惶,哪里还有什么斗志。洪承畴见粮草已失,后路也被清兵断了,只好放弃原本坚守不战的策略,主动出击。不料那太宗却依照范文程的计策,坚守不战,任明军怎么冲锋,他仍是置之不理,岿然不动。洪承畴没有办法,只得用了一着偷营的险着,故意退兵到十里以外的地方安下营寨,然后令士兵们吃饱了夜餐,武装停当。等到三更时分,兵分四路,依次进发,去袭清营。

总兵官王朴和唐通两个人是第一路,首先率兵来到清营附近。这时夜色已深,万籁俱寂。淡淡的月亮挂在空中,只隐隐能看到清营之中,黑黝黝的一片兵帐,似乎透着一股杀气,很是阴森逼人。王朴素来胆怯,见此情景,便朝唐通道:

"我看清营早有防备,我们不如退回去。"

唐通愤怒道:

"我辈乃是奉命前来,有进无回,怎能半道折回?"

王朴无话可说。于是两人便率队直往清营冲去。

说时迟,那时快。猛听得一声炮响,无数的弹子、火箭竟一起从清营中射将出来,将前面的明军打得头破血流,惨叫不绝。王朴、唐通一见中了埋伏,忙令军士退回。谁知没几步,前面又杀出两支清军,左是多尔衮,右是吐伦世。两军遭遇,自是一场恶战,正是危急的时候,明军第二路人马赶到,将那两队清兵截住,战在一起。那王朴、唐通见此,忙夺路而逃,去向洪承畴报告。

谁知这第二路明军没有战几个回合,斜刺里却又杀出几支人马,为首的三员大将红顶花翎,威风凛凛。原来竟是降清的将领孔有德、耿仲明、尚可喜。这第二路明军见此阵势,知道力不能敌,也无心恋战,只得边战边退。幸而那第三路人马及时赶到,得了援手,方才走脱。

那明军的第四路人马吴三桂率领的本是后应兵。待三路人马出发后,方才率兵出营。谁知行不了数里,却见一路统帅唐通、王朴率着些残兵仓皇归来,一问,才知道是清营有备。吴三桂急忙策马前进,去接应二、三路人马。

哪知才走了几步,却听到身后金鼓齐鸣,杀声震天。吴三桂猛吃一惊,道:"莫非清兵正袭击我大营?"

谁知一语未毕,却见一兵士从背后疾驰而来,气喘吁吁地道:

"经略大人有令,请将军速回。清兵已经闯入我军大营。"

吴三桂一听,忙令兵士转身归驰。尚未赶到营门,已见无数清兵正往里拥。那洪经略正挥刀立马,亲自督战。唐通、王朴等将亦率军协力抵御,左阻右拦,十分激烈。

吴三桂见此，忙一马当先，率众杀入敌阵，那二路、三路的几位将领也一起率兵赶了回来，一起与清兵混战在一起，两军酣战半日，仍是未分胜负。只是洪承畴见清兵后援不断地涌来，心知自己兵力不足，无法守住营盘。只好且战且退，退入松山城里，拼死拒守。唯有吴三桂和王朴两位将领寻了个机会，率领部分亲兵，仓皇往关内逃去，方才保住了性命。

洪承畴退入松山城中，太宗皇太极却也并不着急。他命清兵将松山城围了个水泄不通，飞鸟难过。明军困在城里，未及两月，粮草已尽，城内军民全靠着树皮、草根、破棉絮维持生命。

太宗知道洪承畴博学多才，是个不可多得的人才，便和范文程军师商议，想将洪经略招降。范文程写了一封情文并茂的劝降书，派人用箭射到城里，洪承畴置之不理。范文程又写了一封，洪承畴仍是不理。

这劝降信写了四五封，将那轻重缓急、利害关系都讲得明明白白，洪承畴却在城里传出话来，说道：

"城可破，头可断，大明经略却不可降！"

太宗一闻此言，急得团团转，不知该当如何是好。正在此时，帐下大臣李永芳却道：

"臣下和洪经略尚有几分交情，如令臣亲自到城内说降，或许可行。"

此时，松山城内粮草早已告罄，城内军民都已软弱无力，经略洪承畴虽然号称中原第一才子，智比诸葛孔明，最后关头也是苦于巧妇难为无米之炊，至崇德七年七月，守松山的明军副将夏成德降清，引清军登城，松山城破，洪承畴眼见大势已去，索性一咬牙，解下腰带想要自尽。

不想刚吊上去，却被一人冲将上来，一把抱住，捆了起来。这个人便是降清大将李永芳，他乃是奉了太宗皇太极之命，前来说降的。谁知洪承畴虽然未死得了，却也早将生死置之度外，不但将李永芳骂了个狗血喷头，连太宗皇太极也被他骂得火冒三丈。只是太宗乃是惜才之人，对洪承畴十分欣赏，所以非但没有加罪于他，反而锦衣玉食地伺候着，绞尽了脑汁劝他投降。

随着松山的告陷，清军开始对塔山、杏山进行围攻，用大炮轰开了塔山城，歼灭城内明军七千余人；继而又炮轰杏山城，明朝守城官兵只好开门投降，清兵收降人口六千八百余人。至此，历时一年有余的明清松锦大决战便最后以明朝的惨败而宣告结束。

"咚！咚咚！咚……"

盛京城里八门击鼓，捷报频传。多日来人们心中的忧虑一扫而去，外藩诸蒙古各部以及朝鲜的使臣纷纷上表称贺，城里一片喜庆气氛。

"击鼓报喜了，这是真的吗？"

皇太极猛然睁开了双眼，朦胧中只见红纱灯下端坐着一位妇人，背影苗

第三十一章　杀忠臣自毁壁垒　松锦地唾手而得

条,似乎很熟,不由得脱口而出:

"你是宸妃!朕想你想得好苦哇!"

"皇上,您终于醒了!这一病可真让人揪心哪!"妇人转过身来,抹泪强笑道:"皇上,我是永福宫的庄妃。宸妃姐姐她、她……"

皇太极呆了一呆,忽然一拍脑门,喃喃地道:

"宸妃在哪儿?她在哪儿?你们把她一个人孤零零地送到哪儿去了?朕马上要见她!"

皇太极说着挣扎着抬起身子,但却力弱不胜,摇摇欲倒,庄妃赶紧过来扶住了他,又一转脸给一旁的乌兰使了个眼色。

"皇上,您听见了刚才报喜的鼓声了吗?旗兵官送信来说,我大清八旗兵已把松山明军统统置于包围之中,并切断了明军的粮饷后路,拿下松山指日可待!"庄妃试图以前线上的战事来转移话题,分散皇太极的思绪。"来,先让臣妾喂些水给您吧。"

"唔。"皇太极面无表情,仰脸望望帐顶,又侧脸望望庄妃。他觉得头脑昏昏沉沉的,要问的事情太多了,一时竟无从说起。

"人呢?"他没头没脑地问。

庄妃一愣,端着茶碗的手不由得抖了一下,温热的茶水洒在了皇太极的衣衫上。她没有回答,急忙放下碗从怀里掏出白手绢轻轻地擦着,她低着头,不敢正视皇太极的目光。在病中的皇太极虽然形容憔悴,但那双眼睛却依然明亮,而且充满了期待。

"她好吗?"皇太极按住了庄妃的手。

"是的。她很好,她终于可以见到她日思夜想的八阿哥了。"

"不!我的宸妃她没有死!"皇太极的脑子完全清醒过来了,他用力抓着庄妃的手摇着:

"我同她夫妻一场,恩爱有加,她怎么能先我而去呢?她为什么不等等我呢?她是我一生的最爱,她走了我可怎么办?呜呜!"皇太极突然放声恸哭起来,像个撒泼的孩子。

"皇上!臣妾叩见皇上,请皇上节哀顺变!"皇后博尔济吉特氏带着一班嫔妃风风火火地走了进来。原来,庄妃见皇太极清醒了,生怕他过于悲伤,特地让乌兰把皇后请来了。

皇太极的哭声戛然而止,看来他心里有数,怎么能当着众多妃子的面痛哭流涕呢?

正当皇太极抱病亲征松锦前线日夜督战之时,忽然传来了宸妃病危的消息,他心急如焚,放下了手头的事情,立即带着内大臣和巴牙喇兵拔营回京,然而还是没能赶上见宸妃最后一面。

进到后宫，宸妃已经入殓，皇太极趴在宸妃柩前，大放悲声，涕泣不止，看了令人心酸。诸王、大臣百般劝慰，但怎奈皇太极过于悲痛而不能自持，在下令厚殓宸妃之后，皇太极忽然昏迷不醒，直到报喜的鼓声传来，他方才渐渐的苏醒过来。

"皇上，人死不能复生，您要以国事为重，振作起精神来呀！"庄妃流泪跪倒在皇太极的床前。这些天，她日夜侍奉在皇太极身边，寝不解衣，端茶倒水，就像一个贴身婢女似的，熬红了双眼，也哭干了眼泪。她为失去姐姐而伤心落泪，姐姐才三十三岁呀！她为皇太极的健康每况愈下而担心落泪，也为皇太极对姐姐的一片真情而感动落泪，但同时她又为自己被冷落，自己与儿子的前途未卜而心焦落泪！所幸的是，皇后博尔济吉特氏自宸妃死后，对庄妃也变得和颜悦色起来，又见她日夜为皇上担忧，亲自在床前服侍，心里又多了几分感动。庄妃与皇后姑侄间终于和好如初，前嫌尽释了。

"范大学士求见！"

"得知皇上病体康泰。微臣感到十分安慰。臣以为凡心劳则气动，臣愿皇上清心定志，万寿无疆！一切细务，交由各部分理，不劳皇上费心，臣唯以圣躬为重，伏望皇上息虑养神，幸甚！"范文程跪在皇太极床前，字字诚恳，情真意切，透露着对皇太极的关心。

"范大学士快快请起！"皇太极苍白的脸上浮现了笑意：

"好吧，朕就同意你的请求，就由朕口谕，你手书吧。"

内侍太监早就预备好了笔墨，范文程抒起长袖，皇太极字斟句酌地说道：

"圣躬违和，肆大赦。凡重辟及械系人犯，俱令集大清门外，悉予宽释。又，政事纷繁，望各旗、六部诸大臣酌情办理，不得有误。钦此！"

众人心里都松了口气，看来皇上已经渐渐地摆脱了忧伤。

秋分时节，和风暖日，这正是狩猎的最佳季节。在诸贝勒、群臣的劝说下，皇太极决定从盛京北上去乌喇、宁古塔祭祀、围猎。

卸下了战袍换上了龙袍，皇太极顿觉轻松惬意。松锦前线有多尔衮、豪格等将帅坐镇，拿下锦州已是指日可待了，皇太极那略显憔悴的脸上露出了难得的笑意。

"皇阿玛，我想骑马！坐在这马车里一点儿都不好玩！"

"是福临呀，好吧，阿玛就答应你的要求，索尼，将他抱到朕的马上来！"

皇太极此番去狩猎特地带上了三个尚未成年的儿子，即六阿哥高塞——由庶妃纳喇氏所生，七阿哥常舒——由庶妃伊尔根觉罗氏所生以及九阿哥福临——永福宫的庄妃博尔济吉特氏所生。这三个皇子都只有五、六岁的年纪，少不谙事，天真活泼，整天叫着要出宫去玩，皇太极特地将他们带上，也让他们开开眼界。

第三十一章 杀忠臣自毁壁垒 松锦地唾手而得

· 297 ·

福临自记事以来似乎第一次与皇太极这么亲近,他坐在皇太极的怀里,可以听见皇阿玛那粗重的呼吸声。

"皇阿玛,别搂得太紧,您的胡子怪扎人的。"

"哈哈哈哈!"皇太极听了乐不可支,偏要低头去扎胖乎乎的儿子,父子俩在马上嬉闹着,其乐融融。

"福临,皇阿玛好不好?"

"不好!"福临不假思索地脱口而出。

"为什么这么说?你吃的、穿的、住的、玩的哪一样不是阿玛给你的?你看,路边的那间小草房,门口有一个面黄肌瘦兮兮的孩子,你愿意过那样的生活吗?"

"我是阿哥,怎么可以穿那样破烂的衣服?"福临夺过了皇太极手中的马鞭,嘴里吆喝着:

"驾!"两条小腿还用力地夹着马肚子。可大白马只听主人皇太极的使唤,对福临的吆喝不理不睬,仍旧慢悠悠地走着。

"说呀,你还没回答皇阿玛的问题呢?"

"嗯——我都五岁多了,可是皇阿玛却从来没有抱过我,还有,我经常看见皇额娘独自流泪,额娘说,你不喜欢她了。为什么我们就不能像别人一样,住在一间屋子里面,像真正的一家人一样,小狗子说,每天晚上都是他的阿玛和额娘搂着他睡的,还会讲好多的笑话给他听呢。"

"小狗子是谁呀?"

"就是李嬷嬷的儿子,我们经常在一起玩耍。"

第三十二章 太极纵享天伦乐
　　　　　　　君臣朝宴贺捷报

"可是你知道皇阿玛的儿子有多少吗？喏,车里坐着的是你的六哥和七哥,大哥豪格和四哥叶布舒正在前方和明军作战,五哥硕塞闭门读书,而你的两个小弟弟,十阿哥韬塞和才几个月大的十一阿哥博穆博果尔。你说,皇阿玛怎么会每天只陪你一个人呢？"

"如果皇阿玛喜欢我,就不会考虑这些,就会陪我玩了,额娘也会高兴起来,是吗？"福临一双眼睛炽热地看着皇太极。

童言无忌呀。皇太极开始喜欢上了这个聪明又顽皮的儿子了,他情不自禁地搂紧了福临,将布满皱纹的老脸贴在了福临那圆润白嫩的脸颊上。闻着儿子身上散发出来的体香,皇太极不觉心潮起伏……

"皇阿玛,快看,那树枝上有一只花鼠！"

"哦？"皇太极收回了悠悠的思绪,顺着福临手指的方向看去,只见前方一株古松上,一只小花鼠正蹲在树枝上"吱吱喳喳"地叫着,往下探头探脑地看热闹呢。

"皇阿玛,我要用箭把它射下来！侍卫,快把我的箭拿来！"福临以为可以开始射猎了,在马上兴奋地大叫着。

"这可不行,这是神鼠,射不得的。"皇太极和颜悦色地对福临说着,随即命令索尼：

"传谕,朕要在这株松树下焚香跪拜,以求平安。各色人等,一律停车下马,不得有误！"

这种花鼠,头上背上均有黑灰色的花斑,生性顽皮,喜欢凑热闹。每逢它在树洞中看见有色彩鲜艳的鸟兽或熙熙攘攘的人群经过,必定要高兴得跳出树洞,抖毛翘尾,卖弄一番,一来二去,花鼠的胆子越来越大,在众目睽睽之下从容地摇头摆尾,吱吱乱叫。

女真人素来认为老鼠是天神的地使和地兵,是否与人为敌,全凭天神喜怒使然。而这种花鼠能在树枝上飞跃自如,动作敏捷灵巧,一双亮晶晶的小眼睛明亮有神,自然要强出地鼠许多倍,肯定更受天神宠爱。因此,他们把这种花鼠视若神灵,每遇必拜,以求万事吉祥如意,平平安安。

萨满妈妈摇着神铃,击着神鼓,开始在老松树下焚香跳神。跪在皇太极身后的小福临觉得好奇,一阵东张西望之后,悄悄起身,跟在一群说拉弹唱的

萨满妈妈的身后,胡乱扭着。萨满妈妈的祭神曲刚刚唱完,忽然又响起了一个稚嫩的童声:

"苍天,祖宗,过往神灵……"

"嗯?"皇太极微微一怔,定睛看去,只见福临手持桦木杆,扭得正欢。福临内穿明黄色绣龙长袍,脚踏齐膝的红皮靴,头上戴着一顶嵌着东珠的小帽,外罩一件猩红色的缎子披风,粉白的脸上一双大眼睛格外有神。

"这孩子,真会胡闹!"皇太极摇着头微微一笑。今天他心情好,若在往日,不伸手赏福临几个耳光才怪呢。

福临见众人看着他发愣,愈发得意,小嘴儿一张,接着往下唱:"最尊贵的大神阿布凯恩都里,我是大清的九阿哥福临。请你让父王笑口常开,龙体康泰,请你让大清国风调雨顺,平平安安。愿天神佑我,从此一帆风顺,愿爱新觉罗氏一统天下,唯我独尊!"

在众人的喝彩声中,皇太极脸上的笑意更浓了。索尼连连点头:

"想不到九阿哥小小年纪,便懂得忧国忧民,皇上,他还请求天神保佑我大清国呢。真是不可思议、不可思议呀!"

"嗯,他总算没有瞎唱,才五岁多的孩子,朕还以为他什么都不懂呢。哈哈,孺子可教、孺子可教哇!"皇太极捻着胡须,满脸的赞许之色。

其实,福临是听惯了奶娘唱的那些个民谣,烂熟于心,至于他唱的是什么意思,他也说不准。还好,歪打正着,赢了个满堂彩。

皇太极的大队车马走走停停,这一日终于来到了乌喇小天池。这里水清潭碧,草绿花红,马儿见了只顾低头啃着肥嫩的绿草,再也不愿意向前多挪一步了。

其实这里也是狩鹿的好地方。远远看去,美丽的公鹿在池边用角戏水,母鹿则耸立着耳朵,睁大眼睛四下张望。

皇太极感到有些疲惫,决定就此安营扎寨,休息几天。

秋季正是鹿群繁殖的季节,公鹿母鹿在寻找配偶,母鹿此时尤为温顺多情。一队巴牙喇士兵悄悄地潜入林子,身披鹿皮,头顶鹿头,口吹木哨,模仿公鹿的叫声:

"咕咕咕……"不一会儿,便传来了母鹿们的轻声回应,接着一群母鹿慢慢朝这边走来。

"皇阿玛,我看见母鹿来了!"

"嘘……福临哪,赶紧趴在草地上,不要乱动,轻轻地张弓搭箭,今天皇阿玛要与你们几个比一比,看谁射的母鹿又大又肥!好,让它们再走近一些,开始,放箭!"

皇太极一声令下,第一个射出箭头。只听"刷刷刷"箭头像雨点一般撒落到鹿群里。母鹿受到了惊吓,尖叫着,四散而逃。

"快快上马!"皇太极来了兴致,跨上雪莲似的大白,扬鞭催马冲进了鹿群,随侍左右的索尼等人不敢怠慢,紧跟在皇太极的身后,生怕皇上有个闪失。这可苦了福临、高塞和常舒这三个五六岁的小阿哥。他们年纪太小,没有适合他们骑的小种马,只能眼睁睁地看着大人们在鹿群里四处追杀。

"哼,不玩了,什么狩鹿,一点儿也不好玩!"福临很快地将弓箭丢在地上,使劲地用脚去踩,气得小脸儿通红。

"哎,福临,咱们一起去采蘑菇吧,那边的水边有不少白花花的口蘑呢。"七阿哥常舒将弓箭背在身上,上前拉住了福临。

"那是女孩子家做的事情,我才不去呢。"福临一甩手,忽然撒腿朝鹿群那边跑去。

"我的小祖宗,九阿哥,这可使不得呀!"一个白脸的老太监急忙追上前去,想拦住福临,福临机灵得像条泥鳅一样,身子往下一滑,硬是从老太监的手指缝里滑了出去。

狩鹿场里人欢马叫,杀声一片,可怜的母鹿们哀鸣着做最后的挣扎。谁也没注意到,小福临已经离鹿群越来越近了。"哼,我要杀死一头母鹿,喝它的血,吃它的肉,让皇阿玛越来越喜欢我!"

福临四下张望,瞅准了一头体形较小的母鹿,悄悄地趴在了草地上,学着兔子一蹦一跳地向前移动。这里的草很茂盛,草棵里的福临只露出了一个头,还真像只小兔呢。"哎呀,有好几只母鹿朝这边跑来了,我瞄准哪一只好呢?"福临兴奋不已,忙从背后拿下了弓箭。"糟糕!刚才一气之下将所有的箭头都踩断了,这可怎么办呢?"福临这下子是真急了,抓耳挠腮的没了主意。"咦,我不是还背着一把短剑吗?还是额娘做的剑套呢。"喜出望外的福临丢下弓箭,从剑囊里取出了闪着寒光的匕首,屏住了呼吸。

几头母鹿尖叫着疯了一样地冲了过来,福临还没来得及反应过来便被撞了个嘴啃泥。"哎哟!"好像是被一只母鹿撞到了肩膀,福临疼得龇牙咧嘴的。好不容易镇定下来,嘿,后面还有一只小母鹿朝这边跑来了。也许它以为这儿是个空当子,可以逃过一劫呢。"来吧,我看你能往哪儿逃!"

福临使出了吃奶的力气,朝着跑来的小母鹿投出了短剑。"噢!"随着母鹿的哀鸣,它浑身猛地颤抖了一下,血从它的肚子上汩汩地往外流。

"噢!我射中它了!快来人哪,帮帮我!"福临从草丛中一跃而起,那受伤的母鹿还在垂死挣扎着,它摇摇晃晃地向前跑了几步,终于瘫倒在草地上,发出了绝望的哀号。

福临快步上前,蹲倒在受伤的母鹿前,试图拔掉插在它肚子上的短剑。短剑已深深地插进了母鹿的腹中,只露出一点点剑柄,福临左右摇晃就是拔不出来,却弄了他一手的血。早就听奶娘说喝鹿血能强身健体,比吃什么补药都好,福临犹豫片刻,闭着眼睛,低下头趴在母鹿的肚子上吸吮起来。

"呸!又咸又腥,恶心死了!"福临忙不迭地扭头呕吐起来,原来他还以为这鹿血像牛奶一样甘醇可口呢。

"哈哈,哈哈哈哈!"闻讯而来的侍卫、太监们和高塞、常舒看着福临那副怪模样,忍不住大笑起来。

"笑!有什么好笑的!"福临忘记了沾了一嘴一脸的鹿血,有些恼怒地瞪着大家。这么一来,大家笑得更厉害了。那个白脸老太监捂着肚子笑道:

"哎哟祖宗呐,奴才的肚子疼呀!"

或许是上了年纪,或许是体力不支,皇太极此番狩鹿收获并不大,只射伤了一只母鹿。众侍卫们见皇上射箭时的手直哆嗦,又眼见受惊的母鹿四下逃散,个个急得手直痒痒但却不敢大显身手,生怕扫了皇上的兴。草草结束了狩鹿,皇太极疲惫不堪地躺在豹皮铺成的炕上闭目养神。

"皇上,九阿哥领赏来了。"

"嗯?领什么赏?他做了什么事?"

"回皇上,九阿哥亲手杀死了一头母鹿呢,他说您答应要给他奖赏的。"

"嗯?他真的杀死了一头母鹿?莫不是你们几个在暗中做了手脚吧。"

"这是千真万确的事。奴才亲手将九阿哥的小短剑从母鹿的肚子里拔了出来。说来好笑,九阿哥击伤了母鹿,但却拔不出他的剑来!"

皇太极喜动天颜,大为高兴:

"让他进来,朕许过给他什么东西的吗?"他摸着后脑勺,一下子还真想不起来了。

"父皇在上,儿臣福临叩见父皇,恭请父皇大安!"

"嘀,伶牙俐齿的,说得还挺像那么回事儿。来来,到皇阿玛的跟前来。"皇太极爱怜地揽过了福临,可福临却"哎哟"一声,抱着左膀子直叫唤。

"怎么,你受伤了?御医在哪儿?快传!"

福临的左肩膀红肿了一大块,御医赶来,急忙给擦了药酒,疼得他龇牙咧嘴的。

"嗯。说吧,你想要什么?皇阿玛都赏给你。"

"你是大人,说话得算数吧?别的我都不要,只要你答应过我的那一样东西。"

"这……"皇太极犯了难,他实在记不起来了什么时候给这孩子许的诺?

"皇阿玛赏你一百两黄金,你看可好?"

"不要。你答应我的不是这个,皇阿玛难道要反悔吗?"福临忽闪着大眼睛,一动不动地看着皇太极。

"不能反悔,皇阿玛是大人嘛,大人就应该言而有信。"皇太极起身踱着步子,随声附和着福临的话,双手一摊:

"既然你一个人杀死了一只母鹿,理应受到奖赏。这样吧,你看皇阿玛这帐篷里有哪样东西你喜欢,只管挑一样吧。"

"谢皇阿玛!"福临立刻眉开眼笑,规规矩矩地给皇太极磕头谢恩,然后径直走到了御座前,站着不动了。

"这孩子,莫非……"皇太极一眼瞥见搭在御座前的龙袍,那是自己刚刚脱下来的,难道这孩子想要龙袍?天神,我皇太极有了继承人了,由小看大,将来这孩子一定能成就一番大事。

皇太极面露喜色,静静地等着福临开口。"皇阿玛,我要的是跟这龙袍一个颜色的黄马褂,就像索尼大人身上穿的那样。"

"为什么?你身上穿的不是比黄马褂还漂亮吗?绣金团龙的黄缎子,不比没有花纹和彩绣的黄马褂更好吗?"

"但这是我应得的奖赏呀,您不是说了在打猎时射得鹿的便赏穿黄马褂吗?再说,我见您身边的那些内大臣和侍卫都穿着黄马褂,他们整日都不离您的左右,我穿上了黄马褂以后,也可以整日呆在您的身边了。"

"噢……原来是这么回事,哈哈哈!"皇太极乐得胡子直抖,两眼放光,大声喊道:

"来人,传朕的旨意,给九阿哥赏穿黄马褂!"

内侍太监尖着嗓子答应着:

"嗻……"但因事出仓促,这行营里哪儿来适合小孩子穿的黄马褂呢?无奈之中皇太极笑呵呵地拿过了一件大马褂,将小福临裹住,一把抱在了怀里。

盛京。金色的琉璃瓦在秋阳下金光灿灿,熠熠生辉。自英明汗努尔哈赤迁都盛京之后,开始大兴土木,营造城池,招募良匠,建筑宫殿,把个盛京城装扮得如同人间仙境,足可以与大明的北京城相媲美了。清太宗皇太极自然不甘落后,硬是把个盛京城造得金碧辉煌,流金溢彩。

英明汗当初把沈阳城开了四个门,率六宫后妃满朝文武移都之后,便改名为盛京了。皇太极变四门为八门,更加气派。中置大殿,名为笃恭殿。前殿名崇政殿,后殿名清宁宫,均是雕梁画栋,瑰丽巍峨。东有翔凤楼,西有飞龙阁,楼台掩映,流水潺潺,花木扶疏,曲径通幽,很是雅丽恬静。虽是塞外都城,不亚大明宫阙。

皇宫的正门为大清门,东为东翊门,西为西翊门。后殿改名为中宫,为皇后娘娘的寝宫。中宫两旁,添置了四宫:东为关雎宫,次东为衍庆宫,西为麟趾宫,次西为永福宫。清太宗皇太极将为他生育了子女的十五个后妃加封了各种名号,一一安置了她们。

"咚咚……咚！"又传来了八门击鼓声，后宫里一下子热闹起来，后妃宫女们个个盛装打扮，跟在皇后博尔济吉特氏的身后，叽叽喳喳地来到了清宁宫的东厢房。

自打猎归来，皇太极便觉身子不爽，所以每日上朝之后便在东厢房的暖阁里早早地歇息，并传谕任何人不得入内打扰。可此刻他再也躺不住了。八门击鼓又传来了捷报，清军先后攻下塔山、杏山、松山和锦州这关外四座重要城堡，明廷关外的精锐之师已损失殆尽！

"哈哈！通往中原的道路已被我打通，山海关城破之日就在眼前，而关那边就是我朝思暮想的中原大地！多谢天神保佑，我皇太极可以无愧于父汗了！"

"启禀皇上，皇后娘娘和后宫的嫔妃们要求晋见！"老太监的声音显得格外的柔和。

"哈，她们也来凑热闹了，不知又要打朕的什么主意？让她们进来吧，这里是后宫，没那么多的规矩！"

皇后大福晋带着一群花枝招展的后宫姐妹们笑吟吟地走进了东暖阁，她们一个个上前行礼，袅袅婷婷的，仪态万方。皇太极乐得心花怒放，却故意绷住了脸：

"你们这些女人，吵得朕头痛，看得朕头晕，如果没有别的事，就跪安吧。"

"哟，大喜的日子，皇上怎么绷着脸哪？我们偏不走，我们等着讨皇上的赏钱哪。"皇后博尔济吉特氏带着笑朝身后的姐妹们挤着眼睛。众嫔妃们你一句我一句的说笑开了：

"皇上不会越来越小气吧？""人逢喜事精神爽，皇上该大赦天下，与万民同贺呀！""有朝一日咱们到了北京，那才要痛痛快快地乐一乐呢！""我不仅要去北京，我还要去江南玩耍一番呢。听说那里的女人个个是三寸金莲，走起路来如风拂杨柳一般，别提有多美了！"懿靖大贵妃说着便扭了几步，惹得众嫔妃们嘻嘻哈哈笑个不停。大贵妃刚刚生下了十一阿哥博穆博果尔，仗着皇太极的宠爱，更是春风得意了。

"你们这些女子，叫朕说什么好呢？"尽管仍旧绷着脸，但皇太极的眼睛里却盛满了笑意：

"有朝一日朕迁都紫禁城，把那汉人美女都纳入后宫，冷落了你们，可不要怪朕无情无意呀！哈哈哈哈！"

"启奏皇上，崇政殿外的侧厅里已汇集了各部使节和文武朝臣，他们等着向皇上贺喜呢！"

"噢？看来朕是免不了要破费一些了！走走，众爱妃，随朕到御花园去，咱们在那里开一个家庭筵宴如何？传朕的旨意，吩咐御膳房置办庆功酒席，请前来贺喜的各部使节、友邦以及大小从征官员、诸王贝勒,同在笃恭殿吃酒!咱们君臣一起,同喜同贺,哈哈!"

御花园里,彩灯高悬,仙乐飘飘,莺歌燕舞,脂香粉腻。觥筹交错之中,坐在紫云华盖下面的皇太极高举酒杯,兴致勃勃:

"这第一杯酒朕要感谢天神阿布凯恩都里,感谢父汗在天之灵的保佑,保佑我社稷清平,国泰民安,风调雨顺,众爱卿安康!"说完将杯中酒洒在地上。

满汉大臣、诸贝勒王爷以及各部族的使节全部伏地齐呼万岁,捧场颂扬:

"皇上英明圣主,造福桑梓。我大清国鸿运当头,洪福齐天!"

"这第二杯酒朕要献给在松锦前线苦战一年多的八旗将士们。大清国能有今天,多亏了你们的浴血奋战!凡在松锦之战有功之臣,朕一律给予加官晋爵。多尔衮主帅和豪格副帅战功卓著,朕决定恢复他二人的亲王爵位!"

文武将帅们一个个感激涕零,睿亲王多尔衮和肃亲王豪格更是连连叩首,答谢万岁恩典。

"这第三杯酒朕要与众爱卿同饮,咱们君臣同喜同乐,一醉方休。今晚,众爱卿只管开怀痛饮,醉者有赏,干杯!"

"谢万岁!"众大臣贝勒们喜笑颜开,举杯应道:

"一醉方休,一醉方休。谁先醉,谁领赏,干!"

顿时,杯碗叮当作响,笑语欢声四起。宫中原本礼仪繁多,条条框框,这禁令,那忌讳,令朝臣贝勒感到拘谨,偶有皇上赏赐的御宴吃得也是小心翼翼,点到为止,这种吃法即使山珍海味吃到嘴里也是味同嚼蜡一般,别提有多乏味儿了。今晚不同,这是庆功宴,喝醉了还可以得赏,哪个不高兴呢?

屏风那边,一桌桌围坐着的是皇太极的嫔妃太子公主福晋们,柔和的红纱宫灯更将她们的脸映得如同绽放的花儿一般。如同过年吃团圆饭一般,嫔妃太子们均一个不落,跟隔壁的猜拳斗酒、欢声笑语相比,这边更是灯红酒绿、花影缤纷,说不尽的荣华富贵。

嫔妃们依次是:皇后博尔济吉特氏、庄妃大玉儿、懿靖大贵妃、淑妃、元妃、继妃、侧妃叶赫纳拉氏、庶妃纳喇氏、庶妃伊尔根觉罗氏等。皇子们有长子豪格、四阿哥叶布舒、五阿哥硕塞、六阿哥高塞、七阿哥常舒、九阿哥福临、十阿哥韬塞以及尚在襁褓之中的十一阿哥博穆博果尔。此外还有贝勒的福晋们,如睿亲王多尔衮的福晋亢妃、肃亲王豪格的福晋博尔济吉特氏等。值得一提的是,多尔衮的福晋亢妃与豪格之福晋博尔济吉特氏是一对姐妹。

年幼的皇子如常舒、福临和高塞等最喜欢这热闹的场面,他们嬉笑着跑来跑去,像花蝴蝶似的,福临更是顽皮,身上穿着宫里特地为他制作的小黄马褂,在这位妃子的怀里坐一会儿,又到那位福晋的膝前靠一下,这个桌子上吃一口,那个桌前喝一杯,引得宫中妃子福晋们眉开眼笑,庄妃更是心中得意,频频地劝着众人吃酒。

睿亲王多尔衮的亢妃触景生情,轻轻叹了口气:

"妾身命苦呀,到今天也没为睿王爷生下个一男半女的,看到这几个小阿哥长得十分健康活泼,妾真的是好羡慕呀!"

"亢妃,今天是大喜的日子,你也不要太难过了。睿王爷整日领兵作战,戎马倥偬的,等到大清国打到北京城,便可以安定下来,到时候你们夫妻便可以朝夕相处了,何愁生不出儿子来?"

因为是妯娌,又同为博尔济吉特氏,庄妃的话里不无调侃之意,引得众妃们吃吃发笑,把亢妃闹了个大红脸。

"妹妹,我可是听说睿王爷是个多情种子哟,人都说他有三大癖好,嗜烟茶,喜鹰犬,爱美人,是也不是呢?"懿靖贵妃说得更是露骨,一边说一边逗弄着怀中的十一阿哥博穆博果尔,小家伙睁着一双乌溜溜的眼睛,对着众人笑呢。

亢妃的脸更红了,妹妹肃王妃忍不住要替她解围,笑着向皇后大福晋求情:

"皇额娘就忍心看着福晋们捉弄我姐姐?咱们今儿个吃的可是庆功酒呀,何不让豪格给咱们讲讲那两军阵前的事儿呢。对了,妾听说那个鼎鼎大名的洪经略自视甚高,至今也不肯投降我大清国?"

"怎么,你们也在议论着国事?"皇太极笑吟吟地走了过来,他身后跟着的是此次松锦战役的大功臣睿亲王多尔衮。这一来慌得嫔妃福晋们齐齐叩见,一时间莺嗔燕叱,蝶乱蜂忙。

"好好,不必拘礼。多尔衮是朕的好兄弟,此次又立了大功,来来,就坐在朕的身旁,朕想听听你与豪格的功业呢。怎么样,还是这里好吧,珠围翠绕,鬓影钗光,比那边那些酒肉之徒赏心悦目得多吧,啊?哈哈哈哈!"

满面春风的皇太极与多尔衮并肩而坐,正面对着皇后大福晋与庄妃这一桌。与老态龙钟、胡须花白的皇太极相比,多尔衮更显得年轻、英俊、潇洒。笔挺的鼻梁,略显深凹的眼窝,目光炯炯,保养得很好的脸面白皙光亮,与唇上两撇精心修整过的八字胡很相衬,黑白分明。尽管有些拘谨,但多尔衮仍是谈笑风生,举止得体。他目不斜视,谦恭地听着皇太极的问话,不时点头附和,看不出他内心的活动。

多了个小叔子睿王爷,又年轻又英俊,气度不凡,倒使得叽叽喳喳的嫔妃们安静了下来,十几双眼睛不住地打量着他。多尔衮虽是目不斜视,但却能感觉到,他依旧端庄威严地坐着,脸上带着矜持的笑容。

"来来,满上满上,你我虽是兄弟,但却难得有这样的机会,酒桌之上无大小,喝!"

"父皇,您可比不得睿王爷,他酒量惊人。要不我说些有趣的事给您助兴?"豪格生怕皇太极多饮酒伤了身体,但又不便明说。他性情虽然鲁莽,但在这种场合之下还是有礼数的。怎么着他也得讨父皇的欢心,总不能让叔父多尔衮给占了去吧?眼见得父皇的身体一天不如一天,但他对立嗣的事却只字不提,这能不令豪格担心吗?在他的眼里只有一个对手、一个敌人,那就是小他几岁的叔父多尔衮。他对多尔衮无形中总有一种警惕感。表面上他们年龄相当,又是叔侄,其实他们的关系很不好。豪格也说不清楚,只在潜意识里感觉到多尔衮对自己是一个威胁,见了他浑身就不舒服。

其实多尔衮又何尝不是如此呢?由于命运的捉弄,看来他们注定要成为一对冤家了。

"不愧是朕的大阿哥,朕心里正是这么想的。且慢,众爱妃,你们谁带了烟叶没有?快给多尔衮送一些来,我知道他有这个嗜好。"

多尔衮感激地一笑,露出了被烟熏得有些泛黄的牙齿:

"多谢皇上。臣弟此刻正想过一过烟瘾呢,只可惜一听您召见,就给忘了。瞧,我这腰间只别了个烟袋锅子。"

嫔妃们掩着嘴吃吃笑了起来,你看看我,我看看你,好像都没有人带烟叶。

"既是皇上吩咐,臣妾这里有一袋烟叶,说是朝鲜国送来的,不知可合睿王爷的口味?"庄妃迟疑了一下,从腰间掏出了一个绣着金丝线的烟荷包。满族人不分男女,甚至大姑娘都爱抽几口烟,这也是稀松平常的事情,只是没想到庄妃随时还带在身上。

"那你还犹豫什么?快些送过来吧!"

"这……"庄妃不由得看了多尔衮一眼,不料正遇到多尔衮那探寻的目光,双方都是一愣,慌忙又分开了。"天神,多日不见,九王爷愈发的英俊洒脱了,他为什么用那样的眼光盯着我?难道我身上有什么不妥之处吗?"脸色微红的庄妃连忙低下头整理着衣裳。因为参加的是御宴,所以庄妃今晚特地打扮了一番。她穿了一身水绿的盘锦绣凤的长袍,头绾金丝八宝攒珠髻,鬓插双凤八宝金钗,体态风流,婀娜多姿,顾盼神飞,恰似风拂杨柳一般。

多尔衮一眼瞥见庄妃芳容,只觉眼前一亮,禁不住有些心猿意马的了。"如此佳丽,数年不见,竟比昔日更美艳了。瞧她丰腴的体态,粉颊上平添了两朵红霞,衬着她那艳丽的面庞,真像桃花一般的娇艳可人。如此绝色佳丽,只怕皇兄是无福消受的喽?"多尔衮未免有些幸灾乐祸,他瞥了一眼皇太极,哈,他正打着哈欠呢!

"额娘,把烟荷包给我吧,我给十四皇叔送过去。"福临不知从哪儿钻了过来,一把拿起了庄妃手中的烟荷包。庄妃轻轻松了口气,这样也好,总比去面对那个目光撩人的睿王爷要好一些,在这样的场合中,还是不要给旁人留下什么话柄好。说也奇怪,这同父异母的兄弟在相貌上怎么就没有一丝一毫的相似之处呢?皇太极不用说现在已经是大腹便便、暮气横秋的人了,就是当初他年轻的时候给人的印象也是粗鲁、武断,让人望而生畏,敬而远之,而眼前的多尔衮却是那么儒雅,彬彬有礼,好似玉树临风一般,让人打心眼儿里喜欢!

福临捧着荷包,一溜儿小跑到了多尔衮的跟前,看着这个有些陌生的十四皇叔,好像比自己的豪格哥哥还要年轻一些,他不由得有些怯生生的了:

"十四皇叔,给你!"说完转身就想跑。

"你是九阿哥福临吗?让皇叔看看,嗯,天表卓奇,颀身隆准,将来肯定会有所作为!"多尔衮拉住福临,看着皇侄那圆润的脸庞和机灵的神态忍不住夸奖起来。

"嘀,身上还穿着一件黄马褂呢,了不起,真的是了不起!"

皇太极看见了小福临,两眼发光,招招手说道:

"过来,坐在皇阿玛的膝上,皇阿玛有话问你。"

"嗻……"福临学着下人的说法脆生生地应着,一低头从桌子底下钻了过去,转眼间就爬到了皇太极的腿上。自从皇太极与福临一同去狩猎之后,父子俩的感情融洽多了,福临对皇太极也越来越亲近了。瞧,闲不住的福临正用胖嘟嘟的小手扯着皇太极的胡子呢。

"哎哟,小祖宗,你轻一些嘛,坐好了别动,不然皇阿玛可要生气了。皇阿玛一生气就会用胡子扎你,你怕不怕?"

"怕!像小毛毛虫似的,扎得我又疼又痒,相当不舒服。"福临说着就下意识地缩起了脖子。众妃子看见如此乖巧的福临,都笑了,哪个不喜欢这个孩子呢?当然,这些妃子们怎么也不会想到,这个孩子就是日后继承皇位的,否则的话,怎么会笑的出来呢,谁不希望自己的儿子出人头地,南面称王呢?

第三十三章　永福宫旧梦重温
　　　　　　　大玉儿沦当棋子

　　庄妃没料到自己的儿子福临这么受皇太极的欢心,这么多年来悬着的一颗心总算是落下来了,自从姐姐宸妃入宫以后,大玉儿的厄运即随之降临了。

　　皇太极将"三千宠爱"集于宸妃一身,根本就忘记了还有她这么一个人的存在,先是得了龙子八阿哥,让皇太极欢喜得发狂,可是两年之后八阿哥的归天,让皇太极悲痛欲绝。几个月前宸妃撒手西去,更是让皇太极痛苦万分,如丧考妣一般,现在好了,一切都过去了,如同梦魇一般的日子随着宸妃的去世而一去不返了。大玉儿有一种侥幸的心理,宸妃不死她大玉儿就没有出头之日,唉,她们姐妹两人难道天生的是一对冤家?

　　"福临,这几天可拉弓吗?"

　　"嗯,自从皇阿玛教导福临之后,福临每天都早早的起来拉弓呢,师傅说孩儿有劲,过两天就给再添上一个力呢。"

　　"使不得,千万使不得!"皇太极爱抚地摸着福临的脖子,"你年纪太小,学拉弓得悠着些儿,不添力也好,省得拉狠了,伤了筋骨。"

　　"可是,不添力孩儿怎么能射死老虎呢?"

　　"嗬,福临想要做射虎的英雄?"多尔衮见这孩子十分聪明伶俐,也越发喜欢上了。"告诉你吧,不用弓箭也可以去狩猎的。"

　　"我知道,是用猎犬吧?但是我更喜欢亲手杀死野兽。"

　　"你若是看见我豢养的鹰王海东青,你就不会这么说了。"见福临睁大了眼睛,多尔衮不无得意,继续说道:

　　"那只海东青,体小矫健,爪喙尖锐,雄猛似虎,日行可达两千里,是群鹰中之最佳者。狩猎时遇到雉兔之类只要把它放出去,每次都是'爪到擒来'。"

　　"嗨!"福临却叹了口气,"那么雄猛的鹰只能扑些野兔野鸡的小动物?那多没劲呀!"说得洋洋得意的多尔衮没料到福临对他饲养的宝贝竟是不屑一顾的口气,神色立时尴尬起来。

　　"福临,怎么能对十四皇叔那样讲话呢?快给皇叔赔个不是。"庄妃察觉到多尔衮面有不快之色,连忙呵叱福临。

　　"算了,算了,童言无忌,何必放在心上呢?乖,一边玩去吧,赶明儿个皇阿玛教你拉弓。"

　　"皇阿玛,儿臣有一事不明白,您为什么如此优待那些投降过来的汉人

309

呢？有道是一臣不事二主，对他们这些二臣，您能放心地重用他们吗？"一直没有说话的豪格瓮声瓮气地开了口。

"这就是皇上的英明之处了。以汉攻汉，以夷治夷，这是历来明君的做法。如果臣弟猜得没错的话，皇兄是想早一天挺进中原。"

"哈哈哈！"皇太极放声大笑，一拍多尔衮的肩膀，"说得好！多尔衮，怎么你就像钻进朕肚子里的一只虫子，朕的心思被你一说就中！好好，朕有你这样有远见卓识的兄弟真是难得呀。豪格，这就是你的不足之处，一个人仅有匹夫之勇，怎么能驾御天下呢？像你皇叔这样，文武韬略兼备，将来才能大显身手呀！"

这话听起来是夸奖多尔衮批评豪格，可在两个人听起来心里却都有些不是滋味。"怎么，他已经决定将来要豪格继承帝位了吗？否则他怎么会说驾御天下之类的话呢？难道我多尔衮忍辱负重了二十年，到头来还是为他人做嫁衣？不，天底下绝没有这么便宜的事情，不是鱼死，便是网破，这一回我决不低头！皇太极你也不想一想，我难道还是二十年前那只任你拿捏的柿子吗？这么多年我出生入死，浴血奋战为的是什么？权力！如今我手中有了兵权，你怎奈何得我？只等你两腿一伸，我便要皇袍加身，圆了二十年的梦。为了这一天我已经等得不耐烦了，皇太极你可不要欺人太甚！"

豪格一直在不停地喝酒，已经有了几分醉意，他虎眼圆睁，怔怔地看着父皇，心里在怒吼着：

"父皇，怎么您总是不给儿臣面子？总是在鸡蛋里挑骨头！行军作战，冲锋陷阵，只要您指向哪里，儿臣就杀向哪里，何时让您丢过脸面？到如今，儿子已经三十几岁的人了，虽然被封了亲王，可那又有个鸟用？为什么我不是一旗之主？难道我没有这个能力？哼，说什么文韬武略和军功，儿臣哪一样比这位皇叔差？为什么您总是这样苛待我？难道就因为我豪格的母亲多拉那拉氏没有封号？难道我身上流淌着的不是您皇太极的骨血？都说血浓于水，怎么您偏偏处处护着多尔衮？他这个人，阴阳怪气，难以捉摸，您怎么可以相信他？皇阿玛，您真的是老眼昏花了，趁着您神志清醒的时候，速速立我豪格为您的继承人吧，否则，大清也许将会有一场血灾！"

"我皇太极礼贤下士，千方百计招揽人才，不就是为了将来鼎定中原做打算的吗？中原那么广大，该需要多少良将贤才去管理呀。所以朕准了贝勒岳托的奏章，一品的汉官，便把诸贝勒的格格赏他做妻子，二品的汉官，把国里大臣的女儿赏他做妻子。朕这么做也是万般无奈呀。"

"所以，您特地把洪承畴送到了宫里的三官庙，每天山珍海味地由他吃，又派了四个宫女去伺候着？皇兄此举真是求贤若渴呀，这倒令臣弟想起了曹操曹丞相的一首诗，诗中有这么几句：'月明星稀，乌鹊南飞，绕树三匝，何枝可依？山不厌高,水不厌深。周公吐哺,天下归心。'"

"妙,妙极了!这几句话颇能体现朕的心情。哎呀,真是士别三日当刮目相看,皇弟什么时候也成了巴克什(满语:大儒)了?看来朕也得赏你一个巴克什的封号,就像范先生和索尼那样,对满、蒙、汉文无一不晓,这样的人才朕可是求之不得呢。"

"皇兄休夸臣弟了。臣弟不过是在行军途中偶尔学得一两篇汉文诗歌,支离破碎,断章取义的,实不足为奇。"多尔衮依旧矜持地笑着,他那正襟危坐的样子更令豪格恼怒。

"哼,道貌岸然的样子,又酸溜溜地卖弄起汉文来了,哗众取宠,别有用心!"

"说起来,那洪承畴倒真的令朕一筹莫展呀。自从他被押到盛京之后,朕便真心实意地待他,可他不是破口大骂,就是绝食,只求速死。朕听说这两日洪承畴已经滴水未进了,倘若他不肯投降,眼见这中原便取不成了!"

"那又有何妨?父皇只消将八旗精兵交给儿臣统帅。儿臣定然杀进山海关,直抵北京城!依儿臣看,自松锦之战以后,我大清逐鹿中原已经是指日可待了。"

"话虽如此,可是你要知道,百足之虫,死而不僵,大明虽已腐败透顶,内是阉人奸党当道,外是李闯民贼反叛,再加上我大清连年不断的骚扰蚕食,但要想在一夜之间踏平山海关,占领北京城还是非常不容易的事情。现在,大明把在辽沈的希望全寄托在洪承畴的身上,如果他投降了我大清,足可以使明国之君闻之寒心,在廷文臣闻之泄气呀!"

庄妃一直在侧耳倾听着他们几个人的谈论,不像那几位妃子一直在吃着喝着不停嘴。"洪承畴"这个名字她已有所而闻,只不知他投诚与否对皇太极是如此重要。看见皇太极愁眉紧锁的样子,她的心也变得沉重起来。是呀,要采用什么样的法子才能让洪承畴归顺大清呢?

"父皇的意思儿臣明白了。好比一个盲人得到了一个引路的,如果洪承畴能够归顺就等于给我大清指明了一条灭亡明朝的光明坦途,这样可以少走一些弯路,减少许多不必要的损失。儿臣的话对吗?"

"嗯!你说的一点儿也不差。以后呀,凡事多琢磨琢磨,你便会悟出个道道来。或者,遇事多向几位皇叔请教,有道是,三个臭皮匠,抵一个诸葛亮嘛!"

豪格连连点头答应着,心里却在想:什么诸葛亮!"既生瑜何生亮!"我与多尔衮注定是势同水火走不到一路的,只是鹿死谁手还很难说,总之这个人很难对付,我须得小心提防着。

"臣妾冒昧打扰皇上和十四王,夜已经深了,臣妾让人取来了貂皮大氅,皇上您披上吧。"

正在长吁短叹的皇太极看见灯光下庄妃那绯红的粉颊和袅袅婷婷的身材，不觉怦然心动，脱口而出：

"朕今夜就去永福宫歇息。"

庄妃一听，喜上心头，连忙裣衽叩谢：

"臣妾不胜荣幸之至，臣妾这就回宫，打理好一切，恭候圣驾！"

无意之间，庄妃与多尔衮的视线又相遇了，立刻她心里便有了一种异样的感觉，幸好夜色浓重看不清她脸上的慌乱表情。唉，三十多岁的女人，正是如狼似虎的时候，难道大玉儿真心希望去伺候一位风烛残年的老朽之人吗？他是皇上，万臣之尊，一国之主，能够伺候皇上不正是她们这些做妃子的应尽的义务吗？哪里还有什么情爱可言？不过，平心而论，当初大玉儿与皇太极也有过一段恩爱的日子，但这对一个风华正茂的女子是远远不够的！

"哈哈！你们看，今夜这园子里的景色多美呀！"皇太极的脸上又现出了笑意。

御花园里挂满了各色水晶玻璃做的宫灯，五颜六色点缀在绿树枝头，迎风摇摆，与湖水相映，上下争辉，水天焕彩，把园子装点得如同梦幻世界一般。只见月到中天，分外明净，水面上照出万道星光来。一只只小船随波荡漾，满载着宫女轻歌曼舞，笙歌弦乐悠幽悦耳，好一个美妙的夜晚！

隔壁的文武百官贝勒妃子们想必已吃得烂醉了，偌大的御花园显得格外美丽而安适。

"皇上，范文程大学士求见……"执事太监的声音听起来很是柔和。

"噢？这么晚了还有什么事情？宣！"

"恭喜皇上，贺喜皇上，微臣特地给皇上报喜来了！"

"范先生快快请起！你快说说看，朕何喜之有呢？"皇太极露出急切的神色。

"微臣夜观天象，发现明朝的气数将尽，而我大清的气数正旺呢！"

"老滑头，这个谁不会说？自明军在松锦惨败之后，这不就是明摆着的事实了嘛。何用你来拍马屁！"多尔衮对范文程很看不顺眼，因为这个人事事为皇太极着想，有时候甚至不把多尔衮放在眼里，在多尔衮看来，这个人是个老滑头，冥顽不化，很不好对付。

范文程的马屁拍得恰到好处，乐得皇太极哈哈大笑：

"范先生料事如神，快给朕说说，这天象怎么看？"

范文程微微一笑，指着天边的月亮对皇太极说道：

"皇上请看那挂在天边已经西下的淡淡明月，它就代表着摇摇欲坠的明朝，不是表明它要衰亡的预兆吗？"

皇太极面露兴奋之色，听得连连点头。多尔衮却在心里骂道：
"牵强附会，一派胡言乱语。哼，好一个谄媚的小人！"
"皇上再仔细看，有一道黄气正在上升，将要横遮着月光，月光将会变得更加暗淡。那道黄光，也可以说是金光，它代表着我们由英明汗努尔哈赤创立的后金国，也就是现在由皇上创立的大清帝国。这黄光如此闪亮，正在升腾，不正预示着我大清即将要取代明国吗？"
"哈哈，妙极、妙极！"其实，老眼昏花的皇太极哪里还能分辨得出天上是黄气还是黑气？只不过范文程说来头头是道，煞有其事，这毕竟是好事，皇太极当然宁愿信其有，不愿信其无了。
当下，皇太极兴奋地喊道：
"范先生神机妙算，大清国沐浴神恩，实乃一件大喜事！天意已定，诸卿勿疑。我等多年来栉风沐雨，餐风宿露，为的就是早日入主中原！现在朕主意已定，等来年秋天兵肥马壮之季，出兵伐明，一举夺得天下！"
群臣诸贝勒妃子酒早已醒了一半，连忙趴在地上，连呼万岁。
皇太极觉得余兴未尽，又喊了起来：
"来人，给范大学士赏穿黄马褂！"
"嗻……"
"皇阿玛，还有我的呢？"
小福临不知从哪儿钻了出来，他跪在了众人的最前面，稚嫩的童音在夜幕中听来格外悦耳。
"噢？哈哈哈哈！"皇太极忍不住又爆发了一阵大笑。
"福临呀，再多的黄马褂也比不上一件龙袍呀，你明白吗？"
"那，我就要穿龙袍！"
"乳臭未干的小子，口出狂言，你懂个屁！"豪格在黑暗中朝福临一瞪眼，脸上的神情很是古怪。
永福宫里灯火通明，喜气洋洋。平日里冷清惯了的，一下子红灯高悬，四面挂满了锦绣帘帏，满地铺着又软又厚的绣毯。一走进屋子，真是温柔香艳，闹得老眼昏花的皇太极更加眼花缭乱。更有一奇的是，平日里庄妃格外爱惜自己，她最爱洗浴，又爱那玉器，整个人保养得如同一块羊脂似的白玉一般。正如她的乳名大玉儿一样。当初受宠的时候，皇太极因她爱玉，凡是四方进贡来的玉器，都令人搬来以博大玉儿一笑。或许是为了勾起皇太极对往日甜蜜的回忆，庄妃特地又将珍藏了多年的玉器一一陈列了出来。临窗放了一株玉树，树枝上挂着各种彩色斑斓的碎玉，有的红如云霞，有的绿如翡翠，有的灿如金银，有的浩白如雪。微风吹来，一阵叮叮当当响声，十分悦耳。庄妃还特地将屋子里的帷帐屏障都挂上了玉片儿，稍一碰着，便会发出美妙的声音。

便是她本人也成了披金带玉的玉人儿了——她的暖帽上缀着一方羊脂白玉，正压在眉心上，一步三摇，别有风韵；她的衣襟裙带上也都缀着五彩的玉片儿，一双纤嫩的手上戴着翡翠色的玉镯子，真真活脱脱一个玉美人儿！

"妙哇！爱妃如此装扮恰如二八年华一般，令朕想起了从前。大玉儿，你的名字好听，人更美！"

大玉儿粉腮上搽了些淡淡的胭脂，愈发娇艳动人。她抿嘴一笑，"皇上是谬夸臣妾了。臣妾此举，只是想让皇上开心一些。只要皇上龙体康泰，便是臣妾最大的心愿了！"

"爱妃一定是听到了一些传言，不错，前一阵子朕曾经患过鼻衄，现在不都好了嘛，你就放心吧，朕才五十出头，还想再多活些日子，好好地享享清福呢。"

侍女捧上了金盆和睡袍，又端来了热腾腾的点心。大玉儿摆手让她们下去，轻声说道：

"皇上，夜已经深了，让臣妾伺候您早早歇息吧。"

"不忙，不忙。朕心里高兴，脑子里乱糟糟的，哪里睡得着呢？倒不如坐着和你说说话儿。"

"那……也好，臣妾把炭火烧得旺一些，皇上就躺在炕上，免得夜凉受了风寒。"

大玉儿拧暗了宫灯，拨旺了火盆，轻轻放下了床幔，立时幔子上的玉片儿叮叮咚咚发出了动听的声响。看着袅袅婷婷的大玉儿，皇太极悠悠地说道：

"这几年朕冷落了你，你不怪朕吗？"

"皇上是一国之君，日理万机，又亲临战阵，臣妾知道您是一心要成就大事业的人，如果您整日闭门不出，能有今天这样的局面吗？臣妾也是个明白事理的人，这两年来臣妾一心一意地抚养着福临，也算是为大清国出了一份力了。"

"嘿！这孩子可真让朕喜欢！今儿晚上他还向朕讨赏要穿龙袍呢，真是幼稚可爱！说起来福临也快六岁了吧？该让他读书了，等过些日子朕给他挑两个师傅，这匹小龙驹也该给他上套了。"

"皇上说的极是。福临这孩子，天性好动贪玩，不知服不服管教呢。"

"这就是你的不是了。总不能像只母鸡似的总是护着他，任由他吃喝玩乐吧？其实这会害了他的，这些日子朕暗中观察过他，这孩子长大了准会有出息。福临福临，福寿来临，我大清可要托他的洪福了。咦，你怎么还坐在那里？快快上来，这被子里暖和着呢。"

大玉儿低头一笑，摘下了暖帽，露出了一头乌发，然后她用双手一缩，将头发松松地盘在脑后。除去了龙袍，在一阵叮咚作响的碎玉声中，身穿紧身水绿夹袄的大玉儿一猫腰,钻进了这张黄杨木雕花的宽广大床上。

"还害什么羞嘛,朕还没看清楚,只觉得一只软软的大狸猫哧溜一声便钻到被窝里了,哈哈,真是可惜哟。"

兴致勃勃的皇太极居然说起了俏皮话,大玉儿躲在他怀里,身子一拧"嗯哼"一声撒着娇。

"真像是在梦中一样,"皇太极捉住了大玉儿那双嫩滑的手,闭着眼睛很是舒服的样子,声音显得忽远忽近的,"算一算我们好几年没有这样肌肤相亲、促膝长谈了。快六年了,这是一段漫长的岁月,多少人生死茫茫,音信杳然,多少人升沉浮降,荣枯异昔,而我与你似乎只是做了一个长梦。不过,你也有些变了。"

"是吗?我哪里有变了?皇上真是冤枉奴家了。我曾对天发誓,不论这世事如何变化,我大玉儿只永远对你一个人忠心耿耿。多年以来,我常常做着以前我们共同做过的梦,我的心目中永远都只有你一个呀!"大玉儿抬起头,情意绵绵地看着皇太极,故意噘起嘴,显得受到了委屈。

"你呀,瞧你伶牙俐齿的样子,你知道朕要说的是什么吗?"皇太极伸手刮着大玉儿的鼻子,目光中透着无限爱意,像面对他所喜爱的古玉似的,恣意鉴赏着。"朕心里明白,不变的是你这双眼睛中的情意。变的嘛……"

"快说呀,急死人了。"大玉儿在皇太极的怀里扭动着身子。

"你的体态变了嘛。瞧这鼓蓬蓬的胸脯,这白花花的屁股,哎呀,真叫朕饥渴难耐呢。"皇太极呵呵笑着,伸手在被子里胡乱抓摸起来,嘴里还咕哝着:"当初你进宫的时候很纤瘦的,现在则变得丰腴了些,这才够味儿!哈哈哈哈!"

两个人缠绵了一阵子,渐渐地,皇太极没有了声音,大玉儿以为他睡着了,便蜷缩着身子一动也不敢动,生怕搅了他的好梦。

大玉儿睁眼看着床顶,眼睛一眨不眨地出着神。是的,她变了。除了由当初入宫时的十三岁小姑娘变成了丰乳肥臀的妇人,她不得不为自己的下半辈子打算了。宫深似海,人去楼空,万一皇太极有个三长两短的,她该怎么办?这并不是杞人忧天,明摆着,皇太极虽说年纪还不算太老,但他的身体却过早地衰老了。倘若他撒手而去,撇下自己和年幼无知的儿子,孤儿寡母的将如何在宫里安身?她大玉儿还年轻呀,难道这么早就成了孀妇?那往后的日子可怎么熬哇!唉,福临若是早些来到这个世上,若是前面三个不是女儿是个儿子就好了,那大玉儿也就有个依靠了。眼看着豪格、叶布舒和硕塞这几位阿哥,已经频频地立了军功,赢得了口碑,得到了皇太极的器重,可福临却还是个懵懵懂懂的顽童!不过,大玉儿转念又一想,心中又有了些安慰。皇太极是个权力欲极强的人,那几个阿哥是他的亲生儿子,可是跟着他出生

第三十三章 永福宫旧梦重温 大玉儿沦当棋子

· 315 ·

入死的又落得了什么好？二阿哥洛格和三阿哥格博会还有没来得及起名字的八阿哥过早地离开了人世，说起来也就算大阿哥豪格有些文韬武略，能征善战，可皇太极并不怎么喜欢他，经常斥责、惩罚他不说，连一个旗主和兵权都不交给他，光封一个亲王的名号又有什么用呢？豪格人是鲁莽了些，又常常顶撞皇太极，父子俩很不对脾气。倒是福临这孩子逗得皇太极眉开眼笑的，说来让人后怕，这孩子怎么敢开口向他的父皇要龙袍呢？若是换了别的阿哥，说不定要受到一顿斥责或惩罚的，唉，福临看来是个福大命大的人，这样也好，给皇太极提个醒儿，福临既说出要穿龙袍的话，为什么不能让他继承王位？说起来福临的母亲我庄妃在后宫也是有头有脸有名有份的人，他的地位难道不比母亲是继妃又早已不在人世的乌拉纳喇氏生的儿子豪格要优越一些？

　　这个突如其来的念头令大玉儿激动不已。有一天若是福临登了基，那她大玉儿不就是皇太后了吗？天神，庄妃也将荣宗耀祖在青史上留名了！为什么不能呢？天下无难事，只怕有心人，如果自己趁着现在得宠，多在皇太极耳旁吹吹风，如果自己私下里再去笼络一些位高权重的王爷贝勒们，像大伯礼亲王代善、英郡王阿济格、豫亲王多铎，还有睿亲王多尔衮，如果他们暗中支持福临登基，那事情将会怎么样呢？毫无疑问，豪格将会被搁置在一旁，对，这个主意不错！

　　大玉儿激动得差一点儿喊了出来。想到多尔衮，大玉儿的心跳有些加快。这个小叔子的风度、气质、才华、相貌，可以说是百里挑一，看一眼就令人难忘！唉，皇太极已经老了，一身的赘肉，脸皮上甚至出现了一块块的老人斑，他哪里还有一丝一毫令女人动心的地方呢？

　　想入非非的大玉儿不觉动了一下，轻轻换了一个姿势，但她却听到了皇太极一声重重的叹息声！

　　大玉儿吓了一跳，心怦怦地跳着：

　　"莫非、莫非刚刚自己胡思乱想时嘴里说出了什么吗？"

　　"皇上？皇上，您……是在做梦吧？"

　　"唉！要是做梦倒好了，朕无论如何也闭不上眼睛啊。"

　　"臣妾起床给皇上煮一碗热牛奶，听说喝了之后可以帮助入睡。"大玉儿松了一口气，一骨碌爬了起来。

　　"算了，躺下吧，朕是有心事呀。"

　　大玉儿柔声说道：

　　"反正也睡不着，臣妾把炭火拨旺一些，给您煮一碗热牛奶喝吧。不过皇上，您这么日思夜想的，身子哪受得了哇。"

　　大玉儿披衣起来，拧亮了宫灯，拨着了炭火。听着那哔剥作响的声音，看着那张被炭火映红了的俊俏的脸庞，皇太极心里一动。但他又不好明说，于是试探着打开了话匣子：

"大玉儿，你说那洪承畴也是个好色的人，他的贴身书童都已经招了，说他家主人独爱女色，朕于是就挑了四个绝色的宫女，又在掳来的妇人里面挑选了四个美貌的汉女，一起送去伺候他。你猜怎么着，那洪承畴居然连正眼也不看一下！"皇太极说着又是一阵长吁短叹，偷偷地拿眼角瞟着大玉儿。

大玉儿扑哧一笑：

"原来皇上您夜不能寐就是为了这事儿呀，那洪承畴不知是个什么样的人物竟令皇上如此放心不下？臣妾以为他真是个不识时务的人哪！皇上您如此礼贤下士，招才求贤之心溢于言表，除非那洪承畴是个冥顽不化的木石之人。唉，他真的这么不知趣，您还何必心烦呢？要死要活的随他去吧。"奶已经煮开了，屋里飘出了一阵淡淡的奶香味儿。大玉儿端起了小铜锅，用勺子轻轻地搅着，不时地噘起滋润的嘴唇吹着。那神情很是悠闲，其实她的心里却暗暗思忖着：皇上半夜三更的怎么念叨起洪承畴来了？什么女色不女色的，这与我有什么关系吗？莫非……

"皇上，趁热喝了吧。"

皇太极似笑非笑地盯着大玉儿，看得大玉儿浑身不自在。"皇上，您是不是心里有什么想法？这件事情臣妾难道能帮上什么忙吗？"

"当然！"皇太极一拍巴掌，"只要你大玉儿亲自出马，一准马到成功！"

大玉儿已经明白了几分。皇上如此急不可耐，说明他的确牵挂着洪承畴，而她大玉儿如果能劝降洪承畴，一来了却了皇太极的一桩心事，二来也可以显示出自己的能耐，以后有什么事儿也好开口求皇上了，这难道不是一件两全其美的好事吗？可是，若她单独去会那洪承畴，这事传了出去可不太好呀！

大玉儿眼波转动，笑吟吟地故意打岔：

"皇上这是要臣妾去哪里呀？难道是让臣妾连夜出宫打猎去？您知道臣妾的箭法，只要是臣妾看中的猎物，便跑不过臣妾的箭头。"

"是呀，朕知道你的箭法很准，所以想让你亲自出马去射猎呢！"皇太极嘻嘻笑着，将一碗热奶喝了。

"皇上准是在动歪脑筋，臣妾才不愿意听呢。"

"哎，你不是口口声声说时刻愿意为朕分忧解难的吗？眼下朕便有一件非常棘手的事情，朕琢磨着此事由爱妃你去办最为妥帖。"皇太极抚摸着大玉儿柔若无骨的手，尽量避开她那含情脉脉的眼光：

"朕猜那洪承畴虽然好色，决不会去爱那种下等女人。可是若让朕将后宫里的妃子送与他，这又成何体统呢？眼见得他一心求死，好几天粒米未进了,这可如何是好呢?"

"皇上,您就直说吧,看来臣妾今晚若不答应您,您就会坐到天亮的。"大玉儿直视着皇太极,看着他那有些窘迫的样子心里觉得好笑,偏偏装得不动声色,他心里越急大玉儿就越占理儿。不管怎么说,这事可是皇上吩咐下来的,谁敢说个不字?

"这是一条美人计。自古英雄爱美人,那洪承畴也算是个鼎鼎大名的人物了,倘爱妃你温言软语地去劝慰他,他也许会真的回心转意,那么朕的事业便有了成功的一半!"

"哈!亏皇上会想出这等馊主意来!臣妾多年来一心一意跟着皇上,在宫里有名有份的,也算是个有头有脸的人了。如此一来,倘若传扬出去,却教臣妾的这张脸搁到什么地方去?倒不如一头撞死算了!"大玉儿故意绷着脸,一副气恼委屈的样子。"那洪承畴是什么东西!不自量力,活该饿死他!"

"是不是?"皇太极的声音里居然带着笑意,"朕知道你会动气的,且听朕说与你听,第一你是个明白人,懂得说汉文,又伶牙俐齿的;第二你是朕的爱妾,是朕五宫后妃中的一个,貌若天仙,德才兼备。这么一来那洪承畴愈发会明白朕的苦心,他究竟愿不愿意归顺于朕,只能看天意了。爱妃只要动之以情,晓之以理,必要的时候再给他一个妩媚的笑脸,准保可以勾魂摄魄,令洪承畴跪地求饶!"

大玉儿"嗤"地一笑,忚斜着眼睛:

"唷,唷,皇上此刻倒说得大方,回头可不要小气!赶明儿个不高兴了,指责起臣妾来,臣妾就是有一百张嘴也说不清了。"

"放心,你是福临的母亲,就冲着朕的宝贝儿子,朕也会好好待你的。"

"有了皇上这句话,臣妾就是为皇上赴汤蹈火,也万死不辞了。日后福临就拜托皇上多照应了!"

"这么说你已经答应了?唉,爱妃总算让朕了却了一桩心事。"皇太极立即觉得困意袭来,他连连打了几个哈欠,咕哝着:

"朝鲜国前段时间进献了一匹玉马,用一整块玉雕成,长鬣高蹄,方眼紫鼻,形象逼真,浑然天成。天亮了叫执事房的太监送过来,以后,凡是朕得到的玉制宝贝,全部都送给你。"话音没落,已经响起了鼾声。

第三十四章　妩媚诱洪功成到　承畴剃发城归顺

　　大玉儿轻轻叹了口气,看着窗外,天已经蒙蒙亮了。男人的心,一样难以捉摸。男人的气量大,是好事,但是论到夺爱,却是怎么着都不能容忍的,这除了关乎妒意,还有面子在内,更何况他是天子?唉,事已如此,再后悔也是没有什么用了,干脆就一咬牙,去会一会那个不知好歹的洪承畴吧。

　　大玉儿坐到了桌子前,从容地对镜梳妆,她的脸上又现出了那种妩媚的笑容。

　　原来洪承畴人本刚正,只是有一桩好色的奇癖。他原为明朝的忠臣,也是一位名将,如今被清兵捉住,原想拼着一死,谁知被送入盛京之后,看看跟随自己的那班总兵官,杀的杀、降的降,自己心一横,索性等死吧,快五十岁的人了,什么功名利禄,什么美酒佳人,全都见识过了,此生心愿已了,来生再报大明皇帝的知遇之恩吧!

　　洪承畴已经多日水米未进。形容枯槁,长发散乱,整个人昏昏沉沉似乎快要熬到生命的终点了。偏偏在这个时候,只听门外叮当一声,庄妃提着食盒子走了进来。"嘀,这里虽是三官庙的侧房,却布置得锦帷绣榻,处处舒适温馨,看来皇上真是煞费苦心啊!"庄妃在心里嘀咕着,用眼神示意乌兰守在外室,自己一挑门帘闪身走进了洪承畴的睡房。食盒子里装的是用鸡汤煨着的参汤,洪承畴多日不食,只能先吃些流食。

　　庄妃拿出了小碗,盛了几勺子热汤轻轻地搅着,一时间她还真不知道该怎么开口呢,难道洪承畴也会像对待其他的女子那样对自己视而不见吗?"唔,真香啊,一定是娘子在熬鸡汤,给我补身子了。唉,在家的感觉多好哇,温馨、舒适,妻子温存有加,儿女缠绕膝下,索性上疏朝廷解甲归田吧!"这么想着,洪承畴嘴唇嚅动,声音含混地喊出了声:"娘子,娘子!"庄妃心里一动,连忙上前握住了洪承畴的手,柔柔地说道:"官人,官人受惊了!""娘子,我好饿呀,您煨的是鸡汤吗?""还特地加了根老人参呢,奴家这就盛来给您。官人,你把手放开呀!"

　　"我不放,我死也不放!我做了好些个噩梦,生怕再也不能见到你们母子。现在我有了一种在家里的感觉,我这不是在做梦吧?"

　　"不是梦,不信,你睁开眼睛看一看?"

　　洪承畴有些吃力地睁开了眼睛,神色变了,连忙松开了庄妃的手,问道:

· 319 ·

"你、你是谁?"

"你这个人真是的,还没弄清人家的身份,便将奴家的手抓着不放。你看看,都被你给弄红了。"

庄妃将一双纤纤玉手送到了洪承畴的眼前。

洪承畴自知理亏,急忙又要闭上眼睛,耳旁却响起了庄妃柔柔的声音:

"洪经略,想家了吧?难道就不想将妻儿一同接来盛京吗?"

见洪承畴的身子微微抖了一下,庄妃知道说到了他的痛处,便接着说道:

"离家久了,先生不挂念妻子儿女,她们也会挂念先生呀。想必她们早已是望眼欲穿,正等着先生能早日回去,合家团圆共享天伦之乐。唉,她们怎么能想到先生那么无情无义呢?这一等,归期无望,她们肯定会伤透了心……唉!"庄妃边说边用眼睛瞟着洪承畴,呀,她发觉洪承畴的身子像筛糠似的哆嗦起来,眼角已经溢满了泪水!

"人非草木,孰能无情?如果先生一心求死,倒也不必牵挂着家中的妻儿老小了。该说的该做的我家皇上已经尽力了,先生您这样不吃不喝的,就是到了阴间也会变成个饿死鬼。反正是一个死,不如吃饱喝足了再抹脖子。喏,奴家随身带来了一把小刀子,是专为在御宴上切食牛羊肉的,先生尽可以用它来了结自己!"庄妃说着将手中的短刀"当"地一声扔到了桌子上。

"好吧,拿来!"洪承畴睁开了眼睛,对庄妃仍然不理不睬的。

"只要他能吃些东西便有机会说服他。"庄妃心里暗喜,忙又重新盛了碗汤,上面飘着一层碧绿的葱叶儿。"请吧!"

洪承畴不假思索,端起碗咕嘟咕嘟喝了个精光。

"佩服,佩服!奴家佩服洪大人的胆识,不如再饮上一杯酒,俗语说酒壮英雄胆嘛!来,奴家给先生斟上!"

庄妃双手捧着一只盛满酒的高脚玉碗,端到了洪承畴的面前。洪承畴二话不说,接过来一仰而尽。

庄妃"格格"一笑,坐到了洪承畴的对面,恰与洪承畴的眼光相遇,心里暗自赞叹:真不愧是一代英雄!虽然他现在满脸愁思,异常憔悴,但他的双目仍炯炯有光,举手投足间不乏英雄气概,真真令人惊叹!

洪承畴早已察觉此番来的女人绝非寻常,此时也在暗暗地打量着庄妃:这美妇髻云高拥,鬓凤低垂,面如出水芙蓉,腰似迎风杨柳。更有一双纤纤玉手,丰润有余,柔若无骨,手中正捧着一把玉壶,映着柔美,格外白嫩。还有,这妇人谈吐不俗,举止优雅,断不是皇太极宫里的一个普通的宫女,那么,她是谁呢?庄妃明知洪承畴在冷眼观察着她,皇太极说对了,庄妃那种轻盈妩媚的笑容,勾起了洪承畴内心的好奇,直视着庄妃:

"你到底是什么人?"

庄妃又是"嗤"的一笑,朱唇微启,秋波送盼:

"奴家只不忍见洪将军在此受冷挨饿,特意奉了我家皇上之命来救将军早日回心转意,脱离窘境。"洪承畴一声冷笑:"如果你来只是为了那皇太极做说客的,那就请回吧,不要白费了你的口舌!但如果你是来与我相伴解闷的,那却又当别论了。哈哈,有道是,牡丹花下死,做鬼也风流!来来,快快与我宽衣解袍,我要与你快活快活!"说着洪承畴便伸出了瘦骨嶙峋的手,作势要扑向庄妃,而他的腿却始终盘坐在太师椅上一动不动。

庄妃吓了一跳。虽然风闻洪承畴独爱女色,自己只身前来说降也做好了以色相勾引他的准备,但毕竟她不是普通女子,她是大清帝国皇帝的妃子,倘若洪承畴真的动起手来,传了出去,那皇太极的颜面往哪儿搁?自己不只有死路一条了吗?

这么一想,庄妃真的有些惊慌了,脸色绯红,她正色道:

"将军此言差矣!奴家是敬慕将军的英名和才气才只身来此的。奴家见将军相貌清奇,神光内蕴,风度儒雅,果然名不虚传。怎的将军却说出如此轻薄之言,倒叫奴家为将军不解了!"

"你伶牙俐齿的,我说不过你。"洪承畴无话可说,低下了头像只斗败了的公鸡:"还望娘子告知身份,免得洪某怠慢了你。"庄妃又镇静下来,脸上似笑非笑地说道:"嘻!这倒奇了,将军只管吃喝让奴家伺候着,舒舒服服地一走了之,又何必追问奴家的身份呢?"

"你不说,我便不吃也不喝了。"

庄妃急了,又好气又好笑地说道:

"洪将军的口气怎么像个孩子!既是这样,奴家也不瞒你了,喏,将军请看这个。"

庄妃从腰间取出一件晶莹剔透的玉佩来,将柔荑似的手递到了洪承畴的眼前。

"敢情你们塞外的女子也长得这么娇艳吗?"洪承畴装着看玉佩,一把握住了庄妃的手,顿时他的心里有了一种异样的感受。男人的一半是女人,这些日子来少了女人的陪伴,洪承畴几乎一天也撑不下去,但为了心中的信念,他苦撑苦挨着,现在,既然他已经喝了汤,为什么不能摸一摸这个魅力四射的女人呢?庄妃此时却是大喜过望,心里说:洪承畴呀洪承畴,英雄难过美人关,看来你真的要栽在我大玉儿的手里了。这一切都逃不过皇太极的神机妙算,他怎么说的?"只要你大玉儿出马,一准儿马到成功!"想到这里,庄妃脸上的笑意更浓了。

洪承畴一看玉佩上的字,脸上的表情有些僵硬,忙不迭地松开了手,惶恐地说道:

"怎么,你是永福宫的娘娘?"

"妾身便是永福宫的庄妃,皇上高兴时便唤我大玉儿。"

"失礼,失礼,洪承畴有眼无珠,怠慢轻薄之处,还望娘娘恕罪!"洪承畴慌得从椅子上站起身,连连作揖给庄妃赔不是。可是他坐的时间太长了,腿肚子发麻抽筋,脚刚一沾地便疼得他"哎哟"一声,皱起了眉头。

"洪大人你这是怎么了?让妾扶你到榻上躺着吧。唉,一个大男人家,整日不吃不喝只坐在椅子上,你怎么就那么想不开呢?"庄妃趁势将身子贴紧了洪承畴,一阵阵的脂粉香直往洪承畴的鼻子里灌,直撩拨得他春心荡漾,神思恍惚,索性一闭眼,装出饿得头晕眼花的样子,由着庄妃伺候着,心里是又惊又喜,又快活又紧张。他甚至在后悔,刚刚为什么一再追问她的身份呢,倘若不知情不是更好吗?

洪承畴闭着眼睛躺在簇新的裘褥子里,鼻孔里还留着庄妃的体香,怀里还能感觉得到那满怀的温香软玉。他就这么一动不动地躺着,心里说:知足了吧,人家是皇太极的妃子,我哪能有非份之想呢?到此为止吧,洪承畴,英雄难过美人关,这也许是个温柔的陷阱,掉进去可就出不来了。

庄妃出出进进,只听得衣裙佩玉叮叮当当窸窸窣窣的,洪承畴心里想,不知道她又想要什么花招?

只听见铜盆轻轻落地的声音,又有水哗哗地倒着,接着,洪承畴的耳畔便响起了那柔柔的声音:

"洪大人,你这些日子不吃不喝,想来更是蓬头垢面的,妾准备好了热水,给你洗洗脚,这样人会更舒服一些。"

"庄妃娘娘,你只管回宫吧,省得外人说三道四的,洪某有手有脚不敢劳你的驾。"洪承畴依旧闭着眼睛,瓮声瓮气地说着。

"这您就不用费心了。妾是奉了皇上之命来伺候您的,一来外人并不知晓,二来即使传了出去,谁敢说个不字?来吧!"庄妃挽起了袖子,掀起被子要捉洪承畴的脚。

"不要,不要!"洪承畴挣扎着想爬起来,无奈一阵晕眩又重重地倒在了床上。

"洪大人,妾身虽是奉了皇上之命,但一见到大人便有相见恨晚之心,妾佩服、敬重大人,您身处异乡,妾照顾您也是分内的事情。听话,躺着别动,小心弄湿了褥子。"

"可是,可是我这双脚自从被押到盛京之后就没洗过,又脏又臭的,还是我自己来吧。"洪承畴睁开了眼,刚要起身便被庄妃按住了肩膀。

"将军已经饿得头晕眼花,哪还有力气呢?您还是老老实实躺着吧,若是觉得难为情,索性还把眼睛闭上,这不就行了?"

· 322 ·

"这……您是娘娘,洪某乃一介武夫、一个败将,怎敢劳娘娘亲自动手呢?"话是这么说,可是洪承畴却乖乖地躺着,一动也不动了。而且,他睁着眼睛直勾勾地看着庄妃,一眨也不眨。

庄妃又是一笑,避开了洪承畴那有些异样的眼神,低头仔细地给洪承畴泡起脚来,她不时地用热水往他的脚背上浇,手指轻轻地在他的脚背、脚心和脚趾间滑过,直洗得洪承畴四体通泰,骨酥魂醉。

不洗脚还好,洪承畴只觉得浑身发痒,像有无数条毛毛虫在脊背和前胸爬过,浑身不舒服。他虽然是福建人,但多年在西安、北京生活,早已习惯了用热水泡澡,此刻恨不得能在"大汤"中痛痛快快地泡一泡才好。经过这一场旷日持久的松锦之战,他只能忙里偷闲让男佣用热水抹抹身子,而被俘之后,担惊受怕,羞愧愤怒,身上的冷汗是出了干、干了出,不知几多次。满身垢腻,一想就令他浑身不舒服。此刻真想泡个热水澡呀,可是,这话怎么说得出口呢?

庄妃眼看洪承畴的身子不停地翻动,眼神中似乎有一种渴望,一时不明白他的心思,便怔怔地看着他:

"大人,您还有哪里不舒服吗?"

"我……真是羞于启齿,洪某得寸进尺,还想泡个热水澡。"

"嘻!这又有何难?你等着,包你满意!"

不一会儿,几个宫女抬着一只大木桶进来了,乌兰进来拨旺了火盆,又试了木桶里的水温,朝庄妃点了点头,退了出去。庄妃笑道:"请吧,洪大人,来,让臣妾帮你宽衣!"这一回洪承畴死活不愿意了,他喝过了参汤也有了些精神,挣扎着穿着大裤头跳进了桶里。"哇!美死了,还是活着好哇!"

庄妃由衷地笑了,趴在桶边用手撩着热水往洪承畴的背上浇,格格笑道:

"洪大人,你猜我家皇上怎么说?大玉儿出马,马到成功!唉,他为了能得到你这个人才,可真是费尽了心思,还把我这个夫人也赔进去了!"

"惭愧!洪某何德何能竟让大清皇帝和娘娘如此厚爱。洪某已经想通了,洗去了这一身的污垢,洪某就是大清的人了。娘娘,洪某对您的大恩大德没齿不望,愿效犬马之劳!"

"嗤!"庄妃又是一笑,"洪将军,你在泡澡的时候说出此番话来,不伦不类的,倒教妾身如何信得过你呢?"

洪承畴咧嘴一笑:

"大丈夫一言既出,驷马难追,洪某只等沐浴更衣之后,再向娘娘叩谢知遇之恩。"

"罢了!妾以后也许还得仰仗着将军呢,你我同为大清的子民,来日方长,只愿妾的这一番心思没有白费!洪大人日后飞黄腾达得了势,可不要翻

第三十四章 妩媚诱洪功成到 承畴剃发城归顺

323

脸无情噢？"

"娘娘放心,洪某心甘情愿唯娘娘马首是瞻！要不,洪某现在就给你叩首！"洪承畴说罢竟在木桶里叩起了头,溅得水花四起,逼得庄妃双手掩面,笑得花枝乱颤。

崇政殿里,清太宗皇太极正在临朝议政。

固山额真墨尔根、李国翰、佟图赖、祖泽润,梅勒章京祖可法、张存仁以及"三顺王"恭顺王孔有德、怀顺王耿仲明、智顺王尚可喜正一齐向太宗奏言：

"……今天意归于皇上,大统攸属,锦州、松山、杏山、塔山,一时俱为我有,明国人心动摇,燕京震骇。唯当因天时,顺人事,大兵前行,炮火继后,直抵燕京而攻破之,是皇上万世鸿基自此而定,四方贡奉,自此而输,上下无不同享其利矣。倘迁延时日,窃虑天时不可长待,机会不可坐失！臣等以为不如率大军直取燕京,控扼山海（关）,大业克成,而我兵之饶裕,不待言矣。"

执事太监不紧不慢地读着奏折,皇太极端坐在龙椅上不时地点头称是。他的脸色不太好,因为心事重重,夜里睡得不好,还得早早上朝,国事繁重,真令他难有喘息之机呀。

"嗯,众卿家起来说话,看座！"

"谢陛下！"众人纷纷落座,崇政殿里气氛极其融洽。

"唔,众卿家有自带烟锅的可以抽两锅,提提神儿,海中天,给朕也来一锅！"

这海中天原为永福宫的太监,因为人圆滑机灵,又练得一身好武艺,所以被皇太极相中,让他做了御前太监。海中天可以说是一步登天,自然忘不了庄妃娘娘的恩德,皇上若不是临幸永福宫,庄妃若不是在皇上面前夸奖海中天,他海中天哪会有今天？自此以后,海中天便把庄妃像菩萨般地供在心里,时刻想着要报恩。这不,他捧上了烟锅,还要多说一句：

"皇上,这是庄妃娘娘特地为您准备的,她说那朝鲜国贡来的烟叶太冲,味道虽好但不适合您抽,这是云南的烟叶,味儿淡,既清香又提神。奴才给您点火您尝尝？"

"嗯。味道果然不错。"皇太极连吸了两口,靠在龙椅上吐着烟圈。众人见皇上如此,早已点了烟锅,吞云吐雾起来。

"尔等建议我八旗兵直取燕京,朕以为不可。"皇太极又来了精神,海中天给他磕过了烟袋锅,又装了一锅点着了递到了皇太极手中,然后躬身退到一边。

"取燕京如伐大树,须先从两旁砍削,则大树自扑,朕今不取关外四城,岂能即克山海（关）？今明国精兵已尽,国势已衰,我兵力日强,若四围纵略,从此燕京可得矣。"

太宗把明朝比作一棵大树，谁都明白，无论有多大力气，没有人能一斧子就把大树砍倒。唯一的办法是从大树两旁一斧斧不停地砍，砍到一定的程度，这棵大树就会连根倒下。

范文程深知皇太极以砍大树做比喻来表明他得图渐进的战略思想，身为汉人，他也和众汉官们的心情一样，思念故土，渴望早日打回老家去，可是，一口吃不成个胖子呀。于是范文程上奏道：

"微臣明白皇上的用兵之道，要等待时机成熟方可进兵关内。那明朝如百足亡虫，虽死而不僵，而上天给予我清朝的兵力实在有限，如果此时贸然进兵关内，即使稍有损失，我朝如何能受得了？我们有些汉官思乡心切，动不动就张口说航海山东、攻取山海关，其实他们有些人并不谙熟用兵之道。微臣以为皇上的旨意已经很明确了，那就是我们一方面继续出兵骚扰明朝，另一方面积极准备进兵关内，只待时机成熟，我军便可马到成功，问鼎中原。"

"范先生所言极是！众爱卿还有什么想法吗？"

众人面面相觑，连连摇头。范文程和皇太极一上一下一唱一和地表明了态度，其他人还能再说什么呢？

"范先生，依你之见，那洪承畴会不会归顺于我？"看来这真是皇太极的一大心病了。

"皇上放心，据微臣察言观色，洪承畴虽口口声声誓不投降并以死相争，但微臣以为事情似乎还有转机。"

"噢？快说来听听。"皇太极一觉醒来不见庄妃身影，便知她已经去了三官庙，可现在已日上三竿，怎么还迟迟没有消息呢？大玉儿和洪承畴会不会……这么一想，皇太极愈发地坐立不安了，他此刻有些后悔让大玉儿只身去抚慰洪承畴了。唉，不论结果如何，这件事都有碍大清国的尊严，倘春光外露，可叫他堂堂的一国之君怎么办呢？

"那一日，臣奉皇上之命前往三官庙劝降，"范文程大口地吸着烟，又悠然地吐了烟雾，"无论臣怎么开导，他总是态度强硬，声称誓死不降，并且劈头盖脸将臣辱骂了一顿。臣碰了一鼻子的灰，自以为凭着三寸不烂之舌能劝他回心转意，却不料被他骂了个狗血喷头，唉，真是气煞微臣了。"

众人有的发出了笑声，似乎在说，谁让你跟在皇上的屁股后头拍马屁的呢？挨骂活该！

"微臣气愤不过，认为洪承畴实在不可理喻，便转身要走。可是这时，从房檐上飘落了一丝尘埃正落在洪承畴的衣襟上，臣看见洪承畴用力地拍打衣衫！这一件小事让臣发现了事情似乎还有转机。"

皇太极瞪着有些充血的眼睛有些不解其意：

"朕不明白，范章京快说。"

"一缕尘埃落在他身上,他却擦拭不已。试想,一个身陷囹圄的人,若万念俱灰,一心求死,他还会爱惜自己的衣服,还会在乎自己的形象吗?不知皇上有没有依微臣之计去做,如若以计行事,则不出三日,定有转机。"

众人这回听得可是丈二和尚摸不着头脑了,看来,这个自称善于神机妙算的范章京又在皇上面前故弄玄虚了。皇上也是,堂堂一代天子,怎么就被个黄脸汉人给糊弄得团团转呢?这回可好,又多了个自视甚高的白脸洪承畴,皇上愈发被他们弄得晕头转向摸不着北了。唉,这是喜呢还是值得忧呢?瞧,皇上的脸色一会儿白一会儿红的,似乎有些不大自在,这究竟是怎么回事呢?

"回皇上,明朝降将洪承畴已经剃发更衣,由睿亲王多尔衮率一干贝勒们陪着,在大清门外待诏晋见!"执事太监的声音依旧不紧不慢的。

"这是真的?"皇太极蓦地起身,面露惊喜之色,疑惑地看着范文程。

"恭喜皇上,那洪承畴已经剃发梳辫,换上了我大清的衣冠,皇上又多了一个文武兼备的人才!"范文程笑容满面,又重申了一遍。

"天神,总算朕的苦心有了回报!"皇太极重重地舒了口气,倒剪双手来回走着,忽然他一拍脑门。"哎呀,你们、佟图赖、李国翰,还有你们三顺王,还愣在这里干什么?快快出宫前往大清门,带领一班子刚刚投诚的明朝降将,什么祖大寿、祖泽远的,让他们一齐去迎接洪大将军!快,快去呀!"

佟图赖等汉官领命而去,可皇太极还在来回地踱着步子。范文程笑道:

"皇上,您的心事总算了结了,您又何必坐立不安的呢?微臣以为皇上可以放松一下,好好地休养一阵子了。"

"唉,国事家事,千头万绪的,搅得朕寝食不安哪。这回好了,有了你和洪承畴,一左一右辅佐朕,朕可以高枕无忧了。哎,范章京你的计策还真灵验呢!"

"噢?"范文程明白皇太极指的是自己授意让皇太极派庄妃去劝降的事情,在朝上皇太极又不便明说,两个人是心照不宣,此刻皇太极一提起,范文程便乐了,灰白的山羊胡子一翘一翘的:

"皇上,洪承畴是投降了庄妃娘娘的,您放心,他日后便是您与庄妃娘娘最可以信任的人了。"

"但愿如此,但愿如此呀!"皇太极爆发了一阵大笑,声音十分刺耳。

一班子文臣武将们簇拥着面色苍白、身体虚弱的洪承畴从大清门走到了笃恭殿,再从笃恭殿来到了正殿崇政殿,两旁站满着身披铠甲、手持红缨枪的御林军卫士。执事太监一声奏传:

"明朝降将洪承畴求见!"

"宣!"

皇太极连忙整了整衣冠，笔直地坐在了龙椅上。

只见洪承畴脚步有些踉跄地走了进来，又高又瘦的个子，前脑门剃得溜光，脑后拖着个新"长"出来的辫子，人虽瘦弱但却双目有神。皇太极暗自赞叹：好相貌，好风采！

"明朝败将洪承畴叩见大清国皇帝，祝吾皇万岁万岁万万岁，谢吾皇不杀之恩！"言罢三跪九叩，垂下了头。

"洪将军免礼平身，快快请起！朕今日能得到将军这等人才，真是大清的喜事呀。来人，给洪将军看座！"

太监们忙不迭地在御座的左面安设了金漆椅一只，金痰盂一只，金壶一个，贮水金瓶一个，香炉两只，香盒二个，还放了一个镀金镶玉的烟袋锅。

洪承畴诚惶诚恐，又要低头叩谢，皇太极连忙摆手：

"洪将军身体虚弱，快快坐下，你我君臣共商国是。来，你们扶着洪将军就座！"四个穿绿衣黄带青衫褂、戴凉帽的御前侍卫及时地扶起了已经有些眩晕的洪承畴。

"慢着，慢着，"皇太极又想起了什么，转身脱下了披着的貂裘，轻轻披到了洪承畴那微微颤抖的肩上，一脸的关切：

"北地风寒，先生不会感到太寒冷吧？"

洪承畴的喉咙哽咽了，泪流满面，忽然挣脱了侍卫们的扶持，再一次跪倒在皇太极的脚下：

"奴才蒙皇上厚爱，愿为皇上效犬马之劳，奴才的这条命是皇上的，就全交给皇上发落吧。"

"先生此言差矣！"皇太极亲手扶起洪承畴，将他按坐在椅子上，两眼放光，一脸的喜悦：

"先生没有必要自责。古语云良禽择木而栖。大明腐败，败亡已经是指日可待的事情了。而我大清国正运鸿昌，如今先生鼎力相助，问鼎中原绝不是什么问题了。识时务者为俊杰，先生请看，范先生，孔有德他们，都和你一样，同是我大清的俊杰啊！这大清的江山，往后就是你们的作为场所喽！"

第三十五章　崇政殿前贤才归　多尔衮情献庄妃

洪承畴从三官庙到崇政殿，一路上都是众多的汉人官员，他知道皇太极爱才，重用汉人，悬着的心才渐渐沉了下来。禁不住庄妃的魅力，洪承畴热血上涌，竟然很痛快地就答应了，改变了自己的誓言。

刹那间便将豪言壮语和多日来的坚贞不屈化作了乌有。事到如今，洪承畴只有死心塌地的了，他还有什么好后悔的呢？诚如皇太极所言，明朝的气数快到了，改朝换代势在必行。比较起大清、明朝和农民军李自成的政权，这三支政治力量，一个如旭日东升，喷薄欲出，一个如暮日西沉，摇摇欲坠，还有一个则是洪承畴之流不齿于为伍的"草寇"。权衡利弊，他投靠了关外的清朝，并愿意为清朝一统天下而效犬马之力。这是他的过错吗？只要大清能重用汉人，消除民族矛盾，造福于百姓苍生，那么这些来自白山黑水间的满洲人又何尝不能登堂入室呢？"雕栏玉砌应犹在，只是朱颜改。"朝廷由朱家的换成了爱新觉罗氏的，同样是炎黄民族、华夏子孙，又何尝不可呢？如果后人不明真相，在背后戳他洪承畴的脊梁骨，他只有一笑了之。这江山易主、改朝换代的事情，实在是太难预料了。"才自清明志自高，生于末世运偏消。"一心抱着做忠臣名扬天下光宗耀祖的洪承畴做梦也没想到自己忽然间就成了明朝的罪人、大清的走狗。唉，风云变幻，谁主沉浮？他洪承畴不过凡人一个，只能随波逐流了。

"洪某蒙皇上和娘娘厚爱，大恩大德当涌泉相报。只是，洪某尚有一事不安……"

"先生请讲，朕决不会让你受到一点儿委屈，感到任何的遗憾！"话说得冠冕堂皇的，可皇太极的心里却有些不是味儿。那大玉儿不知用了怎样的妖媚之法便活生生改变了洪承畴，而且，他居然还把大玉儿挂在嘴边！这满朝文武全都听见了，心里还不知怎么想呢，这事办的真有些窝囊！哼哼，还真不能小看了大玉儿的能耐！

善于察言观色的范文程见皇太极脸上有些不悦，心里便有几分明白了，于是他打了个圆场：

"皇上，时候不早了，日已西斜，早已过了午时了。"

"噢？范先生这么一提醒，朕倒真觉得有些饥肠辘辘了。今儿个高兴，就在崇政殿设御宴，为洪先生接风压惊！海中天，传御膳房的师傅，速速摆上御宴来！"

"嘁……"

洪承畴心里喜忧参半。皇太极将他说了一半的话给拦住了，又说要给自己设宴，可到底也没许给自己个一官半职的，自己现在已经穿上了清人这不三不四的装束，脑门倍儿亮不说，脑勺子后头还拖着一条豚尾似的辫子，唉，真是无颜再见列祖列宗了！

"皇上，微臣斗胆地问一句，您打算怎么安置洪某呢？洪某不求有一官半职的，只求能在沙场上冲锋陷阵，为大清国效力。"洪承畴终于忍不住问道。

"哎呀，朕真是老喽，把这么大的事情也给忘了！范章京，怎么你也不提醒一下朕呢？"皇太极干笑两声，上前拍着洪承畴的肩膀：

"放心，朕已经说过了，决不会委屈你的，朕就让你与范先生平起平坐，为内院大学士，参赞军机，你看如何？"

"罪臣实不敢当此重任，还望皇上另请高明！"

"哎，洪先生此话差矣！朕主意已定，来人，给洪先生戴上红顶花翎，赏穿黄马褂！在盛京给洪先生一栋宅第，选美女十人日夜服侍，此外的金银财宝，绫罗绸缎多多益善！"

洪承畴连忙跪地称谢，口呼"吾皇万岁"，感恩戴德之情溢于言表。

"哇！好一个威风凛凛的儒将！"皇太极对套了黄马褂又戴上花翎的洪承畴大加赞赏，众人也个个叫好。"洪先生，朕已想好了一个计策，请看！"皇太极走到御案前，拿起笔一挥而就，纸上写着"暂时降清，勉图后报"四个汉字。

洪承畴一时不解，范文程笑道：

"洪先生，你看皇上为你考虑得多周全呀。为了你家人的安全，皇上才想出此计，你只要在这上面按个手印，便可以迷惑崇祯老儿了。"

洪承畴又惊又喜，忙不迭按了手印，亲眼看着一名侍卫把它带了出去，说是以密书的形式派人悄悄送往燕京。洪承畴感慨万分，再一次跪拜皇太极：

"吾皇真乃天命之主也，罪臣愿无怨无悔报效大清，虽死无憾！"

"快起来吧，不要弄脏了黄马褂。"皇太极带着笑，提高了声音：

"今晚在宫中陈百戏设御宴大加庆贺，诸位贝勒、文臣武将尽可携带家小前来助兴，咱们君臣同乐，一醉方休！"

庄妃这一觉睡得很香很沉。天已经亮了，但她还是闭着眼睛，一动不动地躺在细软柔和的绣龙描凤的锦被之中，不着边际地暇想着。春光明媚，鸟语花香，御花园里皇上正带着福临放风筝，一老一小穿着明黄色绣锦盘龙的袍子，在阳光下格外夺目，而庄妃自己则披着大红镶金边绣着大朵牡丹的披风在一旁观赏着。一家三口，甜甜蜜蜜，恩恩爱爱。哎呀不好，福临只顾得抬头看天，没注意被脚下的一块小石头绊倒了。庄妃和皇太极不约而同跑上前

第三十五章 崇政殿前贤才归 多尔衮情献庄妃

去,三个人紧紧抱在了一起……

"姐姐,太阳已经有半个人高了,今儿早上就不去遛圈子了吧?"

庄妃极不情愿地睁开了眼睛,骂道:

"死丫头,坏了我的好梦。"

乌兰"嗤"地一笑,动手拉起了床幔:

"姐姐该不是做的白日梦吧?"

柔和的阳光照得满室生辉,帷幔上系着的玉片儿叮当作响,庄妃一骨碌爬了起来,忙不迭地吩咐着:

"快些帮我梳洗一下,咱们一起遛圈子去。"

遛圈子就是散步,每天早晚各一次,在起床之后和太阳落山之前。庄妃是一个很会保养的人,女人嘛,不就是靠着脸面生活吗,她能不上心吗?

和世间所有的女人一样,梳妆打扮,也是庄妃最感兴趣的事情。趁着年轻,趁着得宠,她要尽一切力量让所有见过她的男人、让那些她欣赏的男人和有权势的男人都拜倒在她的石榴裙下!春去秋来,岁月如梭,人生苦短,她得好好把握住青春和美貌,为了儿子福临的前程,她可以不顾一切!在深宫里生活了多年,老老实实地为皇太极生儿育女,眼见着三个女儿已经长得亭亭玉立,儿子福临也快到六岁了,下一步得为儿子的将来着想了。回首过去的十几年,庄妃不敢相信自己怎么能安安分分地逆来顺受地不声不响地平平淡淡地生活了这么多年!她本不是个安分的女人,她有才,她有貌,她与那些徒有姣好面容的妃子并不一样,她自恃能力比她们强得多,她为什么要听命运的摆布,而不去积极争取掌握自己和儿子的未来命运呢?皇上的身体日渐虚弱却强撑着日夜操劳,他年纪越老性格越固执,他对权力的喜爱似乎到了无以复加的地步,之所以还没立太子,因为他不愿意有人分享他的权力,哪怕是他的亲生儿子!对这件事,庄妃倒不情愿往坏里想,但不怕一万,只怕万一,万一……庄妃有时会被自己的这种瞎想而吓得手脚冰凉,皇上已经老了,可是庄妃才过了半辈子,而福临还是个孩子,她能不为自己和儿子的将来打算吗?可惜,人不能预测未来,不知道一觉醒来明天会是个什么样,所以人才会有一件件抹不去的烦恼。

"天渐渐的热了,给我拿那件淡紫色的披风吧,今儿个咱们走得远一些,去东宫墙外的那片松树林子遛一圈。"

"那可得走不少的路呀,姐姐要不要预备一顶轿子?"

"那叫什么遛圈儿呀?真是的,走吧,时间都给你耽误了。"庄妃说着就往外走,慌得乌兰在后面喊:

"姐姐,让我把披风给您披上呀!"

黑松林实际上是一大片杂树林子,其中以黑松最为粗壮,一棵黑松粗可数围,盘根错节,遮天蔽日。林中只有一条小路,曲曲弯弯,在松林中伸延,像一条白花花的蟒蛇似的。

"姐姐,咱们回吧。我觉得这林子有些阴冷,黑漆漆的。"

"怕什么?没听说林子那边就是松崖吗?那儿有花又有草,有山又有水,咱们索性去看看。"庄妃显得兴致勃勃。

"要是……要是再多几个侍卫在就好了。只有我们主仆四个人,又都是女流之辈,万一遇到野蛮之人……"乌兰苦着脸,虽然知道说也没用,还是得说呀,身后跟着的两个婢女见了松鼠也会吓得尖叫的,遇到什么事可别指望她们了。

"今儿个是有点邪乎,一睁开眼就想到了这片林子,每一次说来都没来成,今天一定要进去开开眼界。这青天白日的,有什么好怕的?以你的拳脚,对付三两个男人总不在话下吧?再说了,我身上还有这玩意儿呢。"庄妃一拍系在腰上的绣花剑套。

"只怕,只怕您会吓得手发抖连剑都拔不出来呢。"乌兰嘟囔着,一脸的不情愿。

真的是鬼使神差,庄妃怎么会到这片林子里来遛圈子呢?这里不远处就是睿亲王多尔衮的府第,往左拐隔着高大的宫墙,便是后宫那座玲珑雅致的关雎宫了。但从庄妃住的次西宫永福宫到这里却要绕一个大圈子呢。

过惯了宫廷舒适安逸生活的乌兰当然不愿意再去钻这老树林子了。其实,在盛京城外,大片的古树林随处可见,里面有毒虫,有恶瘴,有灌林,更有熊罴,但善于骑射的满族人谁会在乎这些呢?见怪不怪,习以为常了。

"瞧,这地上有结着天蓝色和红色果实的苔藓,有的苔藓是红的,有的是绿的,有的像小星星一样,也有的像碗口那么大。乌兰,你快走过来看看嘛!"

乌兰跟在后面照顾着两个气喘吁吁的婢女,苦笑着说道:

"姐姐,可惜了我这身衣裳,瞧,被这些该死的枝蔓挂得都抽丝起球了。"

"大不了回去再赏你一件,有什么好可惜的。"庄妃不以为然,她双手提着旗袍的下摆,扭着身子,灵活地避着那些枝蔓,像个彩蝶似的,动作十分轻盈。

松树渐渐地变得稀落了,一束束阳光穿过松枝斑斑驳驳地洒了下来,照着欣然茁长的野草野花和藤蔓,照着松林中几个穿红戴绿的女人们。

"乌兰呀,这么好的景致不来不是可惜了吗?听,前面似乎有流水的哗哗声,看来,咱们快到这林子的尽头了!"

"娘娘,能不能坐下来歇歇脚呀?都走了半晌了。"一个婢女话音没落便歪歪倒倒地靠在了一棵树干上,说出话来更是有气无力的。

"整日把你们宠着,风吹不到,日晒不到,雨淋不到,看看,你们两个都成什么样子了!有时候真怀念在科尔沁草原上无忧无虑的日子呀,骑射狩猎

第三十五章 崇政殿前贤才归 多尔衮情献庄妃

· 331 ·

舞刀弄枪的,自由自在,快乐逍遥。"

"那是十几年前的事了。现在您成了大清国的庄妃娘娘,万人景仰,万人羡慕,姐姐真不知是几世修来的福呀!"

"这也许是命中注定,前世就定下的姻缘,说不上是喜还是忧,是福还是祸。咱们往前走吧。"庄妃的话音还没落地,忽然呼啦啦头顶出现了十几只大鹰,它们嘎嘎尖叫着在庄妃的头上盘旋,甚至可以看清它们那血红的尖嘴和尖利的鹰爪。

"姐姐快趴下,用披风护着头,让妹妹来对付这些凶神恶煞!"关键时刻还是乌兰从容镇定,再看看那两个婢女,早已吓得面如土色,浑身直抖了。

庄妃也吃了一惊,脸色变得煞白。可是当乌兰敏捷地从背上取下弓箭,张弓搭箭瞄准的时候,庄妃忽然喊道:

"不要射!乌兰,也许我知道它们的主人是谁!"

果然,随着一声婉转的口哨声,这些大鸟拍着翅膀头也不回地飞走了,只有庄妃还站在那里呆呆地出神。

"皇嫂受惊了,臣弟罪该万死!"

庄妃转过身来,竭力保持着镇定自若的神态:

"果然是十四弟在此呀。"

多尔衮双手抱拳,一脸的惶恐:

"臣弟给皇嫂赔罪了,有冒犯之处,但凭处置。"多尔衮的嗓音很浑厚,在这空旷的林子里格外动听。

"都是自家人,有什么好抱歉的?再说了,是我一时兴起走进了这林子,又怎么能怪你呢。"

"嫂嫂没受到大鹰的惊吓吧?幸亏嫂嫂手下留情,否则我的鹰恐怕就要遭难了。"多尔衮说着看了乌兰一眼,乌兰忙不迭地将弓箭藏到了身后,带着两个婢女给多尔衮行礼:

"奴婢叩见睿王爷!"

多尔衮摆摆手,眼睛只盯着庄妃:

"嫂嫂既然来了,不如去看看臣弟豢养的那些鹰犬,喏,就在前面。"

"你果然爱鹰爱犬成癖了,百闻不如一见,想不到堂堂的睿亲王还有如此雅兴。"庄妃说着与多尔衮并肩朝前走,乌兰和两个婢女远远地在后头跟着。

"人各有志。我这也是忙里偷闲,权当消遣。一旦皇兄召见,我又得将这些鹰犬撇在一边了。哎,嫂嫂乏不乏,不如抽一锅提提神?"

多尔衮有意地将系在腰间的白玉杆带铜嘴的烟袋锅抽了出来,原来他用来装烟叶的那只荷包正是庄妃亲手绣的!庄妃心里一动,难道他把它整日的别在身上?这倒叫人有些费解了,庄妃这么想着,不由得从眼角偷偷地打量着多尔衮。

多尔衮内穿黄绫锦缎长衫,外披银袍,戴着银白色镶着蓝宝石的凉帽,身材修长,温文尔雅,比在皇宫大内里穿着朝服或战袍别有一番风采。庄妃看得有些心慌意乱,她总觉得多尔衮的身上有一种男人的阳刚之气,这种魅力令她既兴奋又紧张,怀里像揣了只小兔似的,她能听到自己怦怦的心跳声。

那日在御宴上多尔衮一眼看见如花似玉的庄妃之后,心里就再也放不下她了。可惜那天是夜晚,又在众目睽睽之下,多尔衮不敢放肆。现在,他可以毫无顾忌地盯着庄妃看个仔细了。庄妃梳着高高的发髻,斜插着一只碧玉簪。鬓儿低垂,被风吹得有些散乱,紧贴在粉颈上,越显得黑白分明。细细的黛眉下,一双流盼生辉的眼睛,荡漾着令人迷醉的风情神韵。多尔衮简直看呆了。这些年东征西讨的,什么野人女子、汉人女子、朝鲜女子多尔衮见得多了,她们并不是不美,身段也许比庄妃还窈窕。但她们却没有庄妃的魅力和韵味儿,这是一个成熟女人所独有的令人不可抗拒的魅力,她的一颦一笑,举手投足间,都那么娴雅端庄,雍容华贵之气令人不敢正视,令人目眩神迷。

出了松林,又是一番景致。但见野花遍地,溪水叮咚。那溪边水侧,俱是二人环抱粗细的古柳,交权断云,低叶垂水,景色十分幽美。

"咦?怎的不见十四弟养的那些鹰呀、犬呀的?"庄妃四下一望,这里花香鸟语的,哪有一个鹰犬的影子?

"嫂嫂且等片刻,我这就将它们召来。"

"十四弟万万不可让它们胡乱践踏了这些花呀草的,怪可惜的。"

"皇嫂的心肠那么好,将来一定会有好报的。"多尔衮向庄妃眨着眼睛,笑吟吟的,庄妃不觉心里有些慌乱,忙移开了视线。多尔衮以手嘬唇,吹起了口哨。

不多时,便听得犬吠声声,又觉头上一大片乌云掠过,冷风扑面,庄妃不由得拽紧了披风,再定睛一看:头上是乌压压的大鹰,似乎成千上百,地上大小猎犬更是数不胜数,远远地列成了一个方阵,个个安安静静,一付俯首帖耳的样子。

庄妃看呆了,半晌才喃喃地说道:

"天神祖宗,你到底养了多少只鹰犬呀?"

多尔衮微微一笑,掰着手指对庄妃说道:

"说多也不算太多,说少也不算少了。我饲养的大鹰有八百八十八只,领头的是那只名为'海东青'的鹰,是野人女真部落献来的。"顺着多尔衮手指的方向,庄妃抬头向上看去,可看了半天,弄得眼花缭乱还是分不清,她自嘲道:

"在我眼里,它们都长得一个样,个个爪喙尖锐,凶猛异常,怪吓人的。"

"这些大鸟一般是不会伤人的,除非它受到了人的恶意攻击,它们最擅长

第三十五章　崇政殿前贤才归　多尔衮情献庄妃

的是抓捕猎物。至于这些犬就更厉害了，它们大都经过专门训练，即使遇到凶猛的虎、狼等野兽，只要它们一拥而上，转眼间就会把虎狼撕成碎片。这些犬类产地不同，毛发体形也不同，大者如小马驹似的，小者像只狸猫一般。总共算起来，我养的猎犬有两三千条之多呢。"多尔衮谈起他的宠物，如数家珍，兴致勃勃。说着他又连连打了几声口哨，地上的猎犬像是领命而去的士兵四散而去，转瞬间便消失在丛林之中。大鹰掠过之后，这里重又是一片阳光灿烂。

"真不可思议！堂堂的王爷、八旗旗主，竟也还是这些鹰犬的主人，多尔衮你的日子过得很是清闲呀，可是，皇上他却从没有这么放松过自己，他根本不知道爱惜自己的身体。"

提到了皇太极，多尔衮脸上的笑容有些勉强：

"皇上是一国之君，怎能与我等臣子一样呢？皇上支使我们就像我支使这些鹰犬一样，其实他也是个放鹰的好手呢。"

庄妃想不到多尔衮来这样形容皇太极，觉得很新鲜，也很恰当，不觉莞尔：

"放鹰难道真的很有趣吗？可惜这不是我们女流之辈做的事情。"

"皇嫂若有心一试，其实也不难。这些年来臣弟耳闻目睹了不少有关嫂嫂贤德娴雅的事情。比如那新近投诚的洪承畴，他难道不是嫂嫂的鹰犬吗？"

庄妃面上一红，看着多尔衮那似笑非笑的样子，佯怒道：

"休得胡言乱语！那洪承畴是识时务之人，他是归顺了我大清国。"

"可是宫里的人都在说，他是投降了庄妃娘娘的。说起来，臣弟真有些羡慕洪承畴呀！"

"怎么？你……"庄妃一时不解，疑惑道，"你的葫芦里卖的又是什么药？"

"唉！嫂嫂真是聪明一世，糊涂一时呀。"多尔衮四下一看，见乌兰她们正自顾坐在草丛上歇息，便悄声说道：

"如蒙嫂嫂不弃，臣弟也愿意像洪承畴那样，拜倒在嫂嫂的石榴裙下，做嫂嫂的忠实鹰犬！"

"去！多尔衮，你是在取笑我吗？"

"臣弟绝无半点取笑嫂嫂之意，臣弟敢对天发誓！"多尔衮说着举起了右手：

"天神祖宗，我多尔衮诚心诚意为嫂嫂效劳，若有三心二意，愿遭天谴！"

"罢了！你又何必当真呢？说实在的，我和福临娘儿俩往后也许还真得仰仗叔叔呢。叔叔有这个心，真令我感动，请叔叔受我一拜！"庄妃说着双手一搭，款款施礼，多尔衮眼睛发亮，满面春风："嫂嫂，走了半日乏了吧，我这就让侍卫备轿送您回宫。今日一见，恍若梦境，下一次不知要等到何时？"

多尔衮真情流露，目光含情，只听得庄妃脸颊绯红，心花怒放……

悠闲的日子转瞬即逝,又是一个闷热的夏天。

御花园里,一老一少正在练剑。晨曦初现,清风拂面,鸟雀在枝头喳喳叫着,似乎在为两人加油助兴。

"这一招是白鹤亮翅,"皇太极手执长剑划地一圈,借着身形反身一跃,落地时左腿肚子却有些抽筋,好不容易才站稳了,"福临,你学一遍。"

"嘻!这个容易,我一个鹞子翻身,再来个金鸡独立,父皇您看怎么样?我的腿可是一点儿都没抖呢。"

"哼,臭小子,专挑皇阿玛的毛病!皇阿玛当年像你这么大的时候就能识汉字、背唐诗了,可是你呢?等着瞧,天一转凉我就把你关到书房里去。"

"皇阿玛,您就不能多让我玩一些日子?反正长大了凡事也不用我动手,养那些手下人干吗?不就是让他们给办事的吗,我只要动动嘴就成了。"福临仍举着木剑在空中乱舞着。

皇太极累得满头大汗,正接过太监送来的毛巾擦汗,看着福临满不在乎的样子不由得抬起一脚,照着福临的小屁股踢了过去:

"好个不学无术的东西,皇阿玛得给你些颜色看看!"

"皇阿玛,您这一招是什么名堂?这是暗算、偷袭!哼,明人不做暗事,皇阿玛耍赖!"福临手捂屁股,小脸气得通红。

"你……"皇太极一看福临那委屈的模样,心里又软了下来。"有道是明枪易躲,暗箭难防。将来,无论你做什么事,都要权衡利弊,不能偏听偏信,更不能意气用事,一定要眼观六路,耳听八方,招才纳谏,以诚待人。"

"这样做人该有多累呀?有时候,我真想一个人偷偷跑出宫去,在外面痛痛快快地玩半天。宫里的规矩太多。皇阿玛,到了六岁就一定得读书吗?"

"那当然,看看你的个头,已经快到皇阿玛的胸脯了,你是皇阿哥,你要做得比别人更好,所以你得比别人付出的更多!"

福临似懂非懂,睁着一双黑黑的眼睛望着父皇:

"皇阿玛,我来给你擦汗吧。给我讲讲你小时候的事情好吗?那个时候你就住在盛京吗?"

"不,那个时候,我跟着母后和父汗住在烟筒山下的赫图阿拉城。好吧,皇阿玛就给你说说赫图阿拉我们爱新觉罗的家世吧。"

"海公公,快让人给皇阿玛送些喝的来,皇阿玛淌了许多汗。"

"嘛……"

"你这个孩子,又顽皮又聪明,就是不想读书,整天只舞刀弄剑的可怎么成呢?"

"怎么不成?您不是常说我女真人是马上民族吗?骑射是我满族立国之根本,这江山不就是靠父皇您一点一点地打下来的吗?等我长大了,要打下更多更多的江山。"

"真是孩子话。创业艰难守成更难，这道理你渐渐地便懂了。坐下来，听皇阿玛给你讲讲家世吧。"

"当天刚刚离开地的时候，天神阿布凯恩都里用成千上万的铜镜造成了日月星辰。当地刚刚离开天的时候，阿布凯恩都里玛法用五邑神绳铺成了江河湖泊，用金沙银沙堆起了山脉丘岭。威武英俊的天神玛法常常和他的披着五彩羽饰的侍者神雀们在天地间自由翱翔。

"在那直插云天的峰顶，有一个波光潋滟的天池，一个仙女误吃了朱果生下了我们爱新觉罗氏的祖先——取名为爱新觉罗·布库里雍顺。"

"那个仙女的名字叫佛库伦，我都听奶娘说过好些遍了。"福临手托着下巴，认真地补充了一句。

"噢，是的，皇阿玛忘了说这仙女的名字了。"皇太极将一碗清凉的参茶一饮而尽，又接着说了起来。

"喝驼奶长大的孩子负得重，吃马奶长大的孩子跑得快，吃了神女额娘的奶，布库里雍顺一天就长一岁，他在依兰三姓地方娶了三姓之女为妻，繁衍后代，被各姓的首领共同尊为大汗。

"我们的祖先为什么要姓爱新觉罗呢？因为那仙女生他的时候，金光罩身，所以就让他以金为姓，以山为名。这爱新觉罗就是金的意思，布库里雍顺就是取了布库里山的名字。说起来，我们祖先是天女所生，可真让后代人自豪呀！

"史书上说，再往前，这白山黑水间有一个肃慎国，帝舜二十五年，肃慎国向中原进贡了弓箭和宝马。后代人口增多，分为许多部落，个个熟习骑射，百步穿杨，臂力过人，魁梧强悍。不信你看看皇阿玛，是不是长得很魁梧呀？"

皇太极说着起身收腹挺胸朝前走了几步，可他的滚圆的肚子却不争气地凸着，乐得福临拍着巴掌：

"皇阿玛真的很魁梧，就像城外那庙里的老佛爷一样。"

"如此说来，你皇阿玛是佛爷转世了？哈哈哈！"他拍打着圆溜溜的肚皮，笑得胡子乱颤。

"皇阿玛再接着说。在赵宋时代，这个族里出了第一个出色的人物，就是金太祖阿骨打。他开疆拓土，宋朝被他搅得鸡犬不宁。后来金国渐衰，蒙古国兴起，蒙古国东征西讨，与南宋各得了半壁江山，那金族的后人便趁乱逃奔到了东北。谁知又过了两百多年，又出现了一个大人物，他就是天女生的爱新觉罗·布库里雍顺！

"自布库里雍顺开基后，子子孙孙相传不绝，人丁兴旺。到了明朝中叶以后，有一个叫觉昌安的继承先业居住在赫图阿拉城，其他的五个弟兄们亦各筑城堡,环卫着赫图阿拉,称为宁古塔。嘿嘿,这觉昌安便是你皇阿玛的太爷爷。

"说起那时候的赫图阿拉城呀,有名无实,只十几间土房,没有城墙,没有卫兵守着,与现在的盛京相比那是逊色得多喽!

"可就在这小城里,偏生出大清国第一代皇帝,清朝子孙称他为太祖,努尔哈赤是他的英名,他就是我的父汗,人称英明汗。"

"皇阿玛,您又说错了,英明汗建的是后金国,而这大清国不是您一手建起的吗?皇额娘告诉过我,那时候您身披花袍,登基加冕,文武百官口呼万岁,那场面气派得很哪!"

"嘿嘿,你这小脑袋似还挺管用的,记得这么清楚?皇阿玛有说错的地方吗?你想呀,没有皇阿玛,哪来的你呀?若没有我父汗的创业,能有我大清的今天吗?饮水思源,这个道理你懂吗?我再给你说说大青马救主定国号的事情吧。

"在我父汗努尔哈赤出生的那一天,大明国嘉靖皇帝夜里做了一个梦,一位神人对他说,紫微星已在今天降于东北方,一个脚上生有七颗红痣的人将要推翻大明王朝。于是,嘉靖就通令全国,要杀死那个脚上生有七颗红痣的人,而这个人就是我的阿玛努尔哈赤。

"努尔哈赤成年后在辽东总兵官李成梁手下做亲兵,得到李成梁的赏识,李成梁特别选了一匹奔跑如飞的大青马赏给了他。努尔哈赤十分珍爱青马,经常给他洗澡、刷毛,每天夜里还不忘起来给它添加草料。大青马也很有灵性,只要一见努尔哈赤,就会仰起脖子嗷嗷叫两声,并用前蹄刨地表示亲昵。

"可是有一天在洗脚的时候,努尔哈赤脚上的七颗红痣被另一名亲兵看见了,这个亲兵便悄悄报告了李成梁。李成梁大惊失色,定计要抓住努尔哈赤献给大明皇上处置。正巧半夜里努尔哈赤起来喂马,无意中听到了这一切,他跑到马圈,牵过大青马,翻身上马逃离了李成梁的家。

"李成梁知道了消息,暴跳如雷,立即亲率亲兵马队前往追赶。大青马载着主人努尔哈赤狂奔了一天一夜,可还是甩不掉后面的追兵。渐渐地,大青马太疲劳了,努尔哈赤也累得腰酸腿痛,又饥又渴。正巧前面有一丛一人多高的草丛,努尔哈赤下了马,与马儿并肩躺在草丛里,头一沾地就呼呼大睡起来。

"李成梁的追兵也是人困马乏,但李成梁一心要邀功请赏,他命令亲兵四下搜查,但草丛太大看不见半个人影。李成梁心生毒计,命亲兵放火烧草丛,要把努尔哈赤烧成灰烬。

"火借风势,迅速在草丛中蔓延,浓烟滚滚,火苗乱蹿,李成梁以为努尔哈赤必死无疑,便领兵回去了。

第三十五章 崇政殿前贤才归 多尔衮情献庄妃

"大青马被火势惊醒了,它拼命地用嘴拱着主人努尔哈赤,但努尔哈赤睡得太沉了。无奈之中,大青马一声长啸,冲出火海,在一条小溪中打了一个滚,沾了满身的水,又一头冲进火海,将毛发上的水泼洒在努尔哈赤的周围。就这样,一次、两次、来来回回,大青马也不知道跑了多少回,滚了多少遍,终于将努尔哈赤周围的火势给灭了,而大青马累得再也站不起来,一头栽倒在努尔哈赤的身边,活活累死了。

"也不知道时间过去了多久,努尔哈赤慢慢地从睡梦中醒来,但是眼前的景象却让他胆战心惊,当弄明白大青马是为了自己而累死的时候,他一下子扑在大青马的身上,痛哭流涕,他立誓:大青马,我努尔哈赤有朝一日得了天下,一定要将国家叫做大清国,大清国一定要灭掉明国。"

第三十六章 遗志未尽留清阙
　　　　　　恨望明驾鹤归

　　"我父汗把这个故事告诉了我,我为了实现他的愿望,就将国名改成了'大清',而且,我立誓一定要取代大明。福临哪,消灭大明,逐鹿中原,定国安邦,这是皇阿玛此生的心愿啊,如果此愿望没有实现,就是死也死不瞑目的,你能帮皇阿玛将这个愿望完成吗?"

　　"能!我一定能!皇阿玛实现了皇玛法的心愿,我也要实现皇阿玛的心愿,一统天下,灭掉大明国!"

　　"真是我的好儿子!皇阿玛听了这些话,也就没有什么牵挂了,孩子,一定要记得你答应皇阿玛的事情啊,男子汉要说话算数!"

　　"我发誓!"福临学着大人的样子举起了右手:

　　"大丈夫一言既出,什么马难追来着?"福临一时忘记了下一句,急得抓耳挠腮的。

　　"大丈夫一言既出,驷马难追!记住了!"

　　皇太极本来最近就心情很好,什么事情都很顺利,只等秋日兵肥马壮之时,就可以大举进攻明廷了。不过,皇太极可不希望明朝能够有太平的日子,于是,他就决定从两边开始,逐渐挖掉明朝的根基。

　　崇政殿外,八旗精兵纛旗飘扬,金盔耀日。

　　崇政殿里,皇太极召见将要出兵征明的满、蒙、汉军各固山额真、护军统领。

　　皇太极身披龙袍,精神抖擞:

　　"古来用兵征伐,有道者,上天蒙佑;无道者,天谴,自古天下并非永远为一家一族所垄断。历史上,有多少人为人帝,又有多少人为王!如今大明失德,一次次败北,而我大清顺天意行事,子孙繁盛,国势日强,上天保佑,终成帝业。而今明朝腐败,已经气数已尽,我大清为什么不趁此称霸中原呢?时不我待,机不再来,我大清出兵伐明并非好为穷兵黩武,而是顺天意解救大明子民于水深火热之中!多罗饶果贝勒阿巴泰听令!"

　　"臣在!"

　　"朕命你为奉命大将军,跪受大将军印吧!"

　　"谢皇上恩宠!"

　　"阿巴泰,你与内大臣图尔格统领八旗将士征明,要严明军纪,不能随便杀掠明人。阿巴泰,朕给你十万人马,分为左右两翼,即日远征伐明,攻城略地,杀他个人仰马翻杀!"

一日,皇太极邀请亲族赴宴,满族人本来就生性豪放,在皇宫里痛饮是别有一番情趣。只见清宁宫的大殿满是红纱灯,正中摆放着一只长长的、宽宽的桌子,足可以容纳几十人一起入座。

不多时,各种美味美酒就摆满了一大桌子,小太监们忙活不已,宫女们更像彩蝶似的,在桌前斟酒倒茶,一时间灯红酒绿,好不热闹。

也正所谓是物以类聚,人以群分。豪格身边坐着的,正是代善、代善的孙子罗洛浑以及豪格的几个弟弟,而多尔衮三兄弟则坐在一起,时而低吟,时而放生大笑,很是招人眼球,而代善的二儿子硕托和孙子阿达礼也时不时地凑上前去,吃酒说笑。

豪格见此多多少少有点不开心,看着多尔衮几位叔父的谈笑,豪格抑郁了,自己身边的几个弟弟叶布舒、硕塞他们,大多年幼,根本没有办法依靠,况且不是一母所生,从情感上也是有距离的呀。

豪格想来想去,自己可以依赖的人确实寥寥无几!或许,领兵伐明的郑亲王济尔哈朗和贝勒阿巴泰可是当自己的得力助手的吧!

这么胡乱想着,豪格竟然生出了一种生不逢时的感觉,本来,这江山就应该是他的,可为什么多尔衮叔父他们锋芒毕露呢?父皇也真能沉得住气,这么大年纪了还不确立继承人,难道是想传位于多尔衮亦或多铎?否则,父皇又怎么会这么重视他们呢?

"唉!"豪格不觉长叹一声,重重地将杯子放在桌子上,粗声粗气地喊:

"拿碗来!这么小的杯子怎么能尽兴呢!"

"皇上,听说那洪承畴是看在庄妃的面子才前来投诚的,此事当真吗?"在酒乱之中忽然有人冒了一句。

"这个,这个嘛……"皇太极有些尴尬,但是这副样子却引得众人一阵善意的哄笑。

"大玉儿是有这个能耐,众福晋谁能有这个能耐呢,说起来,还是大清的一位功臣呢。还有哇,九阿哥福临也招人喜欢,难道不是大玉儿的功劳吗?"皇太极硬着头皮为庄妃开脱,众人听了纷纷点头称是……

这些日子里皇太极的开心事是一个接连一个,远征伐明的大军捷报频传,远在西藏的达赖五世派使节,不远万里前来朝圣,要求通好。西藏归向清朝,是一件巨大的政治事件,说明大清的事业蒸蒸日上,而明朝却是朝不保夕了。皇太极大喜,用最隆重的礼仪款待了使节,并派出了使节赴藏以加强联系。

这样一来,不仅整个东北、北部蒙古已纳入了清朝的版图,就连遥远的大西南也纳入了大清国的政治势力范围之中。明朝在这个氛围之下,腹背受敌,四面楚歌,摇摇欲坠。

然而,好景不长。一日,大学士范文程和冷僧机等人草拟了一份奏疏,请求皇上暂停上朝,保重龙体。

海中天用他那特有的委婉柔和的腔调念着:

"皇上天纵神武,往被遐方,以仁心爱万民,以仁政治宇内,凡养民恤民,无不周挚,虽当大业创兴,实万世之圣主,当代之明君也。臣等闻有道者,天赐纯嘏;福履者,景运灵长。今皇上道德醇备,福寿兼隆,虽偶尔不豫,辄获康去,天之眷我皇躬也昭昭矣,举国臣民不胜欢歌。伏愿皇上保护圣躬,上答天心,下慰人望,……况大业垂成,外国来归,正圣心慰悦之时,亦可稍辍忧劳……臣等谬任言官,惟以圣躬为重,伏望息落养神,幸甚!"

皇太极沉默片刻,发出一阵哀叹之后,下了御旨:

"爱卿所奏之事正是我最近思考的一件事情。朕之日理万机,不是喜欢这样,而是部臣不能分理。今后各种事物可令和硕郑亲王、和硕睿亲王、和硕肃亲王、多罗武英郡王合议完结。钦此!"

清宁宫外,和硕礼亲王代善的脸色有些发白,皇太极宣布的这个决定,为什么将自己撇在一边呢,不是说自己有拥立之功吗?

如今和硕郑亲王济尔哈朗出征未归,所以恭候在清宁宫殿外的和硕睿亲王多尔衮、和硕肃亲王豪格以及多罗武英郡王阿济格也有些不知所措,面面相觑,豪格的眉头更是拧到了一起:父皇将日常政务交于我四人负责,而多尔衮兄弟俩都在其中,前景对自己似乎不太妙呀。多尔衮表面不动声色,内心却在窃喜:皇上一病不起,眼见得我多尔衮就可以吐气扬眉了,如今是四王议政,等皇太极的眼睛一闭,我要把四王议政变为我一人独裁!

多罗武英郡王阿济格年纪与皇太极相近,已不再像往日那样为人锋芒毕露了。年轻的时候他性格莽撞,没少挨过皇太极的训斥。甚至当他擅自做主为小弟多铎主婚时,被皇太极一气之下削去了贝勒爵位。不过皇太极对阿济格倒是不抱任何成见,褒则褒,贬则贬,兄弟之间感情倒也与日俱增。曾有一次,阿济格伐明大获全胜,凯旋归来时,皇太极亲自出京迎到十里外,看见阿济格风尘仆仆,因积劳而消瘦时便心疼得流下了眼泪。此事一直令阿济格深为感动。唉,年纪都一大把了,儿孙也都争气,只求平平安安颐养天年,阿济格已经心满意足了。皇上在此时能如此看重阿济格,阿济格心里是喜忧参半。皇上可从未做出过如此决定呀,莫非他病得不轻?辅佐皇上临朝处理政务,实在是个出力不讨好的事呀,万一出了什么纰漏,自己的下半辈子也就不要想太平了!

"十四弟,不如我等一起去探望皇上吧,也好当面弄清皇上的旨意,再看

第三十六章 遗志未尽留清阙 怅恨望明驾鹤归

看皇上还有没有其他的盼咐。"

"这……小弟只担心皇上的病情,会不会扰了皇上的歇息呢?"多尔衮正想着心事,冷不防被哥哥阿济格一叫,吓了一跳,随口应付了一句。

"我看还是去吧,肃亲王,你看呢?"

"叔父言之有理,皇上将如此大任交于我等四人,我等须完全听从皇上的旨意,随时听皇上的盼咐。"豪格点头赞同,他想借机与阿济格套近乎,联络感情呢。

三个人各怀心事走进了清宁宫,在东暖阁的珠帘外正碰上庄妃大玉儿出来。庄妃慌忙给三个人行礼,低声说道:

"皇上刚吃了些汤药,正要睡呢。"

"那我们就过一会再去晋见吧。"阿济格转身要退下。"恭喜三位王爷,皇上在你们的支持下,可以放心养病了,臣妾真的是替皇上高兴呀!"庄妃娥眉微蹙,神色忧郁,眼睑低垂,样子甚为愁楚。

"皇嫂不要这样担忧,皇上吉人天相,一定会康复的!臣等将不遗余力,让皇上安心,让大清安然无恙。"多尔衮上前一步,借着安慰庄妃,说出了言不由衷的话。

"外面是何人在吵嚷?"珠帘里面传来了皇太极那有些微弱的声音。

"回皇上,是和硕睿亲王和和硕肃亲王他们。"

"有事吗?让他们进来说话!"

"嗻……"海中天一挑珠帘,身子一躬:

"皇上请几位王爷进去说话。"

阿济格、豪格侧身进去,多尔衮走在最后,他定定地看了庄妃一眼,点点头。庄妃心里愁楚不已,只觉得睿王爷似乎格外关照自己,顿时心中释然。

皇太极半倚在凉椅上,示意他们三人坐下来。

"皇上前日还与我等兄弟共饮,不想今日却龙体欠安,真令人担忧呀。"

"不必担忧,朕此刻觉得好多了。说不定明日朕又可以与众兄弟子侄们欢聚一堂了呢!"皇太极振作起精神,脸上现出一丝笑意。

"说起来,朕也该清心定志,颐养天年了,这几十年来戎马倥偬,哪里有一日的清闲?可喜的是,我大清已根深蒂固,一统天下将指日可待,即使此刻天神召见朕,朕也可以心安理得地面对列祖列宗了。"

"父皇,您道德醇备,福寿兼隆,儿臣正摩拳擦掌,准备护送您迁都燕京呢!"豪格一听皇太极的口气不对,像在交待后事似的,连忙以好言好语劝慰父皇,心里说,父皇,你可不能就这么一走了之呀,起码你对儿臣我的地位也有个交待,免得日后起争端呀!

"夫子说,五十而知天命,朕都五十多了还有什么想不通的?"皇太极摆手示意豪格不要说话，喘着气接着说道：

"山峻则崩，木多则折，年富则衰，这是大自然的规律，何人能抗拒？朕不是神人，自然也要受这一规律的制约。朕心里清楚，朕的日子真的不多了，所以才要你们诸王齐心协力，共同治国安邦，这是对你们的考验啊！"

阿济格也觉得今天皇太极说话的口气有一点反常，这么多年，什么时候承认过自己这么弱了呢？什么时候又主动让权了呢？想当初他皇太极刚刚被立汗的时候，是由四大贝勒共坐，南面听政。但一个人坐着最起码自在，累了还可以躺着休息一会，四个人，时时神经紧张，根本就没有休息的可能性。

于是，先是皇太极宣布废黜镶白旗主阿济格，事后阿济格才明白，这不过是皇太极开始对三个贝勒的首刀罢了。果然，事隔不久，皇太极便赤裸裸地将矛头对准了大贝勒代善、二大贝勒阿敏和三大贝勒莽古尔泰……就这样，皇太极在即位后短短的几年时间里，改四大贝勒并坐共同执政为汗位至上，南面独尊！皇太极的为人阿济格能不清楚吗？当年为了扫清即位的障碍，他甚至不择手段逼死了自己的母亲阿巴亥！不过，事隔多年，阿济格已经把这些不满与宿怨统统抛在了脑后，既然胳膊拧不过大腿，又何必整日耿耿于怀、自寻烦恼呢？只可惜亲兄弟多尔衮似乎一直不愿意原谅皇太极。的确，杀母夺旗之恨能这么轻易消除吗？有时候，明哲保身的阿济格的确暗地为多尔衮捏着一把汗，他既希望多尔衮能为自己报仇，又担心会连累到自己，所以更多的时候，阿济格觉得有些无可奈何。难道自己也老了吗？不错，快五十岁的人了，心身再也承受不起什么意外打击了，好自为之吧！

"皇上，"阿济格心念一动，起身跪在皇太极的床前，"皇上何出此言呢？您虽偶尔不豫，辄获康吉，臣弟祝愿皇上龙体早日康泰！只是皇上命臣等断理诸务，臣纵是无能但敢不钦承？但何项事应行奏请，伏候圣裁决定，则诸务庶可办理？"

"嘻！未来之事朕有何能预定？尔等只需尽心料理，多与诸王贝勒议结商讨，我爱新觉罗氏子孙人才济济，又有何事解决不了呢？诸王每日黎明齐集，有事则奏，无事则回各衙门办理各自事务。若有当议事务，候旨齐集。朕觉得力乏，想要休息了，你们下去吧！"

皇太极喘着粗气，只觉得胸闷异常。他脸色煞白，吩咐海中天：

"拿，拿些冰来吃，朕觉得快要透不过来气了。"

"皇上稍等片刻，奴才这就叫人去取。"海中天慌慌张张跑出东暖阁。就在这时空中一个炸雷"轰隆"一声，皇太极正迷迷糊糊之间猛然吓了一跳，一睁眼，看见了横眉怒目的父汗努尔哈赤就站在他面前！

"父汗，您，您这是怎么啦？"皇太极吓得两腿发软，扑通一声跪了下去。

"哼，不肖子皇太极，你且有何面目站在父汗的面前？"

第三十六章 遗志未尽留清阙 恨望明驾鹤归

· 343 ·

"汗王为妾身做主呀,四王不但逼妾悬梁,而且夺了我儿十四阿哥的汗位,杀母夺旗,自立为汗,天理不容呀!"努尔哈赤身后白影一闪,浑身素缟的大妃阿巴亥的哭声由远而近,悲悲切切,飘忽不定,令人毛骨悚然。

皇太极头皮发麻,壮着胆子跪倒在地:

"父汗明鉴!儿臣二十年来一心一意为国尽力,如今大清国已坚如磐石,国势日盛,儿臣自忖这些年之所作所为皆问心无愧呀!"

"好一个问心无愧!为当汗王,不择手段,逼死大妃,残害兄弟,你心胸如此歹毒,居然强词夺理,目无尊长!来人哪,带他去祖宗庙里面壁思过!"

"汗王,不能这么便宜这个畜生!今日相逢,焉能饶你!皇太极,速速拿命来!"阿巴亥劈手夺过近侍手中的宝剑,一剑刺来,皇太极吓得魂不附体,左躲右躲,总是逃不过眼前的这口闪着寒光的利剑,皇太极万般无奈,绝望地抱着脑袋高喊着:

"父汗救命哪!"

"皇上,皇上!"

皇太极在太监海中天等人惊惶的喊声中悠悠醒来,只觉得头痛欲裂,已经出了一身冷汗,他瞪着一双茫然无助的眼睛,声音嘶哑:

"着侍卫进殿,护驾,有人要行刺朕!"

海中天心知皇上被梦魇所缠,忙一使眼色让其他的太监为皇上擦汗更衣,自己匆匆去禀报皇后,又差人宣太医火速来看,还不忘另派一个小苏拉去告知永福宫的庄妃。海中天知道,皇上这病牵着庄妃的心,作为奴才,他得及时让庄妃了解这里的情况,毕竟,庄妃是他以前的主子。

皇后博尔济吉特氏与众嫔妃已吓得手足无措,慌乱的时候,太医院的针医柳达和药医朴(左君右页)等人已经火急火燎的赶来了。这柳达生于针医世家,祖上就是依靠这个小小的银针而享誉八方,柳达更是有名的神医,有"柳一针"之称。

柳达仔细观察了皇太极的脸色,皇太极仍是双手抱头表情十分痛苦,不时地呻吟着。柳达开始给皇太极把脉,东暖阁里静得只听到众人气促的喘息声。

"启奏皇后娘娘,圣上六脉平和,这圣恙既非外感,亦不是内伤,而是多年忧劳积郁而成。臣见皇上两手抱额,呻吟不止,恐是在梦寐中受了惊魇,故头脑疼痛难忍。臣立即给皇上在左右太阳穴上各扎一针,再让朴药师煎一些安神止痛的汤药,皇上服了几剂之后,自然无事。"

"既如此,快扎针开药吧。唉,哀家急得已是六神无主了,这大热天皇上龙体不适,可如何是好呢?"

"大福晋,这里由臣妾来伺候,煎药熬汤您就放心吧。不如您回西暖阁歇息一下吧,让丫头们给您送些西瓜、酸梅汤之类清热消暑的吃食,皇上的事臣妾会随时差人向您禀报的。"

"大玉儿,你来了哀家就放心了。唉,我老了身子又肥胖,留在这里反倒碍手碍脚的。哀家就依你的,把皇上交给你了。"

"大福晋放心,皇上只是略有不适,一切都会过去的。"庄妃穿着半袖的缎袍,露出两弯雪白的膀子,一个手膀子上套着翠镯,一个手膀子上戴着金镯,若在往常,大福晋少不得又要冷言冷语,可今日她却是视而不见。如果大福晋知道她日后还得仰仗着大玉儿,还不定会多后悔呢。

皇太极这一病,文武百官和诸王爷贝勒都神色不安地到清宁宫来探视问安。得知皇上服了汤药,已经没有什么大碍了,这才纷纷退下去。

不过是虚惊一场。没有几天,皇太极就康复了,又去临朝听政了。第一件事便是对太医柳达重赏。

身材瘦小的柳达领旨,俯伏朝贺,皇太极道:

"神医,妙手,真不愧是名医柳一针呀!朕且问你,你怎地就知道朕在梦中被魇而头脑疼痛呢?"

柳达不敢抬头,应声回答:

"圣体天佑,洪福齐天,微臣何功之有呢?臣只是凭多年经验,还望圣上保重龙体,劳逸结合,休养生息,以保国泰民安。"

"朕只服了神医开的一帖汤药,头疼便减轻了许多。朕梦中暴患头痛,赖卿妙药得安,朕要重赏于你以示酬劳。来人,赏太医柳达白金百两、黄金五十两,外加彩缎一匹、白璧一双,以为赏赐。"

"臣谢主恩赐!柳某愿皇上万寿无疆!"

皇太极靠在宽大的龙椅上,无限感慨。

多年的鞍马劳顿、内外负重、思虑过度、呕心沥血……这些,都可能是他患病的根由。直到现在,皇太极才发觉自己太不爱惜自己的身体了,太不爱惜自己的生命了。但是,他还有许多事要做,时不我待呀,所以皇太极又颇为自豪。毋庸置疑,他皇太极开创了大清帝国的基业,在他的手中完成了向封建制的转变,在他的手中奠定了进取中原的基础……他皇太极是满族的英雄,大清的皇帝,他是神,是天命之君,谁不羡慕,谁不景仰?

"咚咚咚咚!"八角城门突然传来了报捷的鼓声,皇太极高兴得从龙椅上一跃而起。

"恭喜皇上,贺喜皇上,伐明大军已经凯旋,沿途攻城略地杀敌无数,并带回了惊人的财物!"

"真的?"皇太极喜出望外,高声喊道:

"备轿,朕亲往大清门外迎接,传御膳房摆御宴为将帅接风洗尘!"

第三十六章 遗志未尽留清阙 怅恨望明驾鹤归

清军在短短的几年之内,五次伐明都全胜而归,说明八旗铁骑已经成长为一支攻无不克的劲旅。明朝的这棵"大树"还能禁得起砍伐吗?皇太极似乎已经看见,中原的大门已经对自己展开了,他不禁雄心勃勃,开始盘算着挥师南下,逐鹿中原……

夜深了,兴奋不已的皇太极盘腿坐在东暖阁,和平时一样,坐着小憩。一天中,似乎只有这个时候才真正属于他自己,这会儿,就让他多休息一会儿吧。

海中天和几位内侍们站在珠帘外。他们知道,皇上累了,太需要好好休息了,可是这会儿却谁也不敢进去,生怕惊扰了皇上,尽管这个姿势不舒服,但是毕竟也能休息一会儿呀。

忽然,里面传来一声沉闷的响声,仿佛重物掉在了地上,海中天等人冲进去,天哪,皇上栽倒在了地上!

众太监们七手八脚地将皇太极扶起来,发现皇上双眼紧闭,手脚冰凉,显然已经归西了。"皇上,皇上真的睡着了!"海中天喃喃地说着,泪水涌出眼眶,一扭身,冲出了东暖阁…